해방과 전쟁 사이의 한국영화

■ 저자소개

한상언 한국영화사연구자

이효인 경희대학교 교수

조혜정 중앙대학교 교수

유승진 연세대학교 강사

정민아 성결대학교 교수

함충범 한양대학교 교수

한영현 세명대학교 교수

전지니 항공대학교 교수

남기웅 한양대학교 대학원

정종화 한국영상자료원 선임연구원

정태수 한양대학교 교수

정영권 동국대학교 강사

유 우 한양대학교 대학원

해방과 전쟁 사이의 한국영화

초판 인쇄 2017년 9월 20일
초판 발행 2017년 9월 25일

지은이 한상언 외 **┃ 펴낸이** 박찬익 **┃ 편집장** 권이준 **┃ 책임편집** 조은혜
펴낸곳 ㈜**박이정 ┃ 주소** 서울시 동대문구 천호대로 16가길 4
전화 02) 922-1192~3 **┃ 팩스** 02) 928-4683 **┃ 홈페이지** www.pjbook.com
이메일 pijbook@naver.com **┃ 등록** 2014년 8월 22일 제305-2014-000028호

ISBN 979-11-5848-341-8 (93680)

*책값은 뒤표지에 있습니다.

한양대학교
현대영화연구소
한국영화사
총서
0 0 1

해방과
전쟁
사이의
한국영화

한상언 외 지음

(주)박이정

해방 후 5년. 환희와 탄식, 희망과 좌절이 교차했던 한국현대사의 드라마틱한 한 시기이다. 일제강점에서 벗어난 기쁨도 잠시. 남북에 각각의 단독정부가 수립되었고 곧 전쟁으로 치달았다. 이데올로기 대립은 어느 때보다 첨예하여 좌익인지 우익인지에 따라 운명이 엇갈렸다. 잔인한 시절이었다. 그래서 지금도 상처일 수밖에 없다.

이승만정권에서 전두환정권에 이르는 기간, 해방 5년에 관한 연구는 진지한 연구의 대상으로 다루어지기 보다는 이데올로기적 편견과 개인적 경험, 감정적 편향의 결과물을 주로 보여주었다. 1988년 서울올림픽 개최를 앞두고 정부의 월북 및 납북인사에 대한 해금이라는 전향적 조치가 이루어지면서 비로소 학문적 분야에 있어서 이데올로기 대립을 극복해 보려는 분단 이후 첫 번째 시도가 가능해졌다.

이후 좌익 진영에 대한 일방적 매도만 이루어지던 연구는 월북인사에 대한 보다 증폭된 관심을 통해 사료 중심적인 연구로 바뀔 수 있었다. 하지만 이러한 움직임은 여전히 상존하는 이데올로기적 편견으로 인해 남한 내의 정치적 갈등으로 비화되기 일쑤였다. 그 결과 이명박 정부를 거치며 뉴라이트를 중심으로 한 또 다른 의미의 수정주의 역사와 만나게 된 것도 사실이다.

한국영화사 연구에서 해방 5년의 연구도 월북 및 납북인사의 해금이 이루어진 1988년 이후 본격적으로 시작되었다. 그 최초의 문을 연 인물이 이효인이다. 그는 「해방 직후의 민족영화운동」(최장집 외, 『해방전후사의 인식 4』, 한길사, 1989.)을 통해 해방기 한국영화계를 영화운동사의 관점으로 접근하였다. 이로써 해방 직후 영화계를 기존의 "좌익의 준동"이라는 편의적이고 편향적인 관점이 아닌 민족운동의 관점에서 바라보았다. 해방기 영화연구는 이효인이 둘러싼 그물망 안에서 이루어지고 있다고 말할 수 있을 정도로 이 연구는 중요한 의미를 지닌다.

이효인의 연구를 시작으로 해방기 영화운동의 뿌리를 1920~30년대 카프 영화운동의 연장선에서 찾아보거나, 해방 5년의 영화사를 영화운동 차원에서 정리하거나, 미군정의 영화정책을 중심으로 영화계를 조망하는 등의 일정한 성과가 있었다. 이러한 1990년대 후반까지의 학문적 성과들을 바탕으로 이 책이 이루어진 것이다.

2000년대에 발표된 해방 5년에 관한 연구는 새롭게 발굴된 자료들을 통해 풍부해졌다. 해방 직후 우리 영화계는 필름에 역사를 담는 것을 첫 번째 목표로 삼았지만 이데올로기 선전의 도구로 영화를 활용했으며 분단과 전쟁으로 영화인들은 남과 북으로 흩어질 수밖에 없었다. 더불어 해방 후 각종 소식들을 쏟아내던 신문과 잡지를 비롯해 각종 자료들은 도서관 서고 깊숙이 숨겨져 열람을 금지당하거나 심지어 폐기되기도 했다. 기억 속에서조차 사라진 자료들은 2000년대 들어 연구 환경의 변화를 통해 새롭게 빛을 보게 되었다.

도서관에 잠자던 자료들이 디지털자료로 대대적인 변환이 이루어지고 인터넷을 통해 공개되면서 관련 연구자들이 자료를 쉽게 이용할 수 있게 되었다. 또한 한국영상자료원을 중심으로 한 유관기관의 활발한 수집활동으로 〈해연〉을 비롯해 중요한 필름들이 발굴되어 보다 풍성한 연구를 가능케 했다. 최근 해방 5년 한국영화사 연구의 성과들은 이러한 자료의 공개와 수집을 통해 이루어진 것으로 이 책이 담고 있는 내용 역시 새로운 자료들에 빚진 것이다.

이 책은 그간의 성과에서 미진했던 부분들을 4부로 나누어 새롭게 살펴보고 있다. 1부 '영화운동의 안과 밖'에서는 해방기 영화운동의 핵심적 역할을 수행했던 영화배우들의 활동을 조선영화배우협단을 통해 살펴보고, 조선영화동맹에서 만들려고 했던 최금동의 시나리오 〈봉화〉와 같은 소재로 만들어진 박광수 연출의 〈이재수의 난〉을 비교 분석하고 있다. 2부 '해방기 영화 다시 읽기'에서는 〈해방뉴스〉를 비롯해 〈자유만세〉, 〈해연〉, 〈수우〉, 〈밤의 태양〉 등 해방기 영화들을 새롭게 살피고 있으며, 3부 '영화잡지와 영화담론'에서는 이 시기 발간된 영화잡지들을 통해 할리우드영화의 영향과 잡지를 중심으로 한 담론형성에 대해 탐색하고 있다. 4부 '경계를 넘은 영화들'에서는 38선이라는 물리적 경계와 한반도라는 지역적 경계를 넘어 해방기 북한에서 제작된 〈내 고향〉, 〈용광로〉를 비롯해 중국, 소련과의 영화교류와 영향관계를 살피고 있다.

이처럼 이 책에 실린 글들은 2000년대 이후 새롭게 연구된 중요한 내용의 연구물들로 해방기 한국영화사를 풍성하게 만든 성과이다. 또한 해방 이후의 한국영화사를 새롭게 보게 만드는 시작이기도 하다. 그렇기 때문에 이 책은 해방기 한국영화 연구자 뿐 아니라 다양한 분야의 관련 연구자의 연구에도 큰 도움이 될 것이다.

끝으로 이 책이 한양대학교 현대영화연구소 총서로 발간되는데 큰 도움을 주신 한양대학교 현대영화연구소의 정태수 소장님과 훌륭한 원고를 보내주신 이효인, 조혜정 선생님을 비롯한 필자 여러분들, 출판을 맡아 주신 (주)박이정의 박찬익 대표를 비롯한 여러분들의 노고에 큰 감사를 드린다.

2017년 9월
필자들을 대표하여 한상언

| 차례 |

1

영화운동의
안과 밖

해방기 영화운동과
조선영화협단

한상언

1. 들어가며

해방기 민족영화운동은 기성의 조선영화인들이 통일된 민족국가수립을 위하여 영화로 무엇을 할 것인가를 고민하여 실천에 옮긴 것으로 신진영화인이나 영화계 외부의 전위적인 조직에 의해 주도된 여타의 영화운동과는 차이가 있다.[1]

일제가 패망하면서 식민지배에서 벗어난 조선인들이 직면한 가장 중요한 문제는 민족국가 수립이었다. 이를 위해 친일반민족행위자를 제외한 기존의

---

1   한국에서의 중요 영화운동으로 첫째, 1930년 전후의 카프영화운동. 둘째, 해방직후의 민족영화운동. 셋째, 1980년대 민족민주영화운동을 꼽을 수 있을 것이다. 1930년 전후의 카프영화운동과 1980년대 민족민주영화운동은 일본제국주의와 전두환 군사독재에 대항한 것으로 조직적 투쟁을 전제로 한 것이었다. 그래서 신진영화인이나 영화계 외부의 소수로 구성된 전위적인 조직에 의해 운동이 주도되었으며 운동이 사그라진 후 일부는 기존 영화계에 편입되었다. 반면 해방기 민족영화운동은 처음부터 이념에 상관없이 모든 영화인들을 아우르는 운동으로 시작되어 구성원의 중심이 기성의 영화인이었다.

모든 세력을 아우르는 것이 당시의 가장 큰 과제였다. 이는 민주주의민족전선(民主主義民族戰線, 약칭 민전[民戰])을 중심으로 대중운동을 이끌고 있었던 좌익세력의 정세인식이 부르주아민주주의혁명 단계에 있었던 것과 관련이 있었다. 그러나 남북이 분단되고 좌익세력이 주도하던 대중운동에 대해 미군정이 억압적 정책으로 일관하자 영화운동 역시 투쟁적 방향으로 바뀌었다. 이로 인해 보수적인 성향의 영화인들이 영화운동조직을 탈퇴했으며, 그 공백을 신진 소장 영화인들이 메웠다. 1946년 말에는 투쟁역량을 강화하기 위해 영화운동의 주체가 동맹단위에서 지부단위 중심으로 바뀌었는데, 특기한 점은 이 시기 서울의 경우 영화운동의 주요 구성원들이 대중적으로 잘 알려진 스타들로 바뀌었다는 점이다.

스타들이 영화운동을 이끌었다는 사실은 흥미롭다. 그러나 아쉽게도 기존의 연구들은 인적구성에 있어 이러한 차이를 부각시키기지 못했다. 보통 영화운동에 관한 논문은 운동조직, 강령, 실천내용, 결과 등을 서술하는데 치우쳐 있다. 이러한 도식적이고 기계적인 서술에는 영화운동의 실제 주체가 되었던 영화인들의 모습이 빠져버리게 된다. 영화운동이 투쟁적인 방향으로 흐르면서 보수적인 영화인들을 대신해서 왜 영화배우들이 운동의 주체로 등장했는지에 대해서는 기존의 논의로는 어떠한 정보도 얻을 수 없다.[2]

식민지시기부터 조선영화배우들은 관객들에게 나름의 이미지로 각인되었다. 특히 일제는 조선인을 침략전쟁에 동원하기 위해 영화배우들의 스타이미지를 이용했다. 선전영화 속에서 조선의 장 가뱅(Jean Gabin)으로 불린 최운봉(崔雲峰)과 지적인 이미지의 남승민(南承民), 독은기(獨銀麒) 등 남성스타들은 지원병이 되었고, 현모양처의 표본으로 인정받던 문예봉(文藝峰)과

---

2 해방기 영화운동을 다룬 주요 연구 논문은 다음과 같다.
  이효인, 「해방직후의 민족영화운동」, 『해방전후사의 인식 4』, 한길사, 1989.
  남인영, 「해방직후 영화운동에 관한 연구」, 서울대석사학위논문, 1990.
  조혜정, 「미군정기 영화정책에 관한 연구」, 중앙대박사학위논문, 1997.
  졸고, 「해방기 영화인 조직 연구」, 한양대석사학위논문, 2007.

만년 누이로 불리던 김신재(金信哉)는 지원병의 부인과 누이였다. 이들은 자신들의 이미지를 스크린에 재현함으로써 조선관객들에게 일제의 식민지 백성인 조선인들의 임무를 보여 주었다. 어찌 보면 해방 후 청산 대상이 되어야 할 선전영화 속 스타들이 영화운동의 중심에서 단일한 대오로 활동하게 된 것은 조선영화(배우)협단(朝鮮映畵[俳優]協團)을 통한 조직적 활동 때문이라 볼 수 있다.

이 논문은 해방 전 조영 소속이던 영화배우들이 어떤 이유로 해방직후 영화운동의 중요 역할을 담당하게 되었으며, 1948년 남북에 각기 다른 정부가 수립되자 국민과 비국민, 인민과 반동의 갈림길에서 어떤 선택을 강요받았는지를 살펴보는데 목적이 있다. 이를 위해 조직적 활동의 구심체 역할을 했던 조선영화협단을 중심으로 살펴 볼 것이다.

2. 조영 소속 영화배우와 영화운동 조직의 변천

해방과 동시에 일제의 통제영화사인 조선영화사(朝鮮映畵社, 약칭 조영) 소속 조선영화인들은 일본인 운영자들에게 조선영화사를 인수 받아, 해방직후의 역사적 사건들을 기록하기 시작했다. 일제말기 영화의 제작과 배급은 조선영화사로 통합되었기 때문에 조선영화사가 조선영화산업의 전부였다. 조선영화사의 기술과장 이재명(李載明), 계획계장 김정혁(金正革), 연출계주임 안석주(安碩柱), 조명계주임 김성춘(金聖春), 촬영계장 이명우(李明雨), 미술계주임 윤상렬(尹相烈) 등이 중심이 되어 조선영화사를 일본인들에게 인수받기 위한 운영위원회를 꾸렸다. 위원장으로는 이재명이 선출되었다.[3]

이들이 중심이 되어 해방 직후 문예운동의 중심에 선 조선문화건설중앙협

---

3 졸고, 「해방기 영화인 조직 연구」, 한양대석사학위논문, 2007, 8쪽.

의회(朝鮮文化建設中央協議會) 산하 조선영화건설본부(朝鮮映畵建設本部)의 조직이 추진되었다. 그러나 안종화(安鍾和), 전창근(全昌根), 이규환(李圭煥) 등 비조영파 영화인들은 조영소속 영화인들이 주축이 된 영화건설본부의 참여를 거부했고, 추민(秋民)을 중심으로 한 소장영화인들 역시 조영출신 영화인들의 친일행적을 이유로 영화건설본부 참여를 거부했다. 또한 일제강점기 예원좌(藝苑座)를 이끌던 변사 출신 김춘광(金春光)과 영화배급업자 고인문(高仁文) 등도 해방직후 영화인들이 추진하고자 했던 영화산업국영화(映畵産業國營化)에 반대하면서 참여를 거부했다.[4] 이렇듯 서로 다른 이해관계로 인해 범영화인조직의 건설은 불발로 끝났다. 조선영화건설본부는 영화계 원로 윤백남(尹白南)을 위원장으로 추대하고 김정혁을 서기장으로 하여 1945년 9월 24일 창립되었다.[5]

조영 소속 영화배우들은 조선영화건설본부의 제3과장 김한(金漢)을 중심으로 배우회인 월요회(月曜會)를 구성하여 조선영화건설본부에서 활동하게 된다. 그러나 1945년 11월 9일 집행위원회에서 조선영화건설본부의 발전적 해소가 결정되고, 전 영화인을 망라한 조선영화산업노동조합(朝鮮映畵産業勞動組合) 결성이 추진되자,[6] 월요회도 동월 22일 정례회의에서 전 조선 영화배우를 총 망라한 조선영화배우조합(朝鮮映畵俳優組合)의 결성을 결의하게 된다.

映畵出演者
組合 結成 準備
朝鮮映畵建設本部 俳優會인 月曜會는 一昨日 週例會에서 全 朝鮮 映畵排優를 總網羅한 朝鮮映畵俳優組合 結成 發起를 決議하얏다는 바 이 組合의 性格은

---

4 위의 논문, 21~23쪽.
5 《每日新報》, 1945.9.25.
6 《中央新聞》, 1945.11.22.

朝鮮 映畵의 再組織 段階를 압두고 映畵排優 相互의 親睦과 나아가서는 人民과 遊離될 企劃 作品에의 出演 拒否 등의 積極面 또는 勞資關係 等의 生活面까지 共同 相談하는데 잇다 한다. 그리하야 急速히 이를 結成 具體化시키고저 同會에서 發起人會를 構成하고 方今 準備 中이라고 한다.[7]

이러한 배우회의 변화는 조선프롤레타리아영화동맹의 설립과 관련이 있었다. 조선문화건설중앙협의회에 반대하던 과거 카프출신 문학예술인들은 1945년 9월 30일 조선프롤레타리아예술동맹을 재건했다.[8] 이에 따라 1945년 11월 5일 추민을 중심으로 한 소장영화인들에 의해 조선프롤레타리아영화동맹이 조직되었으며, 조영 소속 영화배우로 김한, 김걸(金傑), 이현(李賢) 등이 집행위원으로 참여했다.[9] 영화건설본부 배우회인 월요회도 소속 회원들이 조선프롤레타리아영화동맹에 가입하면서 조선영화건설본부의 영향에서 벗어나려는 움직임을 보인 것이다.

영화부문 산별노조의 설립은 불발되었다. 대신 운동조직의 통합이 추진된다. 해방 직후 문화건설중앙협의회와 프롤레타리아예술동맹으로 나뉜 문화예술분야의 운동조직은 문학분야에서부터 통합이 시작되어 12월 16일에는 영화부문도 통합에 동참한다. 두 조직의 통합은 그간 어느 조직에도 참여하지 않은 영화계 주요 인사들까지 참여하여 명실상부한 통합으로써 의미를 지녔다. 이렇게 탄생한 조선영화동맹은 안종화를 중앙집행위원장, 이규환, 안석주를 부위원장으로 선출했고, 서기장은 추민이 맡아 조직이 완성되었다. 조영출신 영화배우로는 김한과 복혜숙(卜惠淑)이 중앙집행위원에 이름을 올렸다.[10]

범영화인 운동조직으로 출범한 조선영화동맹은 신탁통치안으로 촉발된 좌

7　《中央新聞》, 1945.11.23.
8　《日刊朝鮮通信》, 1945.10.1.
9　《中央新聞》, 1945.11.9.
10　《解放日報》, 1945.12.19.

우의 대립과 갈등으로 분열된다. 영화동맹 위원장 안종화를 비롯하여 많은 수의 영화인들이 영화동맹을 떠났다. 또한 좌익 세력의 영향 하에 있던 대중 운동을 미군정이 탄압하면서 영화동맹의 활동 역시 크게 위축된다.

미군정의 좌익문화운동에 대한 탄압은 1946년 2월 7일 경기도 경찰부 명의로 발령된 「극단 및 흥행장 취체령」[11]으로 시작되었다. 이 취체령의 조목 중 10조는 "階級 派閥 鬪爭의 意識을 誘發 鼓吹 한 것"이었는데 이 조목이 문제가 되었다. 이 조목을 이유로 임석 서원이 공연 중이던 연극이 사상 선전을 하고 있다는 이유로 공연을 중지시키는 사건이 일어났으며, 일부 극단에서는 각본이 삭제 당하기도 했다. 이에 조선문화단체총연맹(朝鮮文化團體總聯盟)에서 항의하는 사태가 일어나 장택상(張澤相) 경찰부장이 재발 방지 약속했다.[12] 그러나 이와 비슷한 일은 계속 일어났다. 1946년 5월 27일 전라남도 순천에서 서울예술극장이 〈독립군〉과 〈옥문이 열리던 날〉을 공연하던 중 대본에 없는 대사를 했다는 이유로 경찰이 단원들 모두를 총 검거했다. 이 사건으로 배우 박학(朴學)이 15일, 유현(柳玄), 이재현(李載玄)이 10일의 구류 처분을 받았다.[13] 또한 1946년 6월 11일 국제극장에서는 영화동맹에서 주최한 6.10만세운동 기념행사의 하나인 신불출(申不出)의 만담 공연 중 우익

---

11 극장 및 흥행장 취체령 10조목은 다음과 같다.
　　一. 國交親善을 害하는 것
　　二. 時事를 諷刺 公安 上 有害한 것
　　三. 國家 乃至 官公吏의 威信을 損害하는 것
　　四. 敎育家, 宗敎家 等 社會指導者의 人身攻擊을 骨子로 한 것
　　五. 道義의 背反되여 勸善懲惡의 趣旨에 反한 것
　　六. 偉人 古賢의 威信을 失墜시킨 것
　　七. 姦通 淫亂 等 劣情을 挑發시킨 것
　　八. 軍政反對 又는 官民 離間을 骨子로 한 것
　　九. 構想低劣하여 善惡의 觀念을 混亂시킨 것
　　十. 階級 派閥 鬪爭의 意識을 誘發 鼓吹 한 것
　　《大東新聞》, 1946.3.7.
12 《中央新聞》, 1946.3.8.
13 《自由新聞》, 1946.6.5.

청년들이 무대 위로 뛰어 올라 신불출을 폭행하는 사건이 발생했다. 그러나 폭행을 당한 신불출의 만담 내용이 미군정법령을 위반했다는 이유로, 입원중이던 신불출과 주최측인 조선영화동맹 서기장 추민, 일간예술통신의 김정혁이 검거되어 재판에 회부되기에 이른다.[14]

이렇듯 좌우대립과 미군정의 탄압으로 세력과 활동이 위축된 영화동맹은 1946년 8월 20일 제1회 정기영화인대회를 열고 위원장제를 폐지하고 중앙집행위원회를 최고 의결기관으로 하는 협의제를 채택했다. 더불어 종래 45명이던 중앙집행위원을 16명으로 축소했다.[15] 서기장은 추민이 맡았으며 조영 소속 영화배우 출신으로 김한, 독은기, 문예봉이 중앙집행위원으로 선출되었다.[16]

1946년 7월 조선공산당이 미군정에 대항해 "정당방위의 역공세"를 주장하며, 9월 총파업, 10월 인민항쟁 등 폭력투쟁을 전개하자 조선공산당의 중요 인물들과 문예운동의 중요 인물들이 검거 대상이 된다. 영화동맹 서기장 추민이 1946년 말 월북한다. 이 시기 좌익의 대중운동은 동맹 중심에서 각 지역의 지부활동으로 변경되었는데 조선영화동맹에서는 12월 10일 서울지부의 결성을 결의하고 동월 24일 서울지부 결성식을 갖는다. 서울지부의 위원장은 이재명, 부위원장은 서광제(徐光霽)가 맡았고, 20명의 집행위원 중 영화배우 출신으로 김소영(金素英), 이숙(李淑), 최운봉, 남승민, 남홍일(南弘一), 이현 등 6명이 선출되었다. 조선영화동맹 중앙집행위원인 김한, 독은기, 문예봉을 포함한다면 이 시기 영화운동의 중심에 영화배우만 9명이 포함된 것이다. 앞서 살펴본 것처럼 영화건설본부나 프롤레타리아영화동맹, 조선영화동맹에서 영화배우는 1~2명 정도만이 집행위원에 포함되었던 것과는 달리 1946년 말에 이르면 조선영화동맹과 조선영화동맹 서울지부에 영화배우들

---

14 한상언, 위의 논문, 55~57쪽.
15 위의 논문, 42쪽.
16 《獨立新報》, 1946.8.22.

이 대거 전면에 나서게 됨을 알 수 있다. 이는 뒤에 살펴보겠지만, 1946년 6월부터 시작된 조선영화협단의 적극적인 활동과 관련이 있었다.

조선영화동맹은 1947년 초까지 서울지부를 중심으로 활발한 활동을 벌였다. 그러나 동년 7월 제2차 미소공동위원회가 결렬되면서 타격을 입게 된다. 서울에서는 좌익에 대한 대대적인 탄압이 시작되어 영화동맹의 중요인물들인 서광제, 윤상렬, 문예봉 등이 1948년 월북했다. 자연스럽게 남쪽에 남은 이들은 영화동맹과 거리를 두었는데 이로써 조선영화동맹의 활동도 막을 내리게 된다.

3. 조선영화협단의 설립과 공연물

일제의 선전기관이던 조선영화사에서는 해방 직전까지 신작 〈우리들의 전장(我等の戰場)〉의 개봉을 준비하고 있었다. 해방이 되자 조선영화사의 모든 계획은 취소되었다. 이를 대신하여 조선영화인들은 역사적 순간을 담은 기록영화 제작에 역량을 집중했다. 추민이 언급했듯이 "民族 劃期의 國寶的 記錄을 남김이 우리에게 賦課된 使命이요 任務"[17]였기 때문이었다.

해방으로 극영화 제작이 중지되자 조선영화사 전속 배우들은 일단 연기활동을 접을 수밖에 없었다. 일부 영화인들을 제외하고는 무대경험이 없었기 때문에 활발하게 일어나던 연극단체에 가입하기도 쉽지 않았다. 이들은 조선영화건설본부 산하 영화배우 모임인 월요회를 조직하여 단결된 활동을 견지했으며, 김일해가 인수한 조선영화사 부속 사진관(寫場)에 근거지를 마련했다.[18] 또한 연기를 쉬지 않기 위해서 영화와 연극을 결합한 키노드라마 제작

---

17 秋民, 〈映畵協團에 檄함〉, 《映畵時代》, 1947년 1월호, 58쪽.
18 조명기사 김성춘은 이 장소가 김일해, 독은기, 권영팔, 이병일, 김한, 조택원 등 좌익예술

계획을 세운다.

映畵演技者의 『키노드라마』
과도기(過渡期)에 직면한 조선 영화배우(映畵排優)들은 당분동안 극영화(劇映畵 製作)의 휴식상태에 빠진 것을 기회로 『키노드라마』 운동을 이르컷는데 윤백남(尹白南)씨 최의 각본 『네 게의 彈丸』을 가지고 제一회 준비회를 개작하엿다는바 하는 연기자는 아래와 갓다
徐月影 李錦龍 金漢 獨銀麒 金一海 金素英 文藝峰 卜惠淑 金傑 金瑛 南弘一 南承民 金永斗 李賢[19]

위의 기사에서 확인 할 수 있듯이 키노드라마 운동을 위해 영화건설본부 위원장인 윤백남이 쓴 〈네 개의 탄환〉이라는 각본으로 제1회 공연을 준비했다. 출연은 조영 전속 배우들이 망라되었다. 그러나 이 계획은 곧 수정된다. 키노드라마의 극본이 윤백남이 쓴 〈네 개의 탄환〉 대신에 조선프롤레타리아 연극동맹 산하 혁명극장(革命劇場)의 작가 박영호(朴英鎬)의 작품으로 바뀐 것이다. 박영호는 일제강점기 조선영화사가 마지막으로 제작한 〈우리들의 전장〉의 원작자였다.

『키노드라마』
脚本은 朴英鎬氏 作
映畵演技者들이 計劃 中이든 키오드라마의 脚本은 作家 朴英鎬氏의 作品으로 變更되어 執筆 中이라고 하는 바 月末까지 脫稿 豫定이므로 新正公演으로 되리라 한다.[20]

인들이 주로 모이던 남로당 아지트와 비슷한 장소였다고 회고했다. 한국예술연구소 편, 『이영일의 한국영화사를 위한 증언록—김성춘 · 복혜숙 · 이구영 편』, 도서출판 소도, 2003, 58쪽.
19 《中央新聞》, 1945.11.5.
20 《中央新聞》, 1945.11.12.

윤백남의 각본은 이미 탈고되었던데 비해 박영호의 각본은 집필 시작 전이었다. 이렇게 갑작스럽게 각본을 바꾼 데에는 무슨 이유가 있어 보인다. 이즈음 영화배우들을 이끌고 있던 김한을 비롯하여 김걸, 이현 등 소장 영화배우들이 노선의 선명성을 부각시키며 탄생한 조선프롤레타리아영화동맹에 가입했다. 이들의 입장에서 윤백남의 보수적 성향은 수용하기 힘든 것이었다. 이를 전후하여 윤백남의 조선영화건설본부 위원장직 사퇴는 이러한 보수영화인과 좌익영화인 사이의 갈등을 내포하고 있었다.

키노드라마단은 본격적인 활동을 위해 작극, 기획사무, 선전, 진행, 공연주무, 회계, 서무등 부서를 결정했다. 부서의 운영 인물로는 김한, 독은기, 전택이(田澤二), 남홍일, 김건(金健), 남승민, 김일해(金一海), 최운봉 등이 참여했다. 또한 〈해방뉴스〉의 편집을 담당한 바 있었던 박기채(朴基采)에게 연출을 맡겼다.[21] 그러나 키노드라마단의 운영은 지지부진했다. 당시 박영호는 혁명극장의 창단작품인 〈번지 없는 부락〉의 공연을 마친 후, 다음 작품인 〈인민위원회〉와 〈북위 38도〉의 창작에 몰두하고 있었기에,[22] 키노드라마 각본을 쓸 여력이 없었다.

이즈음 일제강점기 토월회를 이끌던 박승희(朴勝喜)가 토월회(土月會)를 재건한다. 조영 소속 영화배우 중 최고참이라 할 수 있는 서월영(徐月影), 복

---

21 키노드라마단
   運營部署 決定
   朝鮮映畫社 在職 演技者를 中心으로 結成된 映畫人 키노드라마은 다음과 갓이 各 部署를 決定하엿고 演出엔 朴基采 氏가 內定되엿다 한다
   作劇 企劃事務 金漢 獨銀麒 田澤二 南弘一 金健
   宣傳 金健 田澤二 南承民
   進行 金一海 崔雲峰 田澤二 金漢
   公演主務 金漢 田澤二
   會計 李錫薰 獨銀麒
   庶務 徐○○ 張斗○ 李賢 金○斗 朴喜○ 吳○彦
   《中央新聞》, 1945.12.4.
22 《中央新聞》, 1945.12.12.

혜숙(卜惠淑)이 토월회 출신이었기 때문에 이들 키노드라마단의 배우들은 자연스럽게 토월회 공연에 출연을 하게 된다.[23] 토월회의 창립공연인 〈40년〉에서 꽃 파는 장님 소녀 역으로 출연한바 있는 영화배우 최은희(崔銀姬)는 이 작품을 통해 복혜숙, 서월영, 독은기, 김소영, 김일해, 최운봉, 김신재 등 조영 소속 영화인들을 만날 수 있었다고 회고했다.[24] 최은희의 회고를 빌린다면 키노드라마단 주요 영화배우들이 총출연한 것이다. 그러나 김일해는 조선영화협단의 무대를 통해 처음 실연을 하게 되었다고 언급 했다.[25] 그렇다면 키노드라마단원 전원이 참여한 것이 아니라 일부가 응원차 방문한 것으로 추정해 볼 수 있다.

키노드라마단은 1945년 말 신탁통치안을 두고 일어난 혼란과 조선 내 필름의 품귀현상, 극본의 미비로 인해 별다른 활동을 펼치지 못했다. 1946년 들어 〈똘똘이의 모험〉, 〈자유만세〉 등 일부 극영화 제작이 시작되었으나 일부 영화배우들에게만 해당되는 것이었다. 여전히 극영화의 활발한 제작은 요원했다. 이들 키노드라마단의 배우들은 키노드라마 대신 연극을 하기로 하고 단체의 이름을 조선영화협단으로 바꾼다.

---

23 당시 신문에 실린 출연진 중 조영 소속 배우는 서월영, 독은기, 복혜숙의 이름만 실려 있다. 《中央新聞》, 1945.12.15.
24 최은희는 해방 후 첫 출연작을 회고하면서 이후 자신이 영화계에 활동하며 함께 출연한 인물들을 주로 꼽고 있다. 최은희, 『최은희의 고백』, 랜덤하우스, 2007, 40쪽.
25 金一海, 〈歸國船에 出演하면서〉, 《映畫時代》, 1947년 1월호, 59쪽.

[표 1] 조선영화협단 공연 작품 일람

제목	공연기간	기획	원작	각본	연출	장치	출연
안개 낀 부두 (3막)	46.6.13 ~19	김한	M. 파뇰	함세덕	이서향	윤상렬 김일영	서월영, 이금룡, 김일해, 독은기, 남승민, 최운봉, 전택이, 남홍일, 권영팔, 이현, 김영, 김걸, 오정언, 김소영, 이숙, 임정희
고향 (1막)	46.9.7 ~?	김한	–	–	–	–	–
귀국선 (1막)	46.11.8 ~12	김한	이경선	김영수	이병일	윤상렬	서월영, 김일해, 독은기, 남승민, 최운봉, 김소영, 이숙, 한소야, 임현죽
결혼조건 (1막)	47.5.18 ~27	김한	–	김영수	이병일	윤상렬	김일해, 독은기, 남승민, 최운봉, 권영팔, 남홍일, 김영, 김소영, 이숙, 임현죽

조선영화협단의 설립에 대해 영화배우 남승민은 "解放 後 藝術的 良心으로 映畵創作을 渴望하야 왔스나 映畵製作의 大企業의 必然性으로 因하야 素材, 機構, 設備 等 不備함으로 映畵藝術을 通하야 建國大業에 一助치 못함과 同時에 觀客大衆의 要請에 應하지 못함을 遺憾으로 생각하고 映畵藝術의 가까운 親友인 演劇藝術을 通하야 『大業』에 獻身코저 몇몇 同人이 數月에 넘는 努力과 準備를 거듭한 結果 映畵協團을 組織"[26]되었다고 말했다. 극영화의 휴식으로 키노드라마 운동을 펼치려 했던 키노드라마단의 연장선에 조선영화협단이 위치하고 있음을 말하고 있는 것이다.

조선영화협단은 첫 공연으로 1946년 6월 13일부터 19일까지 국도극장에서 〈안개 낀 부두〉를 상연한다. 프랑스의 극작가 마르셀 파뇰(Marcel Pagnol)의 〈마르세이유 3부작〉 중 〈화니(Fanny)〉를 함세덕(咸世德) 번안, 이서향(李曙鄕) 연출, 윤상렬, 김일영(金—影) 장치로 만들었으며, 서월영, 이금룡, 김일해, 독은기, 남승민, 최운봉, 전택이, 남홍일, 권영팔(權寧八), 이현, 김

---

26 南承民, 〈故鄕에 出演하고나서〉, 《映畵時代》, 1947년 1월호, 55쪽.

영(金瑛), 김걸, 오정언(吳正彦) 등이 출연했다. 함세덕과 이서향, 김일영은 모두 조선연극동맹을 이끌던 주요 맹원이었다.

조선영화협단에서 이 작품을 채택한 이유는 우선 조선관객들에게 친숙한 작품이란 점 때문일 것이다. 이미 독일에서 만들어진 에밀 야닝스(Emil Jannings) 주연의 〈화니(Fanny)〉가 일제강점 당시 조선에서 상영된 바 있었기에 관객과 배우 모두 이 작품과 친숙했다.[27] 또 다른 이유는 이 작품이 "일상의 진술한 삶을 사실적으로 그려낸 걸작으로", "교훈주의가 내포된 사회극의 특성"[28]을 가지고 있기 때문에, 관객들에게 친숙한 작품을 가지고 사회적 메시지를 전달할 수 있다는 점에서 이 작품을 선택했을 가능성도 있다.

〈안개 낀 부두〉에 이은 조선영화협단의 두 번째 작품은 〈고향〉이었다. 1946년 9월 7일 이규환 연출의 〈똘똘이의 모험〉 개봉 당시 국제극장에서 동시공연 형태로 공연된 단막극이었다.[29] 이 공연에 대한 자세한 내용은 남겨진 자료가 없어 알 수 없다. 그러나 "映畫演技者들은 거이다−反動으로서의 落伍 없이 우리 文化陣容의 强「팀」을 形成하고 活動하야 進步的 文化人으로서의 遜色을 보히지 않았음에 對하여서는 구준한 拍手를 보"[30]낸다는 영화동맹 서기장 추민의 격려를 볼 때, 이 작품 역시 통속적인 내용 속에 사회성 있는 메시지를 담은 작품일 것으로 추정할 수 있다.

세 번째 작품은 1946년 11월 8일부터 12일까지 수도극장에서 공연된 〈귀국선〉이다. 수도극장은 일제 말기 조선영화사의 진행주임을 맡은 바 있었던 홍찬(洪燦)이 해방 이후 적산관리인으로 있었는데, 수도극장의 낙후한 내부 시설을 정비하고 1946년 11월 8일 재개장 하면서 조영 배우들이 중심이 된

27　조선영화동맹에서는 1946년 9월 26일부터 10월 1일까지 세계명작주간을 개최하며 〈화니〉(Der schwarze Walfisch)를 상영했다. 한상언, 위의 논문, 61쪽.

28　신현숙, 『20세기 프랑스 연극』, 문학과지성사, 1997, 78~79쪽.

29　《東亞日報》, 1946.9.7.

30　秋民, 위의 글, 68쪽.

조선영화협단의 공연을 피로공연으로 선보인 것이다.[31]

1회 공연이었던 〈안개 낀 부두〉는 전문 연출가인 이서향과 극작가 함세덕
이 연출을 맡은 데 비해 〈귀국선〉은 영화감독 이병일(李炳逸)이 연출을, 영
화배우 이경선(李慶善)이 작안을, 시나리오 작가 김영수(金永壽)가 편극을
맡았다. 보다 영화인 중심으로 바뀐 것이다. 또한 1, 2회 공연에서보다 직접
적으로 사회적인 문제를 노출시키는데 주력하여 해방을 맞아 중국 등지에서
고국으로 돌아온 전재동포(戰災同胞)와 친일파(親日派), 민족반역자(民族反
逆者)의 문제를 제기 했다.[32]

이 공연에 대해 채정근(蔡廷根)은 "「歸國船」에서 特히 눈에 뜨인 것은 그
저 스마-트한 모던뽀이式이 아니라 時事性에 敏感하여 一般劇團이 좀처럼
企圖하지 못하는 時代批判의 尖銳性을 가지려는 努力이다. 비록 一幕物의 小
作임에 不拘하고 「海外戰災同胞」라는 것의 正體를 들이내되 獵奇的이 아니
라 健全한 面에서 取扱한 「우리의 自己 批判」이 깁히는 여트나마 歷歷히 보
인다."[33]며 그 노력을 긍정적으로 평가했다. 당시 미군정의 공연물에 대한 취
체강화로 사회비판적 내용의 공연물들이 위축되고 대신 대중추수적인 악극
등이 유행하기 시작하던 시기에 사회적 문제를 정면에서 다룬 〈귀국선〉은 비
록 소품이었지만 주목 받기 충분했다.

---

31 《日刊藝術通信》, 1946.11.9.
32 귀국선의 내용은 다음과 같다. "上海에서 댄서-로 잇던 미도리는 그의 情夫 宋德洙와
  가치 歸國船에 올랐다. 그들은 돈을 가지고 本國으로 들어갈수 업다는 것을 알자 잇는
  것을 모두 털어서 금덩어리로 바꾸엇던 것이다. 그러나 전에 上海 日本領事館에서
  스파이짓을 하던 宋은 끗끗내 참다운 人間으로 돌아갈수는 업섯다. 마침내 금덩이를
  저 혼자 먹으려고 미도리를 멀리하고 경계하기에 用意周到하엿다. 그러나 미도리는
  또 미도리 대로 생각이 잇엇다. 생각다 못해 그는 宋의 품에서 금덩어리를 훔쳐 내엇다.
  반타작을 하자는 미도리와 송두리째 먹으려는 宋과 사이에는 마침내 生死를 決하는
  단판 싸움이 벌어진다.─이것이 바루 來日이면 仁川에 入港한다는 前날 밤에 歸國船에서
  벌어진 이야기의 한토막이다."《日刊藝術通信》, 1946.11.7.
33 채정근, 〈歸國船의 時代感覺〉, 《日刊藝術通信》, 1946.11.11.

〈귀국선〉의 호평으로 조선영화협단에서는 차기작으로 사회적 문제를 다룬 극을 제작하려 했다. 그렇게 선택된 작품은 일제시대 와세다대학교 연극예술연구회에서 한차례 공연된 후 상연금지 되었던 미요시 주로(三好十郎) 원작의 〈목짤리운 사나이〉였다. 이 작품은 당시 "反帝的 行政의 銳利한 풍자 名劇"이라고 평가 받고 있었다.[34] 그러나 사회풍자적 작품을 공연하려던 시도는 미군정의 강력한 취체와 대중운동에 대한 탄압 등으로 실패하고 조선영화협단은 오랜 침묵에 빠질 수밖에 없었다. 영화배우들은 무대에 서는 대신 거리로 나가 전재동포를 위한 자선모금회에 참여하는 식의 대중운동에 참여했다.[35] 영화동맹 집행위원이기도 했던 문예봉은 그 대중적 인기로 인해 각종 집회와 시위에 참여했으며, 스크린이나 극장무대에 서기보다는 공장과 농촌의 위문공연에 주로 출연하는 식으로 대중과 만났다.[36]

조선영화협단의 4회 공연은 1947년 5월 18일부터 27일까지 국도극장에서 공연되었다. 무려 반년 만에 공연이 성사된 것이다. 그 사이 조선영화협단이 주축이 된 극영화 〈봉화〉의 제작이 추진되었으나 무산되었다. 4회 공연은 제2차 미소공동위원회 개막을 축하하는 의미를 가지고 있었다. 공연 제목은 〈결혼조건(結婚條件)〉이며 3회 공연과 마찬가지로 김영수가 번안하고, 이병일이 연출을, 윤상렬이 장치를 맡았다. 서울서 공부하고 고향으로 돌아온 한 여인이 결혼상대자를 고르는 내용의 희극이었다. 이 작품은 배역과 배우의 성격이 일치하고, 조선서 드문 희극으로 성과를 얻었고, 영화배우들이 무대에서 정성껏 연기를 했다는 점 등을 들어 새로운 코미디라는 평가를 얻었다.[37] 그러나 〈결혼조건〉을 마지막으로 조선영화협단의 활동은 끝을 맺게 된다.

---

34 《日刊藝術通信》, 1946.11.20.

35 《日刊藝術通信》, 1946.12.27.

36 《日刊藝術通信》, 1947.1.1.

37 O生, 〈새로운 코메디―映畵協團 「結婚條件」을 보고〉, 《文化日報》, 1947.5.21.

4. 조선영화협단원의 민족영화론

1946년 중순부터 영화운동의 중심부에서 활동하게 되는 조선영화협단원들은 영화배우의 실연이라는 볼거리를 통해 대중의 관심을 환기시키고, 동시에 그 관심을 이용하여 "해방 후 조선에서는 어떤 영화를 추구해야 하며 연기자들은 어떻게 이에 이바지해야 하는가?"하는 문제를 제기했다. 이는 조선의 영화와 영화인이 진보적 민족국가수립에 이바지해야 한다는, 영화운동의 중심목표인 "민족영화론"과 관련한 것이었다. 민족영화론에 관해 영화동맹 서기장인 추민의 논리정연한 글보다는 최운봉, 독은기, 김일해, 이숙 등 유명 배우들의 연기와 글에 대중들이 더 관심을 갖는 것이 당연한 것이다. 당시 영화동맹 내에서 이들 배우들의 활동이 두드러진 이유라 볼 수 있다.

1946년 11월, 〈귀국선〉의 공연을 전후하여 《日刊藝術通信》과 《映畵時代》에서는 조선영화협단의 활동에 주목하는 기사가 대거 등장한다. 특히 《映畵時代》에는 주요 영화협단원의 글을 특집으로 실었다. 이 글들은 연기자들의 연기자평(自評), 연기론, 연기자의 자세, 영화론까지 다양하며 이는 결국 조선영화와 영화인이 민족국가수립에 이바지해야 한다는 민족영화론에 이어져 있었다.

예를 들어 김일해, 남승민 등 무대경험이 없는 배우들은 첫 무대의 낯섦을 언급하며 자신들의 연기가 실패했다고 반성하고 있다.[38] 이는 단지 처음 선 무대가 낯설어 어색했다는 의미 이상이다. 독은기가 언급하고 있듯이 주관적 연기와 객관적연기의 차이에서 오는 연기술의 실패를 말하고 있다. 즉 "現實社會에 있는 眞實과 藝術上에 나타나는 眞實과는 다르"며, "一方은 바로 自然 그것이고, 一方은 自然스럽게 다시 再現된 것"을 의미 한다. 고로 배우 스스로 자연스럽다고 생각하는 것과 관객 혹은 카메라에서 보았을 때의 자연

---

38 金一海, 위의 글; 南承民, 위의 글.

스러움은 다르며 배우 스스로 자연스럽다고 느끼는 것은 주관적연기이고, 관객 혹은 카메라에서 보았을 때, 자연스러운 것은 객관적연기라는 것이다.[39] 그래서 배우는 객관적연기를 추구해야 한다고 주장하고 있다. 이는 김일해가 "스파이로서의 觀衆의 心琴을 끝까지 니끌만한 그 무슨 魅力을 갖지 못했"[40] 다고 말하는 것이 바로 스파이로서의 객관적연기에 실패했다는 것을 의미하는 것이다.

조선영화협단의 기획을 맡고 있던 김한의 부인으로 연극배우 출신의 조선영화협단원인 이숙(李淑)은 과거 일제시기 국민연극에 출연했던 경험을 이야기 하며 해방을 맞아 우리의 미풍과 관습, 생활을 마음대로 연기할 수 있는 시기가 왔다. 그렇다고 아무작품이나 무턱대고 출연하지 말고, "人民을 爲한 것, 一部層의 頑賞的 對象이 되지 말고 映畵나 演劇을 통해서 人民의 피가 되고 살이 될 수 있는 것을 하여야" 한다고 주장한다. 이를 위해 연기자들은 "大衆속에 들어가서 體得하여야"하며, "俳優貴族이 되지 말고 藝術至上主義가 되지"말아야 함을 역설하고 있다.[41] 배우의 자세에 대해 말하고 있는 것이다. 그렇다면 인민을 위한 것은 무엇인가? 최운봉의 글 속에 그 해답을 찾을 수 있다.

옛날에는 貴族이나 또는 特權階級이나 그들의 追從하는 一派의 庇護 下에 成長해왔다. 그래서 近代에 와서는 그 保護者는 金權者가 되었고 따라서 모든 藝術의 內容도 金權者에게만 아첨하는 傾向이 明白함을 였볼수 있게 되었다. 그러나 今番 第二世界大戰을 契機로 해서 現代는 大衆의 世界가 되어가고 있다. 이때에 있어서 切實이 늦겨지는 바는 卽 모든 藝術은 民衆化다. 映畵는 이 새로운 世代에 潮流와 合致된다느니 보담 이 潮流속에서 生長한 藝術이라고 해두 過言은 안일 것이다. 그럼으로서 映畵는 大衆에게 充分한 滿足을 준

---

39 獨銀麒, 〈主觀的演技와 客觀的演技〉, 《映畵時代》, 1947년 1월호, 54쪽.
40 김일해, 위의 글, 59쪽.
41 李淑, 〈演技人의 使命〉, 《映畵時代》, 1947년 1월호, 61쪽.

다. 이 點에 있어서 또는 充分한 責任을 질머저야 할 것이다. (중략) 나는 구름
한 점 없이 맑게 개인 가을 하늘과도 같이 맑고 깨끗한 눈으로 본 人生과 生活
어느 特權階級人만의 利益을 위하는 思想을 排除한 거짓없는 內容에 表現만이
映畵의 참된 使命일까한다. 不愉快한 센치멘타리즘 安價하고 淺薄한 運命觀
이러한 것이 그 얼마나 不知不識 中에 大衆의 마음을 어지럽게 또 괴롭게 만
들 것인가.

모든 다른 藝術이 特權階級의 노리개의 立場을 떠나 民衆化할냐는 오늘날 朝
鮮映畵藝術도 새로운 文化樣式 朝鮮 固有의 文化를 基準으로 해서 一切의 虛
僞를 버린 새로운 內容 大衆에게 이런 새로운 文化에 모든 形態와 마음을 傳
함으로서 映畵가 大衆藝術로서의 使命을 다했다 할 수 있을 것이고 따라서 映
畵를 製作하는 사람들은 理想的 夢想의 나라를 그리고 있는 文化批評家인 同
時에 理想的 國家文化 建設者가 될 수 있으리라고 나는 깊이 밋는 바이다.[42]

최운봉은 과거의 영화가 특권층의 이익을 대변했다면 오늘날 조선영화는
새로운 文化樣式과 朝鮮 固有의 文化를 基準으로 해서 一切의 虛僞를 버린
새로운 內容을 통해 大衆에게 이바지해야 한다고 주장했다. 다시 말해 진보
적 민족국가를 수립하는데 있어 영화는 특권계급의 입장을 반영한 것이 아니
라 민중과 민족의 이익을 대변해야 하고, 연기자는 이에 복무해야 한다는 점
을 명확히 한 것이다. 이는 영화동맹의 목표인 민족영화 수립과 맥을 같이
하고 있다. 영화제작이 불가능한 당시의 상황에서 조선영화동맹은 조선영화
계의 스타들이 주축이 된 조선영화협단을 통해 민족영화가 어떤 모습을 해야
하는지 보여주려 했던 것이다.

---

42 崔雲峰, 〈映畵는 大衆에게 무엇을 줄것인가?〉, 《映畵時代》, 1947년 1월호, 56~58쪽.

5. 영화운동의 소멸과 국민(인민)되기

　1947년 5월부터 시작된 제2차 미소공동위원회가 7월에 이르러 실패로 끝나면서 미군정과 우익세력은 남한 내의 좌익세력에 대한 본격적인 탄압을 시작했다. 특히 미군정의 묵인 하에 대청(대한민주청년동맹, 명예회장 이승만), 서청(서북청년단, 위원장 선우기성), 족청(조선민족청년단, 단장 이범석) 등 우익테러조직들이 좌익에 대한 무자비한 테러를 자행했다. 이에 맞서 좌익도 폭력투쟁으로 맞섰다. 특히 1948년 남한만의 단독선거를 치루기 위해 유엔조선위원단이 입국하자 민주주의민족전선에서는 2·7구국선언을 발표하여 공식적으로 무장투쟁을 선포하게 된다. 이로써 좌우의 갈등은 국지전으로 확대되었다. 이러한 상황에서 민주주의민족전선 산하에 있던 모든 운동단체들은 공식적인 활동을 멈췄다. 조선영화동맹 역시 그 활동을 멈췄다.

　조선영화협단을 중심으로 영화운동을 펼치던 주요 인물들은 선택의 기로에 놓인다. 여주인공으로 활동하던 김소영은 군정경찰의 후원으로 만들어진 〈수우(愁雨)〉를 마지막으로 무용가인 남편 조택원(趙澤元)과 미국으로 떠났다. 조택원의 미국순회 공연에 동행한 것이다. 〈귀국선〉과 〈결혼조건〉의 연출을 맡은 바 있던 이병일도 미군정의 도움으로 미국으로 간다. 좌익예술인으로 분류되는 조택원, 김소영, 이병일 등의 도미는 단정수립 직전 예술인들의 집단적인 월북에 맞서 예술인들에게 미국을 체험하도록 해서 월북을 막아보고자 했던 방법이었다.[43] 이들은 결과적으로 내전상태에 있던 조선을 떠나 미국으로 몸을 피했으며, 단정수립에서 6·25전쟁에 이르는 기간을 미국과 일본에서 보낼 수 있었다.[44]

43　소련을 경험하고 온 이태준의 『소련기행』(1947)이 출간되어 큰 반향을 일으키자 미군정이 예술인들의 동요를 막기 위한 대응으로 예술인들의 미국 체험을 주선한 것이다.

44　조택원과 이병일은 해방기 예술운동에 있어 좌익에 위치했음에도 불구하고 미군정의 도움으로 미국을 체험하고 단독정부수립에서 6·25에 이르는 폭력적인 기간을 국내에서

조선영화협단의 무대에 서진 않았지만 각종 집회와 공장, 농촌 등지로 순회를 다녔던 영화동맹 집행위원 문예봉, 조선영화협단의 무대를 책임졌던 윤상렬, 영화동맹 서울지부 부위원장 서광제 등은 1948년 초에 월북하여 북조선국립영화촬영소에서 활동하게 된다. 또한 조선영화동맹원이던 홍순학(洪淳鶴)은 지리산으로 들어가 빨치산이 되었다가 생포되어 사형을 선고받는다. 나머지 대부분의 조선영화협단원들은 남한에 남아 영화배우로 활동했다.

1948년 8월 15일 이승만정권이 들어서자 좌익 세력에 대한 색출에 국가가 본격적으로 나서기 시작한다. 남한에 남은 조선영화동맹원들은 좌익 사상을 몸에서 빼내야만 대한민국의 국민이 될 수 있었다. 정부수립 직후인 1948년 12월 1일 국가보안법이 제정되었고, 1949년 6월에는 좌익사상을 교화하는 국민보도연맹(國民保導聯盟)이 만들어졌다. 과거 좌익단체에 가입한 경력이 있는 사람들은 모두 국민보도연맹에 가입해서 사상교화를 받아야 했다. 정부에서는 자수하는 사람들에게는 선처를 하지만 그렇지 않을 경우 엄벌에 처한다는 엄포를 했다. 민주주의민족전선 산하단체였던 조선영화동맹원들 모두가 국민보도연맹 대상자였다.

가장 먼저 자수한 인물은 조선영화동맹 중앙집행위원이던 김정혁과 조선영화협단의 〈귀국선〉의 작안(作案)을 맡은 영화배우 이경선이었다.[45] 뒤이어 조선영화동맹 서울시지부 위원장 이재명과 조선영화동맹 서기장 허달(許達), 조선영화동맹 중앙집행위원장이자 조선영화협단 기획 김한, 조선영화동맹 중앙집행위원장이자 조선영화협단 배우로 활동하던 독은기, 조선영화협단 배우 김일해 등이 자수하여 국민보도연맹에 가입했다.[46] 대한민국 국민이 되기 위해서는 국민보도연맹에 가입하여 좌익사상을 '세탁'하고 반공사상으로 재무장해야 했다.

보내지 않았기 때문에 훗날 남한에 돌아와 예술원회원으로 대우받을 수 있었다.
45 《東亞日報》, 1949.12.1.
46 《自由新聞》, 1949.12.2.

영화계 국민보도연맹 가입자들은 6·25가 발발하면서 또 다시 선택을 강요받는다. 조선영화협단에서 활동하던 독은기는 조선영화협단에서 같이 활동하던 남승민, 최운봉 등과 월북하여 북에서 만든 선전영화에 출연한다. 조선영화동맹 서울시지부 집행위원이자 1949년 〈마음의 고향〉을 연출한 바 있었던 윤용규(尹龍奎)가 월북하여 만든 전쟁선전영화인 〈소년 빨치산〉에서 독은기는 남한의 경찰대장 역을, 남승민은 면당위원장 역을 맡았다. 최운봉은 1954년 윤용규가 연출한 〈빨치산의 처녀〉에 최만수 역으로 출연했다. 이 영화의 주인공은 문예봉이었다.[47] 이처럼 북한을 택한 사람들은 북한의 인민이 되기 위해 전쟁에 참여해야했다. 일제말기 태평양전쟁에서 조선인을 동원하기 위해 선전영화의 주인공으로 출연했던 인물들이 6·25전쟁에서의 인적 물적 동원을 위해 다시 스크린 앞에 선 것이다.

남한에 남은 영화배우들도 마찬가지였다. 서울이 국군에게 수복된 뒤 김일해는 우익테러조직의 표적이 되었다. 김일해는 우익테러조직이 들이닥칠지 몰라 집에서 나와 몸을 숨겼다. 1948년 이승만의 해방 후 행적을 담은 기록영화 〈민족의 절규〉를 연출한 안경호가 살해위협에 시달리던 김일해를 자신의 집에서 보호해주었다.[48] 이후 김일해는 〈출격명령〉(1954)에 출연하는 등 국군연예대와 관련한 활동을 통해 살해 위협에서 벗어나게 된다. 이북의 영화인들과 마찬가지로 전쟁에 참여하면서 비로소 대한민국의 국민이 된 것이다.

6. 나오며

지금까지 해방기 영화운동의 중요 역할을 담당한 조선영화사 출신 배우들

47 《로동신문》, 1954.11.27.
48 안경호 인터뷰, 2007.10.6.

의 활동을 이들의 집단적인 활동의 구심체가 되었던 조선영화협단을 중심으로 살펴보았다.

해방 직후 극영화 제작이 중단되자 영화배우들은 활동을 멈추는 대신 영화운동에 나섰다. 이들은 좌우 분열과 미군정의 탄압으로 위축된 조선영화동맹의 주축으로 활동했다. 이들은 주로 '조선영화협단'이라는 영화배우가 중심이 된 극단을 통해 친일파 문제 등 사회문제들을 제기했으며, 각종 대중운동에 적극참여하면서 스크린 속이 아닌 스크린 밖에서 주로 활동했다. 조선영화사 출신 영화배우들이 중심이 된 영화운동은 제2차 미소공동위원회가 성과 없이 끝나고 미군정과 우익의 좌익에 대한 탄압이 가중되면서 소멸한다. 문예봉을 비롯한 영화운동의 중요인물들은 월북하여 북한에서 활동한다.

남북에 서로 다른 정부가 들어서면서 영화운동 역시 실패로 돌아갔다. 그러나 남한에 들어선 이승만 정권은 반공이데올로기를 앞세우며 좌익세력의 색출에 나섰다. 이를 위해 국민보도연맹을 만들어 과거 좌익운동단체에 가입 경력이 있는 모든 이들이 자수하여 국민보도연맹에서 사상교화를 받도록 했다. 월북하지 않고 남한에 남은 주요 영화인들이 자수하여 국민보도연맹에 가입했으며 6·25전쟁이 일어나 보도연맹원과 북한 점령기간 동안 부역한 영화인에 대해 무자비한 탄압을 가했다. 남한에서 활동하던 영화인들은 다시금 선택을 강요받게 되는데, 독은기, 남승민, 최운봉 등은 월북해서 전쟁기간 북에서 만든 선전영화에 출연하게 되며, 김일해는 목숨을 구해 남한의 군 예대에 가입해서 활동하게 된다.

이처럼 해방에서 6·25전쟁에 이르는 기간, 대중에게 잘 알려진 영화배우들은 주체적으로 활동할 수 없었다. 국민이 되지 않으면 국가와 이데올로기의 폭력 앞에 여지없이 노출될 수 밖에 없었던 것이다. 이는 국가와 민족이라는 이름 앞에 개인을 잃어버려야 했던 이 시기 영화인들의 고통을 잘 증명한다.

참고문헌

1. 단행본 및 논문류

金一海,〈歸國船에 出演하면서〉,《映畵時代》, 1947년 1월호.

南承民,〈故郷에 出演하고나서〉,《映畵時代》, 1947년 1월호.

獨銀麒,〈主觀的演技와 客觀的演技〉,《映畵時代》, 1947년 1월호.

신현숙,『20세기 프랑스 연극』, 문학과지성사, 1997.

李淑,〈演技人의 使命〉,《映畵時代》, 1947년 1월호.

채정근,〈歸國船의 時代感覺〉,《日刊藝術通信》, 1946.11.11.

崔雲峰,〈映畵는 大衆에게 무엇을 줄것인가?〉,《映畵時代》, 1947년 1월호.

최은희,『최은희의 고백』, 랜덤하우스, 2007, 40쪽.

秋民,〈映畵協團에 檄함〉,《映畵時代》, 1947년 1월호.

한국예술연구소 편,『이영일의 한국영화사를 위한 증언록-김성춘·복혜숙·이구영
　　　편』, 도서출판 소도, 2003.

한상언,「해방기 영화인 조직 연구」, 한양대석사학위논문, 2007.

O生,〈새로운 코메듸-映畵協團「結婚條件」을 보고〉,《文化日報》, 1947.5.21.

2. 신문기사

《大東新聞》, 1946.3.7.

《獨立新報》, 1946.8.22.

《東亞日報》, 1946.9.7, 1949.12.1.

《로동신문》, 1954.11.27.

《每日新報》, 1945.9.25.

《日刊藝術通信》, 1946.11.7,9,20, 12.27, 1947.1.1.

《日刊朝鮮通信》, 1945.10.1.

《自由新聞》, 1946.6.5, 1949.12.2.

《中央新聞》, 1945.11.5,9,12,22,23, 12.4,15, 1946.3.8.

《解放日報》, 1945.12.19.

3. 기타

안경호 인터뷰, 2007.10.6.

〈봉화 烽火〉와 〈이재수의 난〉
비교 연구

이효인

1. 들어가며

'이재수의 난'은 1901년(광무 5년, 신축년)에 일어난 민란으로, 그 원인은 중앙 정부의 혹심한 세금 착취와 그 세금을 걷으러 온 봉세관 강봉헌의 수족 노릇을 한 일부 천주교인들의 행동에 기인한 것이었다. 직접적 계기는 천주교인들이 마을 유지였던 훈장 현유순의 집을 습격하고 잡아가는 과정에서 일어난 사망 사건이었다. 대정 군수의 수사에도 천주교는 치외법권을 내세워 천주교인들을 보호하였고, 이것이 발단이 되어 도민과 교인들 간의 분쟁이 시작된 것이다.[1] 하지만 천주교 측에서는 이 난을 일종의 종교 박해(교란, 敎亂)라고 지칭하는 한편 도민들의 봉기 배경을 보다 폭넓게 해석한다. 즉 도민과 교인 간의 충돌이라는 이분법 대신에 토착민, 토착인 관리, 파견 관리, 귀양 온 지배층, 관리들에게 영향력을 행사했던 일인 밀어업자들, 프랑스 선

---

1 『황성신문』, 1901.2.30.

교사와 교인들 등 다자의 충돌로 해석하는 것이다.[2]

'이재수의 난'이 예술 형식으로 표현된 것은 제주 출신 작가 현기영의 『변방에 우짖는 새』(1983)가 처음이었다. 사건이 난지 80년 지나서 문학으로 조명된 이 소설은 당시 귀양생활을 했던 한말 거물 정객 김윤식(金允植, 1835~1922)의 일기인 『속음청사(續陰晴史)』를 기본으로 삼고 각종 자료와 구술을 참고하여 집필된 것이다. 이 소설은 이재수의 난이 일어나기 3년 전에 발생한 방성칠 난과 이재수 난을 같이 다루고 있다. 이후 이 소설의 후반부 즉 '이재수의 난'만을 소재로 한 영화가 박광수 감독에 의해 〈이재수의 난〉(1999)으로 탄생한다. 실제의 사건 즉 스토리 정보를 선택하고 재배치/가공한 소설의 플롯은 영화 제작 과정에서 다시 제한된 영화 상영 시간 속에 재배치되어 있다. 플롯으로 선택한 사건들은 소설과 영화에서 거의 비슷하지만, 영화가 선택한 인물 묘사와 스타일 그리고 친절하지 않은 스토리 정보 제공은 결과적으로 소설가 현기영이 그려낸 이재수의 난과는 다른 느낌을 준다.

본고에서는 앞에서 언급한 사항들을 비교의 대상으로 삼아, 1947년 해방 직후에 미완성인 채로 발표된 시나리오 작품 〈봉화烽火, 일명 제주도 이재수 난〉을 다루고자 한다. 이 작품은 조선영화동맹이 조직적으로 추진하였는데 기획 이재명, 감독 이병일, 극본 최광운(최금동) 등에 의해 시도되었다.[3] 시나리오는 『신천지』 1946년 7월호부터 10월호까지 4회 연재되었는데, 이재수가 봉기를 결행하여 파죽지세로 나아가는 과정까지만 그려진 채 "부득이한 사정으로 중단"[4]한다고만 밝히고 있다. 당시 최인규 감독이 대단히 비현실적 설정의 독립투쟁을 다룬 영화 〈자유만세〉(1946)를 만들었던 것에 비해 조선

---

2 김옥희, 「제주도 천주교의 수용 전개과정」, 『탐라문화』, Vol 1-06, 1987, 170쪽.

3 씨나리오 「봉화(烽火)」 영화협단서 제작, 『서울신문』, 1947.1.18. 촬영에 착수하기로 하였다는 이 기사의 스탭 및 출연진은 다음과 같다. 시나리오 최금동, 연출 이병일, 촬영 이용민, 기획 제작 김한, 출연 서월영, 독은기, 최운봉, 김소영, 문예봉 외 조선영화협단 전 단원.

4 『신천지』, 1946.10, 172쪽.

영화동맹의 구성원들은 해방 직후의 혼란 속에서 '영화 제작'보다는 '영화인 활동'에 더 치중했다. 그런 가운데 추진한 극영화 제작 시도가 그들에게 각별한 의미를 지녔을 것이라고 추측하는 것은 어려운 일이 아니다. 특히 1945년 종전 이후 조선은 이념과 사상의 각축장이었던 만큼 영화인들의 활동에는 이러한 혼란이 반영되어 있으며, 조선영화동맹 소속 영화인들의 행동주의적 경향이 강했던 것은 자연스러운 일이었다고 볼 수 있다.

이런 맥락에서 〈봉화〉(1946)를 다루는 것은 식민지 이후 남북 분단이 시작되는 시기 즉 1945년 8월 15일부터 남한 단독정부 수립(1945.5.10 총선거, 8.15 정부 수립 선포) 과정에서 전개된 영화사적 흔적을 복원하기 위해서이다. 하지만 이 복원 대상은 영화로도 만들어지지 못했으며, 시나리오 또한 미완성 상태로만 존재하고 있다. 따라서 본 연구는 〈봉화〉의 기획 배경을 살펴봄으로써 해방기 영화적 활동을 복구하는 한편 '이재수의 난'에 관한 자료 및 소설, 영화 등과 비교함으로써 〈봉화〉의 특징을 드러내고자 한다. 특히 〈이재수의 난〉(박광수, 1999)의 내러티브와 인물 묘사 방식 등과 비교함으로써 〈봉화〉의 서사적 특징을 밝히려고 시도하였다. 이를 위해 역사 내러티브의 서술 방식(narration)에 대한 주목할 만한 연구인 헤이든 화이트Haydn white의 『19세기 유럽의 역사적 상상력, ─메타역사Metahistory(1973)』와 노스럽 프라이Northrop Frye의 『비평의 해부Anatomy of Criticism: Four Essays (1957)』를 참고하였다. 즉 역사적 사실의 서술양식은 그 시대적 요청과 유관하며, 또 양식에 따라 논증 방식과 수사법의 차이가 있다는 것이다. 본고는 이러한 참고 위에서 작가/감독의 시대를 바라보는 태도까지 포함하여 논구하였다.

2. 이재수의 난

이재수의 난은 프랑스 선교사들의 치외법권을 이용한 교인의 횡포와 이에 분기한 도민들의 대립으로 표면화되었다. 그 바탕에 무능한 조선 정부와 관리들의 학정이 있었음은 물론이다. 학정을 피하기 위하여 천주교인이 되는 경우도 많았고, 교인이 된 이들 중 일부는 오히려 봉세관의 마름 노릇을 하거나 "신부의 세력을 믿고 협잡·난봉을 일삼는 불량 교인도 허다"[5]했다. 당시 황제 고종(高宗)이 지급한 '나처럼 대하라'는 의미의 '여아대(如我對)'라는 패를 지닌 선교사들이었기에 제주 목사조차 그들을 함부로 대할 수 없었다. 이들 프랑스 선교사들의 권세를 이용한 일부 천주교도들이 저지른 범법 행위로는 염전에 들어가 소금을 들고 나온다든가, 성당에 형틀을 두고 사람을 잡아다가 사형(私刑)을 가하거나, 죄를 짓고도 성당에 숨어버리면 잡을 수 없는 것 등이었다.[6] 그 외에도 『속음청사』에는 퇴임하는 목사에게 재산을 빼앗겼다며 행패를 부리거나, 수감 중인 천주교 유배 죄인을 옥문을 부수고 데리고 나왔다는 기록도 있다.[7] 그 외에도 천주교 선교사와 교인들의 행동은 안하무인이어서 거의 무법천지라고 봐도 무방할 정도였다.

이에 제주 대정군의 유지들은 상무사(商務社)를 조직하는데, 대표로는 토착민 출신 대정 군수 채구석(蔡龜錫)이 맡았고, 이재수는 채구석의 관노로서 이후 몇 회의 큰 사건을 겪으면서 리더로서 부각된다. 이후 상무사는 천주교를 비판하는 시위를 주도하면서 도민들의 지지를 받았고 제주 목사에게 호소하는 평화적 방식을 택했다. 하지만 천주교인 한 명의 간음 사건을 계기로 무력 충돌로 번지게 된다.[8] 이후 천주교 측의 화기 공격으로 도민이 죽고,

5   현기영, 『변방에 우짖는 새』, 창작과 비평, 1983, 163쪽.
6   강용삼 외, 『대하실록 제주30년사』, 태광출판사, 1984, 116쪽.
7   현기영, 200쪽. 김윤식, 『속음청사』(續陰晴史), 광무 5년(1905), 3.18.
8   현기영, 223~228쪽.

장두(주동자)가 잡혀가자 드디어 이재수가 장두를 맡게 된다. 이후 5월 중순경부터 이재수는 도민들의 열렬한 지지를 받으며 보름 만에 제주성을 함락하였다. 이 과정에서 천주교인 약 삼백 여명이 죽었다. 이후 프랑스 군함과 조정의 관리들이 제주도로 들어왔고 양 측이 타협한 결과 세금이 줄어들고 약 1만명에 달하는 도민들은 해산하였으며, 이재수는 서울로 압송된다. 약 한 달에 걸친 민란이 막을 내리고 이재수는 7월에 재판을 받고 10월에 교수형에 처해졌다. 프랑스 정부는 한국 정부에 피해 보상금 5,160원을 요구하였고 이 보상금은 3년 뒤인 광무 8년(1904년) 6월, 제주 삼읍에서 6,315원(이자 포함)을 거두어 갚는 것으로, 이재수의 난은 막을 내리게 된다.[9]

이재수가 관노인 것은 사실이나 그의 의기와 비극적 최후는 제주민들에게 깊은 인상을 심어놓기에 충분했던 것으로 보인다. 이재수의 여동생 이순옥에 의해 기획된 『이재수 실기』(1932)는 이재수가 비록 제주에서만 군사행동을 일으켰지만 "천주교가 조선에 들어와 근 백년동안 암암리에서 포교에 진력하여 그 세력은 장차 우리 삼천리 강산 구석구석까지 미치게 되었다. 이때 만일 이의사(李義士)가 없었더라면 불국(佛國)의 세력과 교도들의 횡포가 전조선에 파급되었을 것이다. 이의사는 참말 조선 사람이며 동양사람이다. 종교혁명의 걸인이다."[10]라고 의미 부여를 한다. 이 책의 말미에는 이순옥이 조선총독에게 쓴 탄원서가 있는데, 내용은 신세 한탄과 함께 이재수의 의로운 죽음을 인정하는 공식적인 조치를 요구하는 것이었다. 프랑스 제국주의에 맞서 싸운 이재수의 신원(伸寃)을 일본 제국주의에 호소한 것은 얼핏 모순된 것으로 보이나, 마지막까지 조정 자체를 부정하지 않았던 이재수나 현재의 권력에 굴종했던 이순옥 남매의 모습은 어쩌면 자연스러운 것일 수도 있다.

---

9   강용삼 외, 『대하실록 제주30년사』, 태광출판사, 1984, 552쪽.
10 조무빈, 『야월의 한라산, 일명 이재수 실기』, 중도문화당, 대판, 소화 7년, 10~11쪽.

3. 〈봉화〉의 기획 배경

해방이 되자 일제가 강제로 통합운영한 조선영화사에서 근무하던 영화인들은 이재명을 위원장으로 하여 조선문화건설중앙협의회 산하의 조선영화건설본부 설립을 추진하였다.[11] 하지만 전체 영화인들을 포괄하지는 못한 채 영화계 원로 윤백남과 김정혁을 각각 위원장, 서기장으로 하여 1945년 9월 24일 창립된다.[12] 한편 일제 시대 카프 계열 문예인들은 조선문화건설중앙협의회에 대항하여 조선프롤레타리아예술동맹을 세우고 소장 영화인 추민(秋民)을 중심으로 1945년 11월 5일 조선프롤레타리아영화동맹이 결성한다. 이후 조선문화건설중앙협의회와 조선프롤레타리아예술동맹이 통합되면서, 영화계의 두 단체도 12월 6일 통합하여 조선영화동맹이 탄생하게 된다. 위원장에 안종화, 부위원장으로는 안석주, 이규환, 서기장으로는 추민이 선임되었다. 하지만 대부분의 영화인들이 참여한 범영화인 조직인 조선영화동맹은 한 달도 못 가서 "신탁통치안으로 촉발된 좌우의 대립과 갈등으로 분열된다. 영화동맹 위원장 안종화를 비롯하여 많은 수의 영화인들이 영화동맹을 떠났다. 또한 좌익 세력의 영향 하에 있던 대중운동을 미군정이 탄압하면서 영화동맹의 활동 역시 크게 위축"된다.[13] 신탁통치안이 없었더라도 좌우 대립이 있었겠지만, 해방된 지 채 넉 달도 못되어 벌어진 신탁통치안 파동은 역사적 비극의 출발점이었다.[14] 합동통신 워싱턴 발 12월 25일자 보도를 전제한 조선일

---

11 한상언, 「해방기 영화운동과 조선영화협단」, 『영화연구』 43호, 2010.3. 407쪽. 여기에 참가한 조선영화사 인원은 기술과장 이재명, 계획계장 김정혁, 연출계 주임 안석주, 조명계 주임 김성춘, 촬영계장 이명우, 미술계 주임 윤상렬 등이었다.

12 한상언, 같은 글, 408쪽.

13 한상언, 같은 글, 409쪽.

14 『동아일보』 1945.12.27. "막사과(모스크바)에서 개최된 삼국 외상회의를 계기로 조선 독립 문제가 표면화하지 않는가 하는 관측이 농후하여가고 있다. 즉 '번즈' 미국 국무장관은 출발 당시에 소련의 신탁통치안에 반대하여 즉시독립을 주장하도록 훈령을 받았다고

보의 기사를 석간 동아일보가 그대로 받아 실은 신탁통치 기사는 충격적인 것이었다. 동아일보는 한술 더 떠 "소련은 신탁통치 주장, 소련의 구실은 삼 팔선 분할 점령, 미국은 즉시독립 주장"이라는 제목을 붙여 좌우 대립에 더 욱 불을 붙였다. 미국은 조선의 독립을 원하고 소련은 다시 식민지로 만들려 고 한다는 인상을 준 것이다. 이 기사는 오보였다. 이 기사가 나올 시점까지 모스크바 3상회의는 회의 내용을 공개하지 않았기 때문이다.[15] 이 기사를 각 자의 정치적 목표 혹은 정세 판단의 근거로 삼은 이승만과 김구는 반탁운동 에 돌입하게 된다. 12월 29일 찬탁 입장을 김구에게 역설한 송진우는 12월 30일 암살당하고, 이후 좌우합작운동을 추진하던 여운형(1886~1947)은 1947 년 7월 9일에, 친일파로서 한민당의 실세였던 장덕수는 1947년 12월 2일, 김구는 1949년 6월 26일에 모두 피살당한다. 여운형도 피살당하는 판에 사 회주의까지 포괄하는 합동정부를 주장했던 중간파 안재홍(1891~1965) 등은 좌익의 찬탁 선언과 우익의 반탁 투쟁 사이에서 힘을 얻을 수 없었다.

조선영화계의 각종 활동은 이러한 좌우 및 미소의 대립 속에서 이루어진 것이었다. 특히 신탁통치안을 계제로 분열된 조선영화동맹에 남은 소장 영화 인들은 우익과 미군정의 탄압에 시달렸다. 그 단적인 예가 1946년 6·10만

하는데 삼국 간에 어떠한 협정이 있었는지 없었는지는 불명하나, 미국의 태도는 '카이로' 선언에 의하여 조선은 국민투표로써 그 정부의 형태를 결정할 것을 약속한 점에 있는데 소련은 남북 양 지역을 일괄한 일국 신탁통치를 주장하여 삼십팔도선에 의한 분할이 계속되는 한 국민투표는 불가능하다고 하고 있다."

15 함규진, 「반탁운동, '동아' 오보가 없었다면」, 『한겨레 21』 제796호, 2010.1.27. "3상회 의의 실제 합의 사항이 보도된 것은 12월 30일이었고, 〈동아일보〉는 그 내용을 눈에 잘 띄지 않는 작은 기사로 처리했다. 그 사이에 서로 입장이 같지 않았던 이승만과 김구가 한목소리로 "신탁통치 반대!" "3상회의 결정 거부!"를 천명했고, 좌익에서도 인민당이 반탁을 선언했다. 일반 국민의 여론도 불붙었다. 27일부터 30일까지 서울에서 는 신탁통치 반대 데모와 파업이 잇따랐으며, 1945년은 격앙과 분노 속에서 저물어갔다. 3상회의에서 신탁통치안이 합의된 점은 사실이었다. 하지만 신탁통치안을 제시한 쪽은 〈동아일보〉와 〈조선일보〉의 보도와는 반대로 소련이 아니라 미국이었으며, 사실 미국은 상당히 오래전부터 한반도 신탁통치안을 주장해왔다."

세운동 기념 공연 중 우익 청년들의 난입으로 만담가 신불출이 폭행을 당했지만 신불출, 동맹 서기장 추민, 김정혁 등이 오히려 재판을 받았던 것이다.[16] 이러한 조선영화동맹의 활동은 2년 정도 이어지는데 그 주축은 소장 영화인들과 영화배우들이었다. 한상언은 특히 1946년 6월부터 전개된 조선영화협단의 활동에 주목하면서 해방기 영화운동의 주력을 조선영화협단에 소속된 배우들이라고 주장한다.[17] 탄압 속에서 조선영화동맹은 지부 단위로 활동하게 되는데, 서울지부의 위원장은 이재명, 부위원장은 서광제가 맡았는데 20명의 집행위원 중 이례적으로 김소영, 이숙, 최운봉, 남승민, 남홍일, 이현 등 6명의 배우가 포함된다. 1946년 조선공산당이 일으킨 9월 총파업, 10월 인민항쟁 등에 의해 좌익 인사들은 거의 검거되거나 수배되고, 조선영화동맹의 소장파 리더였던 추민은 1946년 말에, 카프 평론가였던 서광제는 1948년 4월에 월북하는데 이 빈 공간을 배우들이 메운 것이었다. 추민은 "영화연기자들은 거의 다 반동으로서의 낙오없이 우리 문화 진용의 강'팀'을 형성하고 활동하여 진보적 문화인으로서의 X색을 보이지 않았음에 대하여서는 꾸준한 박수를 보내는 바"[18]라고 적기도 하였다. 또한 잡지 『영화시대』는 1947년 1월호를 '조선영화협단 특집호'로 발간하기도 하였다. 앞에서 본대로 〈봉화〉의 배역은 조선영화협단 소속 배우들로 예정되어 있었다.

잡지 『신천지』 1946년 7월호부터 넉 달간 연재된 시나리오 〈봉화烽火, 일명 제주도 이재수 난〉의 기획은 조선영화동맹에서 제작한 기록영화 〈제주도 풍토기〉(1946)의 제작 과정에서 기획된 것으로 보인다.[19] 이재수의 난은 일제 식민지 시기를 거치면서 제주도 외의 지역에서는 거의 잊힌 사건이었다.[20] 조

---

16 한상언, 같은 글, 410쪽.
17 한상언, 같은 글, 410~411쪽.
18 추민, 「영화협단에 격함」, 『영화시대』, 1947.1. 68쪽. 'X'는 판독불가.
19 「제주도는 어떠한 곳인가」, 『부인』 1권 3호, 1946.10.01. 2쪽. 〈제주도 풍토기〉는 조선산악회의 한라산 학술조사대의 활동에서 파악된 제주도 풍토 연구를 기반으로 기획되었다.

선영화동맹은 발족 후 민족국가 건설을 위한 각종 행사와 더불어 상업적 타산을 할 수밖에 없는 극영화보다는 〈해방뉴스〉 등의 뉴스릴과 기록영화 제작에 우선적으로 주력하였다. "민족 획기의 국보적 기록을 남김이 우리에게 부과된 사명이요 임무"[21]였던 것이다. 하지만 조선영화동맹 등과는 거리를 둔 이규환 감독의 〈똘똘이의 모험〉(1946.9)과 최인규 감독의 〈자유만세〉(1946.10) 등의 개봉에 자극을 받는 동시에 〈제주도 풍토기〉를 제작하면서 접한 '이재수의 난'에 대한 지식은 조선영화동맹 또한 극영화 제작에 나서도록 하였다는 추론이 가능해진다. 〈제주도 풍토기〉는 미군정청 문교부에서 "처음으로 추천영화로 결정"[22]되기도 하였다. 이후 〈봉화〉의 시나리오가 연재 중단된 후 1946년 1월에 〈봉화〉의 제작 보도가 나오지만 영화는 제작되지 못했다.

4. 시나리오 〈봉화〉와 〈이재수의 난〉의 미적 기조

〈봉화, 일명 제주도 이재수 난〉의 작가는 최광운으로 되어 있지만, 이는 최금동(崔琴桐, 1916~1995)의 필명이다.[23] 최금동은 〈애련송〉(김유영, 1939)의 시나리오인 〈환무곡〉으로 1937년 동아일보의 영화 시나리오 공모에서 당선되면서 영화계로 진출한 한국 영화계의 대표적인 시나리오 작가였다. 당선 후 매일신보 기자로 일하다 해방 후에는 서울신문, 독립신문 등에서 근무하였다. 이 시기에 최금동은 〈봉화〉와 함께 조선영화동맹 시나리오 위원회의[24]

---

20 「이조인물약전」, 『동아일보』, 1921.11.3. 이 기사에 이재수가 김홍집, 전봉준 등과 더불어 조선시대의 주요 인물로 소개되고 있는 것이 거의 유일하다.
21 추민, 같은 글, 68쪽.
22 『자유신문』, 1946.6.23.
23 씨나리오 「봉화(烽火)」 영화협단서 제작, 『서울신문』, 1947.1.18.

제 1회 작품으로 선정된 시나리오 〈노도(怒濤)〉(1947)를 발표하였고 이는 신경균 감독에 의해 〈새로운 맹서〉로 개명되어 제작되었다. 이 영화의 출연진은 최운봉, 독은기, 남홍일 등 조선영화협단 단원들이었다.[25] 최금동은 많은 작품을 남기지는 않았지만 민족주의적 경향이 짙은 작품들을 집필하였으며, 특히 검열로 인하여 감독 김수용의 은퇴 선언까지 불러온 〈허튼소리〉(1986)의 작가로도 유명했다.[26] 일제 말기 생계형 친일경력(매일신보 기자)과 함께 주요 직책을 맡지는 않았지만 조선영화동맹에서 〈봉화〉를 집필하는 등 한국 현대사의 굴절을 고스란히 담고 있는 인물이기도 하다.

제주도 바다와 타오르는 봉화를 보여준 후 "이 한편의 애사를 엮어 불우한 영웅 이재수 청년의 영전에 또 그이와 같은 운명의 길을 걸어간 수많은 우리 혁명 투사들의 무릎 앞에 고이 바치나이다"로 시작하는 시나리오 〈봉화〉에는 비장함이 깃들어 있다. '또한 수많은 혁명 투사'를 언급한 대목에서 이 시나리오를 집필할 당시 최금동 내면의 현재적 혁명 감정을 엿볼 수 있기도 하다. 서사의 축은 천주교도의 패악와 무력한 제주 관리, 민중들의 분노와 이재수의 결단으로 구성되어 있다. 하지만 그만큼 비중있게 천주교 핵심인물인 고영삼의 여동생 봉옥과 이재수와의 사랑이 배치되어 있는데 이는 이재수의 내면적 갈등 요인으로 작동한다. 4회까지 연재된 이 시나리오는 이재수가 민란의 선봉에 서서 사람들을 끌어 모으며 파죽지세로 제주성을 향하는 장면에서 중단된다. 시나리오 서두에서 역사적 사실에 충실을 기했다고 밝힌 것을

---

24 「영화 대중화운동의 거보, 시나리오위원회 강령초안 발표」, 『예술통신』, 1947.2.12. 이 기사는 조선영화동맹이 민주주의 발전과 수준있는 작품 제작을 위해 위원회를 구성하였으며 그 행동 강령을 밝히고 있다. 『예술통신』, 1947.2.19. 이 기사는 〈노도〉에 대한 시나리오 토론회에 관한 것이다.

25 『동아일보』, 1947.5.18, 『경향신문』 광고, 1947.5.22. 『동아일보』에는 해방이 되었지만 여전히 마을을 수탈하는 사람과 새로운 마을을 건설하려는 청년과 처녀의 투쟁기라고 밝히고 있다.

26 광주학생운동을 다룬 〈이름없는 별들〉(1954), 〈아, 백범 김구 선생〉(1960), 〈동학란〉(1966), 〈상해임시정부〉(1969), 〈의사 안중근〉(1971), 〈이순신〉(1978) 등

보아, 사실 그대로 제주성 점령과 비참한 최후로 막을 내렸을 것으로 짐작할 수 있다.[27]

박광수 감독의 〈이재수의 난〉(1999)이 만들어진 것은 실제 사건 이후 거의 백 년만이었고, 〈봉화〉가 기획된 지 약 오십 년만이었다. 박광수는 장선우와 함께 1990년대 한국 사회성 영화의 대표적 감독으로 꼽힌다. 탄광촌에 숨어든 민주화 운동 수배자를 그린 그의 장편 데뷔작 〈그들도 우리처럼〉(1990), 분단 문제를 다룬 〈베를린 리포트〉(1991), 전쟁과 이념 갈등의 상처를 드러낸 〈그 섬에 가고 싶다〉(1993) 그리고 〈아름다운 청년 전태일〉(1995) 등은 박광수의 작가적 지향점을 그대로 보여주고 있다. 1980년대 전두환 군사정권 아래에서 민주화를 지향하는 영화적 활동은 두 갈래로 전개되었다. 이장호, 배창호, 이원세 등의 상업영화계의 흐름과 서울영화집단 등의 청년 운동집단의 흐름이었다.[28] 박광수는 이러한 80년대의 두 흐름을 자신 만의 스타일로 하나의 흐름으로 묶어내려고 시도하였다. 즉 한국 사회의 본질적 모순을 대중적 매체로 통하여 표현하고자 한 것이다.

1980년대 전두환 군사 정권하 한국 사회는 대학생 고문 치사, 성고문, 최루탄 피격 사망 등이 상징하듯 탄압과 저항으로 점철되다가 1987년 10월 민주화 대투쟁으로 귀결되고 만다. 대통령 직선제가 관철되었고, 노동조합 결성이 전국적으로 일어났으며, 국민들의 민주화 의식 또한 성장하게 된 것이다. 하지만 김대중, 김영삼 즉 양김 씨의 각자 대선출마로 민간정부 수립에는 실패하고 만다.[29] 민간 정부 수립을 열망했던 반 이상 국민들의 실망은 곧

27 〈봉화〉, 『신천지』, 1947.7, 200쪽. "재료의 불충분으로 모자라는 점이 적지 않을 줄 믿으나 전편의 줄거리는 사실에 충실하도록 노력하였으므로 양해하여 주기 바라며…"
28 이장호의 〈바람불어 좋은 날〉(1980), 〈어둠의 자식들〉(1981), 〈바보선언〉(1983), 배창호의 〈꼬방동네 사람들〉(1982), 이원세의 〈난장이가 쏘아올린 작은 공〉(1981) 등 상업영화계 내에서 사회적 모순을 드러내는 작품 활동과 아마추어적이기는 했지만 정부 정책을 직접 비판하는 서울영화집단 등의 활동 등이 있었다.
29 당시 대통령 선거 득표율은 노태우 36.6%, 김대중 28%, 김영삼 27%로, 양김의 단일화가

이어 김영삼, 김종필이 노태우 대통령과 3당 합당을 함으로써 절망으로 치달게 된다. 설혹 민간 정권이 수립되었다 하더라도 급속한 경제 성장이 야기한 계급적 갈등과 분단 모순 등은 여전히 암초로 작용했겠지만, 노태우 정권의 등장은 그런 문제들을 해결할 수 있는 시기가 더 늦춰진 것을 의미한다는 것은 부인하기 어려울 것이다.

박광수의 작품은 그러한 시류를 받아들이면서도 자신 만의 시선을 유지하는 것이었다. 그것은 근본적이거나 냉소적인 것이라서 보기에 따라 무책임한 문제 제기로 보일 수도 있는 것이었다. 예컨대 탄광촌의 계급적 모순을 표면적으로 그리고 있는 〈그들도 우리처럼〉에서 마지막으로 던지는 질문은, 지식인 운동가가 민중과 함께 할 수 있느냐는 것이었다. 〈이재수의 난〉에서도 박광수는 관노 출신의 이재수를 영웅적으로 그리기 보다는 지배계급의 제물로 그리고 있다. 그에게 역사, 정확하게 말하자면 지배계급 혹은 식자들의 입장에 의해 규정된 역사는 낭만적 서사에 불과하거나 논리적 외양의 픽션으로 취급되고 있는 듯하다. 〈이재수의 난〉에서 이재수는 대정 군수 채구석의 관노로서 하루 종일 그의 심부름을 위해 뛰어다니는 인물이다. 사랑하는 여자 석화의 어머니의 냉대에도 굴하지 않고 언젠가는 기를 펴고 살게 될 날을 기다리는 청년일 뿐이었다. 하지만 시대 상황은 그를 시위의 지도자로 변모케 한다. 영웅적이지도 않고 특별한 계기도 주어지지 않은 채 이재수가 선뜻 목숨을 내놓아야 하는 장두의 자리를 자청하는 대목에서 관객들은 다소 방관적인 태도를 취하게 되지만, 그의 내면을 보여주는데 소홀했던 박광수의 전략은, 그 성공이나 실패 여부와는 관계없이, 낭만적 역사를 거부하는 것에서 나온 듯하다. 박광수에게 이재수라는 인물은 어쩌면 양김 씨와 정치권으로 들어가서는 변질된 지식층에 의해 희생된 민중의 한 명에 불과했는지도 모른다.

이루어졌더라면 양김 중 한 명은 50% 이상의 득표가 가능했다.

5. 이재수와 '이재수 만들기'

『이재수 실기』에 의하면 이재수는 제주도 대정면 인성리에서 아버지 이시준(李時俊)과 어머니 송씨(宋氏)부인 사이에서 고종 14년 정축년(1877년)에 태어났다. 그가 태어날 때 이상한 붉은 빛이 스며들었고 향기가 몽롱하였으며 등에 북두칠성 점이 있었다고 한다. 집안은 넉넉지 못하였으나 선조의 향화를 지성껏 받들어 문호를 보전하라는 뜻에서 재수(在守)라는 이름을 받았다.[30] 칼쓰기와 말달리기를 좋아하였으며 겨우 열 살 쯤에 도리를 밝혔다고 한다.[31] 반면 『속음청사』를 토대로 쓰여진 현기영의 『변방에 우짖는 새』에서 이재수는 "스물한 살 나이에 그것도 천한 관노 신분으로 근엄한 도포짜리 유생들 틈에 끼여 제법 한 몫 하게 된 것은 그만큼 용역이 뛰어나고 행동거지가 민첩한 까닭이었다. 재수는 본래 오좌수의 집에서 찬밥깨나 축내면서 잔뼈 굵은 미천한 노예"[32]였다고 묘사된다. 영화 〈이재수의 난〉에 나오는 이재수 역시 이와 유사하다. 하지만 〈봉화〉에서 이재수는 25세이며 제주로 귀양와서 한라산에서 우마를 방목하며 지내는 양반 자제로 설정되며, '한라산 호랑이'라는 별명을 지닌 건장하고 매력적인 청년으로 묘사된다.

헤이든 화이트는 『19세기 유럽의 역사적 상상력 −메타역사』에서 '역사 쓰기'를 서사학적으로 분석하면서 '이야기하는(쓰는) 방식'은 세상을 바라보는 기본적인 입장이나 시대적 흐름과 관련성이 있다고 말한다. 그는 미슐레, 랑케, 마르크스, 니체 등의 서사 전략이 서로 다르다는 점을 예로 들면서 시대의 변화에 따라 역사(팩트)를 바라보는 시선이 달라질 수 있다고 주장한다.[33]

---

30 조무빈, 『야월의 한라산, 일명 이재수 실기』, 중도문화당, 대판, 소화 7년(1932). 3~6쪽.
31 조무빈, 위의 책, 8~9쪽. 강씨 집에 시집간 사촌 누이가 죽자 백부가 그녀를 이씨 선산에 매장하려 하자 열 살 나이에도 불구하고 도리를 따져서 만류하였다고 한다.
32 현기영, 같은 책, 213쪽.
33 헤이든 화이트, 진형준 옮김, 『19세기 유럽의 역사적 상상력, −메타역사』, 문학과

이 주장은 대가들의 서사를 대상으로 한 것이지만, 예술 작품 등에도 적용가능하리라 본다. 누가 어떠한 시대 환경 속에서 어떤 입장으로 역사를 보느냐에 따라 그 서사가 달라질 수 있음은 합리적 주장이기 때문이다.

화이트의 이러한 논지는 노스럽 프라이를 참고한 것인데, 프라이는 플롯의 결정적 요소인 인물의 능력과 역할에 따라 다섯 가지의 양식으로 분류한다.[34] 신화 양식(인물의 능력과 환경이 신적인 존재처럼 월등한 경우), 로망스 양식(신화양식의 인물처럼 뛰어나지만 인간적인 존재에 그칠 경우), 상위모방 양식(능력이 뛰어나지만 환경은 좋지 못한 경우), 하위모방 양식(일반적인 능력에 환경도 나쁜 경우), 아이러니 양식(환경도 좋지 못하며 존재 자체가 경멸스런 대상으로 설정된 경우) 등이 그것이다. 이 중에서 상위모방 양식은 대부분의 서사시나 비극이 취하는 방식이며, 하위모방 양식은 대부분의 희극이나 리얼리즘 소설이 취하는 방식이고, 아이러니 양식은 보다 극적인 인물과 사건들로 구성되는 것으로서 근대 이후의 많은 작품 속에서 볼 수 있는데, 영화의 경우 필름 느와르 등을 들 수 있다.

이런 맥락에서 볼 때, 〈봉화〉와 『이재수 실록』은 이재수를 로망스 양식의 인물로 보고자 했던 것으로 파악할 수 있지만, 역사적 사실(노비 출신, 프랑스 함대와 관군에 투항했다는 점)을 따를 수밖에 없었기에 후반부에 가서는 상위모방 양식의 '인물—플롯'을 구축하게 된다. 반면 『변방에 우짖는 새』와 〈이재수의 난〉에 묘사된 이재수는 상위모방 양식과 하위모방 양식 속에서 혼성된 인물로 설정되어 있다. 이 작품들에서 이재수는 특별한 무술을 가지고 있거나 지략을 지닌 인물은 아니었으며 심지어 천한 출신이었다. 그 대신 민중들의 분노를 대변하고자 하는 용기가 있었으며, 자기 목숨을 내놓고 군중을 선동하고 이끄는 기개가 있었다.

지성사, 1991, 306쪽.
34 노스럽 프라이, 임철규 옮김, 『비평의 해부』, 한길사, 2000, 96~98쪽.

따라서 이재수의 여동생에 의해 만들어진 신비로운 출생과 남다른 면모와 양반 출신으로 신분이 격상된 〈봉화〉의 '이재수 만들기'는 그들 열망의 반영물이라고 볼 수 있다. 그 열망은 로망스 양식을 지향하는 것이었는데 특히 〈봉화〉의 경우 1946년의 열망 즉 완전한 민족민주국가를 향한 것이었다. 반면 박광수가 묘사한 이재수는 신분의 속박을 벗어나 석화와의 사랑을 완성할 수 있는 날을 기다리는, 그다지 비범한 구석이라고는 없는 인물로 묘사된다. 이러한 상위모방 양식과 하위모방 양식이 혼재된 가운데 묘사된 이재수를 통하여 박광수는 지배계급과 피지배계급의 강약부동함을 냉정하게 말하고자 하는 것으로 보인다. 조선영화동맹의 '이재수 만들기'에 이유가 있었듯, 박광수의 이러한 태도 역시 1987년의 좌절된 꿈에서 비롯된, 이유있는 역사 냉소주의의 단면이었던 것이다.

6. 비극의 하위모방 플롯과 로망스 플롯

'이재수의 난'을 구성하는 주요한 스토리 정보 요소로는 다음의 것들이 있다. ① 세금 수탈, ② 천주교의 행패, ③ 도민들의 상무사 조직, ④ 천주교인들의 민간인 살인 사건, ⑤ 천주교도와 도민들의 무력 충돌(4월 29일)[35], ⑥ 민중대회 개최(5월 6일)와 기첩 간음사건(5월 8일) 및 천주교인들의 폭력 행사, ⑦ 명월진 총격 사건으로 인한 김봉년 사망, ⑧ 이재수의 장두 취임(무력시위 전환) 및 40여명 포수 합류, ⑨ 제주성 포위(5월 16일), ⑩ 제주성 입성(5월 30일), ⑪ 프랑스 군함 및 신임 목사 진입(5월 31일), ⑫ 협상과 이재수 등 압송(6월 10일), ⑬ 이재수 재판 및 교수형(7월 18일 및 10월 9일).[36] 이

---

35 『황성신문』, 1901.2.30.
36 김봉옥 외, 같은 책, 549쪽.

중 반드시 플롯 정보로써 채택되어야 할 필수적인 것으로는 ① 세금 수탈, ② 천주교의 행패, ⑤ 천주교도와 도민들의 무력 충돌(4월 29일), ⑦ 명월진 총격 사건으로 인한 김봉년 사망, ⑧ 이재수의 장두 취임(무력 시위 전환) 및 40여명 포수 합류, ⑩ 제주성 입성(5월 30일), ⑬ 이재수 재판 및 교수형(7월 18일 및 10월 9일) 등 일곱 개의 요소가 있다.

〈이재수의 난〉은 ⑪ 프랑스 군함 및 신임 목사 진입, ⑫ 협상과 이재수 등 압송, ⑬ 이재수의 재판 등을 제외한 모든 정보를 다 담고 있다. 하지만 제한된 시간(100분) 속에서 역사적 주요 사건을 옮기는데 치중한 나머지 인물 행위와 내면을 설명하는데 소홀하고 만다. 즉 중요한 역사적 사실은 드러나지만, 플롯상의 인과관계가 아닌 파편적인 정보로서만 배치되어 있는 것이다. 또 이재수라는 인물의 개인 내면의 변화라든가 그가 장두로 나서게 된 직접적 계기도 충분히 설명되지 않고 있다. 따라서 그가 장두를 자청하고 나서면서 '나라를 구하는데 어찌 반상의 구분이 있을 수 있냐'고 고하며 '백성을 구하는 희생물로 자신을 써 달라'고 말하는 대목에 공감하기 힘들게 된다. 이재수는 ⑥의 천주교인들의 폭력 행사 이후 언덕에 올라가 울분에 찬 고함을 내지르는데 이는 ⑧에서 이재수가 장두로 취임한 후 직접 살벌한 칼질로 교인을 살해한 후에도 다시 나온다. 이런 씬들은 이재수의 울분을 짐작케 하는 것이지만, 플롯의 중심축과 조화를 이루기에는 부족하다.

당시로서는 최고의 제작비가 들어간 상업영화인만큼, 이 영화에는 이재수(이정재)가 석화(심은하)를 사랑하는 설정이 들어있다. 하지만 이 둘의 플롯 또한 역사적 사실이 열거된 전체 플롯과 긴밀하게 엮여 있는 것은 아니다. 이재수는 '자신도 꿈이 있는 놈'이며, '문명 개화된 세상에 살고 싶다'고 석화에게 말했을 뿐이다. 물론 이 발언을 통하여 이재수의 내면은 조금이나마 드러나는데 이 또한 그가 혁명적 전위로 나설 만한 계기와는 거리가 멀다. 영화 후반부에 석화는 눈물을 흘리며 말한다. '네가 지키고 싶었던 것은 무엇인지 알고 있다'고. 이 역시 혁명적 동기의 설명으로는 친절하지 못하다.

노스럽 프라이의 구분에 따르자면, 〈이재수의 난〉에서 이재수라는 영웅적 인물은 신화양식이나 로맨스 양식으로 그려지지 않고, 비극적인 하위모방 양식으로 그려졌다. 매혹적인 인물을 통하여 정확한 역사적 사실을 전달하는 방식 대신에 영웅적인 민중 한 명이 역사의 제물로 스러지는 과정을 건조하게 전달하는 방식인 것이다. 영웅적 인물 묘사와 관습적인 내러티브를 기피하는 미학적 노력만큼 대안적 서사가 성공적인 것이라고 볼 수도 없는 이 '하위모방 양식'은 기계론적 형식[37]을 취하고 있다. 따라서 정보 전달의 불친절함과 성공하지 못한 대안적 서사가 주제 의식을 강화하기 위해서는 '환유'의 수사법으로 보충될 필요가 있었던 것으로 보인다. 영화의 시작과 마지막 장면은 물론 중간에도 자주 등장하는 까마귀와 울음소리 등은 의도적인 삽입 쇼트들이다. 이는 기계론적 논증의 보충인 셈인데, 새와 울음소리가 제주 역사 혹은 민중사를 지칭하는 비유법 즉 환유인 것이다.[38] 영화의 마지막은 이재수가 제주성에 입성하는 장면에서 갑자기 쇼트가 비약한다. 그러고는 '입성 하루만에 150여 명이 처형되었으며, 서울에서 최초의 신식 재판을 받고 청파동에서 참수되었다'는 자막으로 황급히 끝을 맺는다. 까마귀가 앉은 처형대에서 틸트 다운tilt-down하는 카메라는 잠시 효수된 이재수의 얼굴을 비추고는 다시 내려와서는 제주 바다로 연결되는데, 잠시 후 볼 수 있는 것은 흐린 안개 속에 숨어 있는 듯한, 고층빌딩이 즐비한 현재의 제주 도심이다. 억압받는 민중의 대표로서의 이재수가 아닌 민중의 한 명으로서의 이재수, 잊힐 뻔 했던 과거 역사와 현재의 연관성을 암시하는 환유였다. 감독의 이러

---

37 여기에서 '기계론적 형식'이란 심리적 동기나 배경을 중요하게 취급하지 않는다는 맥락에 놓여 있다.

38 헤이든 화이트, 같은 책, 45쪽. '비극 양식은 기계론적 형식으로 논증하려 하고 이데올로기적 형식으로는 급진주의적인 환유 형식을 취한다는 헤이든 화이트의 '양식의 유기체론'에 들어맞는다.

한 서사 및 이미지 전략은 개인의 태생적 세계관에 의한 것이거나, 1987년 이후 한국사회에 대한 그의 인식과 관련 있어 보인다. 그 인식이란 87년의 환희어린 기대와 대선 실패라는 경험, 민주화 운동 세력들의 변모를 목격한 후 생긴 것을 말한다.

〈봉화烽火, 일명 제주도 이재수 난〉의 시나리오는 미완성이기 때문에 '이재수의 난'을 구성하는 13개의 스토리 요소 중 '⑧ 이재수의 장두 취임(무력 시위 전환) 및 40여명 포수 합류'까지 만을 대상으로 논해야 하는 한계가 있다. 〈봉화〉에서 '① 세금 수탈'에서 ⑧에 이르는 과정상의 스토리 정보는 주요 플롯으로 작동하지 않는다. 그 대신 플롯의 초점은 이재수에게 맞춰져 있다. 영화는 봉옥을 비롯한 마을 처녀들이 산열매를 따러왔다가 폭우를 만나 이재수의 산막에 피신하는 것으로 시작된다. 이재수와 고봉옥의 사랑이 출발하는 지점이며 플롯 추진의 원동력인 셈이다. 서사를 이끌어가는 주요 인물들은 영웅적인 면모의 이재수, 귀양온 선비로서 개화 문명을 시시각각 흡수하는 재수의 아버지, 천주교도의 리더격인 고영삼과 그 여동생 봉옥 등인데 이재수와 봉옥의 사랑 관계가 전체를 견인하는 플롯tractive plot으로 볼 수 있다.

아버지는 제물포와 노량진 사이에 개통된 철도 등 개화 문물을 높이 평가하는 한편 '우리 것'을 지켜야 한다고 주장하는 균형잡힌 가치관을 가지고 있다. 전반부 긴장과 갈등은 천주교 선교사가 감옥에서 교인을 막무가내로 빼가는 월권 행위을 하고, 천주교도들이 주민들을 괴롭히는 등 교리와 행동이 이율배반적인 천주교 활동을 제시하는 것으로 조성된다. 그럼에도 이재수는 나서지 않고 고심만 계속하고 있다. 그 이유는 이재수가 사랑하는 여인 봉옥이 천주교도의 리더격인 고영삼의 동생이기 때문이다. 하지만 결국 천주교인들의 사격에 의해 마을 사람들이 죽은 후, 마을 청년들이 이재수를 찾아와 하소연하자 그는 봉기를 결심하게 된다. 이후 그가 사람을 모으고 출정을 하자 제주도에서 어업을 하던 일본인이 찾아와 일본의 보검을 받치는데, 이재수는 이를 거절한다. 〈이재수의 난〉(1999)에서 이재수가 천주교인의 목을 친 바로 그 칼인데, 〈봉화〉에서 이재수는 외국인의 도움을 받지 않겠다고 이를 거절한다. 이는, 식민지를 경험한 작가 최금동 등의 당시(1946년) 내면을 엿볼 수 있는 대목이다(〈이재수의 난〉에서 이재수는 일본도로 사람을 죽이는데, 이는 그럼으로써 프랑스 군대에게 일본과 연관되었다는 암시를 줘서 자신들을 함부로 하지 못하도록 하는 것이었다).

뛰어나지만 환경은 좋지 못한 영웅으로서의 주인공을 그리는 것, 이는 노스럽 프라이에 의하면 로망스 양식에 해당한다. 로망스 양식이란 "근본적으로 자기 확신의 드라마이며, 경험의 세계를 초월하려는 영웅적인 행동이나 경험의 세계에 대한 영웅의 승리와 그 세계로부터 벗어나려는 영웅의 궁극적인 해방"을 그리며, "악에 대한 선의의, 악습에 대한 미덕의, 암흑에 대한 광명의 승리를 나타낸 드라마이며, 타락한 세계로부터 벗어나려는 인간의 마지막 초월성을 드러낸 드라마"[39]인 것이다. 따라서 이 양식은 영웅이 길을 떠나고, 갈등을 겪으면서 이를 해결한 후 다시 귀환하는 '영웅의 길'을 취하게 된다.[40]

'한라산 호랑이'라는 별명이 서두부터 제시된 〈봉화〉의 이재수는 로망스 양식의 영웅상임에 틀림없다. 따라서 이재수의 내면에는 불의에 저항해서 일어날 만반의 준비가 이미 설정되어 있었던 것이다. 또 영웅의 길에는 반드시 장애가 있기 마련인데, 이는 '로미오와 줄리엣' 내러티브 형식을 빌린다. 영웅은 민중을 구하기 위해 길을 떠나야만 하지만 그의 연인이 원수의 딸(여동생)이므로, 주저하고 갈등한다는 것이다. 이는 바로 로망스 양식에서 흔히 볼 수 있는 공식과 관습인데, 이런 점 때문에 〈봉화〉의 서술 방식narration은 '형식주의적 논증' 방식을 취한다고 볼 수 있다. 즉 이미 설정된 드라마 공식

---

39 헤이든 화이트, 같은 책, 20쪽.
40 하지만 미완성이기 때문에 단언하기는 어렵지만, 〈봉화〉는 '역사적 사실' 즉 '사형당한 엄연한 사실'을 플롯으로 수용해야만 했을 것이므로 아마도 엔딩은 '영웅의 귀환'보다는 공감할 만한 성과를 제주도민들에게 베푼 후 처형되는 것으로 설정되었을 것이다.

formula 속에서 몇 개의 관습적인 패턴convention을 거치며 필요에 따라 약호 icon를 활용하는 내레이팅narrating인 것이다.[41] 이런 형식주의적 설정은 남녀 관계를 주요한 축으로 삼아 내러티브를 전개하는 근대 대중서사의 일반적인 형태인 동시에 식민지 시대 조선영화 내러티브로부터 전수되어온 관습적 방식이기도 하다.

따라서 영웅적 인물의 설정, 영웅의 길이라는 관습의 채택 그리고 '봉화' 등의 약호를 활용하여 시대의 비전을 작품 속에 구현하려 했던 작가 최금동과 조선영화동맹 제작진의 열망에 가장 어울리는 양식은 로망스 양식이었다. 1946년 해방된 조선 사회에 주어진 과제는 일제 식민지의 완전 청산과 더불어 미소 등의 간섭으로부터 벗어나는 것, 정치적·경제적 모순을 해결하여 진정한 민족민주국가를 건설하는 것이었다. 하지만 신탁통치를 둘러싼 좌우 이념의 갈등과 헤게모니 각축으로 인하여 민중 생활은 난망하기 이를 데 없었다. 따라서 조선에는 영웅이 필요했던 것이다. 〈봉화〉는 그런 현실을 극복하려는, '로망스 양식─형식주의적 논증─은유'의 내레이션을 통한 영화적 시도였다.

7. 맺는 말

해방기 한국영화사에 대한 적지 않은 연구가 있다. 영화인 활동을 중심으로 당시 문화운동의 지형을 검토한 단행본과 논문 등을 물론이고, 이 시기 영화들의 미학적, 문화연구적 비평 또한 적지 않다.[42] 하지만 여전히 식민지

---

41 헤이든 화이트, 같은 책, 47~55쪽. 헤이든 화이트는 이러한 조합이 '필연적인' 결합은 아니며, 플롯 구성의 형식과는 전혀 맞지 않는 논증도 흔히 나타난다고 보았다. 또 무정부주의 형식은 은유법을, 급진주의 형식은 환유법을, 보수주의 형식은 제유법을, 자유주의 형식은 아이러니 형식을 각각 일반적으로 사용한다고 보았다.

시기 조선영화와 전쟁 이후 한국영화 사이의 중간지대로서 '해방기 영화(활동)'가 규명되었다고 장담하기는 어려울 듯하다. 이런 맥락에서 본고는 비록 실제 제작되지 못했으며, 시나리오도 미완성 상태인 조선영화동맹 구성원들이 기획하고 최금동 작가가 쓴 〈봉화烽火, 일명 제주도 이재수 난〉를 조망하고자 하였다. 조선영화동맹이 이 영화를 기획할 수 있었던 것은 동 동맹이 결성되자 말자 불어 닥친 신탁통치를 둘러싼 정국 악화로 인하여 주요 동맹원들이 동맹으로부터 이탈하고 난 후 소수의 영화인들 특히 조선영화협단 배우들의 활동이 있었던 덕분이었다. 따라서 조선영화협단에 대한 선행 연구가 없었다면 이 주제는 묻혀버렸을 지도 모른다.

〈봉화〉는 1901년 제주도 민란 즉 '이재수의 난'을 극화한 것인데, 이는 조선영화동맹원들이 기록영화인 〈제주도 풍토기〉(1946)를 제작하는 과정에서 채집된 것으로 짐작된다. 당시에도 김윤식의『속음청사續陰晴史』등을 볼 수는 있었겠지만, 시나리오는 구술의 부정확한 정보를 많이 담고 있다. 이는 구술한 제주도 사람들의 과장이나 왜곡 혹은 열망인 동시에 작가의 열망이었을 수도 있다. 이후 관련 사료집과 치밀한 사료 검증 위에 집필된 소설『변방에 우짖는 새』(현기영, 1983), 소설을 토대로 한 영화 〈이재수의 난〉(박광수, 1999) 등이 〈봉화〉를 비교적으로 검토할 수 있게 해 주었다.

당연한 말이지만, 본고가 주로 연구하고자 한 것은 '이재수의 난'이 아니라 이재수의 난을 '말하는 것'에 관한 것이었다. 거물 정객 김윤식의 일기『속음청사』가 관노 이재수를 바라보는 것과 이재수의 동생 이순옥에 의해 제작된

---

42 남인영, 「해방후 영화운동에 대한 연구」, 서울대 석사논문, 1990, 이효인, 「해방직후의 민족영화운동」,『해방전후사의 인식 4』, 한길사, 1989, 조혜정, 「미군정기 영화정책에 대한 연구」, 중앙대 박사논문, 1997, 송낙원, 「해방후 남북한 영화 형성기」,『남북한 영화사 비교연구』, 국학자료원, 2007, 한상언,『해방 공간의 영화·영화인』, 이론과 실천, 2013, 이순진, 「식민지 경험과 해방직후의 영화 만들기」, 대중서사연구 제11권 제2호, 2005.12, 이길성, 「해방 이후 뉴스-문화영화 제작사 연구 — 민간 영화사를 중심으로」, 〈사림(성대사림)〉 53권 0호, 2015, 문선아, 「해방 후 한국 최초의 음악영화 〈푸른언덕〉에 관한 고찰」,『동양예술』통권 제24호, 2014 등.

『야월의 한라산, 일명 이재수 실기』(조무빈, 1932)가 묘사한 이재수가 다른 것이 당연하듯, 1946년 작가 최금동이 대표하여 바라본 이재수와 그 난이 1999년 감독 박광수가 바라본 그것들과 다를 수밖에 없는 것이다. 둘의 가장 큰 변별점은 영웅 묘사의 차이라고 할 수 있다. 이 또한 작가/감독이 처한 시대 상황과 세계관 그리고 열망의 차이에서 비롯된 것임은 부인할 수 없다.

본고는 이러한 차이들을 밝히기 위하여, 이재수의 난과 〈봉화〉 기획배경에 대한 간략한 검토에 이어서, 우선 〈봉화〉와 〈이재수의 난〉의 미적 기조의 차이를 검토하였다. 미적 기조의 차이는 그 시대적 상황–에 종속된다는 맥락이 아니라–에 대한 개인적 판단, 열망 혹은 냉소에서 비롯된 것이라고 보았다. 이후 두 작품의 주요 캐릭터 즉 재구성된 이재수와 플롯의 특징을 검토하였다. 물론 두 작품 모두 역사적 사실을 무시할 수 없었기에 각자의 형식들은 일관된 하나의 형식으로 자리잡을 수는 없었을 것이다.(특히 〈봉화〉는 영웅으로서의 이재수를 묘사하나 결국 처형을 당했다는 역사적 사실을 무시할 수 없었을 것이고, 따라서 영웅의 귀환이라는 해피 엔딩으로 끝나는 로망스 양식이 될 수는 없었을 것이다.) 이러한 논의를 위해 본고는 헤이든 화이트의 『19세기 유럽의 역사적 상상력, –메타역사』와 노스럽 프라이의 『비평의 해부』가 제시하는, '역사 내러티브란 시대에 따라 다른 양식을 취하며, 이는 각자의 논증(서술) 방식과 이데올로기적 형식을 채택한다'는 논지를 활용하였다.

개략적으로 언급하자면, 〈봉화〉는 환경은 좋지 못하나 뛰어난 영웅이 등장하는 로망스 양식을 취하면서 그 서술 방식은 관습적 형식주의를 취하였고, 결과적으로 작가의 열망이 은유적으로 드러난 것으로 분석하였다. 〈이재수의 난〉은 환경과 역량 모두 좋지 못한 인물이 일상적인 삶 속에서 살아가는 비극적 양식을 취하면서 그 서술 방식은 (내밀한 심리적 동기 제시 등은 상대적으로 경시되는)기계론적 형식을 취하였고, 결과적으로 감독의 판단이 환유적으로 드러난 것으로 분석하였다. 그리고 이 작품들과 관련된 작가/감독의 이러한 형식의 선택은 앞에서 밝힌 미적 기조와 연관있다고 보았다.

참고문헌

1. 저본

최광운(최금동), 〈봉화 烽火, 일명 제주도 이재수 난〉, 『신천지』, 1946.7~10.
박광수, 〈이재수의 난〉, 1999.
현기영, 『변방에 우짖는 새』, 창작과 비평, 1983.
조무빈, 『야월의 한라산, 일명 이재수 실기』, 중도문화당, 대판, 소화 7년.

2. 단행본

강용삼 외, 『대하실록 제주30년사』, 태광출판사, 1984.
한상언, 『해방 공간의 영화 · 영화인』, 이론과 실천, 2013.
헤이든 화이트, 진형균 옮김, 『19세기 유럽의 역사적 상상력, −메타역사』, 문학과
　　　지성사, 1991.
노스럽 프라이, 임철규 옮김, 『비평의 해부』, 한길사, 2000.

3. 논문 등

김옥희, 「제주도 천주교의 수용 전개과정」, 『탐라문화』, Vol 1−06, 1987.
남인영, 「해방후 영화운동에 대한 연구」, 서울대 석사논문, 1990.
이효인, 「해방직후의 민족영화운동」, 『해방전후사의 인식 4』, 한길사, 1989.
조혜정, 「미군정기 영화정책에 대한 연구」, 중앙대 박사논문, 1997.
송낙원, 「해방후 남북한 영화 형성기」, 『남북한 영화사 비교연구』, 국학자료원, 2007.
이순진, 「식민지 경험과 해방직후의 영화 만들기」, 『대중서사연구』제11권 제2호,
　　　2005.12.
이길성, 「해방 이후 뉴스−문화영화 제작사 연구」, 『사림(성대사림)』53권 0호, 2015.
문선아, 「해방 후 한국 최초의 음악영화 〈푸른언덕〉에 관한 고찰」, 『동양예술』통권
　　　제24호, 2014.
한상언, 「해방기 영화운동과 조선영화협단」, 『영화연구』43호, 2010.3.
함규진, 「반탁운동, '동아' 오보가 없었다면」, 『한겨레 21』제796호, 2010.1.
추　민, 「영화협단에 격함」, 『영화시대』, 1947.1.
「영화대중화운동의 거보, 시나리오 위원회 강령초안 발표」, 『예술통신』, 1947.2.12.
「제주도는 어떠한 곳인가」, 『부인』1권 3호, 1946.10.1.
「이조인물약전」, 『동아일보』, 1921.11.3.

씨나리오 「봉화(烽火)」 영화협단서 제작, 『서울신문』, 1947.1.18.
『황성신문』, 1901.2.30.
『동아일보』 1945.12.27.
『동아일보』, 1947.5.18.
『경향신문』 광고, 1947.5.22.
『자유신문』, 1946.6.23.
『예술통신』, 1947.2.19.

2

해방기 영화
다시 읽기

미군정기 뉴스영화의 관점과 이념적 기반 연구[*]

조혜정**

1. 머리말

한국 근현대사에서 일제강점기와 해방기만큼 많은 연구가 시도되고 축적된 시기도 드물 것이다. 강점기와 해방기는 현재시점에서조차 그 흔적을 찾아볼 수 있고 여전히 한국인들의 의식 속에 강력한 자장을 형성하고 있다. 역사란 불균질(不均質)할 수는 있으되, 단절은 없는 것이고 보면 아직 한 세기 남짓의 시간밖에 지나지 않은 지금 그 시기의 흔적과 영향을 발견하는 것은 어쩌면 당연할지도 모르겠다. 그래서 여전히 역사연구자들에겐 많은 가능성을 품은 '매력적인' 연구대상인가보다.

본 연구는 해방기, 그 중에서도 미군정기를 연구의 대상으로 하고 있다. 미군정기는 해방이라는 시간과 공간에서 그야말로 '불균질'하다. 이 시기는

* 이 논문은 『한국민족운동사연구』 68호(2011.9.30.)에 게재된 내용을 수정 · 보완한 것임.
** 중앙대학교 예술대학원 교수.

해방과 분단으로 이어지는 특수한 역사적 정황에 서있고, 미군정은 한국정부 수립 이전까지 약 3년간 남한지역을 통치한 '강력한 외생국가(外生國家)'[1]였다는 점에서 더욱 그러하다. 특히 독립국가의 토대를 닦는 건국작업에서 미군정과의 길항작용은 이후의 한국현대사에 긍정적 기능과 부정적 유산을 공존케 함으로써 구조적 모순을 야기하기도 했으며, 미국과의 관계구도는 한국의 대외정책 및 정치 경제 사회 문화적 지형에서 여전히 강력한 프레임으로 작용한다. 이와 같은 미국에 대한 인식과 관계구도의 기저에는 미군정과 미군정이 통치행위를 했던 미군정기가 가로놓여 있다.

본 연구에서는 미군정기의 뉴스영화를 중심으로 미군정이 자신들의 정책 목표를 어떻게 전파하고 반영했는지 살펴보고자 한다. 뉴스영화는 국가홍보, 정부 및 정책홍보에서 직접적으로 메시지를 전달하는 만큼 가장 선명하게 그 이데올로기를 파악할 수 있는 매체이다. 그래서 미군정은 뉴스영화의 상영을 독려했고, 스스로 제작주체가 되어 뉴스영화를 만들었다. 미군정기는 뉴스영화의 전성기라고 할 만큼 많은 수의 뉴스영화가 상영되었던 시기이며, 이때의 경험은 한국정부 수립 이후 〈대한뉴스〉의 제작 및 홍보에 직접적으로 연결된다.

본 연구는 연구방법론으로서 미군정기 신문자료들을 활용하였다. 신문 기사와 신문에 게재된 영화광고를 분석하여 뉴스영화와 관련된 내용들을 추출하였고, 이를 통해 당시 뉴스영화의 면모를 파악하려 하였다. 미군정기의 영상자료들이 보존되어 있지 않은 상황에서 2005년 한국영상자료원이 〈해방 뉴-쓰〉 4편을 발굴하여 실물을 볼 수 있었던 것은 참으로 다행스런 일이다. 따라서 본 연구에서는 발굴된 〈해방뉴-쓰〉 4편에 대한 분석도 포함된다.

---

1   최장집, 『한국 현대정치의 구조와 변화』, 까치, 1989, 87쪽.

2. 미군정기 뉴스영화의 상영과 제작

미군정기는 미국이라는 초강대국의 국가이익과 대외정책이 미군정의 모든 정책결정에 있어서 상수(常數)로 존재[2]하던 시기이다. 1945년 9월 8일 미군 제24군단이 인천에 상륙함으로써 시작되어 1948년 8월 15일 한국정부가 수립되는 시점까지 존재한 미군정 기간 동안 미국의 국가이익과 대외정책이 미군정 모든 정책의 프레임으로 작용하는 이 원칙은 깨지지 않았다. 미국은 소련의 세력 확장을 막고 2차 세계대전 이후의 신생 독립국에 자본주의 체제를 이식하기 위해 봉쇄정책과 자유민주주의체제를 지향했다. 한국에 들어온 미군정 역시 한국을 자본주의 국가로 만들고 새로 수립될 한국정부가 자유민주주의체제를 채택하고 유지하도록 하는 데 정책을 집중했다. 이 과정에서 북위 38도선 이북에 들어온 소련에 대한 방어기제는 자연스레 '반공'정책을 강화하는 형태로 나타났으며, 향후 수립될 한국 정부의 이념적 기반도 당연히 반공에 토대하였다.

미군정은 남한지역에서의 실질적인 국가이자 유일한 합법정부로서 통치행위와 행정행위를 하게 되는데, 이러한 활동의 효과를 극대화하기 위하여 공보활동에 힘을 쏟았으며, 언론, 출판, 영화 등 공보매체를 적극 활용한다. 특히 영화는 '할리우드'라는 영화의 메카를 활용함으로써 그 어느 매체보다 경쟁력 있는 분야였기 때문에 미군정 역시 영화매체를 공보활동에 능동적으로 투입한다. 극영화를 통하여 미국식 사고와 라이프 스타일에 대한 선망을 갖게 하고, 뉴스영화나 문화영화를 통하여 미국의 풍요와 파워를 실감하게 했다. 미군정기에 할리우드 극영화는 미국 8대 메이저[3]의 영화를 독점 수입하

---

2 조혜정, 「미군정기 영화정책에 관한 연구」, 중앙대 박사학위논문, 1997, 5쪽.
3 Big 5(MGM, 워너브라더스, 파라마운트, 20세기 폭스, RKO)와 Little 3(UA, 유니버설, 컬럼비아)을 말한다. Big 5는 제작, 배급, 상영체인을 갖춘 5개 영화사들이고, Little 3은 제작과 배급능력만 갖춘 3개 영화사이다.

는 중앙영화배급사[4]를 통하여 한국영화시장을 장악할 수 있었고, 미군정은 뉴스영화와 기록영화, 문화영화를 통하여 직접적인 공보활동에 나섰다.

　뉴스영화(newsreel)는 시사적인 사건을 다루는 단편영화로서 극장상영을 전제로 한다. 통상 뉴스영화는 동시상영의 형태, 즉 극영화를 상영하면서 뉴스영화를 같이 상영하는 방식을 취했다. 아울러 기록영화나 문화영화를 함께 묶어 하나의 뉴스영화 편제로 상영하는 방식이었기 때문에 당시 뉴스영화에는 문화영화, 기록영화 작품들도 포함되는 일이 종종 있었으며, 본고에서도 이를 준용하고자 한다.[5]

(1) 미군정기에 상영된 뉴스영화

　미군정기에 상영된 영화는 극영화와 비(非)극영화(뉴스영화, 다큐멘터리, 문화영화), 16mm와 35mm, 심지어 연쇄극[6]에, 무성영화[7]와 발성영화, 흑백

4　Central Motion Pictures Exchange(CMPE). 중앙영화배급사(이하 중배)는 2차 대전 종전 후 미 국무성, 국방성, MPEA(미국영화수출업자협회)가 상호 협력하여 일본 도쿄에 설치한 미국영화 배급회사로서, 한국에는 1946년 4월부터 활동궤적이 나타난다. 미국영화 독점배급과 극장에 대한 횡포로 중배는 미군정기 내내 한국영화인들과 갈등관계에 있었다. 조선영화동맹의 주요 활동 중의 하나가 바로 중배비판운동이었을 정도이다.

5　뉴스영화의 범주에 기록영화, 문화영화를 포함하는 것은 자연스런 분류방식은 아니다. 뉴스영화가 시의성과 보도성을 중심으로 접근하고, 기록영화는 사건의 기록성, 문화영화는 교양 및 계몽성에 더 방점이 찍히기 때문이다. 그럼에도 불구하고 본 논문에서 뉴스영화의 범주를 확장한 것은 〈제2차 세계대전〉이나 〈전쟁은 무엇을 가져왔나?〉와 같이 뉴스의 시사보도성과 기록, 문화영화의 계몽성이 결합된 양태로 상영되는 경우가 종종 있었으며, 대체로 동시상영의 형태, 즉 극영화 상영 사이에 뉴스와 문화영화 혹은 기록영화를 묶어 하나의 편제로 만들어 상영하곤 했기 때문이다.

6　연쇄극(Kino Drama)은 극(공연)에 필름으로 찍은 장면(영상)을 삽입한 것으로, 영화 이전의 과도기 형태이다. 1946년 〈홍길동전〉(권일청)이 5막10장의 연쇄극으로 만들어져 상연되었다.

7　해방 직후 한국영화 제작의 물적 토대는 거의 붕괴되다시피 했다. 강점기 한국 영화계는 일인 자본이 지배적이었고, 제작 시설이나 기반 등 인프라에 있어서도 대부분 일인 소유였다. 해방이 되고 일본인들이 한국을 떠나면서 기재 및 설비를 가져가거나 팔아서

영화와 컬러영화,[8] 한국영화와 외국영화(미국, 영국, 프랑스, 독일, 중국 등), 장르적으로는 코미디, 공포물, 액션, 웨스턴, 시대극, 멜로드라마, 전쟁영화, 뮤지컬, 스릴러 등 다양하다. 또한 군정기에 대략 몇 편의 영화가 상영되었는지 통계를 잡기도 쉽지 않다. 연구자는 신문에 게재된 영화광고 분석을 통하여 1946년부터 약 2년간 572편(1946년: 259편, 1947년: 313편) 정도가 상영되었으리라고 추정하였다.[9] 물론 이는 정확한 통계일 수는 없다. 모든 상영영화가 광고를 했으리라고 볼 수 없으며 수입사에 따라 같은 영화를 다른 제목을 붙여 상영하는 경우도 있고,[10] 광고만으로는 영화와 악극 혹은 창극과의 구분이 쉽지 않은 경우도 종종 있기 때문이다.[11] 그러므로 이 통계는 규모와 비율을 가늠하기 위한 척도로서는 유의미할 수 있으되, 통계의 정확도라는 측면은 만족도가 떨어짐을 고려할 필요가 있다. 그렇다 하더라도 동기간 외국영화에 비해 한국영화의 상영편수는 40편으로 약 7%밖에 되지 않는다는 점은 자못 충격적이다.

그렇다면 군정기에 미국영화는 어떠했을까? 당시 신문보도에 따르면 1945년 11월부터 1948년 3월까지 2년 4개월간 약 711편의 미국영화(영화 422편,

---

현금화했다. 그러다보니 남아 있는 것은 "낡은 바르보(파르보:연구자 주) 촬영기 몇 대"(서광제, "건국과 조선영화", 《서울신문》 1946.5.26)라는 자조가 나온다. 『한국영화편람』에서도 이 시기의 열악한 제작여건을 "영화기재와 35mm 필름의 고갈, 전국 흥행계통의 미비로 인하여 거의 태반의 작품들이 16mm로 제작되고, 녹음 역시 후시녹음 또는 무성영화 그대로의 퇴보를 가져왔다"(26쪽)라고 썼다.

8 최초의 컬러영화는 〈무궁화동산〉(안철영 감독, 서울영화사 제작).
9 《한성일보》와 《조선인민보》(1946.3.10~1947.12.31)에 게재된 영화광고를 집계하여 작성. 조혜정(1997), 54쪽.
10 파라마운트가 제작, 배급한 〈No Time for Love〉(미첼 라이젠 감독, 1943)는 〈연애할 시간 없다〉와 〈숙녀와 완력〉으로 각각 한국어 제목이 붙여져 장안극장과 서울극장에서 동시(1947.4.17~)에 상영되었다.
11 〈군센 남매〉, 〈그리운 고향〉 등은 작품에 대한 정보가 전혀 소개되지 않은 채 극장 상영광고포스터에 나와 있다. 당시 한국의 극장은 영화는 물론 연극, 악극, 창극 등 다양한 형태의 공연물들까지 함께 상영(연)했기 때문에 극장 광고포스터에 올라있다 해서 영화로 판단하는 것은 오류를 범할 가능성이 크다.

뉴스영화 289편)가 수입된 것으로 나타난다.[12] 이 수치는 공보부 영화과의 조사를 근거로 제시한 것인데 검열을 받은 작품의 통계수치인지, 혹은 수입 신고에 의하여 나온 수치인지 확실하지 않다. 그럼에도 불구하고 미국영화 상영편수는 한국영화의 거의 7배 규모를 차지한다.[13]

공보부 영화과 조사에서의 흥미로운 점은 미국 뉴스영화가 거의 미국 극영화의 68%에 육박한다는 점이다. 한국영화의 경우는 더욱 비율이 높아 같은 기간 한국 극영화 제작편수는 17편, 뉴스영화는 73편(〈조선뉴스〉 35편, 군정청 공보부 뉴스 38편)에 이르러 오히려 4.3배 더 많다.

이러한 현상의 원인은 산업적 상황과 정책적 고려에서 생각해볼 수 있다. 당시 한국에서는 영화제작 기반의 열악함으로 인해 극영화 제작 동력이 현저히 약화되었기 때문에 상대적으로 제작의 편의성(제작비, 제작인력, 제작기간, 제작시설 등)이 뛰어난 뉴스영화가 많이 만들어졌고, 민간보다 제작 장비를 더 많이 갖춘 군정청 공보부가 자체적으로 뉴스를 제작했으며, 이를 극장을 통해서 상영할 수 있었기 때문이다. 특히 공보부가 뉴스영화를 제작한 것은 정책적 고려에서 비롯되었는데, 강점기동안 최신 정보에서 소외되거나 왜곡된 정보에 오랜 기간 노출되었을 한국 국민에게 뉴스와 정보를 전달한다는 측면, 점증하는 냉전구도하에서 미국의 대외정책과 이데올로기를 전파한다는 측면, 해방 직후 모든 국가기반을 정비해야 하는 시기 미군정의 활동을 홍보해야 하는 측면 등이 정책적 관점에서 고려되었다.

뉴스영화는 당시 미군정이 공보활동의 일환으로 주력하던 매체였다. 미군정기 한국 국민이 뉴스와 정보를 접할 수 있는 채널은 라디오와 신문 그리고 극장에서 상영되는 뉴스영화였다. 라디오는 수신기의 보급률이 높지 않았고,

---

12 《서울신문》 1948.4.23.

13 각주 9와 동일한 상영통계에 의거, 1946년에는 한국영화 10편 : 미국영화 149편,
   1947년에는 한국 30편 : 미국 134편으로 2년 누적 통계는 한국 40편 : 미국 283편.
   따라서 약 7배의 차이. 조혜정(1997), 54쪽.

신문은 높은 문맹률로 인하여 한계가 있는 데 비해 뉴스영화는 정보전달 가치로 볼 때 단연 뛰어났다. 이미 한국인은 일제 강점기부터 뉴스영화에 노출되어 있어[14] 영화매체가 구사하는 시청각언어에 익숙한 편이었다. 극장에 가야 한다는 공간적 제약이 있었지만, 당시 극장 관람은 거의 유일한 오락행위였고, 극장이 없는 지역이나 극장에 가기 어려운 사람들을 대상으로 해서는 순회영사반의 활동으로 공간적 제약을 보완해 나갔다. 뉴스영화는 선전매체로서 효과도 높아 미군정에서는 자체 제작 뉴스영화뿐만 아니라 미국에서 들여온 뉴스영화도 극장에서 상영하도록 하였다.

미군정기 수입된 미국뉴스영화 289편 중 1946년부터 1947년까지 극장에서 상영된 뉴스영화의 목록을 살펴보면 다음과 같다.

[표] 미군정기 상영된 미국뉴스영화 목록

제목	제작/배급사	비고
〈광도에 덮인 원자폭탄〉		미군 진주 상황 뉴스영화
〈뉴스 미소회담〉		뉴스영화
〈삼림계획〉	미농림성	
〈원자폭탄의 위력〉, 〈미군 일본 진주 상황〉, 〈미조리함상 일본 무조건 항복〉, 〈패전 일본 상황〉		뉴스영화
〈국도(國都)〉		국문판 워싱턴 소개영화. 군정청 영화과 제공
〈유나이티드 뉴스〉	UA	

---

14 일제강점기 뉴스영화가 언제부터 제작되었는지 기록을 찾을 수는 없으나, 다수의 문화영화는 1920년대부터 만들어진 것으로 나타난다. 총독부는 1920년 4월부터 관방문서과에 활동사진반을 설치하고 "총독부의 시정선전, 동화정책, 사회교화 및 전쟁동원" 등에 필요한 내용을 담은 영화를 제작했다(김한상, 「1930~40년대 조선에서의 문화영화상영」, 〈발굴된 과거 네 번째: 고스필모폰드 발굴영상모음〉, 한국영상자료원, 2009, 16쪽). 한국영상자료원이 발간한 〈발굴된 과거 네 번째: 고스필모폰드 발굴영상모음〉 DVD에는 〈조선시보〉 제11보(1943)가 수록되어 있다.

제목	제작/배급사	비고
〈군정청 뉴스: 무전으로 조종하는 표적 비행기, 자살 미수한 도조, 미군 조선 최초 진군, 귀환하는 미국병사〉	군정청 공보부	
〈제2차 세계대전〉	미 육해군성 정보부 제작	진주만 폭격~카이로회담까지. 군정청 영화과 제공
〈전쟁은 무엇을 가져왔나?〉	미 국무성 제작	기록영화. 군정청 영화과 제공
〈미국의 표정〉	미 국무성 정보국	국어판
〈극동 전범재판〉	UA	
〈유황도 결전기〉		총천연색 실전 기록영화. 〈비도(比島)결전기〉와 같은 작품.
〈원자탄 실험뉴스〉		
〈로스앤젤레스 제10회 올림픽대회〉		
〈대통령선거는 어떻게 하는가〉		민주주의의 교서
〈성중비행(星中飛行)〉		
〈미식축구〉		미군 24군단 제공
〈태평양 분격〉, 〈만국의 찬미〉, 〈민주주의 선거 알아두자〉		
〈대동아전쟁 기록집〉		군정청 영화과 제공
〈세계대전사〉		
〈결전 유황도〉, 〈비율빈작전〉, 〈전후 대통령 선거〉, 〈광명의 명일〉		미 국무성 제공 기록영화
〈태평양의 해공전〉	20세기 폭스	총천연색 기록영화
〈오키나와 소탕전〉		군정청 영화과 제공

* 1946.3~1947.12
** 위 목록은 《한성일보》, 《독립신보》에 실린 영화 광고를 통해 재구성한 것임.[15]

위의 목록에 나타난 미국 뉴스영화들을 정리하면 대체로 다섯 개의 범주로 나눌 수 있다.

---

15 조혜정(1997), [부록: 참고자료2]에서 뉴스영화만 뽑아 재구성.

① 전쟁 관련: 〈광도에 덮인 원자폭탄〉, 〈뉴스 미소회담〉, 〈미군 일본 진주 상황〉, 〈미조리함상 일본 무조건 항복〉, 〈패전 일본 상황〉, 〈무전으로 조종하는 표적 비행기〉, 〈자살 미수한 도조〉, 〈미군 조선 최초 진군〉, 〈귀환하는 미국병사〉, 〈제2차 세계대전〉, 〈전쟁은 무엇을 가져왔나?〉, 〈극동 전범재판〉, 〈유황도 결전기〉, 〈태평양 분격〉, 〈대동아전쟁 기록집〉, 〈세계대전사〉, 〈결전 유황도〉, 〈비율빈작전〉, 〈태평양의 해공전〉, 〈오키나와 소탕전〉

② 미국의 풍요 관련: 〈삼림계획〉, 〈국도(國都)〉, 〈미국의 표정〉

③ 스포츠 관련: 〈로스앤젤레스 제10회 올림픽대회〉, 〈미식축구〉

④ 민주주의 및 선거 관련: 〈대통령선거는 어떻게 하는가〉, 〈민주주의선거 알아두자〉, 〈전후 대통령 선거〉, 〈광명의 명일〉

⑤ 기타: 〈유나이티드 뉴스〉, 〈원자탄 실험뉴스〉, 〈성중비행(星中飛行)〉, 〈만국의 찬미〉[16]

미국 뉴스영화에서 가장 많은 부분을 차지하는 것은 전쟁 관련 뉴스이다. 시기적으로 제2차 세계대전 종전이 얼마 지나지 않은 시점이어서 더욱 그러하겠지만, 제2차 세계대전의 최대 승전국이고 태평양전쟁에서 일본의 무조건 항복을 받아낸 미국이니만큼 미국의 힘을 과시할 수 있는 가장 효과적인 아이템이 바로 전쟁이었다. 특히 미국이 일본을 무력화시키는 장면은 일제 강점기라는 치욕과 고통의 시간을 기억하고 있는 한국인들에게 카타르시스를 제공하는 측면과 함께 미군을 '해방군'으로 받아들이는 무의식적 기제로서 작용하게 하는 이중·삼중의 효과가 있었던 것이다.

〈삼림계획〉이나 〈국도〉, 〈미국의 표정〉 같은 뉴스영화들은 미국이라는 나

---

16 〈만국의 찬미〉는 음악가 토스카니니의 음악영화. 1946년 11월 8~9일 개최된 미식축구 보급영화대회에서 상영 예정이었는데, 프린트 관계로 〈교육의 자유〉, 〈광명의 명일〉로 변경. 『예술통신』, 1946.11.8.

라의 풍요로움과 스케일, 활력 등을 보여줌으로써 미국에 대한 동경을 심어주는 데 유효했다고 본다. 특히 미국의 수도 워싱턴을 소개하는 〈국도〉는 국문판으로 제공되어 한국인의 관람을 더욱 용이하게 만들어주면서 미국에 대한 호감도를 급상승시켰을 것이다. 같은 맥락에서 스포츠 관련 뉴스영화로 분류된 〈로스앤젤레스 제10회 올림픽대회〉나 〈미식축구〉 등도 미국의 스포츠는 물론 문화 및 경제 전반에 대한 과시를 담고 있는 것으로서, 극동아시아 한국인들의 눈에 비친 미국의 모습이 어떠했을지는 충분히 짐작할 만한 일이다.

또 하나의 범주를 차지하는 민주주의 및 선거 관련 뉴스영화는 편수는 많지 않으나 함축된 의미는 자못 중요하다. 미국의 대외정책은 봉쇄정책과 자본주의의 전파 혹은 이식에 있었기 때문에 자본주의 체제를 정착시킬 수 있는 방안으로서 선거는 매우 효과적인 수단이었다. 미군정기 이후 한국정부가 들어설 수 있는 합법적 방안을 준비해야 했던 미군정으로서는 선거를 치러본 경험이 없는 한국인들에게 선거에 관한 지식과 인식을 심어줄 필요가 있었다.

그러므로 선거에 대한 인식을 높이고 당위성을 홍보하는 계몽 · 교육의 효과를 거두기 위해 뉴스영화를 활용한 측면도 있었던 것이다. 실제 미군정은 남한 단독정부 수립을 위한 선거참여 계몽영화인 〈국민투표〉(최인규 감독, 1948)의 제작을 지원한 바 있다.[17]

(2) 미군정이 제작한 뉴스영화

미군정은 스스로 제작주체가 되어 영화를 만들기도 했다. 대부분 뉴스영화와 문화영화이다. 미군정은 군정청 직제 안에 있던 공보국을 1946년 3월 29일 승격하여 공보부(DPI)로 개편하고 공보활동을 강화한다. 군정청 공보정

---

17 미군정 공보부(DPI)의 선전기능은 1947년 5월 30일 창설된 미군사령부 산하의 공보기구인 미공보원(OCI)에 대부분 이관된다. OCI는 미군정이 종료되는 시점까지 활동했다. 〈국민투표〉의 제작지원을 담당한 곳도 OCI이다.

책의 목적 및 방향[18]은 미군정의 활동을 홍보하고 여론을 선도 · 선무하면서 미군정과 한국인간의 유대감 형성 및 반공 이데올로기를 확산[19]하는 것이었다. 군정청은 이러한 작업의 일환으로 미국에서 들여온 뉴스영화와 〈대한뉴스〉의 효시가 되는 〈조선시보〉[20]를 제작, 극장에서 상영했다.

미군정에서 영화제작과 관련된 업무를 담당한 곳은 공보부 영화과이다. 공보부는 처음 미국영화나 뉴스릴을 수입 · 배포하면서 아울러 미국영화에 한국말을 녹음, 이중인화하여 상영하다가 차츰 뉴스영화나 다큐멘터리영화를 제작, 배급하였다.[21] 신문자료에 의하면 공보부 영화과가 〈시보〉 제작, 문화영화 제작, 이중인화 작업 등 다양한 영화관련 일을 했음을 알 수 있다.[22]

---

18 김민환은 군정 관계자료에 의거, 미군정 공보기구의 활동목표를 10개 항으로 정리한다.
   ① 정부업무에 대한 관심을 촉진하고 국민을 계몽하기 위한 정부의 활동에 관한 정보의 전파.
   ② 민주정부의 원칙과 업무, 관행에 관한 정보의 전파, 한국인의 생활의 발전과 민주노선에 따른 문화발전 촉진.
   ③ 미국의 목표와 정책에 대한 정보 전파.
   ④ 정부 관계부처에 정보와 지침을 제공하기 위한 여론의 수집 · 분석 · 평가.
   ⑤ 군정장관 및 정부 관리들에 대한 PR 관계 조언.
   ⑥ 부서내의 한국인에 대한 미국적 훈련 경험의 실시(미군 철수후 민주적 공보의 기술과 방법 활용 가능토록).
   ⑦ 한국인으로 하여금 자유롭고 지적인 신문의 기능을 수행토록 지원 격려.
   ⑧ 모든 정당 · 신문 · 잡지에 대한 등록 · 허가 · 조사 · 회계 · 감사
   ⑨ 모든 영화의 제작 · 배급 · 관람 감독.
   ⑩ HLKA와 지방국을 통한 라디오 서비스 제공.
   Department of Public Information, USAMGIK, pp.18~19, 김민환, 『미군정 공보기구의 언론활동』, 나남, 1991, 15쪽에서 재인용.
19 조혜정(1997), 16쪽.
20 〈조선시보〉는 두 종류가 있다. 하나는 일제강점기에 만들어진 것으로 〈조선시보〉 제11보(조선영화제작주식회사 제작, 1943)가 현재 남아 있으며, 다른 하나는 해방후 다시 만들어진 것인데, 〈조선시보〉가 1호부터 만들어진 것으로 되어 있다. 〈조선시보〉는 미군정 공보부에서 제작했으며, 〈조선시보〉 제27호가 완성되어 상영한다는 기록(《독립신보》 1947.12.9)까지 발견된다. 조혜정(1997), 16쪽.
21 김민환, 『미군정 공보기구의 언론활동』, 서강대언론문화연구소, 1991, 32쪽.
22 『예술통신』 1946.12.3, "군정 영화과 1년간 작품"

- 〈시보〉[23] 1호부터 15호까지 매월 평균 2호 발표.
- 문화계발영화[24]
    ① 귀환동포 2권
    ② 백의천사(간호사업을 선장한 것) 2권
    ③ 기계시대(조선의 공업시설의 발전과 공업의 발전 필요를 말하는 것)
    ④ 직물공업(우리 직물의 우수성과 그 장려를 말하는 것) 1권(제작중)
    ⑤ 호열자 2권
    ⑥ 조선올림픽(체육조선의 의기를 높인 것) 2권
- 스파인포-즈[25] 작업
    ① 최후의 지옥선
    ② 링컨전

공보부 영화과에서 제작한 뉴스와 문화영화들은 기본적으로 미군정의 정책 홍보기능을 충실하게 수행한 것으로 보인다. 뉴스영화가 직접적으로 정책 홍보기능을 수행했다면, 문화영화는 간접적이고 중립적인 형태로 보이지만 그 본질에 있어서는 다르지 않다. 예를 들어 〈기계시대〉 같은 문화영화에 관한 보도 내용을 보면 이 영화들이 어떻게 한국대중에게 다가갔는지 엿볼 수 있을 것이다.

〈기계시대〉는 공보부 영화과가 만들어 미국과 유럽의 미군 점령지역에서 공개되었는데, '전후의 부흥상황을 소개하는 좋은 문화교류적 의의를 가졌다고 매우 호평을 받는다'고 소식을 전한다. 아울러 〈기계시대〉의 내용을 '일본인이 물러난 다음에 조선인들이 모든 기계를 움직이고 제조하는 씩씩한 모양을 그린 것이라 한다'[26]고 쓰고 있다.

---

23 조선시보를 의미함.
24 문화영화를 말함.
25 super impose. 즉 이중인화를 말함. 당시의 수퍼 임포즈는 영어로 된 영화에 한국어 자막을 입히기 위하여 사용되었음.
26 『예술통신』, 1947.1.23. "영화과 제작 영화 (기계시대) 해외서 호평"

간단한 내용 소개만으로 이 영화의 메시지를 분석하는 데에는 한계가 있지만, 적어도 표면적으로 드러나는 메시지는 일본의 패망과 한국의 해방을 정당화하는 것이며, 미군정체제의 한국이 활기에 차 있다는 것을 보여주고자 하는 것이다. 이는 국제사회에서 미국의 역할과 한국에서의 미군정체제의 안착, 그리고 미국이 한국인들로부터 환영받고 있다는 과시까지도 내포하고 있는 것으로 파악할 수 있다.

3. 〈해방뉴-쓰〉의 내용과 이념적 기반

(1) 〈해방뉴-쓰〉 내용분석

미군정기의 자료를 살펴보면 〈해방뉴-스〉와 〈해방뉴-쓰〉가 공존한다. 현재 시점의 표기로 바꾸면 모두 '해방뉴스'이지만 당시 자료상 표기로는 〈해방뉴-스〉와 〈해방뉴-쓰〉가 공존하는 형태이다. 그렇다고 두 가지 표기 사이에 엄격한 구분이 있어 보이지는 않는다. 쓰는 사람이나 언론매체마다 구분 없이 편의적으로 쓴 경향이 강하다. 이러한 태도는 사실 후대의 연구자들을 매우 곤혹스럽게 만드는 부분이다. 〈해방뉴-스〉와 〈해방뉴-쓰〉는 동일계 작품인가? 자료를 검토한 바로는 이 시기에 등장하는 '해방뉴스'들이 균질하지 않다는 결론에 도달했다. '해방뉴스'라는 동일한 이름을 달고 있지만, 제작주체가 다르고 뉴스가 함축하고 있는 이데올로기 기반도 달라 동일계 작품이라고 보기 어려웠다.

〈해방뉴-스〉는 일단 조선영화건설본부(이하 영건)에서 제작 개시한 뉴스영화로 보는 것이 타당하다. 영화사가(映畵史家)이자 영화평론가인 이영일도 이를 주장한다.[27]

1945년 9월 24일에 주한 미군정청 보도부에서는 조선영화건설본부에 대해서 뉴스영화의 제작과 촬영을 하도록 했다. 말하자면 이것이 광복기의 영화활동으로서는 비로소 나타난 현상이다. 조선영화건설본부는 남대문통에 자리를 잡고 있었는데 일제의 법인 조영 자리에서 그 기재들을 이양 받고 발족한 것이었다. 위원장 윤백남을 비롯하여 안석영, 이명우(李明雨), 방한준, 박기채, 황운조, 양세웅, 이병일, 김학성(金學成), 유장산(柳長山), 김성준, 최칠복(崔七福), 고해진(高海振), 김흥만(金興萬) 등이 모였다. 이 무렵에 나온 〈해방뉴스〉[28]가 영화활동의 시발점이 되는 셈이다. 이들은 수시로 촬영반을 전국 각 도에 파견하여 뉴스영화를 촬영했다.

〈해방뉴-스〉 3보(호)가 완성됨을 보도하는 기사가 나온 시점이 1945년 11월 16일[29]이라는 점도 '영건 제작설'을 뒷받침해 준다. 영건은 1945년 11월 9일 영건 집행위원회에서 발전적 해소론이 대두[30]된 이후 조선프로레타리아 영화동맹(이하 프로영맹)과 함께 같은 해 12월 16일 조선영화동맹(이하 영화동맹)으로 흡수 통합된다.[31] 따라서 〈해방뉴-스〉 3보(호)가 완성된 시점은 영건이 존속했던 시기인 것이다. 또한 편집자는 박기채, 촬영은 김학성이 맡았다는 사실도 영건 제작설을 받쳐준다.

〈해방뉴-스〉는 이후 영화동맹과 관련하여 언급되기 시작한다. 영화동맹이 주관하는 행사에서 〈해방뉴-스〉를 상영한다는 기사가 여러 차례 발견된다.[32] 〈해방뉴-스〉가 언제까지 만들어졌는지 정확한 기록은 찾을 수 없으나,

---

27 이영일, 『한국영화전사』, 소도, 2004, 215쪽. 이영일의 글에서 영건이 사단법인 조영의 기재를 이양 받고 발족했다는 지적은 영건과 조영의 관계를 보는 데 있어 기억해둘 만하다.
28 〈해방뉴-스〉와 동일. 이영일은 현대적 표기에 입각하여 '해방뉴스'로 표기한 것으로 보인다.
29 《중앙신문》 1945.11.16. "해방뉴-스 제3보 근일완성!!"
30 《중앙신문》 1945.11.22.
31 《자유신문》 1945.12.18. "영화인을 총합 조선영화동맹 결성"
32 《중앙신문》 1946.3.3. "투사유족 위안/영화동맹에서" 조선영화 〈해방뉴-스〉, 소련영

13보까지 상영된 기록으로 미루어 1947년 상반기까지 존재했던 것으로 추정된다.[33]

〈해방뉴-스〉의 성향은 영건 시절과 영화동맹 시절로 구분하여 살펴보아야 한다. 뉴스를 다루는 관점이나 성향이 영건 시절과 영화동맹 시절 사이에 차이가 있기 때문이다. 영건 시절에 만들어진 〈해방뉴-스〉 3보의 경우, 이승만 박사가 소집한 각 정당대표자 회합 광경, 광주학생의거기념일을 맞은 광주와 서울의 학생의 날 행사, 연합군 환영경기 등을 다루고 있다.[34] 일단 내용만으로는 정치적·이념적 성향이 두드러져 보이지 않는다. 물론 이러한 추론은 실물을 통해 확인해야만 정확한 평가가 가능하나, 영건의 구성원이나 당시 미군정과의 관계 등을 고려할 때 대립각을 세울 정도는 아니었다고 볼 개연성은 충분하다. 앞에서 언급했다시피 3보의 편집을 박기채, 촬영을 김학성이 맡은 것을 감안하면 더욱 그렇다. 뉴스영화는 무엇보다 편집에 의해서 내용이나 흐름이 결정된다고 할 때 편집자 박기채의 존재는 그러한 심증에 더욱 무게를 싣게 한다. 박기채는 일본 유학파 감독으로 문예영화 〈춘풍〉(1935)과 〈무정〉(1939)으로 명성을 얻었고, 강점 말기에는 군국주의 선전영화 〈조선해협〉(1943)을 감독했던 인물이다. 또한 영건이 영화동맹으로 흡수 재편될 때 그는 안석주 등과 함께 영화동맹을 이탈, 우파인사들 중심의 영화

화(조선어판) 〈일본항복조인식〉, 〈원나 진주〉, 불국(佛國)영화 〈조상탄생〉 상영 《한성일보》 1946.3.10. 〈해방뉴-스〉 5보 상영 불허
《조선인민보》 1946.6.10. 영화동맹과 예술통신사 주최로 개최되는 6·10 만세운동 기념 주간에 〈조련뉴-쓰〉와 〈해방뉴-스〉 6, 7보 상영한다는 광고.
《독립신보》 1947.1.7. 조선문화단체총연맹 주최 종합예술제에서 〈해방뉴-스〉 신작 11, 12보 봉절.
《한성일보》 1947.3.18. 일자 영화광고. 국제극장에서 3월 18일부터 독일 우파영화사 초특작 〈어머니의 사랑〉과 동시상영으로 〈해방뉴-스〉 제13호 상영.

33 이에 대하여 한상언은 『조선연감』(1948년판, 조선통신사, 338쪽)을 근거로 하여 〈해방뉴스〉가 1947년까지 총 14편이 제작되었다고 기술한다. 한상언, 「다큐멘터리 〈해방조선을 가다〉 연구」, 『현대영화연구』 Vol.4, 2007, 224쪽.
34 《중앙신문》 1945.11.16.

감독구락부에 가입하고,[35] 1948년에는 경찰청 후원으로 〈밤의 태양〉을 연출하였던 것이다.

그러나 영화동맹 시절의 〈해방뉴-스〉 5보는 이념성이 두드러짐으로써 미군정과 갈등관계를 빚는다. 5보는 '메-테'(메이데이: 연구자 주), '민족문화건설 전국대회', '6·10만세운동 시민대회' 등으로 이루어져 미군정으로부터 상영이 불허되었다. 미군정은 이번뿐만 아니라 향후로도 좌우 양 진영의 선전을 반반씩 취재하지 않으면 검열을 허가하지 않겠다는 언명[36]을 한 것으로 되어 있다. 이러한 사례에서 보듯, 영화동맹은 〈해방뉴-스〉를 '해방 이후 영화가 가진 진정한 보도적 역할을 담당하고 있는' 것으로 간주하면서, 이동영사대를 파견하여 각지에서 〈해방뉴-스〉를 상영하였다. 이로 미루어 〈해방뉴-스〉의 성향을 충분히 가늠할 수 있을 것이다.

그런데 문제는 『예술통신』(1946.11.20)의 기사로부터 발생한다. 이 기사는 주식회사 조선영화사[37]가 자본금 1천만 원(반액불입)으로 발기회를 구성하고 창립 후 계획하고 있는 사업을 소개하는 내용이다. 이 내용 중에 '해방뉴스'에 대한 사항이 들어 있는 것이다.

> (앞부분 생략)그런데 특히 항목중 시방까지 군정관리 조선영화사가 제작 발행하고 잇는 뉴-쓰 영화의 제호 「해방뉴-쓰」에 대한 동일제(同一題)를 인용한 예산이 잇슴을 볼 수 잇는데 이것은 「군정 조영(朝映)」과는 비록 현재는 전혀 별개체의 회사이나 머지 안흔 장래에 합류 혹은 흡수의 전제를 고려한 것을 표명한 것으로 볼 수 잇서 또한 저간의 사정을 규지할 수 잇다 할까?

---

35 《서울신문》 1946.3.9. "영화감독구락부 조직"
36 《자유신문》 1946.9.1. "영화검열제 철폐하라/영화동맹서 구체 사실 들어 성명"
37 이 회사는 일제 강점기의 사단법인 조선영화주식회사(법인 조영)와는 별개의 회사로서, 김호, 최남주, 이재명, 안철영 등이 발기인이 되어 새로 발족한 회사이다. 일제 강점기에 있던 조선영화주식회사(법인 조영이 아님)는 최남주가 대표. 조선영화주식회사의 첫 작품은 이재명이 프로듀서하고 박기채가 감독한 〈무정〉(1939).

▲ 사업계획서

(중략)

수입내역

-. 96만원 해방 뉴—쓰 12본 전국상영수입

(중략)

지출내역

-. 53만8천원 해방 뉴—쓰 12본 제작비(선전비 포함)

(이하 생략)

이 기사에서 언급된 〈해방뉴—쓰〉는 영화동맹의 '해방뉴스'와 어떤 관계일까? 기사의 내용으로 미루어 '해방뉴스'는 일단 두 개가 별개로 존재할 가능성을 내포하고 있다. 이는 "시방까지 군정관리 조선영화사가 제작 발행하고 잇는 뉴—쓰 영화의 제호 「해방뉴—쓰」에 대한 동일제(同一題)를 인용한 예산이 잇슴을 볼 수 잇는데 이것은 「군정 조영(朝映)과는 비록 현재는 전혀 별개체의 회사이나」라는 대목에서 확인된다. 기존의 〈해방뉴—쓰〉와 새로 조선영화사가 제작할 〈해방 뉴—쓰〉, 그리고 아래에서 언급하겠지만 민영제작의 〈해방뉴—쓰〉까지 '해방뉴스'는 3가지로 늘어나게 되는 것이다. 위의 기사 이후 조선영화사가 어떤 제작활동을 했는지 확인하기는 어렵다. 다만 극장 광고에 등장하는 〈해방뉴—쓰〉에는 조선영화사 작품이라는 표기가 된 것도 있다는 사실이다.

한 가지 더 언급해야 할 것은 현재 남아 있는 〈해방뉴—쓰〉는 민중영화제작주식회사(이하 민영)가 제작사로 되어 있다는 사실이다. 민영은 이완(李莞), 허남기(許南麒) 등 재일본 조선인들이 중심이 되어 만든 영화사로서, 1946년 4월 자본금 5백만 원으로 설립되었다.[38] 민영은 〈조련(朝聯)뉴스〉를 월 1편 정도 만들었으며, 다큐멘터리 제작을 기획했는데, 〈해방조선을 가다〉

---

38 『재일조선문화연감』, 동경, 조선문예사, 1949, 80쪽.

가 바로 그것이다.[39] 〈해방조선을 가다〉는 1947년 제작된 작품으로서, 이 영화에는 1945년 8월 16일 서울 시내의 만세행렬과 조만식(曺晩植)의 모습이 담긴 소련군 평양입성 장면, 해방 직후 평양에서 암살된 조선공산당 평남도당 위원장 현준혁(玄俊赫)의 장례식, 민족문화건설전국회의에서 연설하는 임화(林和)의 모습 등이 담겨 있다.[40]

〈해방조선을 가다〉의 논조는 좌파적 성향을 띠고 있는 것으로 보인다. 이 작품에 관계한 인사들의 면면을 보면, '기획, 편집 아사노 타츠오, 김경기'로 되어 있는 바, 아사노 타츠오는 일본의 진보영화단체인 자유영화인집단의 구성원이며, 김경기(金岡基)는 조선영화동맹의 위원으로 활동하던 인물이다.[41] 한상언에 의하면 〈해방조선을 가다〉의 오프닝 타이틀에 인위적으로 편집된 흔적이 보이는데, 그것을 자세히 살펴보면 상단에 자유영화인집단, 조선영화동맹이 큰 글씨로 적혀 있고, 하단에는 '자유영화인집단의 아사노 타츠오', '조선영화동맹의 김경기'가 작은 글씨로 기록되어 있다고 한다.[42] 이러한 사실로 미루어 민영의 이념적 기반은 좌파에 있었다고 보아도 좋을 것이다. 그런데, 현재 남아있는 민영 제작의 〈해방뉴-쓰〉에는 오히려 미군정의 시각이 더 많이 투영되어 있다. 이를 어떻게 해석해야 할까?

먼저 민영의 이념적 스펙트럼이 단일하지 않고 의외로 넓었으리라는 추론이 있을 수 있으며, 다른 하나는 〈해방조선을 가다〉의 민영과 〈해방뉴-쓰〉의 민영은 별개 회사라는 추론이 나올 수 있다. 전자의 경우 민영의 경영악화로 1947년 3월 종업원이 대량 해고되는 상황 속에서 좌파 성향의 구성원들이 대거 물갈이 되고, 이에 따라 민영이 우편향된 것으로 보는 시각에서 나온 추론이다. 그러나 민영의 〈해방뉴-쓰〉는 1946년도에 제작된 것으로 보이기

---

39 위의 책, 80~82쪽.
40 한상언, 「다큐멘터리 〈해방조선을 가다〉 연구」, 『현대영화연구』 4호, 2007, 217~218쪽.
41 한상언(2007), 221쪽.
42 한상언(2007), 218쪽.

때문에 이는 적합하지 않은 추론이 된다. 그렇다면 후자의 경우처럼 역시 별개의 민영이 존재할 가능성을 생각해볼 수 있는데, 이것 역시 현재 시점에서는 단언하기 어렵다.

따라서 단편적인 정보와 자료로써 섣부른 추론을 하기보다 본 논문에서는 일단 제작사의 성향과 분리하여 실물 자체를 분석하는 방법을 택하고자 한다. 분석 결과 〈해방뉴-쓰〉의 성향이나 태도가 그동안 연구자들이 예측했던 것과는 달리 미군정의 정책적 범위를 벗어나지 않고 있다는 점도 본 논문에서 다루고자 하는 주제와 부합되는 측면이 있다.[43] 이하에서는 유일하게 남아 있는 미군정기 뉴스영화인 〈해방뉴-쓰〉의 내용과 뉴스를 다루는 관점 그리고 미군정 정책과의 상관성을 살펴볼 것이다.

〈해방뉴-쓰 특보〉

〈해방뉴-쓰 특보〉는 '특산품 전람회'와 '8·15 기념'이라는 타이틀이 달린 2개의 뉴스로 구성되어 있다. 후에 나오게 되는 〈대한뉴스〉가 힘차게 펄럭이는 태극기와 인상적인 시그널을 배경으로 '대한뉴스'라는 타이틀을 내보냈듯이, 〈해방뉴-쓰〉도 고유의 타이틀 이미지를 가지고 있는 것이다. 커다란 범종을 타종하는 이미지 위에 시그널 음악이 흐르고 그 위에 '朝鮮民衆을 爲하야'라는 자막이 뜨는 형태를 취하고 있다.

'특산품 전람회'는 각 지역의 특산품이 전시된 전람회장을 카메라가 훑어가며 소개하는 형식이다. 전람회장을 돌아보며 구경하는 사람들의 모습과 물품도 담겨 있다.

---

43 민영 제작의 〈해방뉴-쓰〉는 영화동맹의 〈해방뉴-스〉와는 뉴스의 관점과 이념적 성향이 달라 보인다. 일단 기사를 통해서 파악한 바로는 영화동맹이 좌파적 관점에서 좌파 활동이나 해방정국에 대한 묘사에 주력함으로써 미군정과 갈등을 빚고 검열에 의해 상영 정지나 압수처분을 받기도 했던 것으로 보인다. 그에 비해 민영의 것은 미군정에 협력하거나 미군정의 시각이 반영되어 있다는 점이 인상적이다.

'8·15 기념'은 해방 1주년을 경축하는 8·15 기념식의 여러 모습을 카메라에 담아 그 날의 분위기를 전달한다. 기념식에는 하지(J. R. Hodge) 장군, 러치(A. L. Lerch) 장관 등 미군정 인사들과 이승만 박사, 김구 주석 등 남한 인사들이 참석하고 있다. 이 뉴스는 8·15 기념식의 이미지를 몇 가지 장면으로 전달하고 있는데, 구리개 → 광화문 → 군정청까지의 행렬을 사열하고 있는 하지 중장과 이승만 박사의 모습, 김구 주석의 연설, 만세삼창, '해방조국, 자주독립으로 돌진'하자며 시가행진에 나서는 군중의 모습, 그리고 반환된 한일합방 조약문과 대한제국 옥새 및 국치서류 등을 인서트(insert)[44]로 넣었다. 또한 일제잔재를 쓸어버려야 한다는 내레이터의 멘트와 함께 대구에서 열린 충령탑 폭파식 장면을 내보낸다. 다음 날인 8월 16일에는 해방 1주년 기념행사의 하나로 서울운동장에서 조미(朝美) 대항 야구경기가 열리는 모습을 보도하고 있는데, 하지 중장의 시구로 시작된 이 경기에서 4:1로 미 24군이 전 조선군을 누르고 우승하였다는 소식을 전한다.

〈해방뉴-쓰 특2호〉

〈해방뉴-쓰 특2호〉 역시 범종 타종의 같은 배경 위에 역시 같은 자막 '朝鮮民衆을 爲하야'가 뜬 후 '서울소방서 분열식'과 '우리 농촌생활 소개', '수마(水魔) 내습'의 3가지 뉴스가 이어진다. '서울소방서 분열식'에는 24군 군악대를 선두로 군정청 → 광화문 → 구리개 → 서울운동장으로 행진하는 소방대원들의 모습이 찍혔다. 서울운동장에서 소방대원들은 소방법과 화재방지법을 시연하는데, 불타는 가옥과 소방호스로 물을 뿜어 화재를 진압하는 모습, 유격하듯 높은 곳에서 뛰어내리는 대원들, 미군과 한국인 소방대원이 같이 불을 끄는 모습 등을 연결하여 보여준다.

'우리 농촌생활 소개'에서는 1946년 4월 26일부터 사흘간 경회루에서 열린

---

44 삽입 장면.

공예품과 농자법 전시회 소식을 보도한다. 이 행사는 "조미 친선교류에 이바지하려는 조선농회 주최로 미군에게 남한 농촌생활을 소개하기 위하여" 열렸다고 전한다. 빠르고 경쾌한 음악을 배경으로 짚신 만드는 모습, 묘기 부리듯 다듬이질하는 아낙네들, 솜 터는 모습, 길쌈하는 모습, 타작하기, 맷돌질, 절구질 등의 이미지를 보여주며, 이처럼 "향토색 짙은 우리 농촌 실생활 모습을 재현하여 러치 장관 이하 참관자들이 감동했다"고 뉴스는 전한다.

'수마 내습'은 반대로 공포나 재난영화를 연상시키는 장중하고 불길한 음악을 배경으로 깔고 물에 잠긴 가옥과 논밭, 물이 불어나 교각이 거의 잠긴 한강철교 등을 이미지로 보여준다. 내레이터는 홍수의 피해 등을 거론하며 '삼림의 남벌'이 홍수의 요인이라고 지적한다. 아울러 수마의 침해를 막기 위해서는 식목과 사방공사를 해야 한다고 언급한다. 이어 복구에 나선 사람들의 모습을 보여주는데, 불도저를 이용하여 복구공사에 나선 미군의 모습도 근접 촬영으로 보인다.

〈해방뉴-쓰 특3호〉

〈해방뉴-쓰 특3호〉는 이전의 두 호에 비해 제작주체를 강조한 것이 특기할 만하다. '民衆映畵制作株式會社 制作'이라고 나온 다음 다시 '民映提供'이라는 자막이 뜬다. 그리고 예의 오프닝 이미지인 범종 타종과 '朝鮮民衆을 爲하야'라는 자막이 등장한다. 〈특3호〉는 '군정장관 주최 내외신문기자 초대', '사관학교 제1회 졸업식', '한글기념 경축 보이스카웃 운동회', '한글 5백년 기념', '김구 총리 지방시찰' 등 5개의 뉴스로 구성되었다.

'군정장관 주최 내외신문기자 초대'는 러치 장관이 내외신 기자 80여명을 초청하여 원유회를 가진 것을 보도하는 내용이다. 이 뉴스에서는 음료를 들고 서서 혹은 의자에 앉아 담소하는 사람들의 모습을 비춰주면서 러치 장관의 인사말을 소개하고 있다.

오늘날 신문은 민중의 대변자로, 또는 인민권리의 보호자로 그 보도는 우리 민주주의 생활에 가장 필요한 지위에 있습니다. 파쇼 독일이나 군국주의 일본은 백성을 속여먹는 정부의 고의 선전도구로 일삼았던 것뿐이었습니다. 그러나 남조선이나 미국과 같이 민중을 위해서 노력하는 곳에서는 신문은 허구의 보도가 아니고 진실한 사실을 보도하는 한 아무 제한도 받지 않습니다. 신문 보도의 자유, 이것은 곧 민주주의의 기본이요, 자유국가의 희망입니다.[45]

뉴스의 내레이터는 이와 같은 러치의 인사말이 참석자들에게 감명을 주었다고 전했다.

두 번째 뉴스 '사관학교 제1회 졸업식'은 9월 23일 국방경비대 소속 사관학교의 제1회 졸업식을 보도한다. '육군사관학교'라고 씌어있는 입구와 분열식을 거행하는 생도들을 보여주며 이들이 새 국가를 위해 봉공(奉公)할 것이라 전한다.

세 번째는 '한글기념 경축 보이스카웃 운동회'로, 한글 반포 500주년을 이틀 앞둔 10월 7일 덕수궁 광장에서 러치 장관, 김구 주석 등 인사들이 참석하였다고 전한다. 보이스카웃 대원이 러치와 김구에게 꽃다발을 증정하는 모습이 나온다.

네 번째 뉴스 '한글 5백년 기념'에서는 '訓民正音'이라고 씌어있는 책자를 클로즈업한 뒤 하지 장군, 러치 장관, 문교부장관, 이병도 박사, 그리고 시민 1만 여명이 참가한 덕수궁앞 기념식 촬영장면을 보여준다. 여기에는 기념사업준비위원장 이극로의 개회선언, 이병도 박사의 훈민정음 서문 낭독, 궁중 제례악 시연, 하지, 러치의 축사 등이 담겼다.

마지막 뉴스는 '김구 총리 지방시찰'인데, 김구 주석을 '민주의원 총리 김구 씨'라고 호칭한 것이 흥미롭다. 김구 주석이 '민생정황을 파악하고 격려하기 위해 남한 각지를 순방하다' 공주에 나타난 장면을 찍은 것이다. 그는 엄항섭

---

45 뉴스의 내레이션을 그대로 옮긴 것임.

등을 대동했으며, 5만의 군중이 김구 주석을 영접했다고 뉴스는 전한다. 김구 주석은 "우리의 자주독립을 위함에는 오직 민족통일뿐"이라고 연설, 청중을 감명시켰다고 한다.

〈해방뉴-쓰 4호〉

〈해방뉴-쓰 4호〉에는 좌우합작회담과 하지 장군의 폭동방지 권고문 발표 등 당대 현안과 함께 도시대항 야구대회 뉴스가 들어 있다.

'현안의 좌우합작회담'이라는 제목의 뉴스는 김규식 박사가 10월 7일 좌우합작회담을 정식으로 선언하는 내용이 담겨 있다. 서울방송국 마이크 앞에서 발표문을 읽는 김규식 박사의 모습과 방송 송신탑 인서트 등이 이미지로 깔리며, 군정청에서 발표한 입법기관에 대하여 적극 협조할 것이라는 내용과 함께, 합작위원회의 7개조 요망조건[46]을 발표하고 있다. 내용은 다음과 같다.

---

46 '합작위원회의 7개조 요망조건'은 '좌우합작 7원칙'과 다르다. '좌우합작 7원칙'은 다음과 같다.
① 조선의 민주독립을 보장한 3상회의 결정에 의하여 남북을 통한 좌우합작으로 민주주의 임시정부를 수립할 것. ②미소공동위원회 속개를 요청하는 공동성명을 發할 것. ③토지개혁에 있어 몰수, 유조건 몰수, 체감매상 등으로 토지를 농민에게 무상으로 분여하며, 시가지의 기지 및 대건물을 적정처리하며, 중요산업을 국유화하며, 사회 노동법령 및 정치적 자유를 기본으로 지방자치제의 확립을 속히 실시하며, 통화 및 민생문제 등등을 급속히 처리하여 민주주의 건국과업 완수에 매진할 것. ④친일파 민족반역자를 처리할 조례를 본 합작위원회에서 입법기구에 제안하여 입법기구로 하여금 심리 결정케 하여 실시할 것. ⑤남북을 통하여 현정권하에 검거된 정치운동자의 석방에 노력하고, 아울러 남북 좌우의 테러적 행동을 일체 즉시로 제지토록 노력할 것. ⑥입법기구에 있어서는 일체 그 관능과 구성방법, 운영 등에 관한 대안을 본 합작위원회에서 작성하여 적극적으로 실행을 기도할 것. ⑦전국적으로 언론, 집회, 결사, 출판, 교통, 투표 등 자유를 절대 보장되도록 노력할 것.
《동아일보》 1946.10.8.
'요망조건'이란 '입법기구에 관하여 하지 장군에 대한 요망'을 의미한다. 이 '요망조건'은 좌우합작위원회가 입법기구의 설치에 대하여 구체적인 제안을 함으로써 입법위원 창설에 중요한 역할을 하고 있음을 보여주었다고 서중석은 평가했다. 서중석, 『한국현대민족운동연구』, 역사비평사, 1997, 470쪽.

-본 입법기관의 목적은 국민통합과 완전독립을 관철시키도록 협조함에 있음.
　-각 당파와 단체를 단합시키기 위해서 좌우합작의 애국심에 의해서 탄생됨을 요함.
　-이 입법기구는 90명의 대의원중 45명은 민선, 나머지 45명은 좌우합작위원 회에서 추천하고, 군정장관의 동의에 의해서 정함.
　-일정시대에 道府회의 의원, 국장급 이상 관직에 있던 자, 모리배, 민족반역 자는 도의원 될 자격이 없음.
　-선거방법은 동, 촌, 리 대표는 면 대표를 선거하고, 면 대표는 군 대표, 군 대표는 도 대표를 선출하되, 투표는 무기명투표로 함.
　-지방에 감시원을 파견함.
　-본 합작위원회는 새 입법기관을 대체할 법안을 제정케 할 것.[47]

'하지 장군 폭동방지를 권고'라 되어 있는 뉴스에서는 방송마이크 앞에 앉아 성명서를 발표하고 있는 하지 장군을 미디엄숏(MS)으로 잡고, 인서트로 성명서 벽보를 보는 사람들의 모습, '布告, 市民諸位에게 誥함'[48]이라는 포고문을 클로즈업하여 집어넣었다. 내레이터는 하지 장군의 발표를 통역해서 들려준다.

나는 總良한 국민 여러분에게 남조선 각지에 만연하는 부끄러운 선동적 폭동을 진압 정지시키라고 간청합니다. 이번 범죄자 선동자들이 남조선 각지에 살인, 약탈, 방화 등을 시작하기 전까지는 남조선의 치안이 훌륭히 되었었고, 따라 세계 각국에 조선인은 독립국가를 운영해나갈 수 있는 능력이 있다는 것을 명백히 보여주었습니다. 그러나 최근 며칠 동안에 남조선은 세계가 여지껏 가져온 조선의 자치력과 통일에 대한 신념을 일거에 파괴분쇄 시키는 암담한 일(一) 장면을 상연시켰습니다. 조선국가의 적인 선동자들이 동포들에게 범죄적 흉행을 감행하는 파멸적 폭동을 일으킨다는 것은 참으로 비참한 일입니다.

47　뉴스의 내레이션을 그대로 옮긴 것임.
48　1946년 10월 1일자로 발표된 수도경찰청장 장택상 명의의 포고문.

이 흉계자들은 각종의 숨은 모략을 써가지고 전후 조선과 전 세계까지 당면한 고민상태를 악용해서 거짓말과 날조한 선전으로 양민을 혼란케 했고 그릇 인도하되, 특히 세계사정은 물론 제 마음조차 모르는 어린 학생들과 노동자, 농민들에게 극악무도한 ○○을 언약해가며 그들을 잘못 인도했습니다. 그들은 조선민중의 복리나 문제해결에 원조하겠다는 관심은 추호도 안 가졌습니다. 만일 그랬다면 조선인의 통일과 진화를 주창했을 것입니다. 그들의 서류에 나타나는 이 폭동의 목적은 이러합니다. 조선대중이 갈망하며 좌우합작위원이 진력하는 민족통일을 분쇄하려 합니다. 조선인에게 민주주의적 자치의 길을 열어줄 남조선 입법기관 조직에 방해하자는 것입니다. 그래서 결국 동족을 살육시키는 폭동 선동에 다망한 이 가칭…[49]

'도시대항 야구대회'라는 제목의 뉴스는 6월 7일 조선야구협회와 자유신문사 공동 주최로 서울운동장에서 개막한 제1회 전국 도시대항 야구대회를 보도한 것이다. 이 대회에는 전국에서 11개 도시야구팀이 참가했고, 뉴먼(G. Newman) 공보부장이 시구를 하였다. 개막경기는 대전 대 개성 경기로, 뙤약볕에 우산을 쓰고 경기를 관람하는 관중, 야구경기 장면 등이 보인다.

(2) 〈해방뉴-쓰〉의 관점과 이념적 기반

민영 제작의 〈해방뉴-쓰〉는 표면적으로는 보도의 객관성을 유지하는 듯하지만, 실질적으로는 미군정에 호의적인 시선을 견지하고 있다. 가장 두드러진 현상은 이른바 '조미(朝美)연합'을 강조하고, 그 필요성을 암시적으로 주입시키고 있다는 점이다. 8·15 행사를 비롯하여 한글날 행사, 심지어 특산품전람회나 운동경기에 이르기까지 늘 국내인사와 미군정인사가 함께 자리하고 같이 어울리는 모습을 보여준다. 수해복구 현장이나 소방훈련, 사관학교 졸업식에서 미군정 인사나 미국 병사를 대중에게 노출시키는 것은 그들

---

49 뉴스의 내레이션을 그대로 옮긴 것임.

에 대한 친근감을 증강시키고 신뢰감을 높이는 데 기여하는 형태로 되어 있다. 예를 들면 불타는 가옥을 향해 소화기를 같이 분사하는 미군과 한국 소방관, 수해복구 현장에서 불도저를 운전하는 미국 병사의 웃는 모습을 근접촬영으로 잡는다든가, 사관학교에서의 미군 교관들에게는 자주국방의 간성이 되고자 하는 한국 병사를 길러내는 '스승'으로서의 역할을 암암리에 부여한다. 야구경기를 하는 미군의 모습은 어떠한가. 한국인들과 함께 운동장에서 뛰고 어울리는 모습은 이를 지켜보는 한국 관중에게 미군에 대한 우호적인 분위기를 형성케 한다. 이것은 지식인이나 지도급 인사라 해서 다르지 않다. 러치 장관이 기자들을 초청한 원유회 뉴스에서 이러한 부분은 선명하게 나타난다. 마실 것을 들고 혹은 의자에 앉아 담소하는 사람들의 모습을 스케치하는 이 뉴스에서 한국인 기자들은 마치 미국의 '품위 있는' 가든파티에 참가한 듯 매우 여유로운 표정과 포즈를 취하고 있다. 그들이 어떤 대화를 나누는지 알 수 없으나 표정과 제스처, 분위기에서 그 자리의 윤택함을 시각적으로 전달한다. 이는 매우 중요한 측면인데, 이미지는 그 어떤 언술보다 강력하게 작용하기 때문이다. 아마 이 뉴스를 보는 다수의 한국인들은 초청된 사람들에 대한 부러움과 함께 미국문화에 대한 선망을 함께 느꼈을 것이다.

민영의 〈해방뉴-쓰〉에서 주역은 단연 미군이나 미군정 인사이다. 하지, 러치 등 미군과 미군정 고위인사들이 등장하고 그들은 자신들의 목소리를 들려준다. 러치는 내레이터를 통해서 하지는 육성에 내레이터의 통역이 곁들인다. 이들 인사들은 시각적으로는 미디엄숏(MS)이나 클로즈숏(CS)을 통해서 보이고, 목소리까지 얻음으로써 완전하게 메시지를 발송한다. 그럼으로써 하지의 '폭동방지 권고문'은 '대구 10·1 사건' 주도세력을 선동 및 폭동세력으로 규정하고 진압의 당위성을 강조하며, 이는 그대로 한국인들에게 이데올로기 지형을 형성하게 한다. 반공산주의는 미군정의 정책기조였던 것이다.

한편 한국인들은 대체로 롱숏(LS)이나 트랙킹숏(Tracking Shot)을 통해서 멀리 잡거나 분절된 형태로 제시된다. 이와 같은 형태는 한국인을 객체나 대상으로 위치 지움으로써 주도적인 위치에서 벗어나게 한다. 이러한 구도에서 예외적인 한국인은 좌우합작을 발표하는 김규식 박사와 공주를 방문한 김구 주석 등 명망가들 정도이다.

〈해방뉴-쓰〉의 시각언어는 누구의 시선과 관점으로 볼 것인지를 분명하게 드러내고 있으며, 그것은 바로 미국의 시선과 관점이라는 것이다. 그러므로 민영의 〈해방뉴-쓰〉는 의도하든 의도하지 않든 미국과 미군정의 정책에 이데올로기 기반을 두고 있는 셈이다. 의도했다면 이는 미군정의 제작의뢰를 받았거나, 미군정의 관리를 받고 있는 것으로 추론할 수 있을 것이며, 의도하지 않았다면 제작자나 편집자, 촬영자의 관점의 표현으로서, 미국에 대한 호감을 무의식적으로 드러낸 것이라 할 수 있을 것이다.

3. 맺음말

미군정기는 3년 남짓의 시간동안 해방과 분단의 길목이자 과정으로서 한국현대사에 크나큰 흔적을 남겼다. 이 시기의 유일한 합법적 정부이자 외생국가였던 미군정이 남한지역을 통치하는 데 있어서 정책기반으로 삼았던 것은 미국의 국가이익과 대외정책이었으며, 미국의 대외정책이 소련의 세력 팽창을 막기 위한 봉쇄정책이었음은 주지의 사실이다. 한반도는 바로 두 강대국이 대치하는 지점이었고, 때문에 미국은 미군정이 통치하고 있는 남한지역에 반공자본주의 국가와 정부를 수립하고자 했던 것이다. 미군정의 정책은 이와 같은 미국의 정책기조에 충실할 수밖에 없었다.

미군정은 미국을 홍보하고 미군정의 통치를 원활히 하기 위하여 공보정책에 관심을 쏟았다. 특히 한국인들에게 미국식 사고와 미국문화 체험을 주지하기 위하여 영화를 적극 활용하였다. 극영화는 물론 뉴스영화와 문화영화

등을 활용하여 미국에 대한 우호적 인식을 확산하고, 미국의 압도적 힘을 과시하며, 미국의 경제적 풍요와 자유에 대한 선망을 갖게 하는 데 주력했다. 미군정은 공보부에 영화과를 두고 이러한 작업을 수행해 나갔다. 이와 같은 현상은 미군정기에 상영된 영화들을 분석해 보면 알 수 있는데, 그 중에서도 뉴스영화에는 그러한 의도가 더 선명하게 새겨져 있음을 발견하게 된다. 그러므로 이 시기에 상영된 뉴스영화와 미군정에서 제작한 뉴스 및 문화영화들을 살펴보는 것은 의미가 있는 일이라고 생각한다.

이 과정에서 〈해방뉴-쓰〉를 분석하는 작업은 흥미로웠다. 일단 기존에 알려진 '해방뉴스'와는 차이가 있다는 점, '해방뉴스'라고 불리는 뉴스영화가 3개의 유형이 있을 가능성이 크다는 점, 그리고 이들의 이데올로기적 기반이 상이하다는 점 등을 알 수 있었다. 또한 〈해방뉴-쓰〉의 제작사인 민중영화 제작주식회사와 일본에 있던 민영이 같은 회사인지, 그리고 같은 회사라면 이념적 성향의 선명한 차이는 어떻게 설명해야 하는지 등에 대하여 사료의 발굴과 더욱 집중적인 연구를 통하여 규명해야 한다는 과제도 남게 되었다. 무엇보다 아쉬운 점은 실물로서 남아 있는 영화가 거의 없어 좀 더 입체적인 분석이 어려웠다는 것이다. 그래서 신문, 잡지 등 문헌자료에 대부분 의존해야 했지만, 그럼에도 불구하고 발굴된 〈해방뉴-쓰〉 네 편을 볼 수 있어 본 논문의 논지를 이어갈 수 있었다. 앞으로 당대의 실물자료들이 더 많이 발굴되어 미군정기에 대한 연구를 풍성하게 할 수 있기를 바라는 마음 크다.

참고문헌

1. 단행본

김민환, 『미군정 공보기구의 언론활동』, 서강대언론문화연구소, 1991.

서중석, 『한국현대민족운동연구』, 역사비평사, 1997.

성공회대 동아시아연구소편, 『냉전 아시아의 문화풍경1:1940~1950년대』, 현실문화, 2008.

이영일, 『한국영화전사』, 소도, 2004.

영화진흥공사편, 『한국영화자료편람』, 1977.

최장집, 『한국 현대정치의 구조와 변화』, 까치, 1989.

『在日朝鮮文化年鑑』, 東京, 朝鮮文藝社, 1949.

2. 논문 및 기타 자료

김한상, 「1930~40년대 조선에서의 문화영화 상영」, 〈발굴된 과거 네 번째: 고스필모폰드 발굴영상모음〉, 한국영상자료원, 2009.

조혜정, 「미군정기 영화정책에 관한 연구」, 중앙대 박사학위논문, 1997.

한상언, 「다큐멘터리 〈해방조선을 가다〉 연구」, 『현대영화연구』 4호, 2007.

3. 신문 및 잡지

《독립신보》, 《동아일보》, 《서울신문》, 《자유신문》, 《조선인민보》, 《중앙신문》, 《한성일보》 『예술통신』

해방의 기억과 기억의 정치학, 그리고 〈자유만세〉라는 문제*

유승진

1. 들어가며

이영일의 『한국영화전사』(1969/2004)에서 〈자유만세〉(1946)는 '광복영화'¹의 효시로서 '탈식민'의 과업을 성취한 작품으로 평가받고 있다. 그러나 이러한 평가는 그 타당성 여부를 떠나 〈자유만세〉를 '한국적 리얼리즘'을 구축한 최인규라는 감독 개인의 작가적 자질과 역량의 산물로 규정하고 있어 영화의 생산과 소비, 그리고 신화화를 둘러싼 현실의 문화정치적 맥락을 보지 못하게 한다. 〈자유만세〉에 대한 평가에 대한 비판적인 접근이 없었던 것

---

* 본고는 졸고, 「〈자유만세〉를 중심으로 본 미군정기 조선영화계의 '탈식민화' 과정」, 연세대학교 석사학위논문, 2012.의 일부를 수정하여 정리한 글이다. 해방 이후 조선영화계에서 논의된 '탈식민화'의 의미와 그 정치적 함의, 그리고 〈자유만세〉의 제작을 둘러싼 영화사적 배경에 대해서는 해당 논문을 참조.

1 '광복영화'는 이영일의 『한국영화전사』에서 광복을 소재로 한 영화를 지칭하는 용어로 사용되었지만 장르적으로 엄밀히 정의된 개념은 아니다. ― 이영일, 『한국영화전사』, 소도, 2004, 6장 참조.

은 아니나, 이들 논의 또한 작품의 질적 완성도를 문제 삼음으로써 한국영화의 정신사적 계보를 발견하려는 기획의 틀을 크게 벗어나지 못했다. 영화가 한 개인의 작품이 아니라 '국가'[2]의 정책적 자장 안에서 자본과 기술력 그리고 문화적 실천들이 각축을 벌이는 가운데 파생된 산물이라면, 영화에 대한 논의는 영화를 둘러싸고 있는 제반 조건들에 대한 논의로 확장될 필요가 있다. 따라서 〈자유만세〉가 해방 이후 제작된 여타 영화들과 달리 한국영화사 내부에서 독자적인 위상을 차지하는 작품이자 '탈식민화'를 향한 노력의 산물로서 유의미한 성과를 거둔 작품이라면, 그에 대한 온당한 평가는 작품 내부에서만이 아니라 작품을 둘러싼 당대의 정치·경제·사회·문화적 맥락 속에서 이루어져야 할 것이다.

본고에서는 〈자유만세〉가 성취한 유미한 결과들을 '탈식민화'의 맥락에서 논의하는 데 동의하는 한편, '탈식민'의 의미를 영화를 생산하고 소비하는 장에서의 상대적 자율성을 획득하는 문제로 한정할 것을 제안한다. 당대의 영화인들에게 '탈식민화'의 쟁점은 무엇보다 영화를 제작−배급−상영하는 일련의 과정에서 상대적 자율성을 확보하는 문제였으며 '국가'의 제도적 규정력 아래 종속된 상태를 탈피하는 것이었다. 물질적 토대가 빈곤한 현실적 조건 속에서 당국의 정책적 지원은 긴급한 사안이었으나, 식민지 말기의 통제 회사의 경험은 시장의 자율성을 허용하지 않는 제도적 장악력이 결국 조선영화의 존재 방식 자체를 위협할 수 있음을 알게 해준 사건이었다. 이러한 맥락에서 〈자유만세〉는 시장 논리에 기대어 조선영화의 자생적 가능성을 확장하고

---

2 여기서 '국가'란 근대적 국민국가(nation−state)만이 아니라 통치권력 일반을 지칭하는 의미로 사용하였다. 식민지 조선인들이 경험한 제국 일본의 통치 권력의 실체와 해방 이후 점령군으로서의 성격이 강했던 미군정의 정체(政體, regime)를 규명하는 논의는 다층적으로 분화되어 있기에 일반화하기 곤란한 측면이 존재한다. 따라서 제국 일본과 미군정의 통치 권력을 통합해서 명명하기 위해 '국가'라고 표기하였다. − 미군정의 정체(政體)를 '사실상의 국가'로서 규정한 논의로는, 박찬표, 『한국의 국가형성과 민주주의』, 후머니타스, 2007, 참조.

자했던 고려영화협회가 노정해왔던 '탈식민화'를 향한 노력의 산물이었다. 물론, 식민잔재를 청산하고 민족영화를 수립하기 위해 영화계의 분산된 역량을 결집시키려는 노력은 영화계 안팎에서 전개되었으나, 식민지 잔재를 청산하기 위한 일련의 노력들은 역설적이게도 조선영화의 존재방식을 '국가'의 제도적 규정력 아래 종속시키는 과정이기도 했다. 머지않은 시기에 도래할 민족국가를 가정하고 영화인들이 상상했던 영화정책의 구체적인 면면은 식민지 '국가' 경험과 밀접하게 연동된 것이었으며, 영화계 내부에서 광범위하게 제기된 '탈식민'을 향한 노력들은 전시동원 체제 하에서 국가의 이념을 선전하는 '단성주의'를 반복하는 차원을 넘어서지 못한 것이었다.

민족영화의 수립을 위한 영화산업의 국영화만을 주장하던 영화계는 미군정의 점령 정책에 대응할 수 있는 현실적인 방안을 찾지 못했고, 결과적으로 당국의 제도적 규정력에 무기력하게 종속되어 갔다. 조선의 현실에 대한 이해가 부족했던 미군정의 문화 정책은 할리우드 영화를 통한 점령지 주민에 대한 재교육에 맞춰졌고, '국가'의 제도적 지원 아래서 자율적으로 영화를 제작하고자 했던 조선영화계의 다양한 시도들은 억압적으로 통제되었다. 결과적으로 볼 때, 미군정 체제 아래서 조선영화계가 재편된 양상은 종속화 과정의 재연(再演)이었다.

그러나 '국가'의 제도적·정책적 규정력에 대항하여 조선영화의 상대적 자율성을 확보하려는 노력은 미약하지만 분명한 형태로 제기되었다. 〈자유만세〉를 제작한 고려영화협회는 당대의 지배적 담론이었던 영화산업의 국영화론을 넘어 영화산업의 육성을 통해 조선영화의 상대적 자율성을 모색하며 점령 정책에 능동적으로 대응해나가고자 했다. 〈자유만세〉가 한국영화사에서 '탈식민'의 과업을 성취한 영화라고 평가받는다면, 이는 고려영화협회와의 관계 속에서 다시금 논의되어야 하며, 민족영웅의 항일투쟁을 재현한 영화라는 이유에서가 아니라 조선영화의 상대적 자율성을 모색한 결과라는 맥락에서 새롭게 조명되어야 할 것이다. 기존의 영화사 서술에서 언급했던 것과 달리

〈자유만세〉는 최인규라는 감독 개인의 작가적 양심과 역량이 투영된 작품이 아니라 고려영화협회의 산업적 전망과 기획력에 근거한 문화상품으로서의 성격이 강했다. 따라서 〈자유만세〉가 성취한 유의미한 결과들은 문화정치적 맥락에서 재규정되어야 하고, '탈식민'의 과업을 성취한 영화로서 의미화된 〈자유만세〉의 좌표 또한 재설정되어야 할 것이다.

2. 고려영화협회와 〈자유만세〉, '탈(脫)식민'의 재맥락화

해방 이후의 문화계를 회고하는 한 일간지 기사에 따르면, "해방 후 위안에 굶주린 대중은 찬밥, 더운밥을 가리지 않고 물밀 듯 조선영화 상영의 극장"으로 모여들었다. 전시체제 아래서 억눌렸던 문화적 욕구는 해방과 함께 새로운 주체로 신생하고자 했던 '탈식민'의 욕망과 맞물리면서 폭발적으로 분출되었다. 그 형상이 "혼란과 퇴폐", "타락과 무질서", "풍속의 교란"과 "민족혼의 상실" 등과 같은 부정적인 언어로 채색되었지만[3] 그러한 표상 이면에는 대중들의 정형화되지 않은 현실 변혁의 의지가 녹아 있었다. 대중의 정치적 요구를 현실적 전망으로 제시하지 못한 정치계의 무능력 속에서 해방이 가져다 준 무정형의 열망은 극장 공간을 매개로 강렬하게 표출되었는데, 조선영화를 보기 위해 극장으로 몰려든 대중들의 선택은 문화적 실천에 내재된 자기규정의 정치학과도 깊이 연동된 것이었다. 조선영화를 관람하는 행위는 조선의 현실이 기록된 영상을 통해 해방의 감격을 공유하고, 학습하면서 공동의 운명에 연루된 '우리'를 발견하는 즐거움[4]을 소비하는 과정이었으며, 조선

3 　이태우, 「해방 4년의 문화족적 − [영화] 사이비예술행동」, 《경향신문》, 1948.8.8.(4)
4 　영화건설본부에서 제작된 〈해방뉴스〉가 (극)영화 상영 전의 막간 프로그램으로서 상영되었던 것이 아니라, 하나의 문화상품으로서 소비되었던 사실은 여러 모로 흥미롭다. 해방의 순간을 기록한 영상을 통해 해방의 감격을 공유하고, 학습하면서, 공동의 운명에

영화의 시장성은 할리우드 영화의 시장 독점과는 별개로 독자적인 영역을 구축할 수 있었다.

그러나 이러한 조선영화의 시장성은 해방과 함께 자연스럽게 주어진 것이 아니라, 〈자유만세〉의 기록적인 흥행으로부터 그 가능성이 입증된 것이었다. 해방 후 난립한 대다수 프로덕션들이 조선영화의 상품성에만 착목하여 단기성 수익에 집착했다면 〈자유만세〉를 제작한 고려영화협회는 영화의 흥행 수익뿐만 아니라 안정적인 영화 제작을 위한 산업 시스템을 구축함으로써 조선영화의 물적 토대를 마련하고자 했다. 〈자유만세〉가 거둔 흥행 성적은 일회적이고 우연적인 결과라기보다 해방 이후 대중적 열망을 스크린으로 투영하고자 한 고려영화협회의 시장 전략의 결과였으며, 영화계의 제작 역량을 응집하여 거둔 성과였다. 〈자유만세〉의 성공은 조선영화의 시장성을 새롭게 창출함과 동시에 조선영화의 산업적 가능성을 증명해보였다는 점에서 획기적인 사건이었다.

고려영화협회는 촬영기사 출신의 배급자였던 이창용이 설립한 고려영화배급사를 전신으로 둔 회사로서 식민지 시기 발성영화의 안정적인 제작을 위해 영화산업의 기업화론이 거론되던 시기에 제작 – 배급 – 상영으로 이어지는 수직적 통합 시스템을 영화 제작 환경에 적용하고자 했던 영화기업에 가장 가까운 회사였다. 이창용은 조선흥행주식회사(기신양행)에서 배급업자로서 경력을 쌓다가 1935년 무렵에 독립하여 고려영화주식회사(대표 최인규)의 배급부와 산에이샤(三映社)의 조선 배급을 맡게 된다. 신의주에서 영화 제작사를 설립했던 최인규가 경성으로 진출함으로써 고려영화주식회사의 운영은 잠정적으로 중단되고, 이후 이창용의 주도로 고려영화협회가 설립되었다.[5]

<hr>

연루된 '우리'를 발견하는 과정은 분명 커다란 즐거움이었을 것이다. 해방 이후 극장 상영 프로그램에 대한 연구는 – 조혜정, 「미군정기 극장산업 현황연구」, 『영화연구』 14호(1998), 참조.

5   고려영화협회와 이창용에 대해서는 한국영상자료원 외, 『고려영화협회와 영화 신체제』,

고려영화협회는 창립 기념 작품인 〈복지만리〉(1941)를 비롯하여 〈수업료〉(1940), 〈집 없는 천사〉(1941)와 같은 작품을 기획, 제작하여 성공을 거두면서 조선영화계의 굴지의 영화회사로 거듭나게 되었다. 물론, 고려영화협회가 활발하게 활동했던 시기가 전시 체제로 접어든 시기와 겹쳐지는 만큼 식민 당국의 정책의 결을 거스르기보다 시국의 흐름에 편승하여 사세(社勢)를 확장했던 것은 명백한 사실이다. 그러나 회사의 경영 방침은 제국일본의 식민 정책에 부응한 선전영화를 제작하는데 그치는 것이 아니라 배급망을 기반으로 영화의 제작과 시장을 연결하는 체인을 개설하고 산업적 시스템을 구축함으로써 영화를 안정적으로 생산할 수 있는 기반을 확보하는 것이었다. 고려영화협회의 대표작이라 할 수 있는 〈집 없는 천사〉와 〈수업료〉와 같은 영화는 식민 당국의 정책적 후원을 받을 만큼 제국의 이념에 부합하는 영화였으나 동시에 이념의 논리로 환원되지 않는 웰–메이드(well–made) 상업영화이기도 하였다.

이러한 맥락에서 보자면, 고려영화협회는 소위 제작자의 '흥행 본위'나 감독의 '예술 본위'로 치우친 단발식 제작에 머무는 여타 프로덕션들과는 달리 산업적 경영 원칙을 지닌 회사였다. 기존의 프로덕션 중심의 제작방식이 필름과 기자재를 공수해온 이들이 중심이 된 동인제 형식으로 운영되었다면,[6] 고려영화협회는 전문성을 갖춘 인재를 바탕으로 기술력과 자본력을 기반으로 산업적 시스템을 구축하는 제작을 지향했다.[7] 전문화, 분업화, 산업화를

한국영상자료원, 2007년 참조. 이창용과 최인규, 최완규 형제와 이들이 설립한 고려영화주식회사와의 관계에 대해서는 아직 명확하게 밝혀진 바가 없으나 고려영화주식회사는 1935년 3월 30일에 신의주부에 설립되었으나 최인규가 상경함에 따라 경영이 이루어질 수 없었고, 이후 이창용이 주도한 고려영화협회로 해소된 듯하다. 이와 같은 추론은 2016년 9월, 영상자료원 학술포럼 〈한반도의 스크린과 서양영화의 조우〉에서 이화진의 발표(「유럽영화의 조선배급–1930년대 도와상사(東和商事)의 사례를 중심으로」)를 참조한 것임을 밝혀둔다.

6 동인제 프로덕션의 제작형태에 대해서는 이순진, 「조선 무성영화의 활극성과 공연성에 대한 연구」, 중앙대학교 박사학위 논문, 2008, 171~182쪽 참조.

추구한 회사의 경영 방식은 영화의 질적 수준을 향상시킴으로써 시장의 지지를 얻을 수 있었고, 탄탄하게 구축된 산업적 역량을 바탕으로 군소 영화사를 통폐합하려는 움직임 속에서도 고려영화협회는 회사의 경영권을 보전할 수 있었다. 비록 사단법인 조선영화주식회사의 출범으로 해체되긴 하였으나 고려영화협회가 노정해온 이력은 국가 권력의 제도적 규정력에 일방적으로 포섭되지 않기 위해 시장의 자율성을 당국과의 협상의 장 내부로 끌어들인 과정으로서 새롭게 조명될 필요가 있다.

> 히로카와 : 그러면 회사의 제작 목적이 그렇다고 할 때 점점 성장하고 있는 기존의 업계를 전부 수렴하여 하나로 묶는 방법이 좋을까요? 아니면 어느 시기까지는 이것을 현상대로 키우다가 성숙했을 때 통합시키는 것이 좋을까요? 어떻습니까?
>
> 이지마 : 저는 현재의 상황은 모릅니다만, 현재의 상황을 보았을 때 그에 대한 답이 나오지 않을까요?
>
> 기자 : 이번 통제에 대해 조선의 영화인은 어떻게 생각하나요? 찬성입니까, 반대입니까?
>
> 이지마 : 그런 걸 모르면 좀 곤란하지요.
>
> 히로카와 : 지금 조선영화계의 조직이라던가, 기업 형태가 당국의 의견을 상대로 논의할 정도의 실력이나, 실권을 갖고 있지 못해요. 지금의 상태는 아주 빈약합니다. 그중 확신을 갖고 일하는 이도 있겠습니다만, 전체적으로 보면 매우 빈약합니다. 그래서 아직 당국의 의견과 이들의 존재를 견주어 논의할 정도가 아니라고 생각합니다.[8] (강조 인용자)

---

7 이화진, 「'대동아'를 꿈꾸었던 식민지의 영화기업가, 이창용」, 한국영상자료원 외, 위의 책(2007), 204쪽 참조.

8 「朝鮮映畵新體制樹立のために座談會」, 《映畵旬報》, 1941年 11月 1日号.(한국영상자료원 엮음, 『고려영화협회와 영화신체제 1946-1941』, 한국영상자료원, 2007, 283~284쪽에서 재인용)

식민지 말기, 영화신체제 아래서 조선의 영화사를 국영회사로 단일화하려는 움직임이 전면화됨에 따라 각처에서는 좌담회가 전략적으로 기획되었는데, 《映畫旬報》의 주최로 개설된 한 좌담회에서 이창용(창씨명 히로카와 소요)은 고려영화협회의 대표 자격으로 영화신체제에 대응하는 영화 제작자(producer)의 현실적 입장을 피력한다. 좌담회에서 내지의 영화인들이 조선영화사가 단일 회사로 통폐합되어야 함을 강조하는 데 비해 이창용은 단일화보다는 다수의 영화제작사의 형태가 더욱 경쟁력 있는 영화를 만들 수 있다는 의견을 제시한다. '조선영화령'이 조선영화의 질적 향상을 가능케 한다 하더라도 영화의 발전은 정책 당국의 요구를 일방적인 수용하는 데서 성취되는 것이 아니라 "당국의 의견을 상대로" 협상을 벌이는 과정에서 이루어진다는 것이다. 이는 내지 영화인들의 기대에 어긋나는 의견이었고 이것이 빌미가 되어 좌담회장에서는 미묘한 신경전이 벌어지기도 한다.

이창용의 대담에서 조선영화계와 대척점에 놓인 내지의 영화사는 실질적으로 당국을 상대로 "논의할 정도의 실력"을 갖고 있었기 때문에 단일회사체제가 아닌 3사 경쟁 체제로 재편되었음을 고려한다면, 식민지적 조건 아래서 산업적 역량의 확보가 이창용에게 어떠한 의미로 다가왔는가는 충분히 짐작할 수 있다. 이창용이 지향한 고려영화협회의 이상은 시장을 장악한 산업적 역량을 바탕으로 '식민 당국과 협상할 수 있는' 일본의 대규모 영화사였다. '국가'가 시장을 통치성(governmentality) 내부로 포섭하고 관리하기 위해서는 영화산업에 대한 일방적인 규제와 통제로는 불가능하기에 제도적 장치는 산업체와 연결 – 접속하여 새로운 권력 관계를 구성하는 차원으로 나아가야 했다. 이러한 맥락에서 회사의 산업적 역량을 증대시키는 것은 '국가'의 정책적 규정력으로부터 조선영화의 상대적 자율성을 확보하는 문제와 겹치는 것이기도 했다.

외부로 끊임없이 시장을 확장하려 했던 고려영화협회의 기획들은 식민지 조선인도 제국의 '국민'이 될 수 있다는 신체제의 논리 하에서 조선의 영화사도 내지로 시장을 확장해나감으로써 내지의 영화사들과 동등한 위상을 확보하는 '역설적인 탈식민'의 가능성을 모색했던 것이라 할 수 있을 것이다. 물론 제국 일본의 '국민화 정책'이 전시동원을 위한 '이념'에 불과했으며, 제국과 식민지의 간극은 결코 무화될 수 없는 것이었기에, 전시 체제 아래서 새롭게 재편된 정치적·사회적·문화적 경계들 틈으로 월경을 시도했던 피식민자의 욕망은 근본적인 오해에서 비롯된 것이자 실패로 귀착될 수밖에 없는 것이었다.[9] 그러나 시장의 논리에 근거하여 조선영화의 상대적 자율성을 확보하려 한 고려영화협회의 기획은 식민자의 지배 논리를 따르면서 동시에 그것을 극한까지 밀고 감으로서 '국민화'의 논리가 은폐하고 있던 본질적인 지점들을 가시화했다는 측면에서 의미 있는 시도였음이 분명하다.

해방 이후에도 고려영화협회는 시장의 논리에 기대어 조선영화의 산업적 가능성을 발견하고자 했는데, 이는 대다수의 영화인들이 빈곤한 물적 토대를 극복하기 위해 영화 산업의 국영화론을 주장한 것과는 매우 다른 접근방식이었다. 해방의 의미가 식민지적 제약에서 탈피하여 영화 제작과 소비에 있어 자율성을 확보하는 문제라면 미군정 체제 아래서 산업적 기반을 구축하고 시장에서 지분을 확보하는 일은 무엇보다 중요하고 시급한 사안이었다. 영화가 '국가'의 제도적 규정력 내부로 포섭되어 관리되고 보호된다면 물질적 기반을 안정적으로 확보할 수는 있으나, 이는 영화의 생태계 전반에 국가의 검열과 규제가 편재할 수밖에 없게끔 만드는 것이기에 본질적으로 영화의 자율성을 제약하는 것이었다. 상대적으로 국가의 제도적 규정력이 비대했던 식민지 조선영화계는 사단법인 조선영화주식회사와 같은 국영회사의 형태로 단일화되면서 영화의 기술적 발전을 성취한 측면이 없지는 않으나, 시장의 자율성이

---

9 영화신체제 아래서 '조선(산 일본어)영화'가 지향했던 바는 내지와 만주의 시장으로 진출하는 것이었으나, 제국이 규정했던 조선영화의 위치는 제국의 영화권 내부의 한 지역으로서, 조선의 특수한 사정을 위해 존재하는 것이었다. '조선산' 일본어영화가 지향했던 방향성과 조선산 '일본어'영화가 취할 수밖에 없었던 방향성에 대한 논의는, 이화진, 박사학위 논문(2011), 참조.

극단적으로 제약받음으로써 조선영화의 다양한 발전 가능성이 가로막혔던 것 또한 명백한 사실이며, 이는 국영회사의 근본적인 한계였다고 할 수 있을 것이다.

이러한 맥락에서 해방 이후 조선영화의 제작 기반을 확보함으로써 영화산업의 상대적 자율성을 확보하는 문제는 '탈식민화'의 과업과도 직결되는 문제였다. 미군정의 정책적 기조가 할리우드 산업 자본을 매개로 조선의 영화시작을 통어하는 것이었음을 고려한다면 시장의 영역에서 자생적 역량을 확보하려한 고려영화협회의 노력은 긴박한 현실인식에 기인하는 것이기도 했다. 또한 국가의 제도적 규정력으로 완전히 장악되지 않는 시장의 논리에 근거하여 영화산업을 육성하려는 기획은 미군정 체제 아래서 조선영화계가 종속화의 양상으로 전환되는 사태를 극복할 수 있는 유일한 선택지이기도 했다. 영화 산업의 발전을 위해서는 국가의 제도적 관리와 보호가 분명 필요하지만, 조선의 현실이 합리적인 영화 정책을 기대할 수 없는 상황이라면, 시장의 논리에 기대어 정책 "당국을 상대로 논의할 정도의 실력"을 키워야 했기에, 고려영화협회는 영화를 상품으로 규정하여 시장으로부터 승인을 얻는데 주력했다.[10] 정책적 지원을 기대할 수 없는 상황에서 민족영화 수립의 당위만을 주장했던 이들과는 달리 고려영화협회는 미군정의 정책적 기조에 적절히 편승하면서도 조선영화의 시장성을 확보하는 방향으로 조선영화계의 운신의 폭을 확장하려 노력했던 것이라 하겠다.

---

10 이창용은 영화를 철저하게 문화상품으로 인식하고 있었는데, 그는 영화 제작인들과 함께 참석한 좌담회에서 감독들의 '예술본위'의 태도를 직접적으로, 또는 우회적으로 비판하는 것을 서슴지 않았다. 동인제 프로덕션을 중심으로 영화를 만들었던 시기 촬영기사로 어렵게 생활했던 그로서는 조선의 열악한 제작 여건이 영화를 산업적으로 이해하지 않는 것에서 비롯되었다고 생각했던 것 같다. − "**映畵는 무엇보다 재미가 있어야죠. 朝鮮映畵는** 아직 그 **技能을 發揮**하는데 노력을 하여야겠읍니다. **最近**에 본 **寫眞** 가운데서 말하자면 **藝術이나 思想이나를 이렇다고 別로 말할 것이 없읍니다.**"(강조, 인용자) − 「映畵製作裏面 公開座談會」, 《조광》, 1939.5, 228쪽.

3. 〈자유만세〉라는 사건: 신화의 반복과 변주, 탈선의 가능성들

최인규의 자전적인 일화를 통해보자면 〈자유만세〉의 누적흥행 수입은 1억 원에 달했다.[11] 이러한 진술이 얼마만큼 신뢰할 수 있는가는 별도의 논의가 필요하겠지만, 분명한 사실은 이 영화가 해방 이후 극장가에서 기록적인 흥행 성적을 거둠으로써 영화계 전반에 막대한 영향을 미쳤다는 점이다. 해외 시장으로의 판로가 막힌 상황에서도 정책 당국의 후원을 등에 업고 "중국과 미주(美洲)로 수출"이 되었던 〈자유만세〉는[12] '광복영화의 효시'로서 1950년 대 후반까지 극장의 상영목록에 이름을 올렸던 영화이기도 하다. 해방 이후 의 조선영화계에 커다란 파장을 일으켰던 작품임에도 〈자유만세〉의 원본 필 름은 현재 남아 있지 않은 상태인데, 한국영상자료원에서 발매한 DVD는 1975년에 일부 망실된 프린트를 복원한 판본이다. 그러나 이 '복원판' 또한 원작의 의도를 충실하게 반영한 것이 아니라 냉전 체제의 음영(陰影)과 유신 체제의 굴곡(屈曲)을 깊이 아로새긴 것으로서, 사실상 "훼손에 가까운 복 원"[13]을 거친 판본이다.

복원 과정에서 변경된 부분만을 간략히 확인하자면, 한국전쟁 기간 중 월 북한 배우 독은기의 얼굴이 드러나는 전 장면이 삭제된 것과 사후 더빙작업 을 통해 일본어의 흔적을 없앤 것, 그리고 '조선영화'를 '한국영화'의 정전으

---

11 최인규, 「영화 제작과 흥행의 양립」, 《경향신문》, 1950.1.10.(2)

12 「영화로 朝中친선 - 〈자유만세〉 중국어판, 상해를 위시 각 지역서 상영」, 《대동신문》 1947.6.8(2)

13 김려실은 김수남의 작업(「리얼리즘적 한국예술영화의 맥 - "자유만세"의 최인규」, 『(淸藝論叢』 Vol.8, 1994)을 바탕으로 시나리오와 원본을 비교하며 훼손된 부분들을 세부적으로 밝혀내고 있으나 복원 과정에서 변경된 부분을 원본에 대한 훼손으로 봐야할 지, 한국현대사의 단층들이 기입된 흔적 - 텍스트로 봐야할지는 별도의 논의가 필요할 듯하다. 〈자유만세〉의 복원 과정에 대해서는 김려실, 「〈자유만세〉의 탈정전화를 위한 시론(試論) - 현존 시나리오와 영화의 차이를 중심으로」, 『한국문예비평연구』 제28집 (2009.4)을 참조할 것.

로 재정립하기 위해 의도적으로 대사를 고친 부분들을 짚어낼 수 있겠다. 우선, 극중 결창부 사찰주임 나베 가오루(南部 薰) 역할을 맡은 독은기가 출연한 장면은 모두 대역 배우가 재연(再演)한 장면으로 대체되어 있는데, 상대 배역과 투 숏으로 잡혀 대체가 불가능한 장면들은 독은기의 얼굴이 나오는 장면만을 삭제하였기에 매우 부자연스러운 숏으로 연결되어 있다. 그리고 "녹음은 특히 전반에 있어서 실패"[14]라고 평가 받았던 것과 달리 복원된 작품에서는 음성이 매우 깔끔하게 입혀져 있는데, 이를 통해 현재 남아 있는 필름의 음성은 모두 사후 더빙 작업으로 덧씌워진 것임을 알 수 있다. 사후 더빙 작업은 녹음의 보완 차원에 그치는 것이 아니라 "조선"이라는 국호를 "한국"으로 대체하는 작업과 병행되었는데, 이 과정에서 "조선민족"은 "한민족"으로, "조선독립"은 "한국독립"으로 각각 바뀌어 녹음되었다. 이는 〈자유만세〉를 한국영화의 정전으로 정립하려는 기획의 일환으로서 복원 주체들의 분명한 목적의식과 정치적 입장이 개입된 부분이라 하겠다.[15]

복원 과정에서 잘 드러나듯이 〈자유만세〉는 한국영화의 정전을 수립하고 정신사적 계보를 발명(발견)하려는 기획 속에서 언제나 분명한 목적의식을 가지고 소환(召喚)된 작품이었다. 식민지 조선영화와 해방 후 남한 영화를 잇는 계보를 구축한 이영일의 『한국영화전사』는 한국영화의 정신사적 기원을 나운규에 두고 식민지 말기를 관통하여 한국영화의 정신적 광맥을 이어온 작가로서 최인규를 상정하고 있다. 이영일은 '숨 막히는 암흑기'와 해방 직후를 연결하는 방법론적 장치로서 '리얼리즘'을 도입하는데, 그의 영화사 서술 내부에서 최인규는 "네오리얼리즘이 조선에 당도하기 전에 이미 그러한 기법의

---

14 당시의 신문기사를 보면 〈자유만세〉의 "녹음은 특히 전반에 있어서 실패"였으며, 러닝타임은 "1시간 40분"으로 기록하고 있다. 현재 남아 있는 필름의 러닝타임이 51분인 점을 감안하면 절반가량이 망실되었다고 봐야할 것이다. ㅡ「新映畵評〈自由萬歲〉를 보고」, 《경향신문》, 1946.10.24.(4)
15 김려실, 위의 논문, 참조.

영화를 선보"인, '한국적 리얼리즘'을 구축한 작가 – 감독으로서 의미화된다. 이영일에 의하면 〈자유만세〉는 "8.15 해방의 대환희의 실경"을 묘사하고 "겨레의 생생한 감격"을 담은 '광복영화'로서 한국영화의 '리얼리즘 미학'을 구축한 계보의 정점에 놓인 작품이다.[16] '한국적 리얼리즘'이라는 모호한 미학적 기준 아래서 이루어진 이영일의 평가는 이후 한국영화사 서술에서 〈자유만세〉의 의미를 규정짓는 결정적인 준거가 된다. 1969년, 한국영화 50주년을 맞아 한국영화의 문화적 독자성을 확립하기 위해 편찬된 이영일의 『한국영화전사』는 현장 영화들의 구술 증언을 토대로 집필되었으나, (편)저자인 이영일 자신이 "직능별로 조직되고 위계화되어 있는 집단"에 소속된 현장 영화인이었던 만큼 '감독을 중심으로 한 작가주의적 관점'은 영화사 서술의 지배적인 프레임으로 자리하게 되었으며, 〈자유만세〉 또한 그러한 시각에서 평가되었다.[17]

작가로서 감독을 영화사 서술에 중심에 놓는 태도는 '필름에 새겨진 영화' 이전 존재하는 작가의 경험세계, 상상세계, 사상이나 감상, 기법을 영화의 본질적인 것으로 규정한다. 폭력적인 힘에 의해 '왜곡'된 텍스트를 작가의 사상을 통해 복원하려는 욕망은 민족의 예술혼을 담지한 감독 – 작가를 발명(발견)하는데 적극적으로 투자되는데, 나운규의 〈아리랑〉, 이규환의 〈임자 없는 나룻배〉, 최인규의 〈자유만세〉로 이어지는 작가주의 영화의 계보는 일제의 혹독한 탄압에도 꺾이지 않은 민족 예술혼의 상징이자 증거로서 영화사를 지

---

16 '야외촬영'과 '도심의 빈민가'를 대상으로 영화를 제작했다는 점에서 이영일은 최인규는 "네오리얼리즘이 조선에 당도하기 전에 이미 그러한 기법의 영화를 선보"인 작가로 의미화하는데, 이영일이 언급한 작품이 일본의 문부성 추천을 받은 〈집 없는 천사〉라는 사실은 작가주의적 영화사 서술이 지니는 맹점을 보여주는 사례이기도 하다. – 이영일, 『한국영화전사』, 도서출판사 소도, 2004년 개정 증보판, pp.202~211.
17 이영일의 『한국영화전사』가 집필되는 과정과 집필될 당시의 시대적 맥락, 현장 영화인들에게 한국영화 정전 수립이 요구된 상황에 대한 체계적인 논의는 이순진, 「영화사 서술과 구술사방법론」, 동국대학교 문화학술원 한국문학연구소 편, 『한국문화·문학과 구술사』, 동국대학교 출판부, 2014. 참조.

탱하는 중심축이 되었다.[18] 이러한 계보가 구축되면, 식민지 말기의 '암흑기'는 '민족의 예술혼'이 가혹한 시련을 겪은 시기로서 '광복(光復)'의 순간을 더욱 빛나게 만들어주는 서사적 장치가 되며, 〈자유만세〉는 이러한 서사의 결을 따라 '도래해야 할 민족의 영화'로서 한국영화사의 정점에 자연스럽게 놓이게 되는 것이다.

민족의 예술혼을 담지한 예술가로서 작가 – 감독을 중심에 두고 영화사의 흐름을 조망하는 프레임은 강렬한 광학적 기만을 야기하는데, 이러한 투시법적 시각(perspective view)은 "친일 영화인이라는 오점을 남긴 최인규가 해방이 되자 본래의 모습을 되찾고 〈자유만세〉라는 역작을 만들었다"는 서술도 가능하게 만든다.[19] 민족이라는 상상적 공동체를 구체화하는 이야기로서의 역사서술과 전통의 가치를 소급하여 구축하는 정전 만들기에 내재한 한계는 명백하기에 이러한 시각은 그간 많은 논자들에 의해서 비판을 받아왔다. 〈자유만세〉에 대한 비교적 최근의 논의들은 민족주의적 영화사 서술이 내장한 근본적인 문제점 즉, 작품의 의미를 현재적 관점에서 사후적으로 평가하고, 미학적 기준을 소급적으로 적용하여 신화화하려는 기획들을 극복하기 위한 시도에서 제기된 것이라 할 수 있다.[20]

〈자유만세〉를 둘러싼 기존의 민족주의 영화사의 관점을 비판적으로 검토한 논의들이 공통적으로 지적하고 있는 바는 〈자유만세〉가 리얼리즘 계열의 작품이 아닌 통속 연애물이었고, 영화의 만듦새 또한 매끄럽지 못했다는 점

---

18 이러한 논의를 따르면 일본에 협력한 조선영화계란 의식이 죽어버린 영화인들의 활동일 뿐 "의식 있는 영화인들은 시골로 숨거나 간도나 만주로 정처 없는 방랑길"을 떠났기에 진정한 조선영화는 부재 상태라는 인식도 가능해진다. – 김화, 『새로 쓴 한국영화전사』, 다인 미디어, 2003, pp.90~93.

19 "최인규는 친일 영화인이라는 오점을 남긴다. 그러나 1945년 8월 15일 해방이 되자 본래의 모습을 되찾고, 1946년 〈자유만세〉라는 역작을 내놓는다." – 호현찬, 『한국영화 100년』, 문학사상사, 2000, 88쪽.

20 이효인·정종화, 『한국영화의 풍경 1945~1959』, 문학사상사, 2003, 23쪽.

이다. 그러나 이와 같은 관점 또한 사후적인 시각에서 작품의 함의를 분석하는 것이기에, 비판의 대상으로 삼았던 민족주의 영화사의 소급적으로 적용된 시각을 되풀이 하는 것이라고 할 수 있다. 영화에 대한 감식안이 상당히 높았던 당대의 관객들에게도 영화의 통속성은 신파적인 감성으로 지적되었고, 내용 전개상의 부자연스러움 또한 당대의 관객들에게도 충분히 인식되었던 것이다.[21] 따라서 〈자유만세〉에 대한 탈신화화, 탈정전화 작업을 수행하기 위해서는 구성적 결함에도 불구하고 당대의 관객들이 영화의 결여를 보지 못했던/않았던 이유를 물어야 할 것이고, 나아가 〈자유만세〉가 실질적으로 당대의 관객들에게 어떠한 방식으로 소비되었는가를 물어야 할 것이다.

4. 해방기 문화상품의 소비 전략 : 남성성의 회복과 기억의 정치학

〈자유만세〉의 대중적 파급력은 해방의 기억을 둘러싼 문화정치적 전략과 밀접히 연동된 것이었다. 식민지 조선인들에게 8·15 해방은 환희의 순간이자 동시에 얼빠짐의 순간이었고, 침묵의 순간이었다. '익숙한 상상'과는 달리 해방은 지역 마다 시차(時差)를 두고 찾아왔으며, 균질적으로 체험된 것도 아니었다. 원로 영화인의 구술을 참조하자면, 천황의 항복 방송을 듣고 기쁨에 넘쳐 거리를 내달리는 사람은 없었다. 오히려 불안이 스며있는 적막만이 거리를 감싸 안았으며, 어두운 밤이 되어서야 만세 소리를 희미하게나마 들을 수 있었다. 그러나 그 소리 또한 해방의 격한 감격을 안겨주기보다 우선은 두려움과 불안함이 뒤섞인 상태로 다가왔다. 이튿날이 되어서야 사람들은

---

21 〈자유만세〉에 대한 당대의 논평에서 남녀 간의 로맨스에 대한 연출을 둘러싸고 '빈약한 낭만성'을 지적하는 경우가 많았다. "혜자와 이야기의 실마리를 맺게 되는 점의 설명이 부족하고 미향이 한중에게 애정을 느끼게 되는 동기도 역 설명 불충분으로 인하야 애매하다." - 「[신영화평] 〈자유만세〉」, 《자유신문》, 1946.10.25.(2)

저마다 다른 모양의 태극기를 들고 거리에 나와 해방을 확인하고 사후적으로 해방의 감격을 실감할 수 있었다.[22] 해방은 조선인들에게 환희와 불안이 착종된 복합적인 감정으로 체험된 순간이었고, 급변한 현실의 공기를 가늠할 수 있을 무렵부터는 해방이 성취된 것이 아니라 미·소라는 타자에 의해 주어졌다는 사실을 받아들여야 하는 곤혹스러운 감정으로 경험된 것이기도 하였다.[23]

해방 직후 광범위하게 공유되었던 "남의 덕에 나라를 도로 찾"았다는 인식[24]은 새로운 역사의 주체로서 민족을 호명하고, 국민국가 건설에 매진할 이들에게는 시급해 해소되어야 할 문제였다. 이는 지식인 계층만의 문제가 아니라 민족의 성원으로서 자기를 재정립하고자 했던 대중들의 요구이기도 했다. 이러한 시대적 흐름 속에서 해방의 동력을 재정의하려는 움직임은 문화계 전반에서 폭넓게 제기되었는데, 이는 식민지 과거를 어떻게 기억할 것인가라는 문제와 궤를 같이하는 문제였다. '탈(脫)식민'을 향한 대중들의 요구가 증대되어감에 따라 해방에 대한 문화적 기억은 '피 한 방울 흘리지 않고 얻은 해방'에서 '피 흘려 얻은 해방'으로 정향되었다. 고려영화협회의 〈자유만세〉는 이러한 시대적 흐름에 부응하여 기획·제작된 영화로서, 패망을 앞둔 일제에 대항하여 끊임없이 무장투쟁을 벌이는 최한중의 서사는 해방의 기억을 '피 흘려 쟁취한 해방'으로 전유하려는 문화계의 욕망에 전략적으로 편승하는 것이었다.

---

22 진술자 호현찬, 〈1945~1950 해방 이후 남한영화를 말하다〉, 이종은 감독, 한국영상자료원, 2007.

23 임종명, 「탈(脫)식민시기(1945.8~1948.7) 남한에서의 3·1의 소환과 표상」, 『대동문화연구』 66집, 2009, 302쪽.

24 해방 직후 발표된 소설들에서 발견되는 것과 같이 해방이 쟁취한 것이 아니라 연합군의 승리에 의해 주어졌다는 인식은 일반적인 것이었다. – 채만식, 「논 이야기」, 염상섭 외, 『해방문학단선집1 : 단편집』, 종로서원, 1948, 259쪽.

한중 : 아니오, 우리는 일본제국주의가 하루라도 아니 한 시간이라도 빨리 붕
　　　괴되는 일이라면 어떠한 일이라도 감해야 할 것이오. 이것이 우리가
　　　걸머진 위대한 사명일게고 그리고 조선민족이 최후순간까지 일본제국
　　　주의에 대한 비장한 항쟁이 구체적으로 표현되지 않는 이상 조선 민족
　　　이 세계에 대한 엄숙한 발언권은 없는 것이오.(중략)
수원 : 최, 당신의 그 정열은 비싸게 삽니다. 허지만 혁명이란 무모한 희생으
　　　로만 되는 것은 결코 아닙니다.
한중 : 뭐가 무모한 희생이란 말이오. 그래 왜놈들이 전쟁에 지게 되면 이 때
　　　그놈들의 전쟁에 될 수 있는 대로 협력을 안 한 조선 사람을 그대로
　　　둘 줄 아시오. 대량의 학살을 감행할 것은 지나간 여러 번의 역사가
　　　뚜렷이 말하고 있지 않소. 기미년 학살, 간도학살, 동경학살을 생각해
　　　보오. 그리고 조선사람 학살은 일본군의 기정방침으로 되어 있다는 정
　　　보를 나는 가지고 있소.[25]

　한중이 혁명 동지들과 설전을 벌이는 S#18은 시나리오의 긴 대사를 그대
로 영상으로 옮기고 있어 기획 당시부터 상당히 공을 들인 장면임을 짐작케
한다. 이 장면에서 한중은 해방 이후에 "조선민족"이 "세계에 대한 발언권"을
확보하기 위해서는 "최후순간까지 일본 제국주의에 대한 비장한 항쟁"을 지
속해야 함을 강조한다. 자신들의 투쟁이 결코 "무모한 희생"이 아닌 이유는
그들의 항쟁이 "기미년학살 - 간도학살 - 동경학살"로 이어진 민족수난의 역
사 위에 놓여 있기 때문이다. 그리고 이 계보의 끝자락에 패전과 함께 "기정
방침으로 되어 있"는 "조선사람 학살"을 놓음으로써 '피 흘린' 조선민족의 역
사는 완성된다. 작품 전체를 관통하는 한중의 맹목적인 무장투쟁은 이러한
학살의 계보 위에서 서사적 정당성을 확보하게 된다. 따라서 영화 내부에서
그려지는 한중의 투쟁은 해방 직전의 현실인식에 근거한 행위라기보다 "선명

---

25 'S#18. 북악산 어느 산속(밤)' - 전창근, 「자유만세」, 최금동 외, 『韓國 시나리오 選集
　　1권』, 영화진흥공사, 1982, 280쪽.

한 투쟁의지를 과시하고자 하는 강박증"[26]에 가까운 것이라 할 수 있을 것인데, 이러한 강박증적인 투쟁 의지가 배태된 시점은 '해방 이후'의 조선이었다. "관통중상으로 생명위독 되어 헌병의 감시하에 입원하여있던 한중이" 날이 "밝으면 8월 15일 일제붕괴의 날인 것을 알면서도" "병원을 탈출해서 죽지 않으면 아니"[27] 되었던 것은 해방이 '주어진 것'이 아니라 '피를 흘려 얻은 것'임을 증명해야 했기 때문이었다. 따라서 〈자유만세〉는 한반도 내부, 심지어 경성에서의 목숨을 건 항일무장투쟁이 일제 붕괴의 순간까지 계속되었음을 관객들에게 시각적으로 제시함으로써 과거에 대한 기억을 현재의 맥락에서 재정립하고자 했던, 당대의 정치 지형 내부에서 광범하게 분출된 대중의 요구에 대해 문화적으로 응답한 사례라고 할 수 있을 것이다.

해방의 동력을 재정의한다는 측면에서 〈자유만세〉는 '해방기 기억의 산물'로 규정할 수 있다. 해방은 식민지시기 치욕적인 수난사와 항일 민족투쟁이라는 기억과 망각 사이에서 국가 재건과 민족 결집을 요청하는 사건이었다. 민족주체를 중심으로 새로운 국민국가 건설의 문제에 직면한 해방 이후 조선 사회에서, 기억하기의 행위는 개인이나 집단의 정체성을 구축하기 위한 핵심적인 방편이었고, 한편으로 그것은 특정 집단의 이익과 결부되어 있는 것이기도 했다.[28] 기억은 현재의 입장에서 과거를 재구성하고 그것을 미래로 투사하는 행위로서, 기억한다는 것은 과거와 미래를 선형적으로 재구성하는 주체의 현실적 욕망이 반영된 정치적 선택이기도 하다. 따라서 〈자유만세〉가 '기억의 산물'이라고 한다면, 영화가 개봉한 '1946년 10월의 현재'라는 시점에서 조선의 관객들은 무엇을 기억하고자 했는지, 혹은 무엇을 망각하고자

---

26 이순진, 「식민지 경험과 해방직후의 영화 만들기」, 『대중서사연구』 제14호(2007), 118쪽.
27 서광제, 「試寫評 『自由萬歲』」, 《독립신보》, 1946.10.23.(2)
28 오태영, 「해방과 기억의 정치학 – 해방기 기억 서사 연구」, 『한국문학연구』 39집(2010), 171~198쪽, 참조.

하는지에 대한 물음을 가장 핵심적인 질문이 될 것이다.

'민족영웅의 혈투사를 재현'한 영화를 "8 · 15 기념을 기(期)하야 봉절(封切)"하려했던 고려영화협회의 마케팅 전략을 상기해 볼 때,[29] 〈자유만세〉는 기획 단계에서부터 멜로드라마적 상상력을 통해 해방의 파토스를 소환하려는 전략을 취했다. 독립투사 한중과 경찰부 사찰주임 나베와의 목숨을 건 대결 속에서 한중의 숭고한 희생정신에 감화된 미향(나베의 정부, 유계선 분)과 혜자(간호부, 황려희 분)의 헌신적인 사랑은 영화가 전형적인 멜로드라마적 남성 영웅담의 형식을 취하고 있음을 보여준다.[30] 철로 폭파를 도모하던 동료가 폭탄 운반 도중 사찰대에게 잡혔다는 소식을 듣자 한 치의 망설임도 없이 단도를 들고 동료를 구하러 나선 한중과 그를 직접 보지는 못했으나 널리 알려진 행적만으로도 헌신하기를 주저하지 않는 미향의 관계는 영화 전반에 걸쳐 반복 · 변주된다. 〈자유만세〉는 마치 '회의하지 않고 행동하는' 남성 영웅과 그를 영웅화하기 위한 하나의 장치로서 등장하는 여성 인물들의 드라마라 정의할 수 있을 것이다.

이러한 설정에서 알 수 있듯이, 〈자유만세〉는 남성성으로 충만한 민족영웅과의 '상상적/상징적 동일시'의 장소를 마련하기 위해 각별한 공을 들인 작품이다. 독립을 위해 기꺼이 목숨을 버리려는 남성 주인공의 확고한 신념과 과감한 행동, 그리고 우연성의 계기를 통해, 한편으로는 연애의 감정으로, 다른 한편으로는 조력자로서 그에게 동화되기를 주저하지 않는 여성 인물들의 행위는 영화 전반을 가로지르며 끊임없이 연쇄된다. 이는 제국/식민지 체제 아래서 조선인 남성들이 여성화(feminized)되고 미성숙한(infantilized)

---

29 "그동안 各新聞紙上을 통해서 넓이 알여진 高麗映畵協會作 〈自由萬歲〉는 八 · 一五紀念을 期하야 封切하려고했었든바 九月 下旬頃에는 틀님없이 封切하려고 全力을 다-기우리게되어 드디어 完成을 보게되었다." - 「映畵特報一速」, 《영화시대》, 1946년 2호(10월), 68쪽.

30 멜로드라마의 다양한 정의에 대해서는, 벤 싱어, 『멜로드라마와 모더니티』, 이위정 옮김, 문학동네, 2009 참조.

존재로서, 여성을 타자화할 수 없는 '거세된 남성'으로 표상되어왔던 점과 밀접하게 연관된 것이기도 하다. 기실, 표상의 차원에서 스크린에 나타난 식민지 조선 남성들은 이성애적 연애의 가능성이 원천적으로 차단된 존재였다. 남녀 간의 로맨스가 성립이 되기 위해서는 조선인 남성은 여성 인물들의 '욕망-응시'의 대상이 되어야 했고, 그러기 위해서는 미성숙한 존재에서 탈피하여 성인으로서의 '남성성'을 획득해야만 했다. 그러나 식민지 현실은 조선인 남성으로 하여금 '제국-아버지의 이름/금지(le nom/non-du-Pere)' 아래 놓인 미성년의 존재로 머물게 했기에 스크린에 펼쳐진 이성애적 연애는 성립될 수 없었다.

물론 전시 동원체제 아래서 지리적·문화적·인종적 경계의 재설정이 요구되었던 상황은 미성숙하고 여성화된 조선인 남성에게 '성인 남성성'을 획득할 기회를 제공해주었다. 그러나 그 방식은 국가를 위해 목숨을 내놓는, '헌신(獻身)'을 몸소 증명해 보임으로써 가능하다는 점에서 명백한 한계를 내포하고 있는 것이었다. "젠더화된 욕망을 생산하고 또 그 욕망을 성취할 기회를 제공함으로써 피식민자들에게 동기를 부여했던"[31] 제국 일본의 내셔널리즘은 천황의 황민/제국의 군인이 됨으로써 남성성을 획득할 수 있는 '재남성화(re-masculinization)'의 길을 제시했고, 스크린 위의 식민지 남성은 남성성을 획득하기 위해 모두가 제국의 군인이 되기를 강력히 희망했다. 이와 같은 방식으로 제국의 질서 내부에서 당당한 성인 남성으로 승인 받은 조선인 남성은 여성의 욕망-응시의 "남성화된 대상"(masculinized object)이 됨으로써 로맨스의 가능성을 확보할 수 있었다.[32]

---

31 Takashi Fujitani, "Total War at the Movie: Late Colonial Films on Korean Soldiers in the Japanese Military." 연세대학교 국문과 BK21사업단 강연록, 2008년 5월 14일.

32 다카시 후지타니는 식민지 조선인 남성이 제국의 군인이 됨으로써 남성성을 다시 획득하는 과정을 재남성화(re-masculinization)이라는 개념을 통해 설명하고, 제국의 신민/국민이 된 조선인 남성은 여성 욕망의 남성화된 대상(masculinized object of feminine

그러나 전쟁이 열어놓은 '재남성화'의 길은 천황/제국을 위해 죽음을 각오하고 장렬하게 산화할 수 있음을 스스로 증명해야만 하는 길이기도 했다. 제국의 국민인 된 조선인 남성은 자신의 신념을 증명하기 위해, 남성성을 회복함과 동시에 전장으로 떠나야했기에 결국 연애는 또 다시 불가능한 것으로 되돌아올 수밖에 없었다. 죽기를 각오함으로써 '좋은 일본인-되기'를 선전했던 영화들 중 멜로드라마 서사 구조를 따랐던 일련의 영화들이 서사적 층위에서 봉합할 수 없는 결정적인 균열의 지점들을 드러낼 수밖에 없었던 것은 이러한 이유에 기인하는 것이었다.[33] 제국의 군인이 됨으로써 상징 질서로의 안정적인 귀착을 그리고 있는 사례로서, 〈지원병〉(1940)과 〈조선해협〉(1943)의 남성 주인공들이 종국에는 연인과의 행복한 삶을 포기해야만 하는 상황은 식민지/제국 체제 아래서 조선인 남성의 '남성성의 획득'이 불가능한 환상-꿈이 될 수밖에 없음을 보여주는 것이기도 했다.

영화에서 줄곧 남성성을 과시하는 최한중은 식민지 조선인 남성에게는 불가능했던 표상-이미지였던 만큼, 〈자유만세〉는 해방의 시공간을 젠더적 욕망으로 전유한 텍스트였다. 제국과 식민지의 불균등한 경사면 위에서 위태로운 포즈로 자신의 남성성을 승인받아야 했던 과거의 기억을 대신하여, '민족의 주체'로서 자신의 남성성을 과시하는 조선인 남성의 멜로드라마는 조선인 (남성)관객들이 자신의 욕망을 투사(投射)하기 적합한 대상이었음은 물론이다. 여성 인물들의 '욕망-응시'의 대상이 된 한중은 '조선인 남성들은 남성성을 상실했었다'는 과거를 부인(disavow)하는 기표였으며, 관객들은 한중이라는 인물이 마련한 상상적 자리와 적극적인 동일시를 통해 식민지시기를 지

---

desire)으로서 주체성을 획득할 수 있다고 본다. - Takashi Fujitani, ibid.

33 백문임은 다카시 후지타니의 논의에서 여성의 시각에 욕망의 대상이 된 남성성에 의문을 제기하며, 멜로드라마 서사 구조를 지닌 일련의 선전영화들이 텍스트 내적으로 균열을 내포할 수밖에 없는 이유를 분석하고 있다. - 백문임, 「"군인이 되세요."」: 식민지 말기 선전 극영화의 조선 여성들」, 『동방학지』 147호(2009), 207~242쪽.

배했던 인종적 · 젠더적 위계를 상상적으로 전유하는 쾌락을 맛볼 수 있었다. 여성을 타자화할 수 있다는 환상, 그것은 해방 이후 민족 국가 건설의 기치 아래 남성성을 회복하려고 염원한 조선인 남성의 욕망과 직결되는 것이었다. 쟁취된 해방이 아니라 주어진 해방이라는 인식이 폭넓게 공유되고 있던 상황에서 "최후 순간까지 일본 제국주의에 대한 비장한 항쟁이 구체적으로 표현되지 않는 이상 조선 민족이 세계에 대한 엄숙한 발언권은 없는 것"이라 말하며 무력으로 항쟁하는 최한중의 면면은 당대의 관객들이 보고 싶어 하던 '조선인 남성 영웅'이었다.

반면, 해방 이후 가장 시급히 망각되어야 할 과거는 제국/식민지 체제 아래서 식민지 조선의 남성들이 상징적으로 '거세'되었다는 사실이었다. 기억하는 것과는 달리 식민지 문화 정치의 표상 공간에서 조선인 남성은 유약하고 미숙하며, 버려진 존재들로서 '부인'과 '누나'의 헌신과 배려 속에서만 존재의 미를 획득할 수 있었다는 사실은 철저하게 망각되어야만 했다.[34] 이러한 맥락에서 식민지 말기의 최고의 스크린 스타이자 해방 이후에도 여전히 막대한 대중적 파급력을 지닌 배우 문예봉과 같은 여배우들은 '조선인 남성은 거세되었었다'는 식민지 과거의 현실을 환기하는 기표이기에 철저하게 은폐되어야 했다. 당대의 조선영화 팬들에게 문예봉이 선전 영화 속 총후부인의 이미지로만 소비된 것이 아니라고 하더라도 그녀의 존재는 과잉으로 치닫는 남성 영웅의 멜로드라마에 균열을 일으키는 존재임이 분명했다. 해방 후 열악한 제작환경을 고려해봤을 때, 고려영화협회의 입장에서 〈자유만세〉의 흥행 성과는 무엇보다 중요하고 절실한 문제였다면, 신인배우를 모집하는 이벤트보다 문예봉을 광고 전면에 내세우는 것이 훨씬 효과적이었을 것임에도[35] 그러

---

34 식민지 조선의 스크린을 장악했던 스타는 문예봉과 김신재로 대표되는 여성 스타였다. 전통적인 조선의 여인상으로 소비되었던 문예봉과 발랄한 신여성의 이미지로 소비되었던 김신재는 전시 체제 아래서 '총후부인'의 이미지와 따뜻한 '누나'의 이미지로 전유된다. 식민지 시대의 여성 스타–이미지가 총력전 담론과 길항하며 소비된 양상에 대해서는, 박현희, 『문예봉과 김신재 1932~1945』, 도서출판 선인, 2008. 참조.

지 못한 데에는 그녀가 환기하는 '과거'가 해방 후 새롭게 주조된 기억 속에 틈입해 파열을 일으키기 때문이었을 것이다.

결과적으로 해방 이후 기억 투쟁의 산물이었던 〈자유만세〉는 식민지 여성 스타의 이미지를 은폐함으로써 명백한 선악의 대립구도 속에서 안전하게 봉합된 남성성을 상품화할 수 있었다. 새로운 국가 건설의 주체가 되어야할 민족은 새로운 정체성을 구상할 수 있는 기억을 요구하였고, 〈자유만세〉는 그에 대한 문화적인 응답으로서 식민지 조선의 여성 스타의 흔적을 삭제하고 새로운 시대에 걸맞은 새로운 여성상을 발굴해내며 민족의 영웅 서사를 안정적으로 그려나갔다. 이런 맥락에서 〈자유만세〉를 통해 영화계에 데뷔한 황려희의 페르소나는 식민지 시기부터 이어져 온 젠더화된 정체성의 정치학 아

---

35 해방 후 식민지 조선영화의 스타-이미지를 활용한 대표적인 사례로는 민주주의민족전선의 문화대중화 운동의 일환으로 전개된 '문화공작단' 활동을 들 수 있다. 문화공작단은 총 4대(隊)로 구성되어 있으며 활동 인원과 프로그램 편성은 연극(인)을 중심으로 구성되었다. 제1대에서 제4대까지 대장은 모두 연극인이었고 대원들도 대부분 연극인이었다.

〈제1대〉
1) 파견 지역 : 경상남도
2) 인적 구성 : 대장(유현), 부대장(오장환, 문예봉), 대원(문련 산하 8개 단체 맹원들)
3) 행사 내용 : 연극 〈위대한 사랑〉(조영출 작) 공연, 음악 공연, 무용 공연, 시 낭독, 만담, 영화 상영, 사진 및 미술 전시 등
4) 활동 기간 : 1947년 6월 30일 출발, 7월 28일 귀환

특기할만한 사항으로는 제1대를 제외하고는 부대장은 모두 1명으로 구성되어 있었는데, 제2대의 부대장은 조허림, 제3대는 이용악, 제4대는 김기림으로 모두 시인이었다. 당시 문화공작단이 무대 공연을 중심으로 구성된만큼 문학은 비중 있는 역할을 담당하지 못했는데, 당시 문화정치 담론을 주도했던 세력이 문학계 인사들이었음을 상기해본다면 부대장은 상징적인 자리였다. 그런데, 제1대만은 부대장이 시인 오장환과 배우 문예봉으로 구성되어 있다. 경상남도 지역은 10월 항쟁의 여파로 타 지역에 비해 혁명적 역량이 충만해있었기에 해당 지역에 대한 관심은 집중될 수밖에 없었다. 그러한 지역에 전략적으로 파견된 문화공작단에 '특별하게' 문예봉이 부대장으로 선출된 것은 당시의 문예봉이라는 스타-이미지가 지닌 파급력이 어떠했는가를 잘 보여준다. 문화공작단의 활동과 성격 및 조직에 대한 자세한 설명은, - 박정선, 「해방기 조선문학가동맹의 문화대중화 담론과 조직적 실천」, 『어문학』 제93집, 458~464쪽 참조.

래서 해석될 필요가 있는 기표이다. 영화를 제작하는 단계에서부터 황려희는 순박하면서도 밝고 지적인 엘리트 여성의 이미지로 매체에 지속적으로 노출되며 기존의 여성 스타의 자리를 대체하는 존재로 부상했다. 이런 맥락에서 극중 기생으로 설정된 미향(유계선)이 식민지 조선을 환기하는 여성-이미지로서 독립 투쟁의 과정에서 한중을 위해 희생되어야만 하는 존재였다면 간호부 혜자는 그와는 대척점에 놓여 있는 여성-이미지로서 해방을 맞이하는 역할을 부여받았다고 할 수 있을 것이다.

식민지 시기부터 배우활동을 지속해온 유계선과 새롭게 발굴된 황려희의 역할이 대비되는 것은 여성 스타의 이미지를 통해 남성성을 재구축하려는 문화적 요구에 의해 기획된 것이라 할 수 있다. 다시 말해, 이성애적 동성사회의 배분질서 속에서 제국으로부터 권력을 이양 받아야 했던 조선인 남성은 그에 부합하는 새로운 여성의 이미지가 필요했던 것이다.[36] 〈자유만세〉의 히로인이었던 황려희는 이러한 맥락에서 식민지 말기 문예봉과 같은 제국이 발견한 조선 여성의 자리를 대체하고 있다고 할 수 있는데, 이러한 대체가 단순한 자리바꿈이 아니라 기억의 정치학을 동반한 것이라면, 〈자유만세〉는 식민지 시기의 여성 스타의 얼굴을 은폐한 흔적을 간직한 텍스트라고도 할 수 있을 것이다.

---

36 '이성애적 동성사회의 배분질서'라는 개념은 제국주의와 국민국가의 논리 사이의 동형성을 '이성애'와 '동성사회'의 개념으로 설명한 사카이 나오키를 참조하였다. — 사카이 나오키, 『일본, 영상, 미국 – 공감의 공동체와 제국적 국민주의』, 최정옥 옮김, 그린비, 2008, 41~84쪽 참조.

5. 나가며

    로라 멀비는 영화 이미지의 존재론을 1초에 24번이 삶이 아닌 24번의 죽음으로 해석하며, 사진의 이미지와 유사한 인덱스적인 아이콘이라는 속성에 주목한다. 그녀에 따르면 영화를 관람하는 관객은 서사의 축을 따라 진행되는 이미지의 연쇄에서만이 아니라 서사를 중단시킴으로써 얻는 시각적 쾌락을 통해서도 의미를 획득한다. 영화의 서사가 중단되고 시각적 쾌락이 발생하는 층위는 다양하나, 스크린에 영사된 이미지를 단순한 재현물로서가 아니라 현실과의 사실적인 관계 속에서 향유하는 즐거움은 영화 관람을 지속시키는 중요한 계기이다.[37] 영화 이미지의 기호학적 측면에서 볼 때, 〈자유만세〉의 마지막 장면은 기호의 두 층위가 겹쳐져 해석되는 장면인데, 여기서 사용된 이미지는 해방 직후 종로에서 촬영한 〈해방뉴스〉의 한 장면이었다. 따라서 영화의 마지막 장면은 해방을 도상적으로 재현하면서(iconic image) 동시에 그 사건 자체가 실제로 존재했음을 지시하는 이미지(indexical image)로서 기능한다. 영화의 마지막 장면에 새겨진 시간은 1945년 8월 16일의 '지금'[38]이며, 그날의 '지금'은 디제시스 내부에서 완전히 소비되지 않고, 하나의 지울 수 없는 실재의 흔적이자 '시간 – 이미지'[39]로서 영화가 개봉된 1946년

---

37   로라 멀비, 『1초에 24번의 죽음』, 이기형, 이찬욱 옮김, 현실문화, 2007.

38   사단법인 조선영화주식회사 소속의 영화인들은 해방 다음날인 8월 16일, 종로에서 이어지는 만세 행렬을 촬영하였다. "8.15 해방의 대환희의 실경이 묘사된 이 작품"이라는 이영일의 평가에서도 알 수 있듯이 〈자유만세〉의 마지막 장면에는 〈해방뉴스〉의 필름이 사용되었다.

39   들뢰즈는 영화 이미지의 존재론을 분류하면서, "서로를 뒤따르고, 서로를 지시하고, 서로를 반영하는 가운데 어느 쪽이 먼저였는지를 말할 수 없게 되는", "궁극적으로 분별 불가능성이라는 동일한 지점으로 미끄러지는" 이미지를 시간-이미지의 핵심으로 설명하고, 이를 '결정체적인 이미지'(크리스탈 이미지)의 다면성을 통해 제시한다. 미학적 측면에서 이미지를 분류한 들뢰즈의 개념은 '서사'의 층위와도 긴밀하게 연동되는데, 인데스와 아이콘, 상징 사이에서 동요하는 〈자유만세〉의 마지막 장면은 '시간-이미지'라는 개념-도구를 통해 설명할 수 있을 것이다. - 질 들뢰즈, 『시간-이미지』, 이정하

10월의 관객들에게 전시되는 것이다.

영화의 결말부에서 해방을 눈앞에 두고 나베의 총에 맞아 죽는 한중에게 해방은 결과적으로 경험되지 못한 것인데, 한중과의 강력한 동일시를 유지했던 관객들에게 제시된 "실경(實景)"은 "8.15 해방의 대환희"를 실감케 하기도 하지만, 동시에 해방이 부정된 1946년 10월의 현실을 환기하는 장치로서도 기능한다. 한중의 서사를 따라 비극적인 결말에 도달한 관객들은 해방의 이미지를 디제시스 내부로 온전히 봉합하는 것이 아니라 '왜정만도 못한 시대'를 살아가는 일상의 경험이 중첩되는 극장 공간을 통해 소비하게 되는 것이다. 선과 악의 명백한 대립 구도 속에서 전개되는 남성 영웅의 멜로드라마는 숭고한 희생제의를 통해 민족 구성원들의 결속력을 강화하는 장치로서 기능하는 것은 분명하다. 그러나 당대의 배급 체계 안에서 〈자유만세〉가 서울 상영을 마치고 지방으로 순회 상영되었던 과정은 정책의 공백 속에서 사회적 불안이 증폭되고 정치적 대립이 극단으로 치닫는 상황과 맞물렸다. 따라서 영화가 남성 영웅의 희생 제의로 점철되어 있으나 그 의미가 온전히 소비될 수 있었는가하는 물음은 관람성의 측면에서 새롭게 제기될 필요가 있을 것이다.[40]

미군정 체제 아래서의 극장이 억압된 문화적 욕구를 소비하는 공간만이 아니라 정치적 열망이 표출되는 공간이었다는 점을 고려한다면, 〈자유만세〉가 개봉되었던 시기에 미곡수집 문제와 관련하여 사회적 불만이 극도로 증폭되어 '10월 인민항쟁'으로 폭발했다는 사실은 매우 중요하다. 현실의 부조리함

옮김, 시각과 언어, 2005, 참조.

[40] 해방 직후 영화의 배급 체계가 어떠했는가는 정확히 알 수 없으나 생필름 수급이 매우 어려웠던 당대의 정황을 통해 짐작해본다면, 한 편의 영화를 여러 벌의 필름으로 복사해서 상영한 경우는 거의 없을 것으로 추정된다. 1950년대 후반까지 상업영화의 일반적인 배급 체계는 서울의 '봉절관'에서 상영을 마친 필름을 재개봉관에서 이어 받아 상영하는 구조였으며, 서울에서만 5~6단계의 배급 과정이 존재했었기에 필름이 지방으로 내려가는 데에는 1년 정도의 시차(時差)가 발생했다.

에서 파생된 정치적 갈등은 대중이 운집하는 극장 공간으로 끊임없이 개입해 들어왔고, 극장은 단순히 유흥을 즐기는 공간이 아니라 정치적으로 불온한 공간으로 변모할 가능성을 내포한 공간이었다.[41] 실질적으로 미군정기의 극장 공간은 상업자본이 지배하는 소비의 공간이면서 동시에 변혁의 열망이 표출되는 정치적인 공간이었다. 군중이 운집한 극장과 그 주변으로 군정 당국의 정책을 규탄하는 좌익 단체들의 삐라가 연일 살포되었고, 정치적 비호세력을 등에 업은 우익 단체들의 물리적 폭력은 시간이 지날수록 잔혹하고 대범하게 노골화되었다.[42] 결국 극장 공간과 연결 - 접속된 〈자유만세〉의 '영화적 공간'은 해방이 부정된 1946년 10월 이후의 현실과 공명함으로써 당대의 관객들에게 커다란 반향을 일으킨 것이라 할 수 있다.[43] 부조리한 현실이 끊

---

[41] 불안정한 미군정 체제 아래서 극장 공간을 찾았던 당대의 관객들은 근대적 소비주체로서의 욕망만이 아니라 현실 변혁의 열망을 동시에 지닌 존재였다. 대부분의 사람들이 값싼 유흥과 오락을 즐기기 위해 극장을 찾았지만 예기치 못한 방식으로 극장이 '불온한 공간'으로 변모할 때면 관객들은 부조리한 현실에 대해 분노하는 존재가 되기도 했다. 극장이라는 공간은 그 자체로 정치적인 공간이 아니라 특정한 사건들과 연결 - 접속됨으로써 '불온한 공간'으로 변용되는 것이다.

[42] 1946년 6월 11일, '6. 10만세운동 20주년 기념행사'에서 공연을 하던 신불출은 우익 청년단체에게 집단 린치를 당하는데, 만담이 "태극기와 미(美)전쟁에 미치자" 사건이 터진 것이다.(「국제극장에 테로 - 신불출씨 무대우에서 중상」, 《중외신보》, 1946.6.12.(2)) 정황을 보아 만담의 내용은 정치적 문제를 다룬 것이었음은 분명한데, "大政治家의 百 마듸 獅子吼 보듬 한마듸의 漫談이 엇지 그리 우리 귀에 울리올가"(《한성일보》, 1946.4.5)라는 당시의 광고 문구를 보아 신불출의 만담이 가진 정치적 파급력은 상당했던 것으로 보인다.

[43] 미군정 체제 아래서 극장에서 영화를 관람하는 행위가 현실의 층위와 긴밀하게 연동하여 의미를 획득한 사례로서 〈해방뉴스〉의 경우를 들 수 있을 것이다. 현재 남아 있는 〈해방뉴스〉 필름은 8. 15 해방 기념식장을 촬영한 〈4호〉가 전부인데, 영화의 내용을 살펴보면 매우 흥미로운 점들을 발견할 수 있다. 우선 뉴스의 전체적인 내용은 1946년 8월 15일, 해방 1주년을 맞이한 기념행사를 기록한 것이기에 인파로 넘쳐나는 거리와 행사장을 반복적으로 보여주는 것이 대부분이다. 거리의 단상들을 보여주는 장면은 청중들로 가득 찬 행사장으로 전환되며, 카메라는 기념 연설을 하는 '하지 중장'과 '이승만 박사' 그리고 '김구 주석'을 차례로 담아내고 청중들로 가득한 광장으로 넘어간다. 그리고 장면은 대구 지방의 8.15 기념행사장으로 전환된다. 이때도 동일한 패턴의 이미지 - 운동은 반복되며 연설하는 사람과 군중들이 교차편집 된다. 그런데 청중들을

임없이 개입해 들어오는 극장 공간에서 영화/연극/악극/만담을 관람하는 행위가 자기 – 의식화의 과정을 동반하는 문화적 실천이었다면, 〈자유만세〉의 결말을 지배하는 정서는 '해방이 부정된 현실'과 맞물리면서 파생된 감정이라 할 수 있을 것이다.

그러나 멜로드라마의 서사적 전략이 현재의 사태를 긍정하는 것이 아니라 혼란의 심연에서 성스러운 도덕과 새롭게 만나는 가능성을 제공하는 데 있다면, 〈자유만세〉의 의미는 해방이 좌절된 1946년 10월의 조선 사회에서 표출된 "재성화(resacralization)의 열망"[44]과 자연스럽게 연결될 수 있는 것이기도 하다. 〈자유만세〉가 영화 담론장에서 우익 진영의 이념을 대표하는 영화로서 확고한 지위를 부여받으며 '한국영화'의 정전으로 자리를 잡아갔던 과정은 '민족(주의)'을 중심으로 '부정된 해방'을 극복하려는 시도들과 겹쳐지는 것이었다. 이때, 한중으로 표상되는 민족 영웅은 대중들의 '재성화의 열망'과 함께 회귀하는 지배적인 기표가 된다. 다시 말해, 대중의 요구에 부응했던 영웅은 "구성원 전부를 상하·수평관계 속에서 매개하고 연결"시키는 "매체"[45]로서, 자아를 구축하고 타자를 발견(발명)하는 과정 속에서 구심점으로 기능하면서 동시에 '민족의 숨은 신'으로서 구성원의 내면에 군림하기 시작하

포착하는 카메라는 운집해있는 청중의 규모에 초점을 맞추는 것이 아니라 그들이 들고 있는 피켓과 현수막에 주목하는데, 프레임을 지배하는 이미지인 피켓과 현수막에는 "쌀과 일자리를 달라!", "自由가 아니면 죽음을"이라는 강렬한 문구들이 새겨져 있다. 당시의 검열 환경에서 〈해방뉴스 4호〉가 어떻게 상영 허가를 받았는지는 알 수 없으나, 어떻게든 검열망을 피한 이 필름은 극장에서 온전히 상영되었다. 연설하는 사람과 운집해 있는 청중들이 교차 편집되어 구성된 장면은 피켓의 문구를 읽지 못하는 미국인 검열관에게는 '해방을 기념하는 거리'로 의미화 되지만, 피켓의 문구를 읽을 수 있는 조선인 관객들에게는 '해방이 부정된 현실'이라는 정치적 의미로 해석될 수 있다는 것이다. 숏과 숏의 연결이 세밀하게 편집된 것으로 보아 이는 영화의 제작진이 의도적으로 연출한 장면이라 할 수 있다. 이 영화의 영향 때문인지 〈해방뉴스 5호〉는 검열에 의해 상영을 금지 당한다.

44 Peter Brooks, *The Melodramatic Imagination*, Yale University, 1976, p.16.
45 오선민, 「전쟁 서사와 국민국가 프로젝트」, 이승원 외, 『국민국가의 정치적 상상력』, 2003, 217쪽.

는 것이다. 민족 수난사의 정점을 장식하는 민족영웅의 숭고한 희생을 그린 〈자유만세〉는 해방에 대한 기억을 '주어진 것'이 아니라 '피 흘려 쟁취한 것'으로 재규정하고자 했던 시대의 요구를 적절히 반영한 영화였으며, 멜로드라마적 상상력을 기반으로 한 남성 영웅 서사는 막대한 대중적 파급력과 함께 〈자유만세〉를 민족영화의 신화로 자리매김하게 한 핵심적인 근거였다.

참고문헌

1. 자료

(1) 문헌자료

《조선연감》, 1947, 서울 : 朝鮮通信社.

《조선연감》, 1948, 서울 : 朝鮮通信社.

한국영상자료원 엮음, 『신문기사로 본 한국영화 1945~1957』, 한국영상자료원, 2004.

한국영상자료원 엮음, 『고려영화협회와 영화신체제』, 한국영상자료원, 2007.

한국영상자료원 엮음, 『식민지 시대의 영화 검열 : 1910-1934』, 한국영상자료원, 2009.

한국예술연구소 편, 『이영일의 한국영화사를 위한 증언록 - 유장산·이경순·이필우·이창근 편』, 도서출판 소도, 2003.

한국예술연구소 편, 『이영일의 한국영화사를 위한 증언록 - 성동호·이규환·최금동 편』, 도서출판 소도, 2003.

(2) 영상자료

〈격동의 기록〉, 〈해방뉴스〉 4호, 특보1-3.

〈자유만세〉, 최인규, 한국영상자료원, 2004.

〈1945~1950 해방 이후 남한영화를 말하다〉, 이종은, 한국영상자료원, 2007.

2. 논문

(1) 국내

김려실, 「〈자유만세〉의 탈정전화를 위한 시론 - 현존 시나리오와 영화의 차이를 중심으로」, 『한국문예비평연구』 제28집, 한국현대문예비평학회, 2008.

김수남, 「〈자유만세〉의 최인규 - 리얼리즘적 한국예술영화의 맥」, 『淸藝論叢』 Vol.8, 淸州大學校, 1994.

남인영, 「해방직후 영화운동에 관한 연구」, 서울대학교 석사학위논문, 1990.

문원립, 「해방직후 한국의 미국영화의 시장규모에 관한 소고」, 『영화연구』 18호, 한국영화학회, 2002.

박수현, 「美 軍政 公報機構 조직의 변천」, 서울대학교 석사학위논문, 2009.

_____, 「美 軍政 公報機構 조직의 변천(1945.8~1948.5)」, 『韓國史論』 Vol.56, 서울대학교 국사학과, 2010.

박제철, 「영화 관람성의 무의식과 주체에 관한 정신분석적 연구 – 관람성의 이데올로기적 기능으로부터 관람성의 윤리적 행위로의 이행」, 중앙대학교 첨단영상대학원, 2003.

박정선, 「해방기 조선문학가동맹의 문화대중화 담론과 조직적 실천」, 『어문학』 제93집, 한국어문학회, 2006.

백문임, 「"군인이 되세요.": 식민지 말기 선전 극영화의 조선 여성들」, 『동방학지』 147호, 연세대학교 국학연구원, 2009.

신형기, 「민족 이야기를 넘어서」, 『당대비평』 13호, 생각의 나무, 2000.

오선민, 「전쟁 서사와 국민국가 프로젝트」, 이승원 외, 『국민국가의 정치적 상상력』, 소명출판, 2003.

오태영, 「해방과 기억의 정치학 – 해방기 기억 서사 연구」, 『한국문학연구』 39집, 동국대학교 한국문학연구소, 2010.

유선영, 「황색 식민지의 서양영화 관람과 소비실천, 1934~1942 – 제국에 대한 '문화적 부인'의 실천성과 정상화 과정」, 『언론과 사회』 13권 2호, 성곡언론문화재단, 2005.

이명자, 「미군정기(1945-1948) 외화의 수용과 근대성」, 『영화연구』 45호, 한국영화학회, 2010.

이봉범, 「반공주의와 검열 그리고 문학」, 『상허학보』 제15집, 상허학회, 2005.

_____, 「해방공간의 문화사 – 일상문화의 실연(實演)과 그 의미」, 『상허학보』 제26집, 상허학회, 2009.

이순진, 「식민지 경험과 해방직후 영화 만들기 – 최인규와 윤봉춘의 경우를 중심으로」, 『대중서사연구』 제14호, 2005.

_____, 「조선 무성영화의 활극성과 공연성에 대한 연구」, 중앙대학교 박사학위논문, 2008.

_____, 「식민지시대 영화 검열의 쟁점들 – 총론」, 한국영상자료원 엮음, 『1910-1934, 식민지시대 영화 검열의 쟁점들』, 한국영상자료원, 2009.

_____, 「1930년대 영화기업의 등장과 조선의 영화 스타」, 『한국극예술연구』 제30집, 한국극예술학회, 2009.

이우석, 「광복에서 1960년까지의 영화정책(1945~1960)」, 『한국영화 정책사』, 나남출판, 2006.

이화진, 「'대동아'를 꿈꾸었던 식민지의 영화기업가, 이창용」, 한국영상자료원 엮음, 『고려영화협회와 영화신체제』, 한국영상자료원, 2007.

_____, 「식민지 시기 영화 검열의 전개와 지향」, 검열연구회, 『식민지 검열 : 제도·실

천 · 텍스트』, 소명출판, 2010.

_____, 「식민지 조선의 극장과 '소리'의 문화 정치」, 연세대학교 박사학위논문, 2011.

임종명, 「탈(脫)식민시기(1945.8~1948.7) 남한에서의 3.1의 소환과 표상」, 『대동문화연구』 66집, 성균관대학교 대동문화연구회, 2009.

장영민, 「미군정기 미국의 대한선전정책」, 『한국근현대사연구』 제16집, 한국근현대사학회, 2001.

정근식, 「일본 식민주의의 정보통제와 시각적 선전」, 『사회와 역사』 제82집, 한국사학회, 2009.

조혜정, 「미군정기 영화정책에 관한 연구」, 중앙대학교 박사학위논문, 1997.

_____, 「미군정기 조선영화동맹 연구」, 『영화연구』 13호, 한국영화학회, 1997.

_____, 「미군정기 극장산업 현황연구」, 『영화연구』 14호, 한국영화학회, 1998.

한상언, 「해방기 영화인 조직 연구」, 한양대학교 석사학위 논문, 2007.

_____, 「다큐멘터리 〈해방조선을 가다〉 연구」, 『현대영화연구』 vol.4, 한양대학교 현대영화연구소, 2007.

_____, 「해방기 영화운동과 조선영화협단」, 『영화연구』 43호, 한국영화학회, 2010.

(2)국외

Takashi Fujitani, "Total War at the Movie : Late Colonial Films on Korean Soldiers in the Japanese Military." 연세대학교 국문과 BK21사업단 강연록, 2008년 5월 14일

_____, 「식민지 시대 말기 '조선' 영화의 휴머니즘, 보편주의 그리고 인종차별주의 : 이마이 타다시의 경우를 중심으로」, 안진수 옮김, 『한국영화의 미학과 역사적 상상력』, 도서출판 소도, 2006.

3. 단행본

(1) 국내

김종헌 · 정중헌, 『우리 영화 100년』, 현암사, 2001.

김 철, 『식민지를 안고서』, 도서출판 역락, 2009.

김 화, 『새로 쓴 한국영화전사』, 다인 미디어, 2003.

박찬표, 『한국의 국가형성과 민주주의』, 후머니타스, 2007.

박현희, 『문예봉과 김신재 1932~1945』, 도서출판 선인, 2008.

신형기, 『민족이야기를 넘어서』, 삼인, 2003.

_____, 『분열의 기록 - 주변부 모더니즘 소설을 다시 읽다』, 문학과 지성사, 2010.

염상섭 외, 『해방문학단선집1 : 단편집』, 종로서원, 1948.

오영진, 『蘇軍政下의 北韓 - 하나의 證言』, 중앙문화사, 1952.

이순진, 『조선인극장 단성사 1907-1939』, 한국영상자료원, 2011.

이영일, 『한국영화전사(개정증보판)』, 도서출판 소도, 2004.

이영재, 『제국일본의 조선영화』, 현실문화연구, 2008.

이혜숙, 『미군정기 지배구조와 한국사회 - 해방 이후 국가 - 시민사회 관계의 역사적 구조화』, 선인, 2008.

이효인, 정종화, 『한국영화의 풍경 1945~1959』, 문학사상사, 2003.

차승기, 『반근대적 상상력의 임계들 - 식민지 조선 담론장에서의 전통 · 세계 · 주체』, 푸른역사, 2009.

최금동 외, 『韓國 시나리오 選集 1권』, 영화진흥공사, 1982.

호현찬, 『한국영화 100년』, 문학사상사, 2000.

(2)국외

로라 멀비, 『1초에 24번의 죽음』, 이기형 · 이찬욱 옮김, 현실문화, 2007.

벤 싱어, 『멜로드라마와 모더니티』, 이위정 옮김, 문학동네, 2009.

브루스 커밍스, 『한국전쟁의 기원』, 김자동 옮김, 일월서각, 1986.

_____, The Origins of The Korean War - Vol. 2, 역사비평사, 2002.

사카이 나오키, 『일본, 영상, 미국 - 공감의 공동체와 제국적 국민주의』, 최정옥 옮김, 그린비, 2008.

질 들뢰즈, 『운동이미지』, 유진상, 옮김, 시각과 언어, 2002.

_____, 『시간 - 이미지』, 이정하 옮김, 시각과 언어, 2005.

크리스티앙 메츠, 『상상적 기표 - 영화 · 정신분석 · 기호학』, 이수진 옮김, 문학과 지성사, 2009.

Peter Brooks, The Melodramatic Imagination, Yale University, 1976.

Leo T. S. Ching, Becoming Japanese - Colonial Taiwan and the Politics of Identity Formation, University of California Press, 2001.

〈해연〉과 멜로드라마적 정치성*

정민아

1. 조선영화 〈해연(일명 갈매기)〉의 발굴과 제작 · 상영 과정

〈임자 없는 나룻배〉(1932), 〈나그네〉(1937)로 일제강점기 조선영화의 부흥을 이끌었고, 1955년 〈춘향전〉을 연출하여 전쟁 후 조선영화 재건의 기틀을 다진 이규환 감독의 1948년도 연출작 〈해연〉이 2015년 7월에 발굴되어 대중에 공개되었다. 〈해연〉은 2011년 일본 고베영화자료관에서 수집한 필름으로, 한국영상자료원은 이 영화를 어느 고물상에게서 발견했다고 한다.[1] 보

---

* 이 글은 『한민족문화연구』 53호(2016. 2)에 실린 「해방기 조선영화 〈해연(일명 갈매기)〉과 멜로드라마적 정치성」을 일부 수정한 것이다.
1 〈해연〉 프린트가 일본에서 발견된 이유에 대해서는 김한상이 논문에서 가설을 세우고 있다. 김한상은, 오사카 후세시를 근거지로 한 재인조선인 모임 '아시아문예회'가 일본에서 개봉하기 위해 프린트를 한국에서 가져왔으며, 해방 이후 일본에 거주하던 조선인들이 자신들의 조선적 정체성을 확인하기 위해, 조선인 대상의 계몽과 일본인 대상의 흥행을 목적으로 〈해연〉을 수입했다고 주장한다. 하지만 〈해연〉의 일반 공개는 좌절되었다. 김한상에 의하면 이는 주한미군정과 관련이 있다. 이에 대해서는 김한상, 「탈식민 국가형성기 재외조선인들의 종족 상상-〈해연(일명 갈매기)〉과 서울영화주식회사의 영화를 중심으로」, 『아시아연구』 58권 3호, 고려대학교 아세아문제연구소, 2015, 210~223쪽 참조.

존고에는 한자로 '海燕'(해연)이라는 제목이 적힌 필름 캔 속에 9롤의 35mm 질산염 필름이 비교적 양호한 상태로 담겨 있었다.[2] 원본 프린트 리더의 윗부분에는 '공보처 검열제(公報處 檢閱濟)', 아래는 '연합국군최고사령부(SCAP/GHQ) 소속 민간검열지대(CCD)'의 직인이 찍혀있다.[3]

한국영상자료원이 운영하는 한국영화데이터베이스KMDb(kmdb.or.kr)에 의하면 이규환 감독의 연출작은 현재까지 총 20편으로 확인된다. 그 중, 일제강점기 작품이 8편, 해방에서 한국전쟁 이전까지 4편, 1953년 이후가 8편이며, 〈해연〉이 발견되기 이전까지 한국영상자료원에 필름 상태로 보존되어 있는 작품은 〈남사당〉(1974) 단 한 편이었다. 〈해연〉의 발굴은 일제강점기와 해방기에 활발하게 활동했던, 초기 한국영화사에서 중요한 위치를 점하는 이규환 감독의 영화 실물을 확인할 수 있다는 점에 있어 의의가 있다. 또한 1946년 8편, 1947년 14편, 1948년 21편 등 해방기[4]에 43여 편의 영화가 제작된 것으로 기록되어 있지만, 그간 최인규의 〈자유만세〉(1946)와 〈독립전야〉(1948), 안철영의 〈무궁화동산〉(1948) 등 세 편의 영화만이 보존되어 있는 상황에서, 〈해연〉의 발굴은 해방기 영화사를 보다 구체적으로 연구하는 데 있어 꼭 필요한 기초자료라는 점에서도 영화사적인 의의가 크다.

〈해연〉은 부산에 위치한 예술영화사 1호 작품으로 이철혁 기획, 이규환 연출, 이운룡 각본으로 제작되었으며, 그 외 스태프 진은 다음과 같다. 촬영 양세웅, 조명 김성춘·고해진, 작곡 정종길, 미술 김만형. 그리고 출연진은 김동규, 박학, 남미림, 조미령 등이다. 원래 감독으로는 〈아내의 윤리〉(1941), 〈우르러라 창공〉(1942)을 연출한 바 있는 김영화 감독이 내정되어 있었으나,

---

2 《연합뉴스》 2015.7.7. (www.yonhapnews.co.kr)

3 정종화, 「〈해연〉의 영화사적 가치」, 《영화천국》 44호, 2015, 52쪽.

4 해방기는 일반적으로 1945년 8월 15일 해방일부터 1948년 8월 15일 남한 단독정부 수립까지의 기간을 말하지만, 때로는 1950년 6·25 전쟁이 발발한 시기까지 넓게 설정하기도 한다. 이 글에서는 1945년 해방일부터 1948년까지를 해방기로 놓고 논의를 진행한다.

김영화가 1948년 정부 수립 후 공보처 공보국 초대 영화과장으로 임명되자 이규환 감독이 그 자리를 대신했다.[5]

이규환 감독이 메가폰을 잡게 된 〈해연〉은 1947년 말경 촬영을 시작하여 1년간 제작 기간을 거쳐, 1948년 10월경에 완성되었다.[6] 이후 영화는 문교부에서 추천영화로 인정되었고, 시사회가 1948년 11월 10일에 서울의 중앙극장에서 열렸다.[7] 정식 개봉은 1948년 11월 21일부터 중앙극장에서 이루어졌으며,[8] 11월 28일 〈대도시〉(이진, 1948)가 개봉되기 전까지 일주일 동안 상영되었다. 이후에는 2번관인 성남극장에서 12월 4일까지 일주일간 상영되었다.[9] 이후 12월 부산 부민관에서 상영 중 정부 당국에 압수되었으며, 12월 20일부터 계획된 인천 동방극장 상영은 취소되었다.[10] 이 영화는 미군정청 공보부에서 하던 검열업무를 대한민국 정부의 공보처 영화과가 맡게 된 1948년 10월에 검열에 통과되었다.[11] 공식적으로 〈해연〉의 상영금지 이유에 대한 기록은 아직까지 발견되지 않았다.[12]

---

5 《영화예술》 1948년 5월, 13쪽.

6 《경향신문》 1948.10.22. "약 1년간의 제작일수를 가지고 예술영화사가 제작 중이던 문예영화 〈해연〉은 드디어 완성을 보게 되었는바 이달 말경 초대 시사회를 가질 것이라 한다."; 《조선일보》 1948.1.12. "예술영화사는 신춘특장으로 이운룡 각본, 리규환 감독으로 〈해연〉을 촬영 중이라는데"

7 《경향신문》 1948.11.12. "예술영화작품 〈해연〉의 시사회는 10일 오전 10시에 중앙극장에서 열리었는데 문교부에서는 동 영화를 해방 후 최초의 우수한 작품으로 인정하고 추천영화로 인정하였다고 한다."

8 《경향신문》 1948.11.20일자 광고.

9 《경향신문》 1948.11.28일자 광고.

10 《조선일보》 1948.12.24. "영화 〈해연〉은 지난 20일부터 인천 동방극장에서 상영예정이였든바 동영화는 수일간 돌연 부산에서 상영 중 당국에게 압수되엿다는바 그 이유는 알 수 없으나 앞으로 일반에게 공개될는지 매우 흥미를 끌고 있다 한다."; 《서울신문》 1948.12.25. "[문화소식] 〈해연〉 부산서 압수"

11 정종화, 앞의 글, 52쪽.

12 《조선일보》 1961.2.19. "〈해연〉 상영 중단 이유는 일반에 공개되지 않았고 예술영화사도 후속 작품 없이 사라졌다."

박유희는, 영화 〈해연〉의 원작이 《조선일보》 신춘문예 입선작인 「해연」으로 《조선일보》에 1940년 1월 30일에서 2월 9일에 걸쳐 게재되었으며, 이야기는 이복남매 간의 사랑을 다루고 있다고 쓴다.[13] 박유희의 논문에서는 근친상간적 내용 때문에 부산에서 필름이 압수되고 상영 금지된 것으로 가설을 세우고 있지만,[14] 영화 발굴 이후 영화의 내용을 확인한 바, 두 명의 남녀배우들이 이복남매로 설정되어 있지 않기 때문에 위의 가설은 적용되지 않는다. 또한 조선일보 신춘문예 입선작 「해연」을 영화 〈해연〉의 원작으로 볼 근거도 희박하다. 많은 신문잡지 기사들이 〈해연〉의 시나리오 작가인 이운룡에 대해서만 기록하고 있으며, 원작에 대한 언급은 찾아보기 힘들다.[15]

〈해연〉이 정부에 의해 압수된 주된 이유로 영화인들의 월북과 관련지어 생각할 수 있다. 1946년 신탁통치를 둘러싸고 좌우갈등이 폭발하고, 1947년 7월에 제2차 미소공동위원회가 실패로 끝나며, 이어서 권력투쟁에서 이승만이 승기를 잡았다. 미군정과 우익세력은 남한 내의 좌익예술인들을 본격적으로 탄압하기 시작했다. 우익테러조직들의 좌익세력에 대한 무자비한 테러와 좌익의 투쟁이 나라 곳곳에서 일어나며 일대 갈등상황이 펼쳐졌다. 게다가 1948년 남한 단독으로 대한민국 정부를 수립하는 등 정국의 여파가 영화인들에게 작용하고 있었다.

이 시기에 즈음하여 영화인들의 월북이 대대적으로 이어졌다.[16] 〈해연〉의 주연배우 박학과 조연으로 출연한 유경애도 1948년 8월경 월북해, 북한 사

---

13 박유희, 「'문예영화'의 함의」, 『영화연구』 44호, 한국영화학회, 2010, 129쪽.
14 위의 논문, 130쪽.
15 《예술영화》 1948년 5월호, 15쪽에 "이운룡이 「씨나리오 〈해연〉 탈고 후기」를 쓰는데, 그는 예술영화사의 청탁을 받아 시나리오를 쓰게 되었다"고 기록한다. 《조선일보》 1948.1.12일자, 1948.10.23일자 등 원작 관련 기사에는 각본가 이운룡에 대해서만 기록되어 있다.
16 영화사가 이영일에 의하면, 강흥식, 주인규, 추적양, 추민, 문예봉, 김연실, 이규호, 강호, 윤용규 등 영화계 주요 인사들이 1947~1948년 사이에 월북했다. 한국예술연구소, 『이영일의 한국영화사 강의록』, 소도, 2002, 60쪽.

회주의정권의 첫 번째 극영화 〈내 고향〉(1949)에 출연했다.[17] 〈내 고향〉에서 지주의 아들 역을 맡은 박학은 〈용광로〉, 〈정찰병〉 등 북한영화에서 연속해서 주인공으로 활약하며 북한을 대표하는 배우가 되었고, 1960년대부터는 감독으로 활약했다. 그는 김일성의 혁명영화로 손꼽히는 〈꽃파는 처녀〉(1972)를 연출하여 체코 카를로비바리영화제에서 특별상을 받았다. 유경애는 1985년 인민배우 칭호를 받았으며, 1980년대 이후에는 성우로 변신했는데, 김일성에게 진상하는 소설의 녹음을 전담할 정도로 활발하게 활동했다.[18] 〈해연〉을 통해 영화배우로 데뷔하여 1950년대 최고의 여배우로 활약한 조미령은 영화 발굴 관련 인터뷰에서 다음과 같이 증언한다. "〈해연〉에 나오는 배우들 대부분 연극배우 출신이에요. 그분들은 모두 이북으로 가셨고 나 혼자 남았죠."[19] 위와 같은 몇 가지 사실을 종합해 볼 때, 〈해연〉이 정부의 상영허가를 받고 호의적인 평을 받으며 상영 중임에도 불구하고 상영금지가 된 이유는 주연배우를 비롯하여 제작진 가운데 복수의 사람들이 월북한 사실 때문인 것으로 추정할 수 있다.

　〈해연〉은 35mm 발성영화이며, 개봉 당시 '순문예영화'라고 지칭되었다.[20] 영화는 조선 최초로 오리지널 음악을 사용하였으며,[21] 영화음악에 심포니와 백여 명의 합창단을 동원했다.[22] 부산 소재의 예술영화사가 제작했고, 프로듀서는 이철혁이다. 그는 이 영화를 통해 만난 조미령과 결혼했다. 이규환의 생전 기록에 의하면, 세트 촬영은 동래온천 한 마을의 주민시설에서 진행되었다.[23] 촬영기사는 이규환과 〈새출발〉(1939)에서 함께 작업했던 양세웅으

17　장용훈, 「북한영화 이야기: 해방 이후 최초의 예술영화 〈내 고향〉」, 《통일한국》 17호, 평화문제연구소, 1999, 90쪽.

18　위의 글, 91쪽.

19　《연합뉴스》 2015.7.7.

20　《조선일보》 1948.12.23.

21　《경향신문》 1948.11.25.

22　《조선일보》 1948.12.24.

로, 그는 광복 이후 이규환의 작품 4편을 모두 촬영했다. 영화음악은 작곡가 정종길이 맡았다. 극작가이자 예술평론가 박용구는 "〈해연〉의 영화음악은 확실히 조선 영화음악 일기(一紀)의 원(元)을 그어놓았다. 그것은 조선 최초로 영화를 위한 오리지널 음악을 썼다는 의미만으로서는 아니다. …… 이 영화를 해방 전후 작품 중에서 가장 좋게 보는 이유는 작품이 성실한 점과 아울러 음악이 영화를 살린 조선 최초의 작품인 탓이다"라고 쓴다.[24] 박용구는 이에 더해, "화면의 템포와 음악의 템포가 융합된" 작품으로 칭찬한다. 작곡가 정종길은 서울교향관현악단의 연주와 신향합창단, 한성중학합창단 등 100여 명의 합창을 녹음했는데,[25] 이는 이전은 물론이고 이후인 1950년대 한국영화에서도 보기 드문 영화음악이다.

2. 해방공간과 '조선영화론'

1945년 해방은 일제강점기 36년 동안 묵은 한이 분출되는 사건이었다. 하지만 한반도 전체의 환희와 기쁨도 잠시, 1946년과 1947년에 걸쳐 좌우세력의 갈등이 점점 정점으로 치닫고 있었으며, 1948년 대한민국 정부 수립을 전후로 하여 우익세력이 독점적 지위를 선취하게 되었다. 이 사건으로 인해 한쪽이 다른 한쪽을 억압하고 봉쇄하고자 "욕망과 폭력의 제도화"[26]가 본격화된다. 이제 한반도는 분열에서 분단으로 고착화되어가는 길로 치닫게 되었다. 민족적 한은 개인과 집단의 욕망과 투쟁의 소용돌이가 집어삼켰다.[27]

---

23 정종화, 앞의 글, 51쪽.
24 《경향신문》 1948.11.25.
25 정종화, 앞의 글, 51쪽.
26 강준만, 『한국 현대사 산책—1940년대편』 1권, 인물과사상사, 2006, 15쪽.
27 위의 책, 15쪽.

해방기 사회상을 살펴보면, 전 분야에 걸쳐 도둑질이 성행했음을 알 수 있다. 오기영은 "해방 후 수도 없이 늘었거니와 절도 방식은 장족의 진보를 하여서 미국영화에 무슨 탐정극이나 보는 것처럼 스릴을 느낄 정도의 대담한 절도가 부쩍 늘었다"[28]라고 증언한다. 리영희는 이 시기에 대해, "일체의 도덕과 윤리와 행동규범이 무시되고, 간교와 뻔뻔스러움과 탐욕과 냉혈이 그 자리를 차지했을 때이다. 그것은 무법천지였다"[29]라고 쓴다. 무법천지처럼 모든 것이 틀을 갖추기 이전, 국가의 상실을 이미 경험한 바 있던 개인들은 공동체 규범에 대한 자각보다는 생존을 위해 일단은 차지하고 봐야한다는 경험적 가치를 거리낌 없이 드러내었다.

영화계에서는 혼돈의 카오스를 헤쳐 나가려는 해방기에 영화가 해야 하는 역할을 둘러싼 토론이 지식인들 사이에서 본격적으로 전개되었다. 이재명은 1946년도에 발표한 글에서,[30] "금후는 조선영화의 기본성격이 있는 곳을 구명하고 조선적인 영화를 체계있게 제작해 가는 곳에 영화에 의한 민족문화 건설의 길"이 있으며, "자유롭게 조선적인 특색을 발휘시켜 갈 수 있다는데 제작에 대한 정열을 올릴 시대"라고 쓴다. 그는 이어서 "이 땅의 자연 그 전통, 약한 자를 동정하는 아름다운 휴맨이즘을 살려서 템포가 완만한 소품적인 서정의 양심적 작품을 만드는데 조선영화의 특수한 성격을 발견해야 할 것이다"라고 마무리 짓는다. 즉, 조선영화는 미국영화처럼 거대한 스케일의 영화나 프랑스영화처럼 지적 작품을 만들겠다는 야심을 접고, 작은 서정적인 영화를 만드는 것이 당시 우리의 실정에 알맞다는 주장이다.

'민족문화 건설', '조선적 특색', '휴맨이즘을 살린 소품적인 서정의 양심적

---

28 오기영, 『진짜 무궁화: 해방경성의 풍자와 기개』, 성균관대학교출판부, 2002, 48쪽, 강준만, 『한국 현대사 산책-1940년대편』 2권, 인물과사상사, 2006, 139쪽에서 재인용.
29 리영희, 『역정: 나의 청년시대』, 창작과비평사, 1988, 112쪽, 강준만, 위의 책, 325쪽에서 재인용.
30 이재명, 「영화조선의 새로운 지평. [제작] 조선영화의 기본방향」, 《경향신문》 1946.10.31.

작품' 등의 표현이 도출되는 데에는 해방기 영화계에 커다란 파장을 불러온 미국의 중앙영화배급소(CMPE: Central Motion Picture Exchange, 이하 '중배')의 설립과 관련이 있다. 1946년 4월에 미국영화를 조선에 독점배급하는 중배는 할리우드 9개 메이저회사가 연합한 카르텔 형식의 기관이다. 조선에 설립된 중배는 영화를 수입하는 기관일 뿐 아니라 "1946년 이후부터 강화된 미국의 점령지에 대한 문화정책을 실현하는 거점으로서의 역할을 수행했다."[31]

조선영화인들이 중배를 바라보는 시선은 초기에는 할리우드 최첨단 영화가 조선영화의 발전을 위해 훌륭한 본보기가 될 것이라고 기대한 것이었다. 하지만 점차 중배 영화가 한정된 조선극장에서 상영일수를 늘리는 방향으로 정책이 진행되자,[32] 조선영화 상영이 점점 어려워지고 이에 따라 조선영화인들의 입지가 취약해지니 이에 대한 불만의 목소리가 터져 나오기 시작한다.

김정혁은 이에 대해 다음과 같이 쓴다. "중배가 끼치는바 세 가지 중요한 민족적 관심사란 첫째로 …… 3개월 단위제 계약에 5푸로를 제공하되 52일간 상영을 즉 3개월 전일정의 60%를 요구한다는 것은 결국 '너이들은 구경만 하여라. 너이 손으로 되는 연극이나 음악, 영화는 내 알바 아니다'라는 말이 된다."[33] 이처럼 조선영화 발전을 모색할 출구를 찾기 어려운 상황에 놓인 조선영화인들은 미국영화의 오락성과 상업성, 그리고 부르주아적 낙관주의에 대해 비판적인 시각을 형성하고, 조선영화는 이에 대한 대안으로서 생존

---

31 한영현, 「해방기 '아메리카 영화론'과 탈식민 문화 기획」, 『대중서사연구』 19권 2호, 대중서사학회, 2013, 590쪽.

32 "중앙영화배급사는 …… 지난 29일부터 서울극장, 수도극장, 국제극장을 순차로 개별적으로 불러 다음과 같은 고압적이고 일방적인 계약조건을 제시하며 이에 순응하기를 강요했다. 이 계약조건을 보면 90일간에 52일간은 반듯이 중앙배급사에서 마음대로 내어주는 미국영화를 상연하여야 한다는 바 …… 조선의 극장은 조선의 문화를 위하야 사용될 기간이 매우 제한될 것으로 참으로 조선 극장문화에 중대한 악영향을 줄 것으로 추측된다." 「조선극장문화 위협하는 중앙영화사의 배급 조건」, 《경향신문》 1947.2.2.

33 김정혁, 「가혹한 '중배'의 투석 / 백년 치욕되지 않기를」, 《경향신문》 1947.2.6.

의 길을 개척해야 한다는 점에 대체적으로 의견을 모은다. 이로써 조선영화는 '아메리카니즘'에 대한 대척점에서 '민족예술'과 '민족문화'의 구체적인 내용과 특징을 고민하기 시작했다.[34]

안석주는 '민족영화 수립'에 대한 여러 글에서 영화의 국가적 사명을 줄기차게 주장해왔으며, 1948년부터 '고유한 민족성을 발현하는 로칼'에 대한 담론을 펼쳐나갔다.[35] 그는 당시 체코슬로바키아 영화에서 감명을 받고서 "그 영화에 나타난 민족성이 그 나라의 그 민족의 영화의 성격이 아닐 수 없다"라고 쓴 후, "그 민족의 영화의 문화적인 일면에 뚜렷할 때 그 영화가 국제성을 갖는 것이요, 그 문화성이란 그 민족성을 기조로 한 것"이어야 한다는 주장을 덧붙인다.[36] 이후 그는 다른 글에서, 미국영화의 범람, 제작 기계의 부족, 자본 부족이 조선영화가 위기에 봉착한 원인이지만, 계몽선전을 위한 문화적 의미로서 영화를 보다 뜻있게 발전시켜야 한다고 주장하면서, 조선영화가 나아가야 할 길을 분명하게 밝힌다. 그것은 "건국 도중에 잇는 조선영화는 이 나라의 전통 풍속을 토대로 한 계몽예술이어야"[37]한다는 것이다.

이서향은 1948년에 발표한 글에서, 지식인들이 조선영화를 멸시하는 현상은 우리 영화문화의 향상을 위한 것이 아니라고 지적하며, "빈약한 우리 영화를 앞에 놓고 그 속에 있어서 우리 영화문화의 새싹을 찾으며 이것을 복도

---

34 한영현, 앞의 논문, 597쪽.

35 한국영화의 '로칼 담론'은 1930년대 중후반, 한국영화계가 절멸 상황에서 위기에 대처하고 판로를 개척하기 위해 조선의 민족적 색채를 담은 영화의 필요성을 주장하면서 전개되었다. 특히 영화 〈나그네〉(이규환, 1937)의 일본 수출 즈음에 진행된 논쟁에서 로칼칼라 담론이 수면 위로 떠올랐다. 이에 대해서는 강성률, 「1930년대 로칼칼라 담론 연구」, 『영화연구』 33호, 한국영화학회, 2007, 239~262쪽 참조.
    1930년대 로칼 담론뿐만 아니라 1990년대 초 〈서편제〉(임권택, 1993)의 성공 시기에 전개된 대중문화의 '신토불이 담론' 사례에서처럼 역사적으로 한국영화가 위기에 놓이고 활로를 개척해야 하는 시기에 '로컬리즘'에 대한 논의가 확산되었다.

36 안석주, 「[학예] 영화의 성격과 민족성(하)」, 《조선일보》 1948.1.14.

37 안석주, 「[문화] 국산영화의 위기 / 긴급한 대책을 강구하라」, 《서울신문》 1948.4.23.

뒤 가자는 정열과 노력과 희망을 가지는" 것이 현재 중요한 일이라고 강조한다.[38] 또한 이태우는 1948년에 쓴 글에서 "해방 후 조선영화는 확실히 후퇴되엇다"라고 탄식한다.[39] 그는 해방 후 위안에 굶주린 대중이 조선영화를 상영하는 극장으로 물밀 듯이 몰리고 저열한 영화도 흥행이 되는 상황에서 제작자는 반성하지 않고 저급한 영화를 생산하고 있음을 꼬집는다. 그리하여 저속한 상업주의를 일축하며, 선전영화나 권력에 아부하는 편승주의 등 사이비예술행동을 중지하고, "참된 민족문화 건설의 일익으로서의 영화예술의 향상이 있기 바란다"라고 결론짓는다.

위에서 보듯이, 비평가들이 조선영화의 전망을 그리는 글에서 공통적으로 드러나는 것은, 조선영화는 '민족문화를 담은 계몽영화'이어야 한다는 점이다. 하지만 해방기에 만들어진 영화들은 대개 이와 같은 영화인들의 염원을 담지 못한 것으로 보인다. 예를 들어, 〈똘똘이의 모험〉(이규환, 1946)이 1946년 9월 7일 국제극장에서 개봉하여 극장이 장사진을 이룰 정도로 공전의 대히트를 치지만,[40] 당시 평문들은 하나같이 이 작품을 강하게 비판한다.[41] "1947년에 접어들면 제작상황의 악화로 16mm 무성영화가 다시 출현하는 등 퇴행현상을 보이기도 하며,"[42] 진보계열의 영화제작이 급속하게 자리를 감춘 것과 함께 이 시기에는 그다지 주목할 만한 작품이 없었다. 1947년 조선영화계의 한 해를 정리하는 한 신문기사에서는 "다작으로의 일년의 수확은 결코 조선

---

38 이서향, 「영화의 기만적 감상」, 《예술영화》 1948년 5월호, 12쪽.
39 이태우, 「[영화] 사이비예술행동」, 《경향신문》 1948.8.8.
40 호현찬, 『한국영화 100년』, 문학사상사, 2000, 84쪽.
41 한국영상자료원, 『한국영화의 풍경 1945-1959』, 문학사상사, 2003, 21쪽; 「[영화평] 똘똘이의 모험」, 《자유신문》 1946.9.8. "소재의 개념적 소화와 더부러 주제의 초점이 희박하게된 것이 전체적 흠이 되어잇다. …… 인물들의 성격 묘사 충분은 고사하고 악당들이 소년을 필요이상으로 시ㅇ하는 불쾌한 취급은 치명적 파탄이 되고말엇다. 건설적인 조선영화는 치밀한 설계 아래 제작되어야 한다." (본문 중 "ㅇ" 표시는 판독 불가. 이하 서술에서 나타나는 'ㅇ' 표기도 동일함)
42 한국영상자료원, 위의 책, 26쪽.

영화의 명예의 세대일 수가 없다"라고 쓴다.[43][44]

〈해연〉의 제작자 이철혁은 〈해연〉을 특집기사로 다룬 잡지 《영화예술》에 "제작활동의 침체 속에서도 영화의 건설을 지향하는 영화인의 적극적인 활동이 전개되었으니 우리는 〈자유만세〉로부터 4, 5편의 극영화를 가질 수 있었다. …… 그러나 그 태반이 저속한 아유(阿諛)의 범○○과 예술적 의욕의 고갈과 성실한 제작정신의 결여가 너무나 ○○하였으며 독립○○○상에 조선영화인은 정치에 불감증은 물론 예술에도 불감증이라는 평언이 있었음을 우리들 영화인이 다같이 깊이 반성치 않으면 안 될 것이다"라고 쓴다.[45] 그는 이와 같은 진단과 함께 "새로운 진정한 영화예술을 창조"하기 위해 〈해연〉을 제작하기로 결정했다고 한다.

이규환은 〈해연〉 연출기에서, "용소슴 치는 정열을 부둥켜안고 착수한 작품이 〈똘똘이의 모험〉과 〈민족의 새벽〉 그리고 이어서 완성한 것이 〈그들의 행복〉이였으나 말하자면 불휴의 연발인 셈이다"라고 고백한다.[46] 김성민 역시 1947년 영화계를 회고하며, "영화예술은 해방 후 저조하였던 모든 예술부문 가운데 있어서 가장 저조한 거름을 걸어왔다고 말할 수 있는 것이다"라고 자조 어리게 쓴다.[47] 그는 덧붙여 "〈민족의 새벽〉에 이르러서는 조선영화의 발전이다 하는 것을 의심케하였다"고 쓰며, 이 영화에 대해 기자재, 촬영조건, 각본가, 연기자의 자질 등 총체적으로 문제가 있는 작품으로 진단한다.

해방 이후 영화인들에게 '조선'영화의 방향타를 세우고 재건하는 것이 코앞

---

43 《경향신문》 1948.1.1.
44 《조선중앙일보》 1947년 10월 24일자에서 "생활난은 심각하건만 흥행계의 경기는 번영일로"라고 기사화하듯이, 해방기에 물가는 뛰고 민생문제는 극에 달할 만큼 심각했지만 극장 경기는 활황이어서, 당시 영화는 공급이 수요를 따라갈 수 없을 지경이었다. 이 시기 영화의 만듦새와 흥행은 별개의 문제였다고 볼 수 있다.
45 이철혁, 「영화 〈해연〉을 제작하며」, 《예술영화》 1948년 5월호, 13쪽.
46 이규환, 「영화 〈해연〉 연출전기」, 《예술영화》 1948년 5월호, 16쪽.
47 김성민, 「영화 1년」, 《예술조선》 2호, 1948년 2월.

에 놓인 과제였고, 그들은 정부 수립 등 달라진 정치 환경에서 서정적인 민족적 계몽영화를 제작하는 일에 매진하고자 했다. 〈해연〉은 이와 같은 요구가 형성되었던 담론 상황에서 만들어진 영화다. 영화는 1947년 말에 촬영에 돌입하여 1948년 11월에 개봉하였는데, 당시 신문기사는 이 영화에 '순문예영화'라는 수식어를 붙인다.[48] 이 시기 '문예영화'라는 단어는 "작품의 수준을 보증한다는 홍보성 용어로 통용되곤 하며 일시적 소비재로 간주되는 대중오락이 아닌 '예술로서의 작품성을 지닌 영화'를 가리킨다.[49] 즉 '문예영화 〈해연〉'이라는 표현에서 '문예영화'는 아직 문예영화에 대한 범주가 뚜렷하게 세워지기 전에 통용되는 일종의 광고문구로서 이해해야 할 것이다. 이때 '문예영화'라는 수식어는 원작이나 예술성 문제라기보다는 '민족문화를 담은 계몽영화'에 대한 영화인들의 기대심리를 반영하는 것으로 보인다.

당시 〈해연〉에 대한 신문기사의 영화평을 살펴보면, "씨나리오가 가지고 있는 '흐름'에 있어 도저히 이해할 수 없는 무리를 자아낸 곳이 여러군데다"라고 운을 떼며, 문제점을 하나씩 따진다. "첫째 이 작품의 주인공 격인 철수와 정애를 통한 지성적인 현대인의 묘사가 너무도 피상적"이며, "극적 전개에 있어 그 대사와 행동이 현실적으로 수긍할 수 없는 장면을 보여준다"라고 쓴다. 이어서 "둘째로는 어린이들의 세계가 너무도 비심리적이어서 관객의 심금을 울릴만한 시츄에-숀을 가지고 있음에도 불구하고 오히려 관객으로 하여금 눈물을 강요케 하고만 결과를 갖어왔다"라고 지적한다. 마지막으로 "라스트 씬에 있어 철수와 정애의 이별 장면을 완전히 해피-엔드로 돌려버린 감독의 무책임을 지적하는바다"라고 기술함으로써 신문기사는 〈해연〉을 여전히 고질적인 문제를 가지고 있는 영화로 평가한다.[50] 위 글은 〈해연〉을 시나리오, 캐릭터 묘사, 대사와 행동, 신파성, 연출의 문제 등 전반적으로 문

---

48 《서울신문》 1948.10.23; 《조선일보》 1948.10.23.
49 박유희, 앞의 논문, 129쪽.
50 「[영화평] 〈해연〉을 보고」, 《동아일보》 1948.11.16.

제가 있는 작품으로 보고있다.

박용구는 영화음악 측면에서 〈해연〉을 평하는 글에서, "문외한인 나로서 영화 〈해연〉에 대해서는 불만이 많다"[51]라고 씀으로써 영화의 작품성을 그리 높이 보고 있지 않음을 간접적으로 시사한다. 하지만 글의 뒷부분에서는 "해방전후 작품 중에서 가장 좋게 보는 이유는 작품이 성실한 점과 아울러 음악이 영화를 살린 조선 최초의 작품인 탓이다"라고 쓰며, 화면과 음악의 템포가 잘 융합되고 있음을 지적한다. 그는 〈해연〉이 영화음악 면에서 조선영화를 일취월장 끌어올린 기여도를 감안하여 영화를 다시 좋게 평가한다.

제작자 이철혁은 〈해연〉이 상영되고 있는 와중에 다음과 같이 쓴다. "일제의 질곡을 난탈한지 이미 4년을 경과하였건만 영화계는 아즉도 새로운 아모런 진전과 성과를 보지 못한채 극도의 침체와 조락속에서 준ㅇ과 고ㅇ을 경험하고 있으며 …… 대개가 비위한 영합적 태도와 안이한 기만적 태도로 영화를 일종의 모리ㅇ하야 제작한 시대역행적 ㅇ세기적 작품들이며, 호ㅇ스러운 외ㅇ적인 ㅇ보다도 양심적인 소수의 작품이 요망된다."[52]

한창 영화가 상영 중인데 이철혁이 제작자로서 위와 같은 자조어린 글을 발표한 것으로 보아 당시 〈해연〉에 대한 평가가 그다지 호의적이지 않았음을 추측할 수 있다. 이철혁은 제작 설비와 자본, 그리고 미국영화 장악의 외부적 요인으로 인해 조선영화가 여전히 침체 상황을 벗어나지 못하고 있다고 주장한다. 하지만 마지막에, 미국보다 영화 기자재나 자본이 불충분한 유럽의 많은 영화들이 우수한 영화를 제작하는 현실을 보아 우리영화도 새로운 길을 개척할 수 있다는 희망으로 글을 마무리한다. 그리고 위 글이 발표된 다음날 〈해연〉은 상영이 금지되는 불운을 겪었다.

---

51 박용구, 「[영화] 영화음악의 일기원, 〈해연〉을 보고」, 『경향신문』 1948.11.25.
52 이철혁, 「[문화] 영화계 회고. 개성 창의없는 침체기의 영화」, 《조선일보》 1948.12.23.

3. 〈해연〉의 멜로드라마적 정치성, 국가 알레고리로서의 서사

해방 후 새로운 단계로 접어들면서 조선영화는 '민족적 정체성의 스크린 구현'이라는 문제를 중요하게 사고하고 있었다. 해방기 민족영화운동이 적극적으로 일어나는데, 이는 "조선영화인들이 통일된 민족국가 수립을 위하여 영화로 무엇을 할 것인가를 고민하여 실천에 옮긴 것"[53]으로 해방기의 영화운동 조직 결성으로 구체적으로 드러난다.[54] 이와 함께 해방기를 관통하는 국가 이데올로기가 영화를 통해 실천적으로 확산되었다.

'민족문화를 담은 계몽영화'로 기획된 〈해연〉에서 '민족문화'는 향토적인 생활을 사실주의적으로 그려내는 데에서 구체화되며, '계몽성'은 멜로드라마의 틀 안에서 도덕적 가치의 승리를 보여주는 서사 전개 방식으로써 드러난다. 범람하는 미국영화를 오락영화라고 규정하고, 앞서 안석주가 "건국 도중에 잇는 조선영화는 이 나라의 전통 풍속을 토대로 한 계몽예술이어야" 한다고 주장하는 데서 보듯이, 당시 영화인들 사이에서 조선영화 제작의 방향은 명확하다. 다시 말해, 〈해연〉은 해방기 활발하게 개진되던 조선영화의 방향에 맞추어서 제작된 작품이다.

영화의 공간은 도시가 아닌 향수어린 바닷가를 주요 배경으로 하며, 또한 사건이 해방기의 혼란스러운 시대상을 반영하여 '조선의 현실'을 드러내고 있다. 영화가 전개되는 동안 계속해서 건전성과 도덕성이라는 우월한 가치를 강조함으로써, 건국의 이상을 알리고 민족의 화합을 끌어내려는 교훈적인 메시지로 결론을 맺는 것은 영화가 수행해야 할 시대적 사명이 무엇인지를 명

---

53 한상언, 「해방기 영화운동과 조선영화협단」, 『영화연구』 43호, 한국영화학회, 2010, 405쪽.
54 해방기 영화운동 조직들인 '조선영화건설본부', '조선영화산업노동조합', '조선영화동맹', '조선영화협단' 등의 설립과 소멸에 대해서는, 한상언, 위의 논문, 405~425쪽 참조.

확하게 보여준다. 〈해연〉의 공간적 배경은 부산이며 바닷가 근처에 세워진 소년원이다. 주요 등장인물은 다섯 명으로, 소년원에서 근무하는 여교사 윤정애(남미림), 그녀의 연인 철수(박학), 남자교사 박선생(김동규), 정애의 동생 윤정숙(조미령), 소년원생 수길 등이다. 줄거리는 다음과 같다.

윤정애는 모리배 짓을 일삼는 연인 철수에게 실망한 채 감화원의 교사로 자원해 떠난다. 바닷가 근처 감화원에서 그녀는 자신을 짝사랑하는 박선생과 함께 애정에 굶주린 말썽쟁이 소년들을 성심껏 보살핀다. 그들 중 수길은 "계속 말썽을 피우면 소년원에 보내겠다"는 박선생의 으름장에도 꿈쩍않는 특히 반항적인 아이다.

어느 날, 정애의 동생 정숙이 계모의 구박을 피해 언니를 찾아오고, 수길은 정숙을 헤어진 누나처럼 생각하며 그녀를 따른다. 정숙 역시 계모 때문에 가출해 불량소년이 된 수길의 사연을 듣고 수길을 친동생처럼 보살핀다. 수길은 모범생이 되어 정숙과 서울로 공부하러 갈 꿈꾸지만, 동생과 수길 사이의 미묘한 감정을 눈치 챈 정애는 수길만 편애하는 것은 다른 소년들에게 상처가 된다며 정숙을 나무란다.

마침 정애의 옛 연인인 철수가 찾아와 함께 서울로 돌아 갈 것을 권하나, 정애는 도리어 철수의 현재의 떳떳하지 않은 삶을 청산하라고 설득한다. 결국 정애의 말을 수긍한 철수는 변화를 약속하며 서울로 떠나고, 정애의 충고에 책임을 느낀 정숙 역시 철수와 같은 배를 탄다. 뒤늦게 수길이 정숙을 쫓지만 배는 이미 떠난 후다. 뒤따라온 정애가 수길을 다독이며, 철수와 정숙을 태우고 떠나는 배를 향해 함께 손을 흔든다.

미국의 영화학자 토마스 샤츠(Thomas Shatz)는 멜로드라마에 대해 "친사회적인 속임수의 형식으로 간주할 것인지, 아니면 이데올로기에 대한 진정한 비판으로 간주할 것인지 하는 것은 우리 자신의 태도, 선입견, 기대 등에 달려 있다. 의심할 여지없이 멜로드라마 영화 대다수는 문화적 현상 유지에 대한 명백한 찬미로서 설계됐다"[55]라고 주장한다. 그에 따르면, 멜로드라마는 주류 이데올로기에 안정적으로 편승하지만, 동시에 비판적인 입장을 취하기도 한다. 해석의 모호성을 향해 열린 멜로드라마는 도피주의적으로 보이지만, 때로는 텍스트 심층에 전복성을 내재한다. 어느 입장이든지 간에 멜로드라마는 현 사회 및 변화에 대한 대중적 열망을 반영하는 안정적인 틀이다.

영화제작 토대가 매우 척박했던 해방기 조선영화에서 멜로드라마는 주류적 양식이 되었다. 조선의 멜로드라마 개념은 대중에게 '근대성'과의 관계에서 이해되었다. 즉 멜로드라마는 외국의 문화나 사상을 대중적으로 전파하고 경험하는 주요한 도구였다. 특히 해방기 멜로드라마는 특수한 사회정치적 하위 텍스트 안에서 매개되었는데, 그 어느 때보다도 사회적 현실과 관련하여 내용 및 기능을 획득하는 실천적인 형식이다. 다시 말해, 이 시기 멜로드라마는 해방기의 사회변화 과정을 이해하는 구성물이다. 인도의 문화학자 마다바 프라사드(Madhava Prasad)는 "멜로드라마는 엄격한 미학적 정의 너머에 있는 고정되지 않은 자율적인 범주이지만 정치, 경제와 같은 사회구성의 다른 실체와 연관된 문화적 장으로서 기호화될 수 있는" 범주라고 설명한다.[56] 이에 따르면, 해방기 멜로드라마는 사회현실의 심층을 조명하는 문화양식으로서 적극적으로 읽어낼 수 있다. 멜로드라마는 대중 집단의 감수성을 형성하는 문화 형식이며, 집단적 정체성이 생산되는 문화적 장소로 기능하기 때문이다.

해방기는 국내의 극심한 좌우대립과 세계 냉전 구도 속에서 새로운 국가를 세우고, 국민을 대상으로 한 설득 작업으로 화합을 이루며 재출발해야 하는 상황이었다. 영화는 대중에게 선전 계몽의 도구로서 직접적으로 영향을 미치

55 토마스 샤츠, 한창호·허문영 역, 『할리우드 장르의 구조』, 한나래, 1995, 378쪽.
56 Madhava Prasad, "Melodramatic Politics", *Inter-Asia Cultural Studies*, Vol.2, No.3, 2001, pp.459~460, 박자영, 「좌익영화의 멜로드라마 정치-1930년대 상하이 대중문화 형질」, 『중국현대문학』 33호, 한국중국현대문학학회, 2005, 201쪽에서 재인용.

는 최선의 매개체였으며, 멜로드라마는 국가 주도의 내셔널 정체성 형성에 있어 대중적인 합의를 이루어낼 수 있는 유효한 문화 형식이었다. 남한의 단독정부 수립 시기에 즈음하여 만들어진 〈해연〉에는 이 시기 사회적 고민과 요구가 자연스럽게 담긴다. 해방기 조선영화론, 즉 '민족문화를 담은 계몽영화'로서의 멜로드라마 〈해연〉의 드라마 구조는 조선적 내셔널 정체성 개념이 담긴 이데올로기 경향을 지닌다. 영화는 내셔널리즘 프로젝트와 접속하고, 새로운 내셔널 정체성과 사회의 다양한 위협들을 포섭하기 위해 기능한다.

영화에는 유사 가족이 구성되고, 선악의 이분법에 근거하여 서사가 전개된다. 여러 가지 유형의 로맨스는 내셔널 정체성에 대한 은유로 기능하며, 결말은 내셔널리즘을 향한다. 영화에는 두 개의 인물쌍이 등장한다. 윤정애와 철수, 그리고 윤정숙과 수길이다. 정애와 철수는 해방전부터 연인 관계이며, 정숙과 수길은 감화원에서 만난 유사 누이-동생 관계다. 영화 오프닝 장면은 정애가 철수에게 문제점을 지적하며 파혼을 선언하는 대사로 이루어져 있다.

정애: 철수씨가 좋아하는 한 세계에서 살 수는 없어요.

철수: 세계가 달라요?

정애: 저는 결혼식을 얼마나 기대했는지 모릅니다. 해방 후 모든 젊은이들은 급속도로 발전하고 있는데, 철수씨는 왜 그렇게 타락하고 있습니까?

철수: 타락?

정애: 물론이죠. 새 역사를 빛나게 해야 할 젊은이가 어찌 모리배란 말을 들어야겠어요?

철수: 허나 그것도 정애씨와의 결혼생활을 위해서요. 정애씨는 비웃을지 모르나 저의 정애씨에 대한 애정이 그만큼 깊었다고 할까.

정애: 우리 두 사람의 안일한 생활을 위해서 어찌 민중에게 폐 끼치는 행동을 해야겠어요? 철수씨가 해방 후에 벌었다는 몇 천만 원은 누구에게서 나온 건지 아십니까? 건국에 협력은 못할지언정 방해는 하지 말아야죠.

리영희는 해방 후의 혼란스러운 시대상에 대해서 다음과 같이 증언한다. "세태는 날로 더 혼란해지고, 사람과 사람의 관계는 악마적인 상태가 되어 갔다. 각종 권력의 중심부와 주변에 기생하는 자들은 일본인이 남기고 간 나라의 부를 서로 찢어 나누어 먹고 있었고, 헐벗고 굶주린 조무래기들은 서로 속이고 뺏는 것으로 그날그날의 생존을 이어갔다. …… 가장 교활하고 파렴치한 자만이 '정글의 법칙'대로 적자생존의 명예를 누릴 수 있었다."[57] 정애가 철수를 꾸짖는 정확한 사건적 배경이 영화에서 구체적으로 표현되지는 않지만, 당시 시대상에 대한 증언을 참조하면 정애는 '완전한 무질서', '아사리판'이 된 해방 공간에서 부를 차지하기 위해 모리배짓을 하는 애인 철수를 비난하는 것이며, 그녀는 철수에게 '건국에 협력할 것'을 재차 강조한다.

[사진 1] 정애   [사진 2] 철수

[사진 1]과 [사진 2]의 정애와 철수의 원쇼트 병렬편집은 서로 각기 다른 처지와 가치관의 대립을 보여준다.

가장 빠르고 쉽게 대중에게 전파되는 매체인 영화를 통해 해방기를 관통하는 국가 이데올로기가 확산되는 것은 자연스러운 일이다. 캐서린 러셀(Catherine Russell)은 무성영화 시대에 신여성의 재현이 함의하는 사회반영성

---

57 리영희, 앞의 책, 19쪽, 강준만, 『한국 현대사 산책-1940년대편』 2권, 2006, 38쪽에서 재인용.

과 대중의 욕망을 읽어내는 작업에서 "영화는 내셔널적인 감정을 강화하고 근대화의 과정을 안정적으로 포함하는 작업을 한다"[58]고 주장한다. 해방기 조선의 멜로드라마는 특수한 사회정치적 맥락을 매개하며 내셔널 정체성 개념을 전달하는 경향을 지닌다. 〈해연〉에서 정애와 철수의 긴장 관계는 해방기 혼란의 와중에 '국가건설'이라는 절체절명의 과제를 받아들여야 하는 청년들의 처지를 반영한다.

영화산업은 '새로운 조선'을 만드는 미션에 동참하는 시기에 놓여 있었고, 조선에서 새롭게 만들어질 국가 형태는 '민주' 국가였다. 〈임자 없는 나룻배〉(1932)와 〈나그네〉(1937)로 조선영화를 대표하는 감독이 되었지만, 〈군용열차〉(1937)에 시나리오 작가로 참여하면서 '친일'을 둘러싸고 이데올로기적 혼돈 양상을 보여주었던 이규환 감독에게는 군국주의 영화제작 참여라는 과거의 흔적을 지우고 새로운 문화를 만들어내는 일에 동참할 필요가 있었다. 이에 1948년 남한 정부 수립을 둘러싸고 전개된 정치적 변화에 기민하게 대응하는 모습이 나타난다.

정애와 철수의 대화 장면은 부르주아의 나쁜 도덕심을 꼬집으며, 자본주의와 근대화의 불협화음에 대해 경고한다. 요시모토 미츠히로(Yoshimoto Mitsuhiro)가 전후 일본영화를 분석하면서 "서사로서의 멜로드라마 기능은 전후 일본의 이데올로기적 모순과 타협하는 수단이었다"[59]고 밝히듯이, 해방기 조선 멜로드라마 역시 당시의 이데올로기적 모순을 드러내고 이 문제를 원만히 봉합하는 서사적 진행을 보여준다. 영화는 일제강점기부터 이득을 취한 사람들의 책임 의식을 부각시키며, 새로운 국가에 여성이 주체로서 참여하는 것을 독려한다. 이와 같은 방식으로 영화는 젠더와 국가의 수렴 문제를

---

58 Catherine Russell(ed.), *New Women of the Silent Screen: China, Japan, Hollywood*, Duke University Press, 2005, p.17.

59 Yoshimoto Mitsuhiro, *Kurosawa: Film Studies and Japanese Cinema and Questions of Modernity*, Duke University Press, 1993, p.39.

다룬다.

영화서사는 해방기 담론 공간에서 식민지인으로서의 관념을 지우고 새로운 국가를 세팅하는 과제를 부여받는 청년의 역할에 대한 계몽적 메시지로 시작하여 줄곧 이 문제를 다룬다. 프레데릭 제임슨(Frederic Jameson)이 "제3세계 문학은 독립을 위한 국가적 투쟁의 알레고리가 되어야 한다"[60]고 주장하듯이, 〈해연〉에는 국가 건설을 위한 국가적 투쟁을 알레고리화하는 요소들이 존재한다. 영화 속 개인의 스토리는 공공의 문화와 사회적 투쟁 상황에 대한 은유로서 작용한다.

영화 중반부 이후 서사의 중심으로 등장하는 또 다른 커플 쌍인 정숙과 수길을 살펴보자. 수길은 근대적 단독 주택을 소유하고 있으며 집안에 피아노를 갖출 정도로 상류층인 아버지 밑에서 부유하게 살았다. 그는 어느 날 집안에 들어온 계모로 인해 핍박을 받고 가출하여 뒷골목의 부랑아가 되어 생활하게 된다. 힘없는 가부장은 조선을, 가정에서 새롭게 강력한 주도권을 행사하는 계모는 일본의 제국주의적 침탈, 혹은 해방과 함께 점령군으로 주둔하게 된 미국이나 소련으로 전치될 수 있다. 수길의 누이는 먼저 가출하고, 수길도 곧 집을 떠나 서울에서 좀도둑 생활을 하다가 잡혀서 지방의 감화원으로 들어온다. 수길이 머물게 된 서울은 이미 근대도시로서의 모습을 갖추고 있다. 화려하고 복잡한 서울을 효과적으로 표현하기 위해 영화는 사선 앵글과 인물의 시점 샷을 활용하며, 액션은 빠른 편집으로 속도감 있게 전개된다. 서울 장면은 지방에서 주로 촬영된 영화의 전체적인 서정적인 톤과 대조되는, 유일하게 역동적인 장면이다. 영화는 근대도시 서울과 감화원이 위치한 지방을 비교하며, 서울에서의 나쁜 행위가 지방에서 교화된다는 서사적 전개와 맞물린다. 서울과 지방의 공간적 표현방식의 대조는 이규환 감독 전작들

---

60 Frederic Jameson, "Third World Literature in the Era of Multinational Capitalism", *Social Text,* Vol. 5, No.3, 1986, p.69.

에서 보인 시골 배경의 서정적인 영화세계와 통일감을 이룬다. 즉 근대화가 진행된 서울과 비교하여 조선적인 풍경과 풍습을 간직하는 지방을 민족문화의 공간으로 두고 있는 것이다.

영화의 가족 서사는 국가 서사와 등치되며, 가족 해체는 세계적 냉전 질서의 형성과 맞물려 진행되던 남한 내 미군정 치하 좌우익의 대립을 알레고리화한다. 계모로 인해 아버지와 불화하는 아이들 서사는 냉전과 좌우익 대립, 곧 다가올 분단국가 수립에 대한 염려 등 여러 가지 복잡한 사회적 사건들을 은유하거나 징후적으로 보여준다.

감화원은 부랑아를 교정하여 건강한 국민으로 성장시키는 의무를 가지고 있고, 영화에서 감화원 원생들은 국가건설을 위한 교화의 대상이므로 영화는 국가 이데올로기에 부응하는 선전물이 된다. 당시 평단이 영화에서 높이 산 분야인 주제곡이 흐르는 장면에서 감화원 원생들은 땅을 개간하며 노동가를 합창한다([사진 3]). "유일한 어둠은 갔으랴 우리 앞길에 / 동무야 모두 다 희망을 갖자 / 동해에 솟는 해 광명을 주네 / 갈매기 울음도 자장가 노래." 원생들과 교사가 합심하여 땅을 일구는 이미지와 그 위로 흐르는 화음이 어우러진 음악은 영화에서 드물게 보이는 조화로운 순간이다.

[사진 3] 감화원 원생들의 노동　　　[사진 4] 박선생과 원생

하지만 멜로드라마적 의도는 틈을 보이는데, 이는 당시 나라를 바라보는 조선 대중들의 불안함과 불편함을 반영한다. 선생들은 아이들을 휘어잡지 못하고, 아이들의 일탈과 방황은 끊이지 않는다. 게다가 이들을 설득하고 교화해야 할 주체인 남자교사 박선생은 새로운 국가가 원하는 도덕심을 갖춘 일꾼과는 거리가 멀다. 그는 동료교사인 정애에게 수시로 치근대거나, 학생들을 때리거나 거침없이 훈육하는 비교육적 교사로서의 모습을 자주 들킨다([사진 4]). 이에 비해 정애는 올바른 교육관과 사회관을 가지고 원생들을 돌보려하지만 감화원을 주도하는 인물이 아니며, 게다가 중반 이후 서사의 중심은 정숙에게로 넘어간다.

수길은 정숙을 처음에 누이로 오인한다. 정숙은 계모에게 핍박받던 자신의 지난날을 떠올리며 수길과 유사 남매 관계를 만들어간다. 핍박받는 자들의 연대는 유사 가족을 형성하고, 정숙이 수길을 올바른 사회인으로 성장하도록 설득하는 과정에서 이들의 에너지가 국가건설 서사로 이행되는 것처럼 진행된다. 그러나 두 사람 사이에서 발생하는 미묘한 성적 긴장감은 원생들의 주목을 끄는 원인이 되고, 감화원의 단결을 위해 정애는 정숙에게 떠날 것을 요청한다.

모든 사람이 행복한 원만한 해결로 가지 못하고 모두가 조금씩 결핍을 품고 서사가 마무리되는 것은 남한 단독정부 수립과 한국전쟁의 징후라는 집단적 불안감을 함의한다. 정애를 보기 위해 감화원에 온 철수는 다시 서울로 떠나고, 정숙은 수길과 이별한다. 슬픔에 빠진 수길에게 정애는 "큰 누나가 있지 않니"라는 말로 달랜다. 이러한 결말은 로맨스 서사와 가족 서사가 좌절되고, 국가 서사 또한 매끄럽게 진행되고 있지 않음을 암시한다.

영화는 대중적 심리의 대변자로서 동시대의 불편함을 표현한다. 절멸기에서 다시 일어서야 하는 해방기 조선영화에 있어 멜로드라마는 주류 양식이었으며, 희생자를 주인공으로 하고 가족 담론을 전면에 내세운다. 가족 내 화합과 소통의 문제에서 발생하는 민주주의에 대한 이해가 멜로드라마 서사의 중심을 이룬다. 영화는 중간층 다수에게 민주주의를 체험하게 하며, "'좋은 시민'을 구성하기 위한 역할"을 한다. 좋은 시민이란 "선택의 자유와 행복에의 권리와 함께 책임감의 주체가 되는 시민이다."[61] 민주주의는 중간층 다수를 형성하는데 필요한 제도이며, 멜로드라마는 중간층 가정을 서사의 중심에 세우고 민주주의적 권리 문제를 보여준다. 즉 개인의 행복과 자유에 대한 문제가 전개되는 멜로드라마적 양상은 민주주의 학습의 장이 된다.

〈해연〉은 해방 후 새로운 국가, 즉 민주주의 제도를 적용한 근대 국가를 건설하는 길에서 대다수 중간층의 협력을 이끌어내기 위한 매개로서의 멜로드라마 양태를 보여준다. 영화는 설득하고 계몽하고 교화하며, 스스로 선택하는 서사적 전개를 통해 해방기 민주주의 체험 공간으로서 적절하게 기능한다.

4. 〈해연〉의 젠더 정치

여성의 국민화라는 문제를 둘러싸고, 전시 총동원 체제와 성별 영역 지정의 딜레마에 있어 두 가지 방법론이 대두된다. 즉 '통합형'과 '분리형'으로 나뉘는데, "통합형은 남성과 대등한 참가로, 분리형은 여성다운 참가로 바꾸어 말할 수 있다."[62] 일본 제국주의는 다른 파시스트 국가들과 마찬가지로 분리형을 택했다. 일본 정부는 전쟁 초기부터 총력전을 펴려면 후방에 있는 여성의 협력이 불가피하다는 점을 인지하고 여성의 조직화를 추진해갔다.[63] 1931

---

61 Catherine Russell, *The Cinema of Naruse Mikio*, Duke University Press, 2008, p.175.
62 우에노 치즈코, 『위안부를 둘러싼 기억의 정치학』, 현실문화, 2014, 43쪽.
63 위의 책, 41쪽.

년 만주사변 바로 다음 해에 일본에서는 '대일본국방부인회'가 결성되었고,[64] 중일전쟁이 전면화되자 조선에서는 "1937년 친일 귀족의 부인들과 중견 여류 인사들이 중심이 된 '애국금차회'가 발족했다."[65] '금차'는 비녀를 뜻하며, 애국금차회는 군인 환·송연, 군인 가정의 위문, 조문 격려, 국방비 헌납 등을 목적으로 했다.

전쟁 시기에 조선과 일본에서는 국가 정책, 사상과 담론, 대중동원 등 전 분야에 걸쳐 이상적 여성상으로 '현모양처', '군국의 어머니'가 부각되었다. 전쟁으로 인해, 여성/남성 역할 분리 개념에 입각하여 여성의 새로운 사회 정체성이 구성된 것이다.[66] 이때 여성의 정치 참여나 참전은 공식적으로 금지되었지만, 군인을 길러내는 여성의 역할이 국가적으로 명예로운 일로 떠오르면서, 임신, 출산, 육아, 가사, 가정일 등에 대한 새로운 가치 부여가 대대적으로 확산되었다. 하지만 '어머니는 강하다'라는 인식과 함께 떠오른 "강한 여성 이미지는 남녀의 성역할의 전복을 꾀하는 것이 아니라, 오히려 젠더 구별을 강화하는데 기여한다."[67] 이렇게 여성의 성역할을 더욱 강조하는 분리형 전략은 '이류 국민'이라는 한정된 틀 안에 여성을 가두어 놓는 것이다.

일제강점기에 여성은 정치, 경제, 문화 등 거의 모든 분야에서 인간으로서의 어떠한 권리도 보장받기 힘들었다. 조선여성의 경우 제국주의와 가부장적 봉건제도라는 이중의 억압을 받고 있었다. 전체 조선여성 가운데 90%에 달하는 여성이 교육을 전혀 받지 못해 문맹 상태였고 여성 노동자는 16시간 이상의 노동에 시달리며 착취를 받았으며 식민과 봉건문화가 착종된 체제에서 노예적 생활에 시달렸다.[68] 여성에게 있어 조국해방은 일본 제국주의로부터

---

64 같은 쪽.

65 「엄마부대의 '조상'을 아십니까?」,《시사인》436호, 2016.1.23, 46쪽.

66 이에 대해서는 정민아, 「1930년대 한중일 영화의 신여성 비교 연구」, 『인문사회 21』 6권 2호, 아시아문화학술원, 2015, 340~343쪽 참조.

67 위의 글, 342쪽.

68 이명자, 「해방기 남북한 영화에 나타난 근대성과 여성담론 비교 연구」, 『현대영화연구』

의 해방과 가부장적 봉건제도로부터의 해방 두 가지 의미를 가지는 것이었다.

해방기 조선에서 여성에 관한 정책은 1946년 9월 14일 미군정법령 제107호에 의해 보건후생과에 부녀국을 설치하는 것으로 시작되었다. 미국의 경우, 젠더 분리형 전략을 활용한 일본과 달리, 여성에 대해 '젠더통합형 평등' 전략을 세웠고, 여성들 또한 이에 적극적으로 응했다. 하지만 분리형과 통합형은 정도의 차이에 지나지 않으며, 같은 국민국가의 젠더 전략에도 이들 두 가지는 혼재되어 있었다. 가령, 미국에서도 여성 병사는 소수의 예외적인 존재에 지나지 않았으며, 전쟁기에 여성이 생산노동에 참가할 것을 촉구하는 한에서 통합형이 강조되었다. 여성 정책은 국적과 문화에 구속되어 있는 것으로, 미군정 하에 있는 조선의 경우 식민지 시대와는 다른 서구형 민주주의 여성 정책이 시행되게 되었다. 표면적으로 '민주주의 질서의 확립'을 표방한 미군정은 남녀 평등권의 실현을 추구하고자 했으며 이는 구체적으로 부녀국의 설치, 공창제 폐지, 여성참정권, 교육정책으로 나타났다.[69]

해방 정국에서 민주주의적 인간관계에 대한 요구가 젠더 정치에서 매우 중요한 과제로 떠올랐다. 즉 새로운 정부 건설이라는 과제 앞에서 이전과는 다른 국민화의 수렴과 배제 전략이 필요했던 것이다. 여성의 국민화, 즉 국민국가에 여성이 참여하도록 요청되었다. 이는 생산이라는 공적 영역에 여성이 참여하는 한에서 이루어졌고, 남성성을 기준으로 정의되기 때문에 여성은 이류 노동력이나 이류 국민으로 만족해야 한다.

민주주의의 학습의 장으로서 경험하게 되는 멜로드라마는 민주주의적 소양을 주입하는 매개체가 되었다. 멜로드라마는 갈등에 휩싸이는 여성 주인공을 통해 여성적 자의식의 발전에 중요한 영향을 미치는 양식이다. 해방기 멜로드라마의 여성 캐릭터는 여성의 욕망을 담고 있다기보다는 계몽적 성격에

11호, 한양대학교 현대영화연구소, 2011, 195쪽.
69 위의 글, 196쪽.

따라 사회문화가 여성에게 요구하는 여성상을 주입하는 방식으로 그려진다. 영화의 여성 캐릭터는 "여러 문화적 논리 및 권력의 위계질서와 교차하는 복합적인 표현 기제"[70]이기 때문에 주류 이데올로기와의 길항관계에서 분석적으로 읽어 볼 수 있다.

교육받은 여성이 극소수인 해방기 환경에서 〈해연〉의 여교사 캐릭터에게는 사회 주도층의 위치에 있는 이들이 갖추어야 할 도덕성과 사회적 책임감이 부여된다. 위기에 봉착한 사회는 여성의 헌신을 노골적으로 요구한다. 사회가 근대적 발전을 요구하는 시기에 독립적인 여성형이 부각되고, 전쟁 시기에 현모양처형의 인물이 부각되어 '아들의 이상적인 어머니' 상을 그려 넣듯이, 해방의 정치적 과제 앞에서 여성의 새로운 역할이 강조되었다. 그것은 바로 '사회 건설에 참여하는 주체적인 여성'이며, 영화는 주체적인 여성 캐릭터를 통해 국가에 도움이 되는 여성을 길러내기 위한 계몽적 성격을 강화한다. "내 나라를 위하여 내 나라의 번영을 위하여 착한 아내요 어진 어머니로 자처하려한다"[71]와 같은 당시 신문기사에서 보듯이, 해방기에 필요한 신여성적 자질은 정부 건설이라는 거대서사에 동참하는 것이다. 이 시기에는 경찰, 교사, 의사 등 남성의 영역으로 인식되어오던 분야에서 여성 참여가 확대되었는데, 〈해연〉의 여교사 정애는 사회 건설에 적극적으로 참여하는 이상적 여성상을 보여주고자 한다.

---

70 정민아, 「1930년대 오즈 야스지로 영화의 여성 연구」, 『영화연구』 65호, 한국영화학회, 2015, 174쪽.
71 《부인신보》 1947.10.5.

[사진 5] 땅을 개간하는 정애　　　　[사진 6] 수길을 설득하는 정숙

　[사진 5]에서 보듯이, 땅을 개간하는 노동에 삽을 들고 적극적으로 참여하는 교사 정애는 앞서 설명한, 통합형 젠더 정책의 구체적 이미지다. 그러나 정작 영화에서는 정애를 통해 여성 계몽보다는 부르주아 계몽과 하층민 계몽에 더욱 초점이 맞춰진다. 정애와 정숙은 각각 철수와 수길과의 관계에서 식민지하에 위축되었던 남성성의 회복을 돕는 인물들이다. 올바른 도덕관과 긍정적인 사회관을 갖춘 여성들과 대조적으로 영화의 남성 캐릭터들은 모두 지리멸렬하다. 부르주아 모리배인 부도덕한 철수, 부랑아로 떠돌던 나약한 수길, 모순적이고 비교육적인 교사 박선생 등 영화 속 남성 인물들은 모두 부정적으로 그려진다.

　하지만 이러한 한계는 오히려 남성으로 하여금 새로운 국가 건설이라는 미래를 향해 나아갈 수 있게 하는 동력이 된다. 남성 캐릭터들에 비해 훨씬 강한 줏대와 생활력을 가진 여성 캐릭터들로 인해 남성들은 식민지 치하에서 훼손된 여성에 대한 책임감을 덜어버린다. 역사적인 권력 관계에서 발생한 여성의 수난사는 사라져버리고 마는데, 이는 영화에서 플래시백으로 공들여 표현된 수길의 과거에 비해 정숙의 비참한 과거가 간단히 몇 마디의 대사로 처리되고 마는 것에서 드러난다. 이에 비해, 미래지향적이고 도덕적이며, 남성이 있어야 할 위치를 알려주고, 사회적으로 자신의 역할을 찾는 등 국가가 필요로 하는 이상적인 여성상이 영화에서 공들여 그려진다. 여기에는 "여성이 이상화되면 될수록 그와 동시에 여성의 위치는 고착화"[72]되어버리고 마는 아이러니가 발생한다.

미군정 하 통합형 젠더 전략을 통해 발휘되는 여성의 국민화는 결국 남성성을 기준으로 한 이류국민으로서의 여성을 공고히 한다. 〈해연〉의 젠더 재현은 해방기 국민국가의 젠더 전략을 적극적으로 드러내고 있으며, 이로써 영화는 '민족문화를 담은 계몽영화'로서의 역할을 착실히 수행한다.

5. 나가며

해방기인 1948년에 제작되어 공개된 후 한 달여 만에 극장에서 철수한 〈해연〉의 원본 필름의 발굴로, 1946년에서 1948년까지 만들어진 43여 편의 영화 중 한국영상자료원 보관필름은 총 4편이 되었다. 정부 건설을 둘러싸고 새로운 내셔널리즘적 정체성을 확립하기 위한 치열한 담론 투쟁이 전개되었던 해방기 영화계를 구체적으로 연구할 수 있는 실물 필름의 가치는 척도를 잴 수 없을 정도로 소중하다.

이 글은 첫째, 계몽영화이자 문예영화인 〈해연〉의 제작 배경을 살펴보고, 제작에 참여했던 영화인들의 기록과 증언을 통해 영화 개봉을 둘러싸고 전개된 당시의 상황을 그려보았다. 둘째, 폐허가 된 환경에서도 해방기 조선영화가 가야할 방향을 설정하고, 이를 위해 담론장에서 논의 과정을 거쳐 실천적으로 현장에 참여했던 영화인들의 노력이 영화에서 어떻게 나타나는지 탐구했다. 셋째, 멜로드라마로서의 〈해연〉이 내포하고 있는 이데올로기의 알레고리화를 살펴보았으며, 넷째, 영화의 젠더 정치학을 분석해 보았다.

---

72 오태영, 「민족적 제의로서의 '귀환'-해방기 귀환 서사 연구」, 『한국문학연구』 32집, 동국대학교 한국문학연구소, 2007, 529쪽.

미군정 하에서 '민족영화로서의 계몽영화'를 기치로 내걸고 좀처럼 활기를 찾지 못하는 조선영화의 부흥을 위해 애쓴 영화인들은 〈해연〉에 스태프로 참여하거나, 〈해연〉의 영화적 의의를 비평적으로 정리하며 조선영화의 질적 성과를 위해 이 영화에 주목했다. 하지만 좌우익 대립과 분단이라는 상황에서 상영 중단된 〈해연〉은 소기의 성과를 달성하지 못했다. 그러나 이 글의 논의를 통해 영화가 당시 사회의 모순과 이데올로기를 봉합하거나 드러내준다는 점, 그리고 다른 한편으로 국가 건설이라는 이상과 현실적 갈등의 불안감이 멜로드라마 양식에 포괄되고 있다는 점을 읽어낼 수 있었다.

　해방기 멜로드라마 〈해연〉은 계몽영화로서 국가 건설의 이데올로기를 담고 있는 동시에 사회구조의 전환기적 성격을 투영하고 있다. 탈가정 서사는 국가 서사의 불균형을 내포하고, 행복하지 못한 결말은 사회의 현실적인 조건을 드러낸다. 더불어 영화는 전환기의 새로운 여성상이 어떻게 반영되고 굴절되는지를 보여주며, 국민국가의 젠더전략이 어떠한 형태로 내포되어 있는지 알려준다. 해방기 멜로드라마 연구는 내셔널 정체성과 자본주의 문화양식의 현실적인 구조와 의미, 젠더 정체성과 전략을 탐구하는데 도움이 될 것이다.

참고문헌

1. 영상자료
〈해연(海燕) (일명 갈매기)〉
1948년 11월 21일 개봉.
감독: 이규환, 각본: 이운룡, 제작사: 예술영화사, 기획: 이철혁, 촬영: 양세웅,
조명: 김성춘·고해진, 작곡: 정종길, 미술: 김만형
출연: 김동규, 박학, 남미림, 조미령, 최병호, 이재현, 정진업, 유경애
러닝타임: 74분

2. 단행본
강준만, 『한국 현대사 산책—1940년대편』 1권, 2권, 인물과사상사, 2006.
우에노 치즈코, 『위안부를 둘러싼 기억의 정치학』, 현실문화, 2014.
이명자, 『신문·잡지·광고로 보는 남북한의 영화 연극 방송 1945~1953』, 민속원, 2014.
이영일, 『한국영화전사』, 소도, 2004.
존 머서·마틴 싱글러, 변재란 역, 『멜로드라마: 장르, 스타일, 감수성』, 커뮤니케이션 북스, 2011.
토마스 샤츠, 한창호·허문영 역, 『할리우드 장르의 구조』, 한나래, 1995.
한국영상자료원, 『한국영화의 풍경 1945–1959』, 문학사상사, 2003.
_____, 『신문기사로 본 한국영화 1945~1957』, 공간과사람들, 2004.
한국예술연구소, 『이영일의 한국영화사 강의록』, 소도, 2002.
Catherine Russell, *The Cinema of Naruse Mikio*, Duke University Press, 2008.
Catherine Russell(ed.), *New Women of the Silent Screen: China, Japan, Hollywood*, Duke University Press, 2005.
Yoshimoto Mitsuhiro, *Kurosawa: Film Studies and Japanese Cinema and Questions of Modernity*, Duke University Press, 1993.

3. 논문
강성률, 「1930년대 로칼 칼라 담론 연구」, 『영화연구』 33호, 한국영화학회, 2007.
김한상, 「탈식민 국가형성기 재외조선인들의 종족 상상—〈해연(일명 갈매기)〉과 서울

영화주식회사의 영화를 중심으로」, 『아시아연구』 58권 3호, 고려대학교 아세아문
제연구소, 2015.

박유희, 「'문예영화'의 함의」, 『영화연구』 44호, 한국영화학회, 2010.

박자영, 「좌익영화의 멜로드라마 정치」, 『중국현대문학』 33호, 한국중국현대문학학
회, 2005.

오태영, 「민족적 제의로서의 '귀환'—해방기 귀환 서사 연구」, 『한국문학연구』 32집,
동국대학교 한국문학연구소, 2007.

이명자, 「해방기 남북한 영화에 나타난 근대성과 여성담론 비교 연구」, 『현대영화연구』
11호, 한양대학교 현대영화연구소, 2011.

이배용, 「미군정기, 여성생활의 변모와 여성의식, 1945~1948」, 『역사학보』 150호,
역사학회, 1996.

임희록, 「해방기의 젠더정치」, 『코기토』 73호, 부산대학교 인문학연구소, 2013.

정민아, 「1930년대 오즈 야스지로 영화의 여성 연구」, 『영화연구』 65호, 한국영화학회,
2015.

_____, 「1930년대 한중일 영화의 신여성 비교 연구」, 『인문사회 21』 6권 2호, 아시아문
화학술원, 2015.

한상언, 「해방기 영화운동과 조선영화협단」, 『영화연구』 43호, 한국영화학회, 2010.

한영현, 「해방기 '아메리카 영화론'과 탈식민 문화 기획」, 『대중서사연구』 19권 2호,
대중서사학회, 2013.

Frederic Jameson, "Third World Literature in the Era of Multinational
Capitalism", *Social Text*, Vol. 5, No. 3, 1986.

4. 신문, 잡지, 인터넷

《경향신문》, 《동아일보》, 《부인신보》, 《서울신문》, 《시사인》, 《연합뉴스》, 《영화천국》,
《예술영화》, 《예술조선》, 《자유신문》, 《조선일보》, 《조선중앙》, 《통일한국》
한국영상자료원KMDb 사이트 www.kmdb.or.kr

'경찰영화'의 등장 배경과
장르화 경향*

함충범

1. 들어가며

　'해방'이라는 사건이 한국 근현대사에 미친 영향만큼이나 한국영화사에 파급된 변화의 정도 역시 다대하다. 해방 후 북위 38도선 이남의 '조선'영화계는 정책, 산업, 제도, 조직 등 다방면에 걸쳐 '새 시대'의 양상을 경험하였던바, 종국에는 이것이 제작 부문으로 파급되어 작품을 통해 표면화되었다. 따라서 당시 특정한 유행을 이루던 주요 영화 작품군의 전체적 양상과 세부적 특징을 면밀히 살피는 일은, 동시기 한국영화사를 전반적으로 이해하고 구체적으로 파악하는 첩경이 될 만하다.

　해방 직후부터 영화인들은 격변의 역사와 사회적 분위기 등을 부지런히 카메라에 담았다. 그리하여 열악한 재정 여건 및 기재 환경 속에서도 뉴스영화

---

*　이 글은 필자의 학술논문 「해방기 '경찰영화'의 등장배경과 장르화 경향 고찰: 시대적 특수성 및 역사적 의미와 더불어」(『기억과전망』 33호, 민주화운동기념사업회, 2015)의 내용을 수정·보완한 것임.

나 기록영화가 속속 만들어졌다. 1946년부터는 장편 극영화의 제작이 재개되었는데, 광복의 감격과 선열의 위대함, 진정한 독립의 열망과 새 사회에 대한 희망 등이 주요 소재와 주제로 채택됨으로써 일부에서나마 소규모의 장르화 경향이 형성되기도 하였다.

이 중에는 이른바 '경찰영화'가 포함되어 있었다. 일선의 경찰(들)을 주요 등장인물로 설정하여 그(녀)들의 활약상과 애환 등을 영웅적이거나 진솔하게 때로는 코믹하게 그린 영화로서 전기물, 멜로물, 액션물 등 기존의 장르와 접합을 이루기도 하는 일련의 작품을 일반적으로 '경찰영화(警察映畵, police movie)'라 지칭할 수 있다면, 해방 이후 제작·개봉된 몇 편의 극영화 작품은 분명 경찰영화로서 범주화가 가능하다. 더구나 '경찰영화'라는 명칭과 범주는 당대 정책 분야 및 언론계 등에서 통용되고 있었다.

한편으로, 이들 영화는 일선 경찰을 주요 주동 인물로, 밀수꾼을 비롯한 모리배 집단을 반동 인물로 설정하여 대결 구도를 조성하고 종국에는 경찰이 그들을 소탕한다는 내용으로 이야기를 전개하였다. 전 작품이 경찰 관청의 후원을 받아 35mm 필름으로 촬영되었다는 점에서도 일련의 공통점을 보였다. 동시에, 70년대 '특별수사본부 시리즈', 90년대 '투캅스 시리즈' 등 후대의 한국 경찰영화들과도 구별되는 영화적 특성을 지니기도 한다.

그렇기에, 해방기[1] 경찰영화에 대한 조사와 분석을 통해 당대 한국영화의 제작 경향을 가늠할 수 있을 뿐만 아니라, 대표적인 '국가적 억압기구'로서의 경찰의 표상이 어떠하였는지를 조명함으로써 동시기 영화 속 시대 반영의 양상을 탐구할 수도 있을 것이다.

그럼에도 해방기 경찰영화에 대한 선행연구는 거의 찾아보기 어려웠다. 기

---

1   일반적으로 해방기의 역사는 1945년 8월 15일부터 대한민국 정부 수립 시점(1945.8.15)까지의 '해방 3년사', 6·25전쟁 발발 시점(1950.6.25)까지의 '해방 5년사', 휴전 협정 조인 시점(1953.7.27)까지의 '해방 8년사' 등 크게 세 가지로 구분되어 있다. 본고에서는 연구의 통일성을 확보하고 집중도를 고양하기 위해, 미군정 하 남한에서 경찰영화가 주로 기획·제작·공개된 '해방 3년'을 주요 시기로 상정한다.

존의 한국영화 통사 가운데 관련 서술을 행하는 경우도 일부에 불과하였다.[2]
물론, 나름의 이유는 있었다. 필름이 현존하는 해당 작품이 전무한 상태이며
당대 영화 관련 신문 및 잡지 기사를 발췌한 자료집[3] 상의 정보도 충분치 않
았기 때문이다.

그러다가 최근 괄목할 만한 연구 결과물이 발표되었다. 전지니의 논문이
그것이다. 글에서 필자는《영화시대》,《영화순보》등 경찰영화들에 대한 특
집 기사를 담은 당대 잡지 자료 등을 통해, 그 "기획과 영화의 관습적 특성
및 개봉 후 빚어진 일련의 논란을" 면밀히 분석하는 한편 "종전 이후 민족영
화를 표방하고 제작된 선전영화의 문제성"을 심층적으로 고찰하였다.[4] 특히,

---

2 이영일과 호현찬은 〈자유만세〉(1946)를 비롯한 이른바 '광복영화'(이영일,『한국영화전
    사』(개정판), 소도, 2004, 217쪽) 혹은 '항일영화'(호현찬,『한국영화 100년』, 문학사상
    사, 2000, 91쪽)에 서술을 집중하고 〈성벽을 뚫고〉(1949)를 위시한 '반공영화'(이영일,
    앞의 책, 220쪽 / 호현찬, 앞의 책, 99쪽)를 부가적으로 설명할 뿐이다. 조혜정의
    경우 '광복영화'에 대해 예술성이 짙은 〈마음의 고향〉(1949)에 초점을 맞추어 소개한다.
    (김미현 편,『한국영화사: 開化期에서 開花期까지』, 커뮤니케이션북스, 2006, 108,
    114쪽) 이에 반해, 정중헌은 "국민에게 민주 경찰의 이미지를 심어 주기 위한 정책적인
    영화"가 제작되었다는 점을 피력한다. 하지만 그 대상을 〈수우〉(1948)와 〈여명〉(1949)
    에 한정할 뿐만 아니라(김종원 · 정중헌,『우리영화 100년』, 현암사, 2001, 229쪽),
    여전히 "가장 두드러지는 현상은 항일 영화의 대두와 반공 영화의 증가였다."라는
    점을 강조한다(위의 책, 231쪽). 정종화의 경우, "조선해양경비대의 지원을 받은 〈바다의
    정열〉(서정규, 1947), 수도경찰청 경우회가 제작한 〈밤의 태양〉(박기채, 1948), 제1관
    구청이 제작한 〈수우〉(안종화, 1948), 제7관구청이 제작한 〈여명〉(안진상, 1948)
    등 국책 이데올로기를 범죄 · 액션 장르에 담은 '경찰'영화들이 앞서거니 뒤서거니 개봉했
    다."라며 '경찰영화'의 용어와 성격을 명확히 한다(정종화,『한국영화사』, 한국영상자료
    원, 2008, 90쪽). 그러나 각 작품에 대한 구체적 설명이 부재하고, 제작 주체나 개봉
    시기 등에 오류가 발견되기도 한다.
3 대체로 다음과 같은 것들이 있다. 이명자 편,『신문 잡지 광고 자료로 본 미군정기
    외국영화』, 커뮤니케이션북스, 2011 / 이명자 편,『신문 · 잡지 · 광고로 보는 남북한의
    영화 · 연극 · 방송 1945~1953』, 민속원, 2014 / 한국영상자료원 편,『신문기사로
    본 한국영화 1945~1957』, 공간과사람들, 2004.
4 전지니, 「권총과 제복의 남성 판타지, 해방기 '경찰영화' 연구: 〈수우〉, 〈밤의 태양〉,
    〈여명〉(1948)을 중심으로」,『현대영화연구』22호, 한양대 현대영화연구소, 2015,
    70~71쪽.

그동안 베일에 가려져 있던 〈수우〉, 〈밤의 태양〉, 〈여명〉에 대한 제작 상황과 작품 정보를 실증적이고 구체적으로 밝혀내었다는 점에서 학술적 기여도를 인정할 만하다.

본고에서는 이러한 해방기 경찰영화에 관해, 등장의 배경과 장르화 경향을 중심으로 보다 다각적이고 다층적으로 살피려 한다. 또한 그 과정에서 영화 기획 및 제작의 시대적 상황과 업계의 환경, 작품(들)의 내용적, 주제적, 형식적 특성과 상영 및 흥행 방식, 비평 담론과 세간의 인식 등을 구명하고, 그것이 지니는 시대적 특수성과 역사적 의미를 고찰할 것이다. 이를 위해, 가장 핵심적인 선행 연구인 전지니의 논문을 비롯한 관련 연구에 대한 참고 및 해석과 당대 1차 문헌 자료의 발굴 및 분석을 주요 방법론으로 삼고자 한다.

2. 해방 후 경찰의 상황과 영화계의 환경, 그리고 경찰영화의 등장

(1) 경찰 조직과 영화 매체의 관계

해방기 소위 '경찰영화', 혹은 '경찰' 관련 영화 등으로 명명됨으로써 특정 범주화를 이루던 작품은 기획·제작 시기 순으로 〈수우(愁雨)〉, 〈밤의 태양〉, 〈여명(黎明)〉 등 모두 3편이었다.

〈최후의 밤〉이라는 제명으로 기획된 〈밤의 태양〉은 "현 과도기 경찰의 헌신적 노력과 희생정신과 경민일치의 결과를 테마로" 하였고 제작 예산도 많게는 1,900만 원에 달하는 것으로 알려질 만큼 거금이 투입된 영화였다. 수도경찰청 경우회 문화부의 후원을 받아 대조영화사에서 제작하였으며, 감독직은 일제말기 활발한 영화 활동을 벌였던 박기채가 맡았고 촬영은 역시 베테랑 영화인이던 이명우가 행하였다.[5] 기획 확정 및 제작 개시 시점은 1947

년 11월이었다.[6] 카바레를 주요 배경 중 하나로 둔 채 형사들과 대규모 밀수단의 대결 구도를 서사의 기본 축으로 설정하였다. 최은희, 한은진, 김승호 등이 출연하였고, 〈최후의 비상선〉으로 한 차례 개명된 후 최종적으로는 〈밤의 태양〉이라는 타이틀로 개봉되었다.

〈수우〉와 〈여명〉도 크랭크인되었다. 〈수우〉는 1,000만 원 상당의 제작비가 투입되어 1947년 12월 무렵에 완성을 본 '대기획' 영화였다. 당시 영화 잡지에 실린 제작 참여자들을 참고하건대, 동년 10월 시점에서 촬영이 한창 진행되고 있었다.[7] 건설영화사의 본거지가 인천이었던 바, 제작이 착수된 곳 또한 인천 지역이었다.[8] 일제강점기 영화계를 풍미한 안종화가 각색과 연출을 담당하였으며, 이금룡, 김소영, 서월영, 김일해, 전택이, 복혜숙, 이화삼 등 내로라하는 유명 배우와 인기 연예인 신카나리아가 출연하였다. 원작자에는 이하영의 이름이 올라갔다.[9] 밀수 조직의 우두머리와 그를 사이에 둔 정부(情婦)와 아내, 그들 부부 간의 오발 사건을 담당한 수사관이 주요 등장인물로 설정되었다. 제1관구 경찰청 후원으로 만들어진 만큼, 계몽과 홍보의 제작 의도가 깔려 있었다.

〈여명〉은 건설영화사에서 〈수우〉에 이은 '제2회 특작'으로 기획 · 제작되었으며, 제7관구 경찰청의 후원을 받은 것으로 알려져 있다. 원작자 타이틀은 박명제라는 이름으로 채워졌고 극작은 최영수에 의해 이루어졌으며 감독

---

5   각본 담당자는 일제말기 각본, 평론, 행정 부문에서 두루 활동하다 사단법인 조선영화제작주식회사의 선전과장을 역임하기도 한 김정혁으로 알려져 있으나, 이에 대해 전지니는 "시나리오를 쓴 이는 각본가이자 『경향신문』의 주필, 잡지《민성》의 주간으로도 활동했던 월북 문인 최영수였다"고 설명한다. 위의 논문, 71쪽.

6   〈[영화] 최후의 밤 수도청서 제작〉, 《대동신문》 1947.11.13, 2면.

7   안종화, 〈영화 「수우」의 연출자로서〉, 《영화시대》 제2권 제5호, 1947.12, 40쪽. / 남우 · 전택이, 〈영화감독 안종화 · 점묘-(영화 「수우」에 출연하면서)-〉, 《영화시대》 제2권 제5호, 1947.12, 43쪽.

8   〈[문화] 제작비 1천만원 영화 『수우』 제작〉, 《조선일보》 1947.10.9, 2면.

9   〈영화 『수우』 근일 공개 예정〉, 《조선중앙일보》 1947.12.23, 2면.

은 "오래동안 일본 동보(東寶)에서 활약하던" 안진상이, 촬영은 역시 일본 유학파 출신인 한형모가 담당하였다. 권영팔, 이금룡, 복혜숙 등이 주요 배우진으로 발탁되었다. 1947년 연말에 "촬영대본이 최근 완성되야 「로케」반은 이미 부산으로 출발"한 상태였다.[10] 어촌에 사는 두 순경 중 한 명이 밀수 모리배에게 포섭당하지만, 그의 뉘우침이 이어지고 결국에는 경찰들이 밀수단을 일망타진한다는 내용으로 구성되었다.

이와 같이, 해방기 일련의 경찰영화들은 1947년을 통과하며 제작이 착수, 진행되었으며, 완성 및 공개는 대개 1948년에 이루어졌다. 그러나 시야를 확대해 보건대, 〈수우〉의 최초 제작 시점이 빠르게는 1946년 말로 알려져 있고[11] 〈여명〉의 본격적인 개봉 시점이 1949년 3월 무렵이었다는 점에서 그 시간적 스펙트럼은 1940년대 후반기에 넓게 걸쳐 있다고도 할 수 있다. 그럼에도, 이들 영화는 경찰(들)이 핵심적 주동인물로 등장함은 물론 부정적 중심인물(들)이 대개 밀수 범죄자로 설정되었다는 면에서 유사성을 가졌다. 〈수우〉, 〈밤의 태양〉의 경우 카바레 등 유흥업소가 공간적 배경으로 나온다는 것 역시 공통되는 부분이었다.

그렇다면, 이러한 부류의 영화들이 등장하게 된 시대적 배경은 무엇일까. 일단 경찰영화의 기획과 제작이 이루어진 시기 38선 이남에서의 '경찰'의 조직 구성과 인력 구조의 성격에 관해 살펴보아야 할 것이다. 이들 작품은 경찰을 주요 등장인물로 삼아 사회 정의 실현을 강조하였을 뿐 아니라, 영화의 내용과 주제에 맞게 여러 경찰 조직으로부터 각종 지원을 받았기 때문이다.

미군정은 경찰의 역할과 임무를 중요시하였다. 치안 유지를 통한 효율적 군정 통치를 위해서는 반드시 필요한 존재였기 때문이다. 문제는, 미군정 하

10　〈영화 "여명" 촬영 개시〉, 《중앙신문》 1947.12.27, 2면.
11　"건설영화사 영화 [수우]는 제작개봉한지 무려 일여년이 걸린 위대한 작품으로 이미 완성되였따하는데 그 봉절도 명춘 정월중순 시공관(전 국제)으로 결정되였다한다." 〈영화 「수우」 완성〉, 《조선일보》 1947.12.26, 2면.

경찰의 규모가 갈수록 비대해지고 그 체제 또한 단계적으로 견고해진 반면, 인력 구성 및 조직 체계 상의 면에서 일제강점 시기의 잔재가 청산되지 못한 채 계속해서 이어졌다는 데 있다.

해방 직후 '남조선'에서는 건국준비위원회(건준) 산하 치안대를 비롯하여 보안대, 학도대, 경비대 등 자치적 민간 치안 조직들이 결성되었으나,[12] 1945년 9월 8일 미군 진주 이후 군정 당국은 이들을 인정하지 않았다. 그 대신, 해방 전 일본 경찰에 소속되어 있던 사람들을 대거 유임시켰다.[13] 10월 21일에는 군정청 산하에 중앙 경찰 조직인 경무국이, 지방에는 각 도지사 밑에 경찰부가 설치됨으로써 '국립 경찰'이 출범하였다.[14]

군정 경찰은 1946년을 통과하며 그 체제를 정비해 나갔다. 1946년 1월 16일 기존의 경무국이 경무부로 승격되었다. 4월 11일에는 지방 경찰 조직이 개편되어, 도 단위 8곳의 지방 경찰부가 관구경찰청으로 개칭되었다. 9월 17일에는 기존의 제1관구경찰청(구 경기도경찰부)에서 서울 지역이 분리, 수도관구경찰청으로 독립됨으로써 지방 경찰 조직이 9개로 늘어났다.[15]

하지만 경무국의 경찰 계급 체계가 일제말기의 그것을 그대로 인계한 측면

---

12 일례로 건준의 "건국치안대는 8월말에 이르러 145개의 건준 지부가 결성됨에 따라 25일까지 전국 140개소에 조직되었다." 강혜경, 「한국경찰의 형성과 성격(1945-1953년)」, 숙명여대 박사논문, 2002, 21쪽.

13 9월 9일 서울에 입성한 미군은 포고 제1호를 통해 "기존 행정기구의 존속을 선포하"는 한편 9월 14일에는 군정법령 제28호를 통해 "일인 경찰관을 포함한 이전의 전 경찰관을 그대로 존속시켜 치안유지를 맡"기는 조치를 단행하였다. 이러한 영향으로 1945년 10월 시점에서 조선인 경찰의 85%는 일본 경찰 출신이었다. 김일자, 「한국경찰 성격 연구: 1945-1960」, 이화여대 석사논문, 1991, 21~23쪽.

14 그러나 휘하 경찰부와 경찰서에 대한 시장이나 도지사의 권한은 매우 미미하였다. 경찰에 대한 지휘 및 감독권은 경무국장에게 집중되었던 바, 당시 경찰은 독립적이면서 중앙집권적인 권력 조직의 성격을 지니고 있었다. 위의 학위논문, 27쪽.

15 다음날 "미군정법령 제106호에 의해서 서울특별시가 경기도에서 분리된 것에 따른 사전조치"였다. 최선우·박진, 「미군정기 수도경찰청장 장택상(張澤相) 연구」, 『경찰학논총』 5권1호, 원광대 경찰학연구소, 2010, 194쪽.

이 컸기에, 일본 경찰 출신자의 대부분이 기존의 직급을 적어도 유지한 상태로 미군정의 경찰 조직에 편입되었다. 또한 북한 지역에서 월남한 적지 않은 수의 일본 경찰 출신자들이 조직체의 일부를 이루었다. 이들 중 상당수는 한민당 등 우익 보수 정치 세력을 배후에 두고 있었다. 특히 경찰 간부에는 한민당 출신들이 많이 포진된 상태였다. 두 집단은 친일 문제로부터 자유롭지 못하다는 면에서 처지가 비슷하였고, 적극적인 반공 활동을 통해 미군정의 비호를 받아 해방 공간에서 권력을 강화하려 하였다는 점에서 이해관계를 공유하였다.

1945년 12월 16일부터 25일까지 열린 모스크바 3상회의 이후의 신탁통치 문제를 둘러싼 좌우 대결 구도를 지나 1946년 5월 6일 1차 미소공동위원회의 휴회 및 5월 25일 정판사 위조지폐 사건의 발생, 동년 10월 1일 대구에서의 10월 항쟁 발발을 거치면서, 군정 경찰은 사회주의 세력에 대한 강력한 진압책을 구사하며 자신의 입지를 굳건히 하고 존재성을 과시하였다. 이후에는 그 양상이 더욱 굳어져 갔다. 1947년 3·1절과 8·15를 전후하여 대대적인 좌익 인물 검거 작업을 펼쳤다.[16] 10월 21일 2차 미소공동위원회의 결렬과 11월 14일 남북한총선거에 대한 UN 결의가 이어지는 사이 좌익에 대한 탄압의 강도는 더욱 높아졌다. 1948년 들어서는 2·7 구국투쟁, 제주 4·3 항쟁 등 대한민국 정부 수립을 실현하는 일에 다수의 경찰 병력이 동원되었다.[17]

이에, 경찰에 대한 민중의 인식에 부정적인 측면이 상당 부분 자리하고 있었다. 사회주의(자)에 대한 반감이 그렇게 크지 않은 상태였고 경찰의 무차별

---

16 1947년 1월부터 10월말까지 서울 관내 경찰에 의해 치러진 치안 업무는 16,243건에 17,899명에 달하였다. 강혜경, 앞의 학위논문, 87쪽.

17 해방 당시 26,677명의 경찰 중에 10,619명이던 조선인 경찰 수는 1945년 11월 15,000여 명, 1946년 1월 25,000여명으로 증가한 뒤 남한 단독 선거 즈음에는 35,000여명으로 늘어난 상태였다. 위의 학위논문, 91쪽.

적인 좌익 세력 탄압 과정에서 무고한 이들이 피해를 입었기 때문이다. 더욱이 일제강점기 경찰의 반민족적 친일 행위를 경험한 사람들이 해방 후 그 인력과 조직이 온존되고 있다는 사실을 아무렇지 않은 시선으로 볼 리도 만무하였다.

경찰의 권력이 막강해진 1946년 말 "사람들은 적어도 일본인들을 미워했던 것만큼이나 경찰들을 미워하게 되었다"고 언급될 만큼,[18] 경찰을 향한 민중의 반감은 작지 않았던 듯하다. 그리고 이는 해방 직후 반일 감정에 의한 경찰에 대한 폭력 행사나 파업 또는 시위를 진압하는 경찰에 대한 물리적 저항 등을 통해 표출되었다고 볼 수 있다. 남북 분단과 냉전 상황을 틈타 친일 경력을 소거하고 권력 기반을 탄탄히 다지려던 경찰의 입장에서는 분명 부담스런 일일 수밖에 없었을 터이다.

한편, 해방 후 경찰은 영화(관)에 대한 현장 검열을 실시하는 대표적 국가 기관이기도 하였다. 미성년자에 대한 극장 출입을 금지하는 일도, 음란한 영화 상영을 단속하는 일도 모두 경찰의 업무에 속한 것이었다. 이로 인해 광복을 계기로 자유로운 예술, 문화 활동을 영위하고자 한 영화계와의 사이에 갈등이 빚어지는 경우도 있었다.

1947년 2월에 벌어진 소위 '장택상 고시'를 둘러싼 일대 사건이 대표적 사례라 할 만하다. 사건의 발단은 1월 30일 수도경찰청장 장택상이 자신의 명의로 발표한 고시에 의해서였다. 장택상 고시는 시내 흥행 장소에서 "민중의 휴식을 목적으로 하는 오락 이외 정치나 기타 선전을 일사마 정치교란"을 하는 자를 "포고령 위반으로 고발하야 엄형에 처"한다는 내용을 담고 있던 바,[19] 영화를 포함한 문학·예술 단체의 대표들은 2월 1일 러치(Archer L. Lerch) 군정장관을 방문하여 "고시의 즉각 취소를 요구"하는 등 적극적인 대

---

18 리차드 로빈슨, 정미옥 역, 『미국의 배반: 미군정과 남조선』, 과학과사상, 1988, 148쪽.
19 김동호 외, 『한국영화 정책사』, 나남출판, 2005, 544쪽.

응 태세를 취하였다.[20] 2월 13일에는 '문화옹호 남조선 문화인 예술가 총궐기대회'를 통해 '극장문화 옹호'에 관한 결정서가 발표되었다.[21] 그 전후로 8일에는 조선영화동맹 소속 배우 김한과 김소영이,[22] 15일에는 총궐기대회를 주관한 문화계 대표들이 장택상을 방문하기도 하였다.[23] 이에 장택상은 변명을 늘어놓으며 본질을 회피한 채 사태를 무마시키려는 모습을 보였다.

일명 '장택상 고시' 소동은 설령 그것이 즉시 현실에 적용되지 않았다 할지라도, 영화(계)에 대한 동시기 경찰 당국의 시선과 태도가 반영된 상징적인 사건이었다. 나아가 이는, 1946년 4월 12일 공포된 '미군정 법령 제68호'[24]와 동년 10월 8일 공포된 '미군정 법령 제115호'[25]로 대표되는 미군정의 권위주의적 영화 통제 정책에 구체성을 부여하였다는 점에서 당대 경찰 조직의 정치적 입장을 대변한 것으로 해석된다. 게다가 이러한 경우가 처음이 아니었음을 감안할 때,[26] 해방 후 영화에 대한 경찰의 자세는 시종일관 유지되었다

---

20 〈사상 업는 예술은 없다 각 문화단체 러-장관에 진정 항의〉,《동아일보》1947.2.2, 2면.
21 〈극장문화 옹호에 관한 결정서〉,《예술통신》1947.2.20, 1면.
22 〈고시는 취소 않는다 장 총감을 회견한 김한씨 담〉,《예술통신》1947.2.11, 1면.
23 〈문화예술에 간섭 안할 의사 장 청장 문웅 대표에 답변〉,《예술통신》1947.2.18, 1면.
24 "기존법에 의한 조선 활동사진의 제작, 배급, 상영의 감독 취체에 관한 조선정부 경무부의 임무, 직무, 문서 급 재산을 자에 조선정부 공보부에 이관함"(제2조 책임의 이관)을 주요 내용으로 하였으며, 이에 따라 활동사진의 취체가 정책-제도적으로 공식화되었다.
25 "최소한도의 통제"를 표방하며(제1조 목적 중) 영화의 허가, 심사, 금지, 신청, 수속, 형벌 등이 명목화되었다.
26 1946년 3월 '극장급흥행취체령' 관련 소동이 대표적인 예이다. 1946년 2월 7일 경기도 경찰부장 장택상은 '보안, 공안' 상의 이유로 10개 항목의 극장 및 흥행 검열 내용을 담은 극장급흥행취체령을 발표하였다. 이에 문화단체총연맹 소속의 각 단체 대표들이 경기도 경찰부를 방문하여 항의하는 등 거세게 저항하였고(〈흥행취체령 철폐를 각 문화단체서 경찰부에 요구〉,《서울신문》1946.3.8, 2면), 결국 경기도 경찰부에서는 "3·1절기념 연극을 중심으로 한 잠정적 조치였"다고 발뺌하며 검열방침을 폐지함으로써 사건이 일단락되었다(〈흥행검열 안는다 경찰부서 각 서에 발첩〉,《서울신문》1946.3.9, 2면).

고까지 할 수 있다.

경찰은 장택상 고시 파동으로부터 3~4개월 지난 시점에서 영화 임검(臨檢) 취체 권한을 두고 군정청 공보부와 미묘한 신경전을 벌이기도 하였다. 1947년 5월 12, 13 양일의 공보장 회의에서 지시가 내려진 '영화 임검에 대한 사항'에서 "관계 일체의 주무권은 공보부에 속"한다는 내용이 명시된 데 대해, "공보부 주관이든 말든 경찰로서는 「치안 방해」라는 견지에서 임검취체중이"라고 응수한 것이다.[27]

물론 영화에 대한 경찰의 취급 방식 및 대응 태도가 강경함과 통제 일변도를 보였던 것은 아니다. 1947년 7월 경무부가 "경찰공보실을 설치하게 된 것을 계기로" 하여 "학생과 근로자들에 대한 위안방송, 강연등을" 주관하였을 뿐 아니라 29, 30일 양일에는 "국도극장에서 최근 입수된 영화와 음악계의 권위를 동원하야 무료 「시민의 밤」을" 개최하기도 하였다.[28] 이를 통해, 당시 경찰이 '민주 경찰'로서의 이미지 재고를 위해 '경민융화(警民融和)'를 내세우며 영화(관)를 활용하였다는 사실이 확인된다.

결국, 이러한 일들이 지난 1947년 9월부터 12월까지 경찰영화들의 제작 소식이 반복되어 이어졌던 것이며, 게다가 4편 모두 경찰을 위시한 국가 기관의 후원 하에 기획되었던 바이다. 이 지점에서 해방 후 경찰의 정치적 입지와 사회적 인식, 냉전 고착화의 흐름 속 공권력 내 핵심 기구로서의 위상 재정립 및 대중적 문화 통제에 대한 시도가 복합적으로 작용된 일면을 발견할 수 있다.

(2) 경찰영화 기획의 내막 및 경위

경찰 조직 내 공보 관련 부서의 설치 계획이 마련된 시기는 경무부령 제1

---

27 〈영화취체 권한에 공보부와 경찰 견해대립〉, 《중앙신문》 1947.5.31, 3면.
28 〈경민융화의 『시민의 밤』〉, 《동아일보》 1947.7.26, 2면.

호 '공보실업무설치령'이 발표된 1946년 5월이었다. 그 내용은 "경무부장 밑에 직속기관으로 공보실을 두고 각 관구청마다 공보실을 설치"하는 한편, 공보관의 주요 직무를 "경찰 소식을 민중에게 이해하기 쉽도록 발표하고 일반 대중에 대한 교화와 그 실천 방법을 수립하며 경찰에 관한 모든 공보를 주안, 선전 발표하고 심사·취체·관리"하는 데 둔다는 것이었다.[29]

일본군 소위 출신으로 경찰에 입문하여 이승만 정권 말기 치안국장과 내무차관을 역임한 이성우의 회고에 따르면 "당시 경찰은 말로만 민주를 부르짖었지 실제 행동은 강권으로 군림하는 일경의 잔재가 여전했으며 일반시민들도 경찰에 대한 새로운 인식을 전혀 갖고 있지 않았"는데, 이러한 상황이 경찰 공보실 설립에 대한 환경적 요인이 되었다고 볼 수 있다.

"경찰공보실은 47년 2월 말경까지 전국에 모두 설치"되었다.[30] 아울러 "본부에 총경 1명 경감 3명 통역 등 20명을 두고 관구에는 감찰관 또는 경감을 실장으로 배치"하여 본격적으로 운영되기 시작한 것은 1947년 3월 15일 경이었다.[31] 초대 경무부 공보실장은 김대봉이었다.

경찰 공보실 발족의 "산파역"을 담당한, 초대 수도관구 공보실장 김약이는 "취임하자마자 처음으로 경찰신문의 발간에 착수"하였는데, 이로써 "1947년 3월 「수도경찰신문」 창간호가 선을 보"이게 되었다.[32] 아울러 "경찰 공보 활

---

29 이성우에 따르면, 여기에는 일본 도시샤대학(同志社大學) 영문과 출신으로 모교인 함흥 영생고보에서 교편을 잡고 있다가 해방 후 월남하여 통역관으로 경찰에 발을 들인 김약이가 매우 커다란 역할을 하였다. "「미국경찰」(아메리칸 폴리스)이란 잡지를 애독하면서 민주경찰에는 공보업무가 무엇보다도 중요하다는 사실을 실감하고 있었"던 그는, 경무부 총무국에 근무하던 대학선배 김대봉을 찾아 공보실의 필요성을 강조하여 동의를 얻어내고 수도경찰관구청장 장택상의 딸들에게 영어를 가르치게 된 것을 기회로 그에게 공보실 설치에 대한 허락을 받아냈다. 결국 김대봉이 "조병옥 경무부장과 메그린으로부터 승낙을 받아" 공보실업무설치령 발표가 성사된 것이었다. 이성우, 〈비화한 세대(129) 군정경찰[60] 통역관〉, 《경향신문》 1977.5.18, 5면.

30 위의 기사.

31 〈각 관구청에 경찰공보실〉, 《경향신문》 1947.3.11, 2면.

32 "3·1운동의 33인중 생존해 있던 당대의 명필 오세창이 제자를 써주었"고 "타블로이드판

동 중 중요한 업무였"던 중앙방송국의 「경찰의 시간」을 통해, 라디오 매체를 이용한 대민 청각 홍보 또한 적극적으로 이루어졌다.[33] 대중 매체를 이용하여 자신의 조직과 정책에 관한 대민 공보 활동을 강화하리라는 경찰의 의지가 반영된 결과였다.[34]

여기서 대중 매체라 하면 당대 유일한 영상 미디어로 자리하던 영화를 포함하였던 바, 보다 성공적인 파급 효과를 거두기 위해서는 영화 제작의 시도가 관련 활동의 중심 또는 적어도 일부를 차지할 만하였을 것이다. 더욱이 당시에는 해방 직후부터 영화를 이용한 정치 선전과 정책 홍보를 적극적으로 펼쳐 온 군정청 공보부 영화과를 비롯하여,[35] 의회 기구인 민주의원 공보부 와[36] 소방 기관에서까지[37] 제작 활동이 시도되고 있었다.

그러나 영화에 대한 취체와 통제를 주된 업무로 하고 있던 경찰이 직접 작품 제작을 행한다는 것이 결코 쉬운 일은 아니었을 터이다. 이때 가장 현실적이고도 실용적인 방법은 무엇이었을까. 일반적인 경우라면 일선 영화사가 제

에 주간으로 나온 이 신문은 경찰동정, 인사, 청장의 훈화등을 주로 실어 무려 1만 2천부나 찍"게 되었다. 이성우, 〈비화한 세대(130) 군정경찰[61] 공보실 창설〉,《경향신문》1977.5.19, 5면.

33 위의 기사.

34 이때 중점적으로 보급된 것이 다름 아닌 '민주 경찰'의 이미지였던 바, 1947년 6월에는 경찰 기관지 『민주경찰』이 발간되기도 하였다.

35 1946년 3월 29일 공보국에서 승격한 공보부(DPI) 영화과에서는 〈조선시보〉 등의 뉴스영화와 다양한 문화계몽영화를 제작하였는데, 이를 통해 "미군정의 정책·홍보기능을 충실하게 수행"하였다. 조혜정, 「미군정기 뉴스영화의 관점과 이념적 기반 연구」, 『한국민족운동사연구』 68집, 한국민족운동사학회, 2011, 334쪽.

36 다음과 같은 사례 등이 있다. "민주의원 공보부에서는 해방조선의 감격을 영화화하고자 국민문화영화사에 의뢰하야 『민족의 절규』라는 영화를 제작케하였던바 이지음 완성되었으므로 12일 오후 1시부터 민의공보부 사무소에서 시사회를 개최하기로 되었다." 〈영화 『민족의 절규』12일 시사회〉,《경향신문》1947.2.29, 3면.

37 다음과 같은 사례 등이 있다. "서울시 소방국에서는 널이 방화사상을 보급하기도 되어 영화계와 기타 방면의 후원을 어더 대규모의 소방영화를 제작하기로 되었다."〈소방영화 제작 서울시 소방국에서 방화사상 고취코저〉,《동아일보》1947.3.26, 2면.

작을 담당하고 관련된 경찰 조직이 후원하는 모양새를 취하는 일일 것이다. 더구나 경찰영화 제작에 해당 관내 경찰 조직의 지원이 뒤따르게 됨은 일반적으로도 충분히 있을 법하다.

영상 리얼리티를 통한 작품의 질적 향상과 흥행 성공을 소구하는 영화사의 입장에서는 경찰 제복 및 도구, 경찰서 및 파출소 등이 필요하나, 제작에 소요되는 경제적, 법률적 위험 요소가 만만치 않다. 안정적 (공)권력 기반을 추구하는 경찰의 입장에서는 문화적 헤게모니 확보를 위해서라도 영화 속 자신의 이미지가 어떻게 그려지는지에 촉각을 곤두세우지 않을 수 없다. 해방기 한국 경찰영화가 대체로 현장 영화사 제작에 해당 경찰청 후원으로 만들어진 가장 커다란 이유는 바로 이러한 지점에서 발견된다. 다시 말해, 해방기 경찰영화의 등장은 경찰의 정치적 상황과 영화계의 제작 환경이 상호 작용한 결과였던 것이다.

당대 설립된 제작사들 중 상당수가 비슷한 경우였음을 감안할 때 이를 단순히 동시기 경찰영화에 국한된 특성으로 보기에는 무리가 따르긴 하지만, 제작을 담당한 영화사가 대체로 신생 회사였다는 점 역시 간과하기 어려운 부분이다.[38] 새 시대에 대한 희망과 현실 세계의 혼란상 그리고 청산되지 못한 식민지 잔재가 뒤섞인 상황 하, 해방기 신생 영화 회사와 '국립 경찰'로 거듭난 경찰 조직 간의 이해관계가 경찰영화 제작이라는 지점에서 접합을 이룬 것으로 볼 수 있기 때문이다.

주목되는 점은, 먼저 손을 내민 쪽이 바로 영화계였다는 사실이다. 이성우의 기억 속에 남아 있던 '군정 경찰 홍보영화' 제작 관련 비화를 들여다보도록 하자.

---

38 해방기에 활동 중이던 영화 제작사의 수는 연도별로 1945년 2곳, 1946년 9곳, 1947년 13곳, 1948년 18곳, 1949년 16곳, 1950년 4곳으로 집계된다. 제작사와 대표 명에 관한 구체적인 내용은 김동호 외, 앞의 책, 112, 143쪽을 참고 바람.

대조영화사의 김관수는 수도청 부청장인 김태일을 찾아가 수도청의 후원을 약속 받았다. 경찰로서는 별도의 자금을 들이지 않고 홍보활동을 할 수 있어 오히려 반가운 제안이었다. 김관수는 곧 김정화('김정혁'의 오기-인용자)에게 각본을 쓰게 하고 감독에는 노장파인 박기채를 기용해 제작에 들어갔다. 「밤의 태양」이란 제목으로 최은희 김동원 한은진 김승호 등 호화 배역진이었다. 카바레를 아지트로 암약하는 대규모 밀수단을 형사들이 일망타진하는 수사물이었다. (…)

(…) 「밤의 태양」의 제작 소식이 알려지자 경쟁회사인 건설영화사에서도 지방 경찰청을 상대로 교섭에 나섰다. 제작자인 최철은 제1관구·제7관구청과의 교섭에 성공, 2편의 영화를 제작하기 시작했다. 제1관구청 후원으로는 「추우」('수우'의 오기-인용자), 제7관구청 후원으로는 「여명」을 만들기로 하고 최철은 각본을 먼저 만든 뒤 당시 1관구청장이던 이하영(현 평북지사)과 7관구청장이던 박명제(작고)를 시나리오작가로 발표했다.³⁹

이상의 내용을 통해, 일련의 경찰영화가 대조영화사와 건설영화사라는 신설 영화사의 기획과 수도관구청, 제1관구청, 제7관구청 등 각 지방 경찰청의 적극적인 지원과 협조 하에 제작되었다는 사실이 확인 가능하다.

우선 〈밤의 태양〉 관련 사항을 알아 보자. 대조영화사는 1948년부터 제작 활동을 개시한 것으로 보이며, 그 첫 작품이 〈밤의 태양〉이었다. 이해 여름에는 음악영화 〈봉선화〉의 기획을,⁴⁰ 가을에는 전기영화 〈김상옥 혈사〉의 제작을 시도하였으나,⁴¹ 두 작품 모두 완성·개봉 단계까지 이르지는 못하였다.

39 이성우, 〈비화한 세대(132) 군정경찰[63] 홍보영화〉, 《경향신문》 1977.5.23, 5면.
40 "▲대조영화사에서는 음악영화 「봉선화」를 제작코저 방금 그 씨나리오 집필을 모 극작가에게 의촉하고 있으며"〈신 기축에 기대〉, 《경향신문》 1948.8.29, 3면.
41 "민족 독립운동에 피를 뿌린 「김상옥 혈사」를 안종화 연출, 홍일명 촬영으로 제작코자 만반의 준비를 끗내고 수원 지방에 「로케」를 떠나기로 되엇는데 곳 「크랑크」를 돌리리라고."〈영화 김상옥 혈사〉, 《자유신문》 1948.10.21, 4면. / 안종화와 홍일명은 건설영화사의 경찰영화 〈수우〉의 연출 및 촬영 담당자였다.

제작자 김관수는 연극인 출신으로 1930년대 극단 황금좌와 동양극장 등에서 흥행 사업을 담당한 경력의 소유자였다. 해방 후에는 고려교향협회 사무국장으로 취임하기도 하였다.[42] 한편 김태일은 이북에서 월남한 뒤 가평 경찰서장과 1관구청 부청장을 거쳐 1947년 8월 수도청 부청장 자리에 오른 상태였다.[43] 〈밤의 태양〉의 크랭크인 시점이 11월경이었으므로, 김관수가 영화 제작 후원을 제안한 것은 김태일의 발령 직후 또는 얼마 후였던 것으로 추정된다.

다음으로 〈수우〉와 〈여명〉에 대해 살펴보자. 건설영화사는 해방 다음해인 1946년 3·1절을 맞이하여 인천 송학동에 세워진 회사였다. "3·1기념화보 전람회를 개최하는 한편, 인천에서 흥행된 3·1기념행사의 「뉴-쓰」를 촬영"함으로써 활동을 개시하였다. 〈수우〉를 제작하기 전에는 '기념 영화'로 〈무영의 악마〉, 〈조국을 위하야〉 등 위생 선전 문화영화를 내놓은 바 있었다.[44] 연기자 최불암의 선친이기도 한 건설영화사의 대표 최철은 일제말기 중국 상하이(上海)에 머물러 있다가 해방 직후인 1945년 11월 인천으로 돌아와 신문사를 경영하였다.[45] 언론인으로서의 그의 직함이 경찰영화 기획 및 제작 성사에 일정 부분 영향을 미쳤다고도 짐작 가능하다. 결국 "1년 여간 미미하게 동영화사를 끌고 나오다가 이번에 대작에 착수하게 된 것"은 〈수우〉를 통해

---

42 〈예원춘추〉, 《경향신문》 1946.10.20, 4면.

43 〈수도청 부청장 이익흥씨 영전〉, 《경향신문》 1947.8.9, 2면.

44 두 영화의 연출은 유명 남자 배우로서 〈수우〉와 〈여명〉에도 주연을 맡은 이금룡이 담당하였다. 〈수우〉의 출연 경위에 대한 이금룡의 잡지 투고문 중 이와 관련된 내용을 발췌하면 다음과 같다. "그런게 뜻밖에도 작년에 내가 인천에 가서 문화 영화 두편을 만드려 놓고 온 건설영화사가 제법 크게 자라서 이번에는 본격적으로 극영화 「수우」를 만들겠다고 나더러 꼭 나와 달라했다." 남우·이금룡, 〈인천집잔치 -(영화 「수우」에 출연하면서)-〉, 《영화시대》 제2권 제5호, 1947.12, 46쪽.

45 귀국 후 그의 초기 활동은 자신이 결성한 '인천전재민동맹'을 통해 이루어졌다. 그러다가 "중앙에 전재동포원호회가 창설되자 동 동맹은 발전적으로 해산하고 동 원호회 인천지부로 적려시키는 한편 신문인으로서 대동신보, 문예신문을 거쳐 현재(1947년 12월-인용자)는 세계일보 인천지사장을 겸임하고 있"었다. 합동통신인용지국 박영, 〈건영의 비약을 보고〉, 《영화시대》 제2권 제5호, 1947.12, 45쪽.

서였다.[46] 특별히 주목되는 것은, 〈수우〉와 〈여명〉의 기획 당시 그 자신이 "각본을 먼저 만든 뒤"[47] 그 '원작자'의 이름을 각각 1관구경찰청과 7관구경찰청 최고위급 간부의 명의로 하였다는 점이다. 해당자는 경기도 지역을 관할하던 제1관구 경찰청 '보안과장' 이하영과 경상남도 지역을 관할하던 제7관구 경찰청장 박명제였다.[48]

이처럼, 대표적인 경찰영화 세 작품은 영화 제작사에서 기획된 뒤 특정 경찰청의 후원이 더해져 만들어졌다는 공통점을 지닌다. 물론 이들 영화의 기획 과정에서 경찰과의 밀착성의 정도가 제작사(자)에 따라 차이를 보이기도 하였다. 가령, 대조영화사(김관수)에서 제작된 〈밤의 태양〉은 일제말기에도 꾸준히 활동을 해오던 전문 영화 감독의 연출로 만들어진 데 반해, 건설영화사(최철)에서 연이어 제작된 〈수우〉와 〈여명〉의 경우 각본의 원작자를 관할 경찰청의 상위 직급자로 표기하고 후원 경찰청도 회사 소재 지역을 관할하던 제1관구 경찰청과 영화 속 서사의 공간적 배경이 되는 제7관구 경찰청으로 삼는 등 보다 긴밀한 협력 양태를 드러내었다.

해방기 경찰영화 등장의 배후에 일제강점기부터 유력한 권력 기구로 군림하던 경찰 조직뿐 아니라 해방을 계기로 다시금 활력을 뿜어내던 제작사를 비롯한 영화계가 자리하였음을 반증하는 단면으로 볼 수 있다.

---

46 동시기 영화 잡지 란에는 〈수우〉 제작 당시 건설영화사의 자금 상황과 설비 여건이 다음과 같이 소개되고 있었다. "일천만원의 제작비면 그 자체조차 조선서는 처음 되는 숫자이려니와 현재 50여 명이 합숙할 수 있는 수사, 암실, 스터듸오 등 1000여 평에 걸친 지대에 완비된 설비를 갖이고 있으며 인천 송도에 2000여 평의 스터듸오를 설계 진행중이라고 한다." 위의 글, 같은 쪽.

47 이는 자신의 아버지가 "인천에서 「건설영화사」를 차려 직접 시나리오를 쓰고 손수 기획 제작을 맡았다"는 최불암의 증언과도 일치하는 대목이다. 〈안방극장 터줏대감 최불암 「「광대시리즈」엔 마침표가 없다"〉, 《동아일보》 1992.2.15, 31면.

48 1946년 경찰 조직 체계에 따른 각 관구의 관할 지역은 다음과 같이 구분되어 있었다. 제1관구 경찰청-경기도, 제2관구-강원도, 제3관구-충청남도, 제4관구-충청북도, 제5관구-경상북도, 제6관구-전라북도, 제7관구-경상남도, 제8관구-전라남도. 강혜경, 앞의 학위논문, 38쪽.

3. 해방기 경찰영화의 장르적 양상

(1) 서사 구조와 표현 양식의 특징

그렇다면, 해방기 경찰영화의 이야기 구조와 표현 기법 상의 특징은 무엇이었을까. 이는 가장 기본적인 정보임에도 불구하고, 그동안 학계에서는 영상 자료의 부재와 1차 문헌 자료의 미발굴이라는 현실적 장애로 인해 그 실체가 제대로 공개되지 못하였다. 그러던 중, 최근 전지니에 의해 그 내용이 상세하게 밝혀졌다. 각 작품의 내용과 형식을 구명하는 일은 해방기 경찰영화를 이해하는 전제가 됨은 부정할 수 없는 사실이다.

이에, 여기서는 전지니의 연구 결과를 토대로 삼는 한편, 한국영화진흥조합에서 편찬된『한국영화총서』[49]를 위시한 기존의 문서 기록을 참조함과 동시에 관련 신문 기사를 수집하고 광고 포스터를 발굴하며 스틸 사진 등의 이미지 자료를 분석함으로써, 관련 사항을 보다 입체적으로 파악해 보려 한다.

〈밤의 태양〉부터 살펴보자. 인천 암흑가에 카바레를 본거지로 불법을 행하는 청사단이라는 밀수 조직이 있다. 두목은 청사(靑蛇, 장진 분)이며, 그에게는 6년간 만나지 못한 어머니와 여동생 복실(최은희 분)이 있다. 어느 날 복실은 교통사고를 당하나, 순경 김대식(김동원 분)이 그녀를 도와준다. 그리고 이를 계기로 둘은 연인 관계로 발전한다. 한편, 열혈 단원이던 국현(전택이 분)의 배신으로 위기에 처한 청사단은 더욱 과감하게 범행을 일삼는다. 이에 경찰도 수사의 강도를 더욱 높여가고, 그 과정에서 김대식 또한 청사단 검거에 투입된다. 결국 경찰에 의해 청사단의 본거지가 성공적으로 소탕된

---

49 한국영화진흥조합,『한국영화총서』, 경성흥산주식회사, 1972. 이 책은 지금까지 많은 연구자들에게 참고의 대상이 되어 왔다. 그러나 영화의 제작 및 상영 정보나 이야기 줄거리 등에 적잖은 오류가 포함되어 있기도 하다. 이에, 전반적인 사항은 참고하되 세부적인 부분에 대해서는 여타 자료를 교차적으로 활용하여 정확성을 높여 파악할 필요가 있다.

다. 그러나, 청사와 복실의 관계가 드러남으로써 영화는 구슬프게 마무리된다.[50]

"캬바레를 아지트로 하여 암약하는 대규모 밀수단을 민완 형사들이 일망타진한다는 내용의 밀수근절을 위한 정책영화"로 소개된 『한국영화총서』 상의 '작품 개요'에서 크게 벗어나지는 않으나,[51] 복실 가족의 비극적 사연이 사건의 또 다른 기축을 이룬다는 점에서 서사의 스펙트럼이 보다 폭넓게 설정되어 있었음이 확인된다. 그리고 이러한 멜로 드라마적 요소는 관객을 소구하는 데 적극적으로 활용되었다고 볼 수 있다. 이와 관련하여, 개봉 시점에 나온 포스터에서는 제복을 착용한 남성 경관의 사진이 우측 하단을, 세련된 차림의 젊은 여성의 사진이 좌측 상단을 장식한다. "올스타 캬스트"를 자랑하는 출연자 란을 장진, 김동원, 전택이 등 남성 인물의 이름이 채워 가다가 전옥, 한은진, 최은희, 복혜숙 등 유명 여자 배우들의 이름이 차례로 이어지고 있다는 점 역시 동일한 맥락에서 주목된다.[52]

하지만 그녀들의 역할이 전통적인 여성상에 머물지 않고 여자 갱(한은진 분)이나 카바레의 여인(전옥 등)까지도 아우르고 있음 또한 간과해서는 안 될 것이다. 이는, 활극 성향을 강조하고 "천문학적 돈, 여자 갱, 수위 높은 러브신" 등을 가미함으로써 그 대중성을 확보하려는 영화의 기본적인 흥행 전략과 직결되기 때문이다.[53] 이러한 경향은 작품 완성을 홍보하는 포스터를 장식한 "朝鮮 最初의 一大 스펙타클 映畵"라는 문구를 통해서도 확인 가능하다.[54]

이러한 특징은 〈수우〉에서도 발견된다. 영화의 줄거리는 다음과 같다. 정희(김소영 분)는 남편 김한주(전택이 분)의 밀수 모리 행위와 유흥업소의 마

---

50 전지니, 앞의 논문, 83쪽.
51 한국영화진흥조합, 앞의 책, 272쪽.
52 마지막에는 '모리배' 중 한 명으로 나오는 김승호의 이름이 올라 있다. 《경향신문》 1948.7.1, 2면 광고.
53 전지니, 앞의 논문, 85쪽.
54 《동아일보》 1948.5.14, 2면 광고.

담(신카나리아 분)과의 불륜 행각에 고통스럽다. 정희는 자신에게 금전을 요구하는 남편에게 마지못해 돈을 마련해 주지만, 오히려 김한주는 정부가 보는 앞에서 아내에게 집을 정리할 것이라 큰 소리를 친다. 이에 정희는 극심한 모욕감과 절망감에 못 이겨 남편의 권총으로 자결하려 하나, 총탄은 그녀를 말리던 남편을 관통한다. 김한주의 죽음을 둘러싼 경찰 조사에서 수사관 홍정식(이금룡 분)은 정부(情婦)의 유언을 단서로 하여 정희를 피의자로 심문한다. 정희는 죽어 가던 남편의 말대로 자식들을 생각하고 괴한의 소행이라고 거짓 진술을 하다가, 홍정식의 온정 어린 모습을 보고 그에게 사건의 전말을 털어놓게 된다. 이야기를 들은 홍정식은 그녀에 대한 관대한 처우를 다짐하고 정희는 감사해 한다.[55]

여타 경찰영화의 경우처럼 권선징악적 결말 구조를 내포하나, 사건의 중추를 이루는 핵심 인물이 밀수범의 아내로 설정되어 있다는 부분이 특이하다. 그러면서 작품은 경찰관과 밀수범의 물리적 대결 구도보다는 여성 취향의 멜로 드라마적 요소를 통해 극적 긴장을 조성한다. 밀수범을 사이에 두고 그의 아내와 내연녀가 벌이는 갈등의 양상[56]과 사망 사건 이후 밀수범 아내와 경찰 수사관 간 소통의 과정이 이야기 전개의 한 줄기를 형성한다는 점에서도 특징을 보인다.

이는 공개를 앞둔 시점에 나온 영화 포스터에도 반영되어 있다. 우선 광고

---

55 전지니, 앞의 논문, 82쪽.

56 카바레 마담이자 밀수범의 내연녀 역할을 맡았던 신카나리아의 30여년이 지난 기억 속에 〈수우〉는 "전택이 김소영 그리고 나 세 사람이 벌이는 삼각관계를 그린 내용"을 담은 작품이었다. 영화에 대한 회고와 함께 그녀가 소개한 스틸커트에는 이들 세 명 사이의 긴장감이 극에 달해 보이는 장면이 담겨져 있다. 왼쪽으로 김소영이 화난 얼굴을 하며 맞은 편 신카나리아를 노려 본다. 그녀의 오른 손에는 권총이 있는데, 이를 전택이가 제지한다. 신카나리아는 오른 손으로 자신의 뺨을 만지면서 놀란 표정을 짓고 있다. 이 사진은 현재 한국영상자료원 홈페이지 한국영화데이터베이스 내에서 〈수우〉 관련 자료로 첨부되어 있기도 하다. 신카나리아, 〈나의 교유록 원로 여류가 엮는 회고 〈146〉 6 · 25동란〉, 《동아일보》 1981.8.4, 7면.

지를 채운 가장 커다란 그림 이미지는 밀수범 아내 역의, 당대 최고 여배우 중 한 명인 김소영의 얼굴이다. 화면 오른 편에 그려져 있는데, 좀 더 오른쪽 하단에 남편 역을 맡은 전택이의 상반신 그림이, 왼쪽으로 화면 중앙의 영화 제목을 지나 상단 부분에 수사관 역을 담당한 이금룡의 상반신 그림이 그려져 있다. 출연자 명단에도 배우명이 남녀로 구분되어 있다는 점이 눈에 띈다. 왼쪽에는 순서대로 이금룡, 김일해, 전택이, 이화삼, 송재노, 권영팔, 서월영의 이름이, 오른쪽에는 김소영, 신카나리아, 김선영, 정득순, 김양춘, 박옥초, 복혜숙의 이름이 기재되어 있다. 광고 문구대로 "問題의 스타-시스템"이라 할 만하다.

한편으로 영화는 "製作費一阡萬圓!! 朝鮮映画史上最大巨篇"이라는 수식어를 통해 그 제작 규모와 스펙터클을 과시하고 "建設映画社超特作"이라는 문구 밑에 "後援 第一管區警察廳"을 명기함으로써, 경찰영화로서의 장르적 성향을 강조한다. 다소 신파적인 서사 패턴을 취하면서도 경찰의 존재성을 통해 계몽성을 덧붙이고 볼거리를 제공하여 흥행적 차원의 경쟁력을 높이기 위한 홍보 전략의 일환으로 볼 수 있다.

〈여명〉의 경우로 넘어가 보자. 한 어촌 경찰 지서에 두 순경이 근무한다. 윤태선 주임(권영팔 분)과 이순경(이금룡 분)이 그들이다. 전자는 임무에 충실한 인물이나, 후자는 그렇지 못하다. 어느 날 이 순경이 라이터를 뇌물로 받고 밀수꾼 이한종의 범죄 행위를 모른 척 해준다. 윤 주임은 소학교 교사로 모친(복혜숙 분)과 함께 사는 명숙(정득순 분)과 가깝게 지내지만, 명숙의 친구인 인선(이민자 분) 역시 그를 마음에 둔다. 인선은 모리배의 세계로 빠져든 충국(황남 분)의 누이이나, 오빠는 그녀를 노리는 또 다른 모리배(진훈 분)에게 넘기려 한다. 결국 인선은 충국의 범죄를 막다가 목숨을 잃는다. 한편, 이 순경은 하지만 그는 과오를 반성한 뒤 지서의 주임과 경찰 상관(서월영 분)에게 자신의 비리를 고백한다. 이후 경찰은 밀수단에 대한 검거 작전에 돌입한다. 그 과정에서 이 순경이 총에 맞아 명을 달리하나, 결국 경찰에 의

해 범인들을 체포되고 밀수품도 환수된다.[57]

이 역시도 영화의 무게 중심이 이 순경이라는 경찰 개인의 내적 유혹, 갈등, 회개, 극기와 경찰 조직의 밀수배 일당 소탕으로 점철되어 있다는 면에서는 『한국영화총서』의 내용과 궤를 같이하나, 그 비중이 절대적인 것은 아니며 여타 인물과 배경과 사건들이 다채롭게 조합되어 있다는 특징을 보인다.

한국영상자료원 홈페이지 한국영화데이터베이스(http://www.kmdb.or.kr/)에 보존되어 있는 〈여명〉의 스틸 커트 94장을 살펴볼 때, 이러한 점은 더욱 구체적으로 실증된다. 사진의 숫자나 이미지 등을 종합하면, 서사의 무게 중심이 이 순경보다는 윤 주임 쪽으로 기울어진 상태에서 사건의 줄기가 두 여성을 비롯한 그의 주변 인물들까지로 고루 뻗어 있었을 것으로 추측된다. 주요 공간적 배경 역시 파출소에 국한되거나 부두, 바 혹은 카바레 등과 같이 특수한 장소만이 전시되기 보다는 민가, 마을, 해안, 병원, 학교 등 다양한 생활 장소로 설정되어 있다.[58]

관련 이미지 및 문헌 자료를 통해 확인되는 바대로 경찰관 개인의 인간적 내면이 담백하게 그려졌다는 점 이외에도 일상의 장소가 주요 공간으로 배치되고 그 속에 다양한 부류의 사람들이 등장한다는 차원에서, 또한 '잔잔하고 과장없는' 이야기 전개와 '리얼'하고 '허구'없는 장면 표현이 작품의 주조를 이루었음을 언급하는 당시 평을 참고하건대, '스펙터클', '최대 거편' 등의 수식어로 남성성을 강조하던 이전 경찰영화들과의 차별점이 눈에 띄기도 한다.

그러나 동시에, 이순경이 기선 운전사를 바다에 빠트린 후 그것을 본인이

---

57 전지니, 앞의 논문, 83~84쪽과 정용배, 〈[영화평] 여명을 보고〉, 《자유신문》 1949.
    3.25, 2면 및 오영진, 〈[영화] 여명〉, 《경향신문》 1948.10.4, 3면을 종합적으로 참고하
    였다.
58 극장 개봉을 선전하는 포스터를 확인하더라도 주요 배우의 이름이 순서대로 권영팔,
    이금룡, 서월영, 김태원, 주훈, 황남, 복혜숙, 강실금, 노재신, 이민자, 정득순으로
    소개되어 있는 바, 남녀 비율이 숫자적으로도 균등한 편이며 서사의 초점 역시 경찰
    역을 맡은 권영팔과 이금룡뿐 아니라 주변 등장인물들에게도 두루 맞추어져 있었음이
    엿보인다. 《경향신문》 1949.3.16, 20일자 2면 광고.

운전하는 등 "일견 모리배와의 활극을 전개시키려는"[59] 부분을 통해 볼거리가 제공되고 경찰이 범죄 조직의 악당들을 물리침으로써 서사가 종결되는 한편, 멜로 드라마적 요소로 인해 극적 긴장감이 가중된다는 점에서는 여타 경찰영화들과 여전히 동질성을 이루고 있었다.

이상의 내용을 종합하면, 해방기 경찰영화의 공통적 특징은 다음과 같이 정리된다. 이들 작품은 정의 사회를 구현하려는 민주적인 경찰 조직이 밀수를 비롯한 범죄 행위로 일확천금을 노리는 모리배 집단을 소탕한다는 이야기 구조에 역동적이고 스펙터클한 활극 이미지를 영화의 도입부[60]나 종결부를 중심으로 덧붙임으로써 기본 양식을 구축한다. 여기에 일선 경찰 및 밀수 모리배 양쪽과 인연이 있는 여성 인물을 중심으로 하는 다양한 형태의 가정 비극을 삽입하여 멜로 드라마적 요소를 다른 한 축으로 설정한다. 제복, 무기, 공관 등의 미장센 요소를 통해 경찰영화라는 성격을 드러내면서도, 밀수, 불륜, 뇌물 수수 등 금기된 행위나 카바레와 같은 퇴폐적 장소를 노출시킴으로써 관객의 호기심을 자극한다.

앞서 살펴본 기획 배경과 제작 과정은 물론이고, 이처럼 유사한 영화적 패턴이 〈밤의 태양〉, 〈수우〉, 〈여명〉 등 특정 작품을 통해 공유되었다는 점에서 동시기 경찰영화는 일종의 장르화 경향을 보이고 있었다고 할 만하다. 후술하겠지만, 이러한 양상은 영화의 상영 단계 및 비평 영역으로까지 확대되어 이어진다.

아울러, 여전히 몇 편 되지는 않았으나 일제 말기와는 구별되는 열기와 성과를 보이던 해방기 (극)영화 제작의 다소 복잡다단해진 흐름 속에서[61] 이들

---

59 정용배, 〈[영화평] 여명을 보고〉, 《자유신문》 1949.3.25, 2면.
60 이에 관한 〈밤의 태양〉과 〈수우〉의 구체적인 예시는 전지니, 앞의 논문, 82, 93쪽을 참고 바람.
61 『한국영화총서』에 기록된 해방기 영화(극영화) 제작 편수는 연도 별로 1946년 4편(3편), 1947년 13편(11편), 1948년 22편(17편), 1949년 20편(16편), 1950년 2편(2편) 등이다. 한국영상자료원 한국영화 데이터베이스에는 1946년 8편(3편), 1947년 14편(11편),

영화가 특정 작품군을 형성하고 있었다는 점도 주목된다. 통속적 애정물, 가정극, 활극을 비롯하여 음악영화, 컬러영화, 문예영화 등 보다 다양한 갈래 안에, 후대 '광복영화'로 일컬어지게 되는 일련의 전기(傳記)영화[62]나 새 사회 건설을 다룬 영화[63] 등과 더불어 경찰영화가 자리하고 있었던 것이다.

그런데 이러한 양상 가운데, 경찰영화 등장 직전에 이미 그 장르적 경향을 선도한 작품이 나왔다는 사실 또한 간과할 수 없다. 그것은 바로 〈바다의 정열〉이었다. 이 영화는 전체적인 서사 구조가 비슷하고 공권 기관의 후원을 얻었다는 점에서도 경찰영화와 연관성을 띠었다. 더구나 작품의 완성 시점이 1947년 하반기(9월 무렵으로 추정)였던 바, 시간 상 그 영화적 특징이 경찰영화에 직접적인 영향을 미쳤다고 볼 수 있다.

〈바다의 정열〉은 신성영화사의 제1회 작품으로 기획되어 전창근이 각본을, 서정규가 연출을 담당하였다. 조선해안경비대의 후원을 받아 제작되었다는 특수 배경 하에, 밀수 예방 및 공권력 강화를 염두에 둔 계몽, 선전 영화의 성격을 지녔다. 해안경비대 지휘관이 대규모의 국제 밀수 조직을 섬멸한

1948년 20편(16편), 1949년 22편(18편), 1950년 3편(3편)으로 표기되어 있다. 세부 작품 등에 대한 구체적인 정보에 대해서는 후속 작업이 이어져야 하겠으나, 이를 통해 수치 상으로나마 당시 전반적인 영화 제작의 흐름을 참고해 볼 수 있다. 한편, 일제강점기 식민지 조선의 극영화 제작 편수는 연간 10편이 넘는 경우가 거의 없었으며 1940년대의 경우 1940년 2편, 1941년 8편, 1942년 2편, 1943년 3편, 1944년 3편, 1945년 1편 등이었던 바, 영화사적으로는 해방기에 영화 제작이 활기를 띠었다고 볼 수 있다.

62 〈의사 안중근〉(이구영-계몽구락부, 1946), 이준의 삶을 그린 〈불멸의 밀사〉(서정규-한국영화연구소, 1947), 〈윤봉길 의사〉(윤봉춘-계몽영화협회, 1947), 주기철 목사를 대상화한 〈죄 없는 죄인〉(최인규-고려영화사, 1948), 〈유관순〉(윤봉춘-계몽영화협회, 1948), 〈안창남 비행사〉(노필-독립영화사, 1949) 등이 있다. 이에 관한 자세한 내용은 함충범의 논문(「역사적 실존 인물을 다룬 해방기 한국영화 연구」, 『아세아연구』 160호, 고려대 아세아문제연구소, 2015)을 참고 바람.

63 〈해방된 내 고향〉(전창근-전창근프로덕션, 1947), 〈새로운 맹서〉(신경균-청구영화사, 1947), 〈민족의 새벽〉(이규환-이규환프로덕션, 1947), 〈천사의 마음〉(김정환-향린원, 1947), 〈사랑의 교실〉(김성민-김성민프로덕션, 1948), 〈해연〉(이규환-이철혁프로덕션, 1948), 〈대지의 아들〉(신경균-청구영화사, 1949) 등이 있다.

다는 이야기를 담고 있었다. 인지도가 낮은 신인 배우들로 출연진이 구성되었는데, 시나리오를 쓴 전창근과 촬영을 담당한 김정환을 제외한 감독이나 제작사의 경험 또는 경력 역시 낮은 상태였다.[64]

『한국영화총서』에 기록되어 있는 전체적인 이야기 줄거리는, 밀수단 일당이 그 우두머리의 정부(情婦)가 운영하는 바를 아지트로 삼아 향락과 폭력을 일삼으며 지내다가 대규모 국제 밀수를 도모하지만 지휘관을 비롯한 해안경비대 대원들이 밀수단의 계획을 알아차리고 해상에서 그들을 일망타진한다는 내용으로 정리된다.[65] 현재로서는 보다 자세한 내용을 알 수는 없지만, 핵심적인 이야기 줄기가 경찰영화들과 유사하다는 점은 어렵잖게 인지된다.

이와 관련하여 특별히 주목되는 지점이 있다. "조선해안경비대 후원 진해·특설기지사령부 검열"[66]이라는 내용이 그것이다. 그런데, 조선해안경비대는 경찰이 아닌 국방 조직이었다. 국군의 모체가 된 조선경비대 출범과 더불어,[67] 1946년 6월 15일 군정법령 제86호에 따라 해방 직후부터 실질적으로 도서와 해안의 방비를 맡아 오던 해방병단이 미군정 통위부 산하 조선해안경비국과 통합되어 발족된 것이었다.[68] 대한민국 정부 수립 후인 1948년 9월 1일 국군에 편입되어 9월 5일에는 해군으로 개칭되었다. 반면, 해양 경찰 조직의 출범은 6·25전쟁 이후인 1953년 12월 14일 내무부 치안국 산하 해양경찰대 창설을 계기로 이루어진다. 그러므로 경찰영화의 성립 요건 중 하나를 경찰 조직으로부터 후원을 받은 작품으로 두었을 때, 엄밀히 따지면

---

64 〈[문화]〉, 《중앙신문》 1947.8.29, 2면.
65 한국영화진흥조합, 앞의 책, 264쪽.
66 《경향신문》 1948.3.21, 23, 24일자, 2면 광고.
67 그 모체가 되는 조선국방경비대가 창설된 것은 1946년 1월 15일이었다.
68 해방병단은 손원일의 주도로 조선해사협회의 건의와 미군정의 승인을 받아 1945년 11월 11일 조직되었으며, 1946년 1월 군정법령 제42호에 의거하여 국방사령부에 편입되었다. 해방병단의 초대 단장, 해안경비대의 초대 총사령관, 해군의 초대 참모총장은 손원일이었다.

군대의 후원을 받은 〈바다의 정열〉은 여기에 해당하기 어렵게 되는 것이다.

그럼에도, 상술한 바와 같이 이 작품에서 선보여진 영화 기획 및 제작 과정과 작품의 도상 및 관습은 일련의 경찰영화들과도 상당 부분 공유되었다. 차이가 있다면 해안경비대원이 경찰관으로 대체된 정도였다. 그리고 이러한 양상은 영화의 광고 전략 등으로도 이어진다.

(2) 상영 양상 및 흥행 방식과 사회적 반향 및 평단의 반응

주지하다시피, 1948년은 38선 이남에 대한민국 정부가 수립된 연도이다. 그리고 이 해에 경찰영화들이 연이어 완성 또는 개봉되었다. 주목되는 점은, 이들 작품(군)이 동시기 한국 극영화의 주류를 형성하고 있었다는 사실이다.

새해 첫날 신문 지상에 실린 안석영의 글에서 영화계 "고심참담의 2년간의 노력"의 결과로 기대되는 작품 5편 가운데 3편이 〈수우〉, 〈여명〉, 〈최후의 밤〉(〈밤의 태양〉) 등 경찰영화였음은 이에 대한 반증이라 할 만하다.[69] 이후에도 이들 세 영화가 동시기 여러 평론가들에 의해 유사 작품(군)으로 거론되는 경우가 종종 포착되는 바,[70] 〈수우〉, 〈밤의 태양〉, 〈여명〉 등의 경찰영화가 특정한 극영화 종류(장르)로 인식되고 있었음이 확인된다. 이러한 분위기속에 개별 경찰영화들이 순차적으로 개봉되었다.

이에 앞서, 〈바다의 정열〉이 1948년 3월 24일과 25일 양일간 수도극장에서 유료시사회 형식으로 공개되었다. 유료 시사회를 홍보하는 포스터 상의 "朝鮮 最初 海洋 活劇"이라는 문구로 보아,[71] 개봉 당시 영화가 국가 기관의

---

69 안석영은 이들 3작품 외에 "16미리로는 윤봉춘씨의 「유관순전」 등이 완성될 것이며 이병일씨도 신성영화회사와 제휴하여 「비창」을 착수하였"다고 소개한다. 안석영, 〈신조선 건설의 구상〉, 《동아일보》 1948.1.1, 3면.

70 가령, 〈여명〉의 시나리오를 쓴 최영수 역시 〈수우〉, 〈유관순전〉, 〈비창〉, 〈최후의 밤〉, 〈여명〉을 순서대로 "비료도 될 수 있고 초석도 될 수가 있"는 작품으로 언급한다. 최영수, 〈다작무계의 일년 (하)〉, 《경향신문》 1948.1.11, 4면.

71 《경향신문》 1948.3.21, 23, 24일자, 2면 광고.

홍보보다는 '해양 활극'이라는 장르적 성격을 강조한 측면이 농후하였음을 알 수 있다. 동시기 비평 담론에서 이 작품이 일련의 경찰영화 속에 포함되지 못하였던 이유 중 하나라 할 만하다. 이 영화가 16mm 필름으로 만들어졌다는 점 또한 여타 경찰영화들과는 구별되는 부분이다. 영화 촬영에 사용된 필름의 종류는 당대 영화 분류에 있어 유효한 기준 중에 하나였다.

그러나 한편으로, 이 영화는 광고 전략에서도 뒤이어 등장할 경찰영화들과 동질성을 띠고 있었다. '근일 완성'을 알리는 영화 포스터는 "停船命令을 無視한 密輸船을 쫓차 海岸警備班은 追擊한다"[72]라는 문구와 "바다와 싸우는 젊고 씩々한 海警士官의 靑春日記! 密輸入者는 紳士의 탈을 쓰고 富豪집 O孃을 노리고 誘惑한다!"[73]라는 문장 표현 등으로 이야기의 핵심 부분을 소개한다. 『한국영화총서』상의 내용과 무리 없이 호응됨은 물론, 여기에 밀수단 두목이 재물을 위해 부자집 처녀를 유혹한다는 서브 플롯이 부착되어 있었다는 사실도 확인된다. 또한 포스터는 밀수꾼과 경찰관이 서로 총을 겨누는 그림으로 장식되어 있다. 민소매 상의를 걸치고 오른 팔에 해적 문신을 한 험상궂은 얼굴의 밀수꾼 뒤에는 그의 정부로 보이는 젊은 여성이 자신의 몸을 보호한 채 심각하게 서 있다. 반면 맞은 편 경비대원은 말끔한 정복 차림에 여유로우면서도 진지한 표정을 짓고 있다. 뒤이어 등장할 경찰영화들의 포스터와 별반 다르지 않은 디자인이다.

〈수우〉의 경우, 1948년 5월 5일과 6일 시공관에서의 특별유료시사회를 거쳐 5월 18일부터 22일까지 같은 장소에서 상영된 후[74] 다시 6월 9일부터 5일 동안 성남극장에서 상영되었다.[75] 5월 18일 상영부터는 특별한 흥행 전략이 적용되기도 하였다. 영화 상영에 맞추어 김영수 원작, 김영수 각색, 홍개명

---

72 《동아일보》 1947.9.23, 2면 광고.
73 《경향신문》 1947.9.24, 2면 광고.
74 《동아일보》 1948.5.15, 18일자, 2면 광고.
75 《경향신문》 1948.6.9, 2면 광고.

연출의 연극 〈난영〉 1막이 동시 상연되었던 것이다. 이 공연은 전택이, 송재노, 노경희, 정득순, 황남 등 〈수우〉 출연 배우들에 의해 실연되었던 만큼, 극장을 찾은 이들에게는 상당한 볼거리였음에 틀림없다.

〈밤의 태양〉은 7월 1일부터 7일까지 국도, 중앙, 성남, 동도 등 서울 시내 4대 영화관에서 일제히 공개되었다. 중앙극장과 동도극장의 경우 영화 상영과 짝을 이루어 쇼 공연을 제공하는 흥행 방식으로 관객 몰이에 나서기도 하였다. 중앙극장에서는 1시간 30분 러닝타임의 영화 상영을 하루 5회 배치하고 각 상영 시간 중간에 30분간 '여름의 환상곡'이라는 제목의 쇼를 공연하였다. 〈밤의 태양〉 출연진 중 한 사람인 전옥을 비롯하여 남인수, 장세정, 고복수, 황금심 등 당대 최고 인기 가수들의 특별출연과 백조가극단 무용단의 무대가 준비되어 있었다.[76] 동도극장에서는 하루 4회 배치된 영화 상영 시간 10분 전에 동도예술좌가 공연하는 30분 길이의 풍자극 '시인과 숙녀' 1막 2장을 공연하였다.[77]

절대적 수치로만 따지면, 흥행 성과는 괜찮은 편이었다. 입장 관객이 6만 명에 육박하였고 이에 따른 수입액도 1,000만 원을 넘었다. 그러나 이러한 결과가 수익 산출로는 이어지지 못하였던 것 같다. 이 영화에 투입된 제작비는 총 수입보다도 커다란 액수였기 때문이다.[78]

또한 제작진과 흥행업자의 입장에서는 뜻하지 않게, 영화에 대한 반향은 대중적 관심을 넘어 사회적 물의로까지 이어지게 되었다. 크게 두 가지가 이슈 거리였다.

첫 번째는 입장권 매각 방식 중 조직적인 우대권 암매에 관한 것이었다.

---

76 《경향신문》 1948.7.1, 2일자, 2면 광고.

77 《경향신문》 1948.7.3, 2면 광고.

78 관련 기사의 전문은 다음과 같다. "말성만튼 경찰영화 『밤의 태양』은 지난 1일부터 7일까지 서울시내 4대극장에서 상영하엿는데 동 기간중 입장한 인원은 5만 9천여명 수입이 1천1백만원이엇다 한다. 그런데 동영화제작비는 1천5백만원이 들엇다." 〈『밤의 태양』 총수입 1천만원을 돌파〉, 《동아일보》 1948.7.10, 2면.

영화의 개봉일을 목전에 두고 "초대권이라는 명칭으로 한 장에 2백원씩을 받고자 각 요정, 음식점, 기타에 일선 경찰관을 동원하야 매각시키"는 사건이 파장을 일으켜, 6월 30일 수도 경찰청장 장택상이 각 경찰서 서장들을 소집하여 과장회의를 열고 담화를 발표하는 등 수습에 나서기도 하였다.[79] 일부 경찰관의 사욕에서 비롯된 해프닝일 수도 있겠지만, "영화의 순이익금은 일선 경관의 생활에 도움을 주리라"는 명목 하에 제작 과정을 거치며 "박봉인 경관들의 봉급에서 제한 기금"을 유용한 정황이 공공연히 드러났던 바,[80] 경찰 조직의 강압적인 집단성이 여론의 도마에 오를 여지도 충분하였다.

두 번째는 영화의 내용 중 경찰의 친구로 등장하는 신문 기자의 캐릭터 묘사와 관련이 있었다. 작품이 이를 "취급하기를 마치 흑짝꾼같이 하여 일반 언론인들의 의분을 사고 있다"는 이유로, 수도관구 경찰청 출입기자단 일동이 7월 5일 "신문 기자 등장 장면의 삭제"와 "제작 책임자의 정식 진사"를 요구하며 공보부장, 수도청 경우회 대표, 제작자 김관수, 감독 박기채 등 주요 관계자들에게 항의서를 제출하였던 것이다.[81]

이에 군정청 공보부장 김광섭이 유감을 표명하며 "수도청과 연락도 하고 제작자의 견해도 타진하려"는 모습을 보였으나,[82] 사태 봉합이 이루어지지 못한 채 정책 당국의 강력한 재제를 받게 되었다. 7월 30일, 딘(William F. Dean) 군정장관이 이들 사건을 문제 삼아 〈밤의 태양〉뿐 아니라 〈수우〉, 〈여명〉 등 일련의 경찰영화에 대한 유료 상영을 일체 정지 및 금지시켰기 때문이다. 무료 공개에 대해서는 허용 방침을 피력하였지만, 세간에서는 "상당한 제작비를 드려 만든 영화인만큼 그 손해는 누가 볼 것인지"에 대한 우려의

---

79 〈「밤의 태양」 초대권 늑매 구명 장청장 담화 서장회의 열고〉, 《대동신문》 1948.7.1, 2면.

80 〈[문화] 밤의 태양〉, 《동아일보》 1948.6.30, 2면.

81 〈『밤의 태양』 또 문제 기자모독장면 삭제하라 수도청 기자단에서 당국에 항의〉, 《대동신문》 1948.7.5, 2면.

82 〈『유감한 일이다』 「밤의 태양」에 김공보국장 담〉, 《대동신문》 1948.7.7, 2면.

목소리가 흘러나오고 있었다.[83]

거금이 투입되어 만들어진 〈밤의 태양〉의 제작비 일부가 일선 경찰관의 주머니로부터 충당되고 서울 시내 극장 흥행 결과 적지 않은 액수의 적자가 발생한 상태에서 유료 상영 금지라는 처분을 받았던 바, 이는 경찰영화 제작 자체를 위축시키는 결정적인 계기로 작용하였을 가능성이 높다. 특히나 미처 공개되기도 전에 있던 〈여명〉의 경우, 그 경제적 손실에 대한 타격을 가장 크게 받을 수밖에 없는 형국에 놓이게 되었다.

〈여명〉의 공식적인 (유료) 극장 상영이 이루어진 것은 1949년 봄에 이르러서였다. 1949년 3월 16일 경부터 22일까지 수도극장에서 개봉되었다. 포스터 상단에 "문제의 영화는 드디어 공개되다"라는 문구가 적혀 있는 것으로 보아, 〈밤의 태양〉으로 인한 미군정의 유료 상영 금지 조치가 해제 또는 무효화된 상태에서[84] 경찰영화에 '문제의 영화'라는 수식어가 붙게 되었음이 추측 가능하다. 또한 개봉 시점에 이르러 관객 확보를 위한 흥행 전략의 측면에서 그것이 오히려 영화 홍보를 위한 수식어로 변용되었다는 점도 눈에 띈다. 아울러, 영화 상영 "깨끗한 리즘과 노래"를 "서울의 자랑꺼리"로 자부하는 신신경음악단의 "봄마지·민요 주간" 기념 연주가 동시에 행해졌다.[85] 관객 동원을 위한 흥행 프로그램 구성에 있어서도 〈수우〉, 〈밤의 태양〉의 전철을 밟았던 것이다.

〈여명〉에 대한 평단의 반응은 꽤 좋았다. 1949년 2월 9일 수도극장에서 개봉되어 "각 지상에 각계로부터 찬사가 자자한 바 있었"던 〈마음의 고향〉(윤용규 감독, 동서영화사 제작)에 "못지않을 좋은 성과를 거두었다는" 말이

---

83 〈경찰 영화 상영 중지 손해액 부담이 주목처〉, 《서울신문》 1948.8.1, 3면.

84 1948년 8월 15일 대한민국 정부 수립 이후 영화 정책 및 행정 사무가 기존의 미군정에서 한국 정부로 이양되면서 변화가 일었던 것으로 추측된다. 작품 평이 빠르게는 1948년 10월 초에 신문에 게재되었던바(오영진, 앞의 기사), 그 시점에 시사회가 열렸거나 무료 상영이 이루어졌거나 적어도 영화가 완성된 것으로 볼 수 있다.

85 《경향신문》 1949.3.16, 20일자 2면 광고.

나올 정도였다.[86]

　일찍감치 완성작을 감상한 오영진은 1948년 10월 초 신문 지상을 통해 "완성된 작품은 어느정도 우리들의 기대에서 벗어나지 않았다"며 긍정적인 평가를 내렸다. 영화를 위촉한 경찰의 기획 의도에 매몰되지 않았다는 게 핵심적인 이유였다. 시나리오가 "잔잔하고 과장없"이 "양심적이었"고 연출 면에서도 "경관을 영웅화하지 않을 뿐 아니라 별로 미화하지도 않"았기에 "여운은 없으나 리듬이 있고 신선한 맛이 있"는 작품이 되었다는 것이다.[87] 극장 개봉 기간이 지난 직후에 글을 남긴 정용배 역시, "남한 도처에서 흔히 볼 수 있는 생활의 일단면"을 "조금도 꾸밈성없고 허구나 느껴지지 않"을 정도로 "해방 후 가장 리얼리즘"을 잘 구현하였다며 찬사를 아끼지 않았다. 활극 표현에 과장이 묻어나고 녹음 상 기술적 문제가 있다는 "미비점"에도 불구하고 인물의 심리 묘사와 배우의 연기, 장면 전환 시 소도구 활용 등이 훌륭하게 이루어졌다는 점 또한 강조하였다.[88] 이렇듯 〈여명〉은 "새로운 시대 의식"[89]을 지닌 감독과 "성실한 신인들의"[90] '새출발'을 축하받으면서 동시기 한국 극영화의 가작으로 인정되었다.

　그렇지만, 경찰영화에 대한 평이 모두 호의적이었던 것은 아니다. 〈수우〉를 예로 들면, 계몽선전영화이면서도 대중성을 지녔다는(이태우) 긍정적인 평가와 함께 상식을 초월한 여인상을 담았다는(손소희) 비판어린 성토가 공존해 있었다.[91] 경찰영화 전체에 대한 평단의 반응 역시 크게 다르지 않았다.

　이철혁은 1948년 영화계를 회고하는 글을 통해 "정치적 사회적 혼란", "설비의 불충실, 자재의 입수난", "외국영화의 무절제한 범람" 등에 따른 "불우

86　정용배, 앞의 기사.
87　오영진, 앞의 기사.
88　정용배, 앞의 기사.
89　위의 기사.
90　오영진, 앞의 기사.
91　전지니, 앞의 논문, 96~97쪽.

한 조건 가운데" 많은 수의 작품이 제작 · 완성되었다면서도, 일부를 제외한 "대개가 비위한 영합적 태도와 안이한 기만적 태도로" 만들어진 졸작이었다고 지적하며 영화인의 "개성과 창의와 열의"에 대한 존중을 촉구하였다. 그런데 여기서 그가 예로 든 작품들은, 가장 먼저 언급되어 대표성을 드러낸 35mm 발성의 경우 "경찰관계 영화로『여명』, 『수우』, 『밤의 태양』 이외에 『독립전야』(고려영화사), 『해연』(예술영화사)"이었다. 총 5편의 극영화 작품 중에 3편이 경찰영화였던 것이다. 아울러 그는 16mm 발성영화로 〈바다의 정열〉을 유일하게 소개하기도 하였다.[92]

이러한 사례를 통해 1948년 당시 일련의 경찰영화가 조선영화 제작 경향의 중심을 차지하던 가운데,[93] 자연스레 동시기 한국영화에 대한 부정적 시선 중 적지 않은 비중 역시 그것에 두어져 있었다는 사실이 확인된다.

물론, 반론이 개진되기도 하였다. 1948년 10월호『문장』에 실린 정지용의 「조선 시의 반성」 중 일부 구절을 인용하는 것을 시작으로 1948년 문화계 영화 부문을 회고하며 김정혁이 쓴 글의 일부를 들여다보도록 하자.

그런데 이러한 영화계의 당연한 민족적 이념의 발로와 주장과 단결을 갈으켜 순수한 영화를 정치에 예속시킨다는 중상으로 일삼을 수는 없어야 할게이었다. 3. 그러니까 왕성한 제작욕과는 달리 그 팽창은 드디어 이러한 세대만이 갖일 수 있는 그 민족과 방패를 경찰이 직접, 기획, 제작한다는 우산속에 찾었든 듯 하다. 다시 말하자면 이러한 형태에서야말로 우에서 예증한 (1) 시장회복

---

92 이철혁, 〈[문화] 영화계 회고 개성창의없는 침체기의 영화〉, 《조선일보》 1948.12.23, 2면.

93 이태우의 경우, "〈똘똘이의 모험〉을 비롯하여 〈밤의 태양〉과 〈여명〉 등에 이르기까지" 해방기 극영화 대부분이 "전쟁기간 중에 익숙해진 선전영화 방식의 「만네리즘」에서" 탈피하지 못하였음을 지적하였다. 즉, 영화의 예술성을 담보하는 문학 및 연극과의 '악수'를 시도하지 않은 채 구곡(舊穀)을 이어갔다는 것이다. 그러면서 희곡을 영화화한 〈마음의 고향〉(윤용규, 1949)을 통해 비로소 "영화예술에 청풍(淸風)을 가져왔다"고 평가하였다. 이태우, 〈[영화시론] 조선영화와 문학 1〉, 《경향신문》 1949.1.27, 3면.

(2) 자재입수가 용케 돌파되었기 때문이다. 그예로 우리는 이 해의 제작계 중심이 있든 「수우」, 「여명」, 「밤의 태양」을 기억할 수 있을 것이다.

또 이와는 딴 각도로 전혀 모리추구의 도구화로 씨워진 몇편의 「낮도깨비」같은 16미리 무성판 영화야말로 우리는 통렬히 규탄할 의무를 갖고자 하는 바이다.[94]

윗글에서 김정혁은 정부 수립을 계기로 한 자유로운 민족 영화의 재건은 순수한 '시인의 반성'을 넘어 "정치에 결부"된 현실적 대응을 통해 이루어질 것임을 역설한다. 그에 의하면 동시기 영화계의 환경 속에서 '반민족적'인 작품은 바로 "「낮도깨비」같은 16미리 무성판 영화"이며, 이러한 작품의 제작은 한국영화의 기술적 퇴보를 반영하는 일시적 유행에서 멈춰(져)야 한다. 반대로 그는 영화 산업 여건이 부실한 상황 하에서 35mm 발성 장편영화로 기획되어 일종의 장르화 경향을 보인 〈수우〉, 〈여명〉, 〈밤의 태양〉 등 일련의 경찰영화에는 특별한 의의를 부여하며, 영화 제작에 관한 경찰의 개입을 옹호하는 데서 그치지 않고 경찰 조직을 해당 작품들의 기획, 제작 주체로 인정하기까지 한다.

상기 이철혁과 김정혁의 주장은 당대 한국영화가 갖추어야 할 기본 요건을 각각 개성과 창의와 열의로 볼 것인가, 자본과 설비와 기술과 시장으로 볼 것인가에 따른 이견이었다. 주목되는 부분은, 둘 다 동시기 한국영화가 양 측면에서 모두 고전을 면치 못한다는 점에서는 견해를 같이하면서도, 경찰영화의 경우 대체로 전자에 대해서는 빈약함과 부족함을(이철혁), 후자에 대해서는 상대적으로 양호함을 지닌(김정혁) 작품(군)으로 인식하고 있었다는 사실이다. 대한민국 정부 수립을 전후한 시기 한국 극영화의 일부 장르로서 경찰영화의 보편적 성격과 특징적 양상을 동시에 드러내는 지점이라 하겠다.

---

94 김정혁, 〈[1948년 문화계 회고] 「고립」과의 양기〉, 《경향신문》 1948.12.26, 3면.

4. 시대적 특수성과 영화사적 의미

해방의 열기가 좌우익의 분열로 전도되어 가던 1946년 초에 각각 우익과 좌익을 대표하는 영화인인 안석주(안석영)와 추민이 신문 지상에 자신의 '영화론'을 개진한 바 있었다. 둘 다 '민주주의 국가'의 토대 위에 '민족영화'를 구현할 것을 주장하였지만, 안석주가 "민중의 벗" 또는 '민족정치'에 "병행"하는 존재로서 영화의 역할을 강조하는 반면,[95] 추민의 경우 "참된 민주주의 국가 건설", 즉 "참된 민주주의적 인민정권 수립"을 전제로 둔다는 점에서 차이를 보였다.[96]

두 사람 모두 1945년 12월 16일 "명실상부한 조선영화인 전체를 아우르는 조직"으로 탄생한 조선영화동맹의 임원이었다는 사실을 감안할 때,[97] 해방 직후 '민족—국가 영화론'은 당대 현실을 반영하듯 영화인의 이념적 관점과 예술적 지향에 따라 여러 스펙트럼을 보였음을 알 수 있다. 그러나 시간이 흐를수록 그 폭은 점점 좁아지게 되었다. 미군정 하 좌익 계열에 대한 탄압책이 강도를 높여가면서 많은 이들이 월북을 선택하였기 때문이다. 이후 그 문화적 정치 공간이 우익 쪽에 의해 독점되어 갔음은 물론이다.[98]

---

95 안석주, 〈[문화] 영화는 민족과 함께 2〉, 《중앙신문》 1946.1.22, 2면.
96 추민, 〈[문화] 영화운동의 노선 2〉, 《중앙신문》 1946.2.26, 2면.
97 발족 당시 안석영은 부위원장 직에, 추민은 서기장 직에 이름을 올렸다. 위원장은 안종화였다. 한상언, 『해방공간의 영화·영화인』, 이론과실천, 2013, 75쪽.
98 추민과 안석영의 경우도 예외는 아니었다. 추민의 경우 "1946년 말에서 1947년 초, 조선공산당의 무장투쟁기에 월북"하였다. 안석영은 1947년부터 성동호와 함께 적산 사단법인 조선영화사(조영)의 경영을 담당하게 되었다. 조영은 대한민국 정부 수립을 기해 정부 소유가 되었고 1949년 8월 1일부터는 '사단법인 대한영화사'로 개칭되었다. 이때 안석영은 전무이사 직함을 가지고 "실질적인 책임자" 역할을 하였다. 한상언, 앞의 책, 215, 221쪽. 아울러, 이즈음에 그는 『민주경찰』에 기고한 '선전과 민주경찰'이라는 글을 통해 라디오, 포스터, 연극 등과 더불어 영화 제작을 통한 경찰 선전을 필요와 당위를 역설하기도 하였다. 전지니, 앞의 논문, 90쪽.

그러면서 민족—국가 영화론의 향방은 원칙론보다는 기능론으로 기울어졌다. 안석주는 정부 수립 연도인 1948년 초에 자신의 영화적 지향을 다시 피력하였는데, 여기서 그는 첫째로 외국과의 영화 교류를 통한 물적 기반의 확충, 둘째로 '로칼'의 강조를 통한 민족성의 확보라는 크게 두 가지 과제를 제시한다.[99]

그런데, 앞서 살핀 당대 한국영화에 대한 김정혁의 견해는 첫 번째의 내용과, 이철혁의 견해는 두 번째의 내용과 궤를 같이하는 것이었다. 전자는 영화 제작에 필요한 기술, 설비, 자본을 중시하는 현실주의론으로, 후자는 리얼리즘을 중심으로 미학적 성취를 추구하는 예술지향론으로 볼 수 있다. 아울러, 경찰영화에 대한 김정혁의 평이 호의적이었던 데 반해 이철혁의 평이 부정적이었다는 점은, 당시 평론가들 사이에서 이들 작품의 대체적인 성향이 어떻게 인식되고 있었는지를 가늠토록 한다.

〈해연〉이나 〈마음의 고향〉 등 일부 작품을 제외한 당대 거의 모든 극영화가 비난을 면치 못한 예술적 측면은 차지하고, 일단 현실적 차원에서 접근해 보도록 하자. 해방기 영화 제작계의 가장 커다란 난점은 영화인들의 창작 의욕과 열의를 뒷받침할 만한 제반 여건이 마련되어 있지 못하다는 것이었다. 그래서 제작이 진행되던 과정에서 중단되어 완성 단계에 이르지 못한 채 흐지부지되는 작품의 수도 적지 않았다.[100] 우후죽순 격으로 설립된 영화사들 중에 1~2편의 작품을 발표하고 제작 활동을 이어가지 못하는 경우가 다반사였고, 아예 완성작을 내놓지 못하는 사례도 즐비하였다.

이에 비해 경찰영화들의 경우 대부분 계획대로 완성에 이르렀다. 척박한 환경 하에서 경찰이라는 확고한 공적 기반에 기대어 제작의 안정성을 확보하

---

99 안석주, 〈[학예] 영화의 성격과 민족성 (하)〉, 《조선일보》 1948.1.14, 2면.
100 해방기 제작 경향을 선도하던 '역사적 실존인물을 다룬 극영화'의 경우를 예로 들면, 총 10편이 기획 및 제작되었으나 완성과 개봉에 이른 작품 수는 6편에 불과하였다. 함충범, 앞의 논문, 22쪽.

려 한 기획 전략의 결과였다. 〈밤의 태양〉의 제작자 김관수가 그 비결에 대해 "현실과 타협하는 노력" 및 "객관적 조건을 극복하는 용감"으로 단언하며 이를 "신뢰하고 자부"한다고 고백할 만큼,[101] 미국 할리우드 영화가 "조선의 극장가를 점령"하고 "1년에 4, 5편의 영화를 제작할 수밖에 없는 조선영화의 열악한 제작여건"에 놓여 있던 당시로서[102] 이는 분명 괄목할 만한 일이었을지 모른다. 한국영화의 존립 자체가 위협 받던 해방기, 경찰영화의 시도와 등장의 일차적인 의의는 바로 이러한 지점에서 찾을 수 있다.

해방기 경찰영화는, 전술한 바대로 당대 한국영화의 제작 경향을 종합적으로 수용함으로써 장르화 양상을 주도하였다는 점에서도 주목된다. 해방 공간에서 극영화 제작이 본격화되기 시작한 것은 1946년부터였는데, 이 해 완성·개봉된 작품은 〈의사 안중근〉(이구영 감독, 계몽구락부 제작), 〈똘똘이의 모험〉(이규환 감독, 남양영화사 제작), 〈자유만세〉(최인규 감독, 고려영화사 제작) 등 모두 3편이었다. 이들 영화는 민족 독립의 실현 또는 사회 정의의 구현이라는 시대적 과제를 활극, 멜로, 권선징악, 스펙터클 등의 키워드를 통해 제시하였다. 그리고 이러한 특징은 경찰영화를 비롯한 당대 극영화로도 전이되었다.

그렇기에, 경찰영화가 공유하던 서사 구조와 표현 양식의 여러 양상들은 동시대의 주요 극영화 작품(군)에서도 발견된다. 현존 작품만을 가지고 예를 들더라도, 세 작품 모두에서 첫 장면 등을 통해 강조된 활극성과 다이내믹한 전개 방식 등은 〈자유만세〉(최인규, 1946)와 닮아 있다. 또한, 〈여명〉에서의 삼각관계 설정은 독립운동가 최한중(전창근 분)을 사이에 두고 홀어머니(한은진 분)와 함께 사는 간호사 혜자(황려희 분)와 일본 경찰의 간부 남부의 정부(情婦)인 미향(유계선 분)이 삼각관계를 이루다가 악인과 인연을 맺었던 미

---

101 김관수, 〈영화제작의 진지성 -「최후의 밤」을 기획하면서〉, 《영화시대》 제3권 제1호, 1948.2, 47쪽.
102 조혜정, 「미군정기 극장산업 현황연구」, 『영화연구』 14호, 한국영화학회, 1998, 499쪽.

향이 죽는다는 〈자유만세〉에서의 그것을 연상시킨다. 〈수우〉의 경우, 사고로 인해 남편이 죽고 아내가 피의자 신세가 된다는 내용은 〈검사와 여선생〉(윤대룡, 1949)에서 반복되며, 죽어가는 악인이 잘못을 뉘우치고 가족에게 유언을 남기는 장면은 〈독립전야〉(최인규, 1948)에도 포함되어 있다. 〈밤의 태양〉 역시, 수년간 헤어져 있다가 재회하는 남매가 등장하는 부분이 〈독립전야〉와, 한 여성을 사이에 두고 자신의 오빠와 남편(애인)이 총을 겨눈다는 부분이 〈성벽을 뚫고〉(한형모, 1949)와 비슷하다. 경찰영화의 존재성이 당시 극영화 제작의 흐름과 동떨어져 있지 않았음을 반증하는 대목이다.

해방기 경찰영화의 제작 경향은 식민지 시기의 영화 혹은 기타 대중물과 연관성을 지니는 것이기도 하였다.[103] 가령, 〈밤의 태양〉에서의 이산 남매의 설정은 이미 〈집 없는 천사(家なき天使)〉(최인규, 1941) 및 〈사랑과 맹세(愛と誓ひ)〉(최인규, 1945)에서 나왔었고, 〈수우〉와 유사한 여성 주인공 및 사건 전개를 담은 〈검사와 여선생〉의 원작은 1936년 김춘광의 희곡이었다. 경찰영화에 공통적으로 장착된, 정숙하고 순종적인 여인상을 지닌 전통적 인물은 고초를 겪을지언정 (남성에게) 선택 또는 구조되는 데 반해 사회 질서 및 통념을 거스르거나 그러한 인물과 관계를 맺은 여성은 그렇지 못하게 되는 서사 구조 역시, 〈미몽〉(양주남, 1936), 〈어화〉(안철영, 1939), 〈반도의 봄〉(이병일, 1941) 등에서도 찾아볼 수 있다.

물론, 차별되는 점도 존재한다. 무엇보다 경찰이 영화의 주요 인물로 등장한다는 사실이다. 과거 조선영화의 경우, 경찰이 나오는 장면은 〈군용열차〉(서광제, 1938)에서 신고를 받고 스파이를 검거하기 위해 출동하거나 〈집 없는 천사〉에서 어른의 구두를 든 수상한 아이를 심문하거나 〈반도의 봄〉에서 영화 제작자의 횡령 혐의를 조사하는 등 극히 일부분에 단편적으로 국한되어

---

103 이와 관련하여, 전지니는 해방기 경찰영화가 일제강점기 멜로 드라마뿐 아니라 일제말기 선전영화와도 '친연성'을 지녔으며, 할리우드 갱스터 무비나 탐정물을 모방함으로써 그것들과 유사성을 띠었음을 강조한다. 전지니, 앞의 논문, 90쪽.

있었다.[104]

　기획–제작 양태에서도 다소 차이를 보인다. 지원병·징병제 등을 통해 식민지 동원 정책을 반영한 일제말기 선전 극영화의 경우, 대세를 이루게 된 1943년 이후에는 일본 해군성이나 조선총독부 등의 후원을 받아 아예 사단법인 조선영화(제작주식회)사 또는 조선군 보도부에서 만들어졌기 때문이다.[105] 내용에 있어서도, 이들 영화에서는 군인의 활약상보다는 주인공(남성)이 입소나 출정을 함으로써 병사가 되는 과정에 비중이 두어졌다.

　반면, 해방기 경찰영화는 보다 다양하고 자율적인 제작 경향 및 환경 하에, 민간영화사가 대표적 공권 기관인 경찰 조직의 후원을 얻어 경찰의 공적인 활약상과 경찰관 개인의 생활상을 카메라에 담았다. 따라서 경찰에 대한 홍보와 범죄 예방을 위한 계몽이 작품을 이루는 중추적 취지로 자리함은 당연한 일이었겠으나, 한편으로는 시대가 제공한 다양성과 자율성을 여러 가지 양상과 시도를 통해 내면화할 여지가 존재하였음도 부정하기 힘들다.

　이에, 해방기 경찰영화에는 다음과 같은 한계가 노정되어 있다. 우선은 작품 내적인 부분에서이다. 기왕에 '경찰영화'라는 타이틀을 걸고 만들어진 이상 그 속에 독립 국가에서의 경찰의 참 모습이나 공권력의 의미, 혹은 당대 사회적 당면 과제나 현실 문제 등에 대한 진지한 고민과 성찰의 흔적이 녹아들었으면 좋으련만, 대부분의 작품이 그렇지 못하였던 것 같다. 경찰관에 대한 표층적인 묘사와 맹목적 지지에서 탈피하지 못하고 밀수범이나 밀수 범죄에 대한 인상 또는 현상만을 취하였다는 점도 아쉬운 부분이다. 경찰영화 작품들의 서사 구조와 표현 양식이 대체로 엇비슷한 이유로 지적할 만하다.

---

104 다수의 조선인 배우들이 참여한 〈망루의 결사대(望樓の決死隊)〉(1943)의 경우를 생각해 볼 수도 있겠으나, 이 작품은 도호(東寶) 제작, 이마이 다다시(今井正) 감독의 일본영화이었을 뿐더러, 영화의 주제 및 선전의 대상, 이에 따른 인물 구성 및 갈등 구조 등의 면에서 해방기 경찰영화와는 차이를 보인다.

105 이전의 경우를 통틀어 지원병을 주인공으로 설정한 극영화 가운데 민간영화사에서 제작된 경우는, 현존하는 작품 중에는 동아흥업사의 〈지원병〉(안석영, 1941) 정도이다.

이로 인해 영화의 주제 효과 자체가 상쇄될 여지가 충분할 터, 이와 관련해서는 작품 외적으로도 시야를 확대해 볼 필요가 있다. 일련의 경찰영화는 선행은 경찰에 의해, 악행은 밀수범에 의해 행해지는 것으로 제시하며 선/악 이분법적 대결 구도를 내세운다.[106] 문제는 영화를 보는 관객의 입장에서 그것을 무리 없이 수긍할 수 있느냐는 데 있다. 당시 밀수 범죄에 대한 사회적 경각심이 꽤 컸다 하더라도, 그것을 실제로 목격하고 체감한 이들이 다수는 아니었을 터이다. 반대로 경찰(관)은 일상 중에 사회 곳곳에서 언제든 마주칠 수 있는 존재였다. 그리고 경찰에 대한 대중의 인식은, 영화 속에서 '선'의 수호자로 등장하는 것과는 상반되게 현실적으로는 오히려 좋지 못하였다.[107]

근본적인 원인은 경찰 내부에 잠재해 있었다. 해방 후 대대적인 쇄신이 요구되던 경찰의 조직과 인력이 일제강점기의 그것과 별반 다르지 않게 연속되었기 때문이다. 〈수우〉의 원작자로 이름을 올린 이하영과 〈여명〉의 원작자

---

106 이와 관련하여, 해방기 경찰영화가 '선인/악인'이라는 이항 대립적인 스테레오 타입의 인물들을 통해 권선징악으로 귀결되는 주제를 도출하고 있다는 점을 보다 유심히 살펴보고 세밀히 분석할 필요가 있다. 이는 여타 작품에서도 발견되는 당대 극영화의 특징 가운데 하나였던 바, 반드시 척결해야 할 것을 '적'으로서 존재하는 밖에만 두지 않고 내면의 인고와 단련을 통해 식민지 정책에 협력하도록 유도한 일제말기 선전 극영화들과도 구별되는 부분이었기 때문이다.

107 해방기 밀수가 심각한 사회 문제 중 하나였다는 사실은 당대 신문 기사 등을 통해 어렵잖게 확인된다. 이에, 미군정기 때부터 정책 당국은 "밀수에 대하여서는 경찰과 해안경비대가 방어에 힘쓰고 있"음을 강조해 왔으나(〈중국에서 온 밀선은 왜 묵인됐나? 어찌 처분했나?〉, 《동아일보》 1946.9.5, 2면), 밀수 문제는 대한민국 정부 수립 이후까지도 해결되지 못하였다. 가령, 정부 수립 직후에는 수도관구 경찰청에 의해 "관계자 백여 명"이 연루된 "국제적 금 밀수 사건"을 탐사하여 장안을 떠들썩하게 만들기도 하였다(〈희유의 대 밀수사건 관계자 백여 명을 탐사〉, 《동아일보》 1948.9.2, 2면 / 〈국제적 금 밀수 사건?〉, 《동아일보》 1948.9.9, 2면). 제1관구청 관할 지역이던 인천과 제7관구청 관할 지역이던 부산의 경우, 1949년 시점에서 밀수물품은 연간 약 40억 원으로 추산되고 있었던 데 반해 적발 비율은 5% 정도에 머물고 있었다(〈보세 창고를 통해 본 인천 부산의 무역 실태〉, 《동아일보》 1949.11.14, 2면). 그럼에도 불구하고, 당시 경찰의 밀수 단속은 커다란 효과를 거두지 못하였고, 오히려 군정 당시부터 "경찰관 또는 관계 당국자가 밀무역자와 결탁하여 사복을 채"우는 사례도 적지 않았다(〈서장이 남북 밀수〉, 《동아일보》 1949.1.12, 2면).

로 이름을 올린 박명제의 경우가 그러하듯, 다수의 경찰은 식민지 시기 일본 경찰 출신이었다. 해방 초기 이들은 경찰 권력의 취약한 정당성과 경찰에 대한 민중의 비판적 시선을 가리기 위해 부단히 움직였고, 이는 경찰 공보실 발족 등을 통해 체계를 갖추어 갔다.[108]

해방기 경찰영화는 바로 이러한 배경 하에 만들어졌다. 그 바탕에는 작품 제작을 통해 해방 공간에서 문화적 헤게모니를 쟁취하려는 (우익)영화인들의 욕구가 깔려 있기도 하였다. 물론, 이는 비단 경찰영화에 국한된 일은 아니었다. 한영현의 설명대로 "해방기 한국 영화는 정치적인 우익 권력의 세력 형성 과정을 따라가며 그들의 식민적 욕망을 은폐하고 새로운 민족 국가로 나아가는 데 일조"하였기 때문이다. 이어서 그는 "정치적인 헤게모니의 자장 안에 머물"게 된 한국영화가 "집권층의 불안한 정체성을 정당화해 주기 위한 타자를 재생산해 나갈 수밖에 없었다는" 점을 '계몽성'의 한계로 지적하는데,[109] 간과할 수 없는 것은 이로 인해 해방 초기 여러 가지 벡터를 그리던 해방 초기 영화 운동이 작품으로 수렴되지 못한 채 점차 동력을 잃고 소멸되어 갔다는 사실이다.

이후의 양상을 훑어 보자. 대한민국 정부 수립 이후 경찰영화의 제작 경향은 한 밀수배가 친구의 노력으로 당국에 자수한다는 이야기를 담은 〈끊어진 항로〉(이만흥 감독, 1949) 등으로 계승되는 듯도 하였으나, 결국 그 자리는 〈전우〉(홍개명 감독, 1949), 〈성벽을 뚫고〉(한형모 감독, 1949), 〈나라를 위

---

108 다음은 수도관구청 경찰 공보실에서 신문을 발행하였을 때의 일화이다. "처음에는 무료로 배부했으나 두달도 못돼 자금이 달리고 종이가 귀해져 그만 손을 들게 됐다. 장청장은 곧 과·서장회의를 소집, 전 경찰관에게 신문대금 조로 1백원씩 거두라고 지시, 유가지로 바뀌면서 신문은 타블로이드 배판으로 지면을 늘렸고 1주일에 4번씩 발간하게 됐다." 이성우, 〈비화한 세대(130) 군정경찰[61] 공보실 창설〉, 《경향신문》 1977.5.19, 5면. 〈밤의 태양〉 제작 과정에서와 유사한 양태가 1946년 시점에서 장택상 당시 수도관구 경찰청장의 지시에 의해 벌어지고 있었음을 확인할 수 있다.

109 한영현, 「해방기 한국 영화의 형성과 전개 양상 연구」, 성신여대 박사논문, 2011, 118쪽.

하여〉(안종화 감독, 1949), 〈무너진 38선〉(윤봉춘 감독, 1949) 등 이른바 '반공영화'에게 내어 주게 된다. 냉전의 심화와 남북 분단의 고착화, 이에 따른 이데올로기 대결이라는 환경 속에서[110] 경찰이 군인으로, 밀수범이 공산주의자로 대체되어 갔던 것이다.[111]

해방기 '경찰영화'는 이미 당대에 통용되던 호칭과 위상을 상실한 채 후대에 이르러서는 "밀수단을 소재로 한 활극 혹은 계몽물"이나 "밀수 근절을 위한 정책영화" 등으로 그 개념이 전도되기도 하며[112] 한국영화사 내에서 간간히 존재성을 이어 왔다. 그러나 지금껏 살펴본 바와 같이, 당시 경찰영화는 영화계의 키워드가 '민족—국가'에서 '국가/민족'으로 전환되던 시기 매우 비중 있는 국가 계몽 극영화 장르 중 하나로서 당대의 시대적 특수성을 반영하고 있었다. 따라서 이를 통해 해방기 한국영화의 영화적 특징을 더욱 면밀히 탐구하고 그 영화사적 의미를 보다 심도 깊게 고찰하는 일도 충분히 가능할 것이다.

---

110 이러한 추세는 영화 분야로도 연동되어 이어졌다. 정책 부문에서의 경우, 정근식과 최경희에 따르면 "대한민국 정부가 수립된 뒤 영화매체에 대한 검열정책은 강화되었"으며 "미군정기에 문화영화를 통해 이루어졌던 선전사업은 정부수립 후에도 계속되었다." 정근식·최경희, 「해방 후 검열체제의 연구를 위한 몇가지 질문과 과제: 식민지 유산의 종식과 재편 사이에서, 1945~1952」, 『대동문화연구』 74집, 성균관대 대동문화연구원, 2011, 39~40쪽.

111 해방 후 최초의 35mm 장편 극영화로 제작·개봉된 〈똘똘이의 모험〉을 통해서도 확인되듯, 해방기 극영화 내에서 '악의 대상으로서의 불법 모리배(밀수꾼)와 공산주의자(간첩)의 존재는 두 가지가 혼재된 채 형상화되기도 하였다.

112 한국영상자료원, 『한국영화의 풍경 1945-1959』, 문학사상사, 2003, 100쪽.

참고문헌

1. 단행본

김동호 외, 『한국영화 정책사』, 나남출판, 2005.

김미현 편, 『한국영화사: 開化期에서 開花期까지』, 커뮤니케이션북스, 2006.

김종원 · 정중헌, 『우리영화 100년』, 현암사, 2001.

리차드 로빈슨, 정미옥 역, 『미국의 배반: 미군정과 남조선』, 과학과사상, 1988.

이명자 편, 『신문 잡지 광고 자료로 본 미군정기 외국영화』, 커뮤니케이션북스, 2011.

_____, 『신문 · 잡지 · 광고로 보는 남북한의 영화 · 연극 · 방송 1945~1953』, 민속원, 2014.

이영일, 『한국영화전사』(개정판), 소도, 2004.

정종화, 『한국영화사』, 한국영상자료원, 2008.

한국영상자료원, 『한국영화의 풍경 1945-1959』, 문학사상사, 2003.

한국영상자료원 편, 『신문기사로 본 한국영화 1945~1957』, 공간과사람들, 2004.

한국영화진흥조합, 『한국영화총서』, 경성흥산주식회사, 1972.

한상언, 『해방공간의 영화 · 영화인』, 이론과실천, 2013.

호현찬, 『한국영화 100년』, 문학사상사, 2000.

2. 논문

강혜경, 「한국경찰의 형성과 성격(1945-1953년)」, 숙명여대 박사논문, 2002.

김일자, 「한국경찰 성격 연구: 1945-1960」, 이화여대 석사논문, 1991.

정근식 · 최경희, 「해방 후 검열체제의 연구를 위한 몇가지 질문과 과제: 식민지 유산의 종식과 재편 사이에서, 1945~1952」, 『대동문화연구』 74집, 성균관대 대동문화연구원, 2011.

전지니, 「권총과 제복의 남성 판타지, 해방기 '경찰영화' 연구: 〈수우〉, 〈밤의 태양〉, 〈여명〉(1948)을 중심으로」, 『현대영화연구』 22호, 한양대 현대영화연구소, 2015.

조혜정, 「미군정기 극장산업 현황연구」, 『영화연구』 14호, 한국영화학회, 1998.

_____, 「미군정기 뉴스영화의 관점과 이념적 기반 연구」, 『한국민족운동사연구』 68집, 한국민족운동사학회, 2011.

최선우 · 박진, 「미군정기 수도경찰청장 장택상(張澤相) 연구」, 『경찰학논총』 5권1호, 원광대 경찰학연구소, 2010.

한영현, 「해방기 한국 영화의 형성과 전개 양상 연구」, 성신여대 박사논문, 2011.
함충범, 「역사적 실존 인물을 다룬 해방기 한국영화 연구」, 『아세아연구』 160호, 고려대 아세아문제연구소, 2015.

3. 신문, 잡지

《경향신문》, 《대동신문》, 《동아일보》, 《서울신문》, 《예술통신》, 《조선일보》, 《조선중앙일보》, 《중앙신문》 / 《영화시대》

3

———

영화잡지와
영화담론

해방과 민족지(民族知)로서의 영화

한영현

1. 서론: 해방, 과도기 조선 영화의 과제

기원에의 열망, 이것은 해방기 영화를 둘러싼 다양한 언술 중의 하나이다.[1] 일제 강점기 오욕의 역사를 뒤로 하고 신생 독립 국가로서의 출발선상에 선 해방기 조선의 모든 분야가 그러했듯 영화 또한 새로운 터전을 일궈야 한다는 강박관념에 가까운 열의에 휩싸여 있었다. "오늘날 조선 영화계는 지나간 왜정시대의 통제 억압턴 굴레를 상쾌히 버서낫고 이제는 새로운 역사와 더부러 민족영화문화의 수립을 위하야 장쾌히 출발하라는 직전"[2]이라는 안종화의

---

1   본 고는 해방기를 시기적으로 1945년부터 한국 전쟁이 발발하기 전인 1950년까지로 상정한다. 해방기는 세부적으로 미군정기와 대한민국 정부 수립기로 양분되어 논의되기도 하지만, 본 고에서 주목하는 '민족 영화' 수립은 비단 미군정기와 대한민국 정부 수립기로 정확하게 구분되지 않기 때문이다. '민족 영화'라는 개념에 대한 이해가 좌우익 진영 간에 내용상 다소 편차를 보여 주지만, 양 진영 모두 '민족 영화' 수립과 조선 영화의 재건 및 창조, 주체성 함양 등과 관련해서는 대체적으로 대동소이한 관점을 보여 준다.

2   안종화, 〈민족영화의 수립위하야-지침되시라〉, 《영화시대》 제1권 제1호, 영화시대사, 1946. 5, 37쪽.

1946년 발언은 당시 조선 영화계의 과도기적 성격과 영화 문화 수립을 위한 기원 모색의 일면을 단적으로 보여 준다. 특히 주목할 만한 것은 조선 영화의 터전 마련에 있어 핵심으로 자리잡은 것이 일관되게 '민족영화문화'의 수립이 었다는 점이다. "악조건을 무릅쓰고 이 혼란된 건설기의 과정에서 진전되는 새로운 민족영화의 수립을 위한 과제를 서로 일치단결하여 적극적으로 난관을 타개할 투사가 되어야 할 것"[3]이라든가 "우리 문화인은 단지 민족의 한 사람이란 자격은 물론이겠지만 더욱히 민족문화 수립의 사명과 임무를 완수하기 위하여 일제, 봉건, 국수주의 등 반동 잔재를 소탕"[4]하자는 등의 논의는 좌우익 진영을 막론하고 '민족 영화 수립'이 과도기 조선 영화의 궁극적인 목표로 상정된 정황을 보여 준다. 사실, "민족 문화는 전환기인 해방 정국기의 진로를 가늠하는 방향타와도 같았다."[5]는 논의에서 엿볼 수 있는 바, 해방기 '민족 문화'의 수립은 비단 영화계뿐만 아니라 모든 사회 영역의 기반을 마련하는 데 절대적 준거로 작용했다. 해방기 조선 영화계는 이러한 사회적 요청을 적극적으로 수용하면서 조선 영화의 터전 마련을 위한 다각도의 노력을 경주했다.

그렇다면 과연 해방기 조선 영화계의 상황을 비단 '민족문화수립'의 일반적 · 거시적 차원에서만 다루면 되는 것일까. 국가와 민족문화 건설의 대의적 명분 혹은 과제라는 큰 틀 안에서 보자면, 당시 영화계의 상황은 대의 명제에 일괄적으로 수렴되어 가는 양상을 보여 주는 게 사실이다.[6] 그러나 이러한

---

3 안철영, 〈조선영화의 당면과제〉, 《영화시대》 제1권 제3호, 1946.10. 67쪽.

4 추　민, 〈정치와 영화〉, 《영화시대》 제2권 제2호, 1947.3. 26쪽.

5 한상도, 「해방정국기 민족문화 재건 논의의 내용과 성격」, 『사학연구』 89, 한국사학회, 2008, 121쪽.

6 이를 좀더 구체적으로 설명하면 다음과 같다. 해방 직후 좌우익 진영론에 따른 정치적 혼란과 문화적 갈등은 영화계에서도 마찬가지 문제로 부상했다. 좌우익을 대표하는 영화 단체들이 생겨나면서 혼란과 갈등을 초래했으며 1948년을 전후한 대한민국 정부 수립을 기점으로 좌익 진영의 영화인들이 대거 월북하거나 자취를 감추면서 우익 보수 진영 중심으로 영화계가 편성 · 조직되면서 해방기 조선 영화계 또한 보수 우익 중심의

거시적 차원에서의 해석은 조선 영화계 내부의 미시적인 변화 동향을 충분히 이해하고 해석하는 데 난점을 드러낸다. 이는 크게 두 가지 부분으로 설명할 수 있다. 첫째, 해방기의 혼란상을 가장 첨예하게 드러냈던 좌우익 세력의 진영론과 헤게모니 투쟁사 안에 조선 영화를 위치시킴으로써, 영화를 지나치게 정치화하고 단순화하는 문제를 노정한다. 둘째, 영화의 신기원을 모색하고 터전을 수립하려는 해방기 영화계의 다양한 노력을 삭제하고 배제하는 문제 또한 제기한다.

위와 같은 두 가지 난점을 극복하기 위해서는 근본적으로 조선 영화를 좌우익 진영론의 거시적 권력망 밖에서 조망할 필요가 있다. 본 고가 주목하고자 하는 곳은 바로 이 부분이다. 해방기 조선 영화의 동향을 분석하되, 과도기에 직면한 조선 영화의 기원을 수립하고 터전을 마련하기 위한 다각도의 담론과 실천의 실제에 초점을 맞추는 것이다.

이를 위해 본 고는 '민족지(民族知)'라는 개념을 활용하고자 한다.[7] 이 개념은 두 가지 차원을 반영한다. 우선, 당시 영화계가 주창한 '민족 문화'의 수립은 '민족'의 화합 및 단결과 동떨어질 수 없는 것이었다. 영화계는 해방 정국을 뜨겁게 달구었던 이러한 '민족'을 승인하고 수용함으로써 영화계 자체의

국가 성립과 민족문화 건설의 대의적 관계에 복무하는 변화를 보여 주었다.

7 본 고에서 사용하는 '민족지(民族知)'라는 개념은 민족지(民族誌)라는 기존의 개념을 차용한 것이다. 민족지(民族誌)는 인류학적 개념으로서 민족의 생활 양식 전반을 관찰·탐구하여 기록·기술하는 의미로 사용된다. 생활양식의 전반을 연구하여 민족적 특성을 채집하고 기록하는 것에 초점을 맞추는 이 개념과 달리 본 고에서 사용하는 '민족지(民族知)'는 민족에 대한 '앎'에 초점을 맞춘다. '민족지(民族誌)'는 잊혀진 민족의 역사, 즉 각 민족의 문화, 즉 풍물이나 관습, 민속 등을 채집하고 정리하여 알리는 것을 목적으로 한다. 따라서 '기록과 정리 및 보여 주기'에 초점을 맞추는 자료의 집대성과 의미 파악에 방점이 찍혀 있다. 그러나 본 고에서 활용하고자 하는 '민족지(民族知)'는 무지 몽매한 대중 혹은 민중에게 잊혀진 역사의 특정한 사건과 국면 등을 지속적으로 알려 준다는 의미에서 '계몽'과 '선도'에 방점을 찍는다. 큰 틀에서 보자면 '민족지(民族誌)'와 '민족지(民族知)' 모두 '앎'의 필요성과 연관되어 있지만, 본 고에서 차용한 개념의 경우 '계몽'과의 좀더 밀접한 연관성을 보여 주기 위한 것이라는 점을 미리 밝혀 둔다.

신기원을 마련해 나갔다. 한편으로 '민족문화'의 첨병을 자처한 영화계는 무지 몽매한 민중들에게 민족적 '앎'을 부여함으로써 단결과 화합을 매개할 근거를 찾았다. 결과적으로 '앎'의 부여는 영화에 '계몽'과 '선도'의 역사적 정체성을 부여하는 중요한 요인으로 작용했다.

요컨대, 본 고는 '민족지(民族知)'를 해방기 조선 영화의 역사적 역할과 지위를 가장 요약적으로 설명할 수 있는 개념으로 상정한다. 이에 따르면 해방기 조선 영화의 기원에의 열망은 '민족지(民族知)'에 근거한 영화 역사의 수립과 직결된다. "우리 시대에 있어서의 역사란 〈문서〉를 〈기념비〉로 변환시키는 작업이며, 또 사람들에 의해 남겨진 기록들을 해독하는 곳에서, 헛되이 그들의 옛모습을 알아보려고 하는 그곳에서, 한 무더기의 요소들(분리시키고, 분류하고, 관여적이게 하고, 서로 관계 맺게 하고, 여러 집합들로 구성해야 할)을 펼치는 작업"[8]이라면, 역사는 곧 흩어진 역사의 조각들을 특정한 방식으로 조직·구성하여 기념적인 것으로 활성화시키는 일련의 과정이다. 해방기 조선 영화의 '민족'을 둘러싼 다양한 담론과 실천들, 가장 민족적인 영화를 수립하기 위한 다양한 이론과 제작 활동은 민족적 앎을 견인하고 그것을 기념비화하는 일련의 과정에 다름 아니었다. 이를 통해 해방기 조선 영화는 독립 국가와 민족 문화 성립의 연장선상에서 영화의 역사적 주체성과 의의를 획득할 수 있었다.

그동안 진행되어 온 해방기 영화 연구에서 '민족'과 '앎'의 문제를 영화의 역사적 의미와 직결시켜 논의한 사례는 찾아보기 어렵다. 영화 필름의 부재에도 불구하고 해방기 영화 연구는 지속적으로 생산적인 논의를 전개해 왔다. 최근에 이루어지는 해방기 영화 연구는 당시의 영화 단체 및 정책 등에 초점을 맞추거나[9], 영화계의 운동 및 동향에 초점을 맞추는 경우[10], 해방기

---

8   미셸 푸코, 『지식의 고고학』, 이정우 옮김, 민음사, 2002, 26~27쪽.
9   조혜정, 「미군정기 영화정책에 관한 연구」, 중앙대학교대학원 박사, 1998.
     한상언, 「해방기 영화인 조직 연구」, 한양대학교 석사, 2007.

영화 필름 혹은 잡지 등에 초점을 맞추는 경우[11]로 대별할 수 있다. 해방기 영화를 둘러싼 다각도의 논의가 진행되어 오고 있지만, 해방기 조선 영화의 '민족' 담론과 '역사적 의의'를 연계하여 논의하는 경우는 찾아보기 어려운 실정이다. 한영현의 경우 해방기 민족 담론에 관심을 가지기는 했으나 좌우익의 진영론에 초점을 맞추다 보니, 정치적 투쟁사의 한 장으로서만 영화의 위치를 상정하는 협소한 시각을 보여 준다.[12] 박창원의 경우도 이와 크게 다르

한상언, 「해방기 영화운동과 조선영화협단」, 『영화연구』 43, 한국영화학회, 2010.
어일선, 「해방기 한국영화의 특징에 관한 연구:해방기 영화계의 재편과 영화인의 활동 중심으로」, 『청대학술논집』 21, 청주대학교 학술연구소, 2013.
한상언, 『해방 공간의 영화·영화인』, 이론과실천, 2013.
10 한영현, 「해방기 한국 영화의 형성과 전개 양상 연구」, 성신여자대학교 박사, 2010.
양정혜·박창원, 「해방기 대구·경북 지역의 연극·영화운동에 관한 사례 연구:'10월영화공장'을 중심으로」, 『언론과학연구』 12, 한국지역언론학회, 2012.
김승구, 「해방기 영화 상영 활동에 대한 고찰」, 『동방학지』 158, 연세대출판부, 2012.
박창원, 「해방기(1945~1948)대구·경북 지역의 진보적민족주의 세력의 영화·연극운동 연구」, 계명대학교대학원 박사, 2012.
11 이명자, 「해방기 남북한 영화에 나타난 근대성과 여성담론 비교 연구」, 『현대영화연구』 11, 현대영화연구소, 2011.
조혜정, 「미군정기 뉴스영화의 관점과 이념적 기반 연구」, 『한국민족운동사연구』 68, 한국민족운동사학회, 2011.
한영현, 「해방과 영화 그리고 신생 대한민국의 초상:영화 〈독립전야〉와 〈무궁화동산〉을 중심으로」, 『대중서사연구』 26, 대중서사학회, 2011.
김승구, 「영화 광고를 통해 본 해방기 영화의 특징」, 『아시아문화연구』 26, 가천대학교아시아문화연구소, 2012.
심혜경, 「안철영 텍스트를 통해 본 대한민국 설립 초기 '조선영화'연구: 〈무궁화동산〉과 『성림기행』을 중심으로」, 중앙대학교 첨단영상대학원 박사, 2012.
심혜경, 「'무궁화동산' 하와이를 경유해 대한민국을 정체화하기: 한국 최초의 총천연색 기행영화 〈무궁화동산〉을 중심으로」, 『한민족문화연구』 39, 한민족문화학회, 2012.
한영현, 「해방기 아메리카영화론과 탈식민 문화기획」, 『대중서사연구』 30, 대중서사학회, 2013.
심혜경, 「안철영의 『성림기행』에서의 할리우드 그리고 조선영화」, 『한국어문학연구』 62, 한국어문학연구학회, 2014.
전지니, 「『은영』과 해방기의 영화잡지」, 『근대서지』 9, 소명출판, 2014.
12 한영현, 앞의 논문 참조.

지 않다. 지역의 진보적 민족주의 세력의 영화 운동에 초점을 맞추는 이러한 경향은 정치사적 맥락 안에 영화를 위치시킴으로써 영화계 자체의 미시적인 담론과 실천의 양상 및 역사적 의미를 제대로 규명해내지 못하고 있다. 한편, 함충범[13]과 허 은[14]의 경우처럼 내셔널리즘에 입각하여 해방기 영화를 사적 (史的) 차원에서 논의·분석하는 연구 결과도 존재한다. 다만 이 경우 해방기 민족 영화의 동향 등을 총괄하여 구체화하지 못하는 한계를 드러낸다.

본 고는 이러한 해방기 영화와 관련된 기존 연구들에서 놓치고 있는 '민족 영화'에 얽힌 다양한 담론들을 '앎'과 '계몽'의 층위에서 분석함으로써, 해방 기 조선 영화계가 상정하고자 했던 '역사적 지위'의 내용을 살펴보고 그 의미 를 진단하고자 한다.

그렇다면 민족적 앎을 민중에게 부여함으로써 영화계가 역사적 의의를 획 득하는 일련의 과정은 어떻게 이루어졌는가. 이와 관련하여 본 고의 구체적 인 논의는 해방기 조선 영화의 구체적인 담론 실천과 제작 상황을 살펴보는 데 초점을 맞춘다. 우선, '민족 영화'의 수립을 둘러싸고 제출된 다양한 담론 의 형성과 유통 과정을 살펴볼 것이다. 본 고는 좌우익 양 진영을 막론하고 그들이 내세운 '민족 영화'의 역할과 사명이 궁극적으로 '재건'과 '창조' 및 '주 체성 확립'으로 수렴되어 있었다는 점에 주목하고자 한다.[15] 이러한 요소들은

---

13 함충범, 「한국 내셔널리즘 영화의 사적 전개에 관한 연구」, 『디지털영상학술지』 3, 한국디지털영상학회, 2006.

14 허 은, 「냉전시대 미국의 민족국가 형성 개입과 헤게모니 구축의 최전선: 주한미공보원 영화」, 『한국사연구』 155, 한국사연구회, 2011.

15 '민족 문화' 혹은 '민족 영화'의 수립에 있어 추 민을 비롯한 좌익 영화동맹 진영과 윤봉춘을 비롯한 우익 단체들, 가령 조선영화감독구락부 등의 진영이 내세운 논리는 서로 다른 것이었다. 좌익의 경우 '민족 문화'는 '계급성'과 '정치성'을 전면에 내세우는 반면, 우익의 경우 좌익보다는 막연하고 추상적인 민족 단결과 화합의 이념을 내세웠다. 그러나 두 진영 모두 공통된 역사와 문화를 소유한 단일한 '민족성'을 전제로 하고 있었으며, 이러한 '민족' 개념에 입각한 상태에서 '문화'와 '국가'의 상(想)에 대한 차이를 보였을 뿐이다. 따라서 해방기 조선 영화계에서 새로운 영화의 기원을 쓰고, 터전을 마련하는 데 있어 삭제된 과거 역사를 복원하여 대중들에게 그것을 알림으로써, 민족

일제 식민 청산과 외화 범람에 대한 대항 논리 및 대중 계몽의 문제와 얽혀 있는 것들이었다. 따라서 본 고는 이러한 몇 가지 키워드로 대표되는 '민족 영화' 관련 담론이 해방기 조선 영화의 새로운 역사적 역할과 지위 확보에 중요한 요소로 작용했다는 점을 밝힐 예정이다.

다음으로 이론의 차원에서 언급되었던 '민족 영화' 혹은 '민족영화문화'의 수립을 과연 실제 영화 현장의 제작 과정에서 어떻게 반영했는지를 살펴볼 것이다. 해방기 제작·상영된 영화 필름이 몇 편을 제외하고는 현존하지 않은 상태에서 제작 과정과 그 결과물인 영화 필름의 구체적인 재현 상황을 면밀하게 비교·분석하는 일은 사실상 불가능하다. 그러나 현재 확인 가능한 조선 영화 관련 신문과 잡지의 기사 및 영화 필름, 인접 자료 등을 다각도로 살펴봄으로써 해방기 영화가 '민족'의 '앎'에 적극적으로 참여하고자 한 양상을 분석해 보고자 한다. 이는 구체적으로 당시 조선 영화의 주제 파악과 장르별 구분 및 제작 동기와 평가 등에 기반하여 진행될 것이다. 이를 통해 결론적으로 본 고는 해방기 조선 영화의 역사적 역할과 사명의 근본적 성격을 파악하고, 그것이 해방기 영화사에서 탐구되어야 할 기원의 구체적인 내용이라는 점을 규명하고자 한다.

문화의 재건과 창조 및 조선 영화의 주체성을 확립하는 과제와 관련해서는 두 진영 모두 공통된 시각을 보유하고 있었다. 실제로 당대의 자료들을 종합해 보건대 척박한 환경에서 영화의 존속 자체를 걱정해야 하는 상황이었으므로 영화계의 경우 좌우익의 진영 논리보다는 앞날의 영화계 터전 마련이 시급한 과제로 제출되었다는 점에 초점을 맞출 필요가 있다. 따라서 본 고의 이러한 논점이 좌익 진영이 정부 수립을 전후하여 대거 남한 사회에서 사라져 버리자, 남한의 민족 영화의 기원이 우파를 중심으로 재편성되어 갔던 정황과 이데올로기적 변화를 아예 배제하거나 무시하는 것은 아니라는 점을 밝혀 둔다. 정치 문화적 헤게모니의 재편성 과정을 인정하더라도, 조선 영화계의 담론장 안에서는 위와 같은 민족영화 수립을 둘러싼 공통의 역사적 문제가 끊임 없이 제기되었던 것이다.

2. '민족 영화'의 시대: 담론의 형성과 전개

'민족 영화'란 무엇인가. 사실 이 개념은 해방 당시 영화계 안에서 여러 차례 거론되었지만 이후에는 거의 통용되지 않았다. 대표적인 영화사가 이영일은 1945년 해방 직후부터 정부 수립 이전까지의 영화를 '광복기의 작품', 즉 '광복 영화'로 설정하였고[16] 이는 이후로 큰 이견 없이 연구가들에게 통용되어 왔다. 그런데 사실, 역사가에 의해 규정된 명칭과는 별도로 해방 당시 통용된 '민족 영화'라는 개념은 영화인들을 중심으로 여러 차례 제기되었고 이를 통해 해방기 '민족 영화'의 일반적인 의미와 내용을 어느 정도 가늠해볼 수 있다.

> 모든 일이 민족 기초로 하고 건설되어야 할 것이니 민족을 기초로 하지 않는 사실은 붕괴의 운명에서 출발한 것이라 생각한다. 영화도 역시 민족을 떠나서는 존재할 의의가 없다. 그것을 외국영화를 감상하는 것과 우리 영화를 맨드는 것과 그 의의가 달라 외국 영화는 어느 민족, 어느 나라가 맨든 것일지라도 그것은 그 민족 그 나라의 국민을 기초로 한 기회, 생활양식 감각 미테서 맨드러지고 그 나라 국민생활의 거울이 되기 위하야 맨든 것이다.(중략) 그런고로 우리의 영화의 기획은 과거와 가치 개인의 두뇌에서 개인의 취미에서 된 것이라든지 소위 기업가라는 상인의 주반(珠盤)우에서 되어서는 안될 것이요. 민족의 맘, 민족의 생활, 민족의 감정에서 기획이 되어야 하겠다.[17]
>
> 「민족영화」란 팟쇼적 국수주의여서는 안되며 어데까지나 본의적인 다수 인민을 토대로 하고 인민의 생활 행복과 의식 감정을 표현하고 지향주는 영화여야 할 것입니다. 다음 우리는 건전하고 올은 정치형태 구조가 업시는 도저히 진정한 문화도 수립치 못할 것이며 또한 「민족영화」도 수립되지 못할 것을 전술한 바 일제 강점기에 잇어 영화가 바든 박해로서도 역역히 증좌되는 사실이라 하겠습니다.[18]

---

16 이영일, 『한국영화전사』, 소도, 2004, 214~221쪽 참조.
17 안석주, 〈[문화]영화는 민족과 함계4〉, 《중앙신문》, 1946.1.24, 2쪽.

위의 두 진술을 통해서도 알 수 있듯이, 소위 '민족 영화'는 국민 혹은 다수 민중(인민)을 대상으로 하되, 그들의 생활과 의식 및 감정에 기반한 전체 삶을 반영하는 것으로 규정되었다. 대표적인 좌우익 논평가들이었던 이들의 '민족 영화'에 대한 규정은 공통적으로 '민중의 삶'을 반영하는 영화의 역사적 역할과 사명으로 수렴되어 있었던 것이다. 이는 '민족 영화'가 당시 조선 영화의 새로운 역사적 역할과 사명을 부여하기 위한 중요한 인식 수단으로 작용했다는 의미와도 직결된다. '민족 영화'에의 호출은 과거 식민의 잔재를 일소하고 건국 대업의 새로운 역사적 당위성과 사명감을 부여받기 위한 중요한 실천 행위였던 셈이다. "우리는 국가재건의 모든 예술부문에 잇서서 천년지 대계를 확립하야 힘차게 새출발을 꾀하지 않어서는 아니될 것"이고, "다만 3천만 우리 민족의 영구한 행복과 신국가 재건에의 확립을 기하야 우리 연극 영화인들이 가진바 모든 재조와 힘과 정열을 다 기우려서 진정한 양심과 성의를"[19] 다해야 한다는 박루월의 논의에서도 짐작할 수 있듯이, 당시 조선 영화는 '국가 재건'과 '민족 번영'의 거시적 대업에 참여하는 역사적 존재로서 역할과 사명을 스스로에게 부여하려고 애썼다. 따라서 '민족 영화'는 바로 이러한 역사적 대업에 참여하기 위해 호출한 당위적 명제로서 영화계 전체에 광범위하게 퍼져 나갔고 영화 제작의 명분으로 자리매김할 수 있었다.

'민족 영화'를 통해 민족의 생활 감정과 의식을 다루면서 건국 대업에 참여한다는 명분은 구체적으로 해방기 영화계의 과거 청산과 새로운 영화 제작 및 외국 영화에 대한 비판과 얽혀 다양한 담론을 생산하는 중요한 기준이 되었다.

우선, '민족 영화' 담론은 과거의 청산을 다루면서 영화의 '대중성'을 새롭

---

18 추 민, 〈조선영화의 건설을 위하야〉, 《영화시대》 제1권 제2호, 영화시대사, 1946.6, 54쪽.

19 박루월, 〈【권두언】우리들의 자유시대를 마즈며〉, 《영화시대》 제1권 제2호, 영화시대사, 1946.6, 50쪽.

게 규정하는 잣대로 작용했다.

해방후 오늘의 극, 영화인들은 누구나 할 것 없이 애국심을 야기하고 더욱히 건국정신과 광복정신을 고취시키는 작품행동에 심신을 타하려고 애쓰고 있음은 가장 거룩한 역사의 한페이지라 말아니치 못하겠다. 이것이 애국심에 불타는 우리 영화인, 연극인들의 근본일 것이며 또한 과거의 저조했든 불순한 공기를 일소하려는 극, 영화인들의 크나큰 책무일 것이다. 과거에 있어서 한 개의 영화는 한 개의 오락물로만 알었든 크나큰 오진을 청산하고 건국도상에 있어서 더욱히 국민연극, 국민영화로써 명일의 조선을 위하야 소극적이기보담 좀더 적극적으로 이길에 정신(挺身)하여 연극과 연화의 사명을 다하여만 될 것으로 믿는다.[20]

모든 다른 예술이 특권계급의 노리개의 입장을 떠나 민중화할냐는 오늘날 조선영화예술도 새로운 문화양식 조선 고유의 문화를 기준으로 해서 일정의 허위를 버린 새로운 내용 대중에게 이런 새로운 문화에 모든 형태와 마음을 전함으로써 영화가 대중예술로서의 사명을 다했다할 수 있을 것이고 따라서 영화를 제작하는 사람들은 이상적 몽상의 나라를 그리고 있는 문화 비평가인 동시에 이상적 국가문화 건설자가 될 수 있으리라고 나는 깊이 밋는 바이다.[21]

영화의 대중화는 결코 영화가 갖인바 예술성을 함부러 낮추어 대중에 영합하는 길은 아니다. 항상 예술성을 높이는 한편 대중을 그 수준에까지 끌어올리는 것이 영화 대중화의 진정한 목적인 것이다. 예술성을 전혀 무시하고 함부로 조작하는 타작(駄作)은 도저히 영화예술이라 할 수 없을뿐더러 이를테면 그것은 영화야담의 류에 불과할 것이다. 이것은 또한 대중을 계몽하기는커녕 결과적으로 대중을 백년 몽매와 비속의 수렁에 떠러트리는 것밖게 되지 못한다. 이러한 경향은 민족영화 발전 도상에 있어서의 반시대적인 장애물 이외의 아무것도 않이므로 철저히 분쇄하지 않으면 안 된다.[22]

---

20 박루월, 〈1947년을 맞으면서〉, 《영화시대》 제2권 제1호, 영화시대사, 40~41쪽.
21 최운봉, 〈영화는 대중에게 무엇을 줄 것인가?〉, 《영화시대》 제2권 제1호, 영화시대사, 57쪽.
22 정영해, 〈영화예술의 방향〉, 《영화시대》 제2권 제4호, 영화시대사, 1947.9, 44~45쪽.

위의 첫 번째 글에서 박루월은 과거 일제 강점기의 영화를 철저히 '오락성'을 견지한 것으로 규정함으로써, 해방기 영화의 새로운 사명이 저급한 오락성을 배제한 어떤 것이어야 함을 강조한다. '오락성'을 배제한 영화 예술은 곧 건국에 부합하는 '국민적'인 것이 되어야 한다는 게 이 글의 요점이다. 두 번째 글은 해방기 영화 '대중성'에 대해 언급한다. 계급 의식이나 특권 의식을 버리고 새로운 조선의 고유한 문화를 대중에게 전달하는 것이 바로 민족 문화의 핵심이 되어야 한다는 이 글은 '대중성'을 '조선의 고유한 문화'와 연결시켜 논의한다. 말하자면 민족 영화는 궁극적으로 조선 고유의 문화를 전달하는 역할을 맡아야 하고, 이를 통해서 민족 영화의 '대중성'에 도달할 수 있다는 논리이다. 세 번째 글은 바로 이러한 '대중성'의 성격을 좀더 구체적으로 보여 준다. 저속한 영화, 말하자면 박루월이 첫 번째 글에서 지적한 '오락물'은 영화의 예술성을 견지하지 못한 문제적인 작품에 속한다. 해방기 영화의 사명은 저속한 오락물을 제작하여 대중에 영합하는 데 있지 않다. 그러한 저속한 영화는 대중을 지속적으로 몽매와 비속의 수렁에 빠트리는 것밖에 되지 않기 때문이다. 영화는 대중을 선도하고 계몽하여 이끌 수 있어야 한다. 이것이 바로 건국 도상에 있는 민족 영화의 사명인 것이다.

여기에서 파악할 수 있는 것은 해방기 조선 영화에서 내세운 '민족 영화'가 저속한 오락성을 배격한 '대중성'에 초점화되어 있다는 점, '대중성'은 곧 영화의 계몽성에 기반한 선도적 역할과 연계되어 있었다는 점이다. 이는 좌우익 양 진영 모두에서 실질적인 과제로 제기되었다. '계급성'과 '정치성'의 여부를 제외하고 두 진영 모두에게 '대중성'과 '민족 영화'의 관계 설정에 있어 '오락성'은 '계몽'과 '선도'의 영화적 사명을 침해하는 주요인으로 작용했기 때문이다.

사실 영화의 오락성은 영화의 대중성과 떼어 놓고 생각할 수 없는 본질적 성격이었지만, 이러한 '오락성'과 '대중성'의 긴밀한 연관성은 오히려 해방기 조선 영화계의 '민족 영화' 담론 층위에서는 타개해야 할 문제였다. 이는 제작과 영화 평가 등의 제 분야에도 적용되는 것이었다. 조선 민족 영화 건설의 첫걸음을 운위하며 "조선인민은 지금 어떤 방향으로 가고 있으며 또 무엇을 찾고 있느냐? 무엇, 어떤 것을 좋와하고 미워하느냐? 대략 이러한 서술적 원칙의 해석을 구체화하여 양기(揚棄)하고 비판하면서 일로 웅대한 건설에 박차를 가하는 표현"[23]을 찾는다는 점에서도 알 수 있다시피, 조선의 건설을 위한 영화의 '대중성'은 오락성과 일정한 거리를 유지하고 있었다. 또한 1946년도 문화계 총결산을 하면서 영화계를 논하는 기사, "작품활동에 있어서는 모든 정치적, 기술적 곤란과 함께 빈사적(瀕死的) 경제상태 속에서도 뉴쓰 영화 10본, 문화영화 3본, 극영화 2본을 제작, 완성하야 영화의 가진바 선전계몽성을 고도로 발휘하야 해방조선의 민주적 태동과 성장발전의 양상을 정확히 보도하야 인민의 민주적 정신의 앙양을 촉성(促成)하는 영화의 사명을 수행하였다 볼 것"[24]이라는 내용은 이러한 '대중성'과 '계몽성'의 연관성을 잘 드러낸다.

영화의 '대중성'을 '계몽성'과 연계시키는 이러한 논법은 영화의 역사적 사명감을 극대화시키는 결과로 나타난다. 이를 테면, 해방기 조선 영화는 '가장 역사적인 영화', '가장 민족적인 영화'로서 자기 규정함으로써, 영화를 '역사'의 장으로 승격시키고 있는 것이다. "영화 작품의 생산 과정을 보드라도 현대의 복잡한 현실생활에 감정을 체험하면서 과거의 낡은 봉건적 잔재를 청산해 버리고 정당한 민주주의의 노선으로 이끌고 갈 수 있는 강력한 이데오로기를 배양할 수 있는 새로운 고대(古代)의 자기 자신을 발견하는 것이 오늘의 영화의 임명(任命)이 될 것"[25]이라는 논의에서는 사회적 이데올로기를 부여함으로써 영화의 역사적 사명을 언급한다.

과거의 낡은 봉건적 잔재는 새로운 자기 자신을 발견함으로써 가능해지는

---

23 김정혁, 〈영화기획의 실제(2)〉, 《영화순보》제2권제1호, 영화순보사, 1948.3, 18쪽.
24 허 달, 〈1946년도 문화계 총결산—조선영화의 개척기〉, 《경향신문》, 1946.12.24, 2쪽.
25 최 운, 〈영화의 사회성〉, 《영화예술》(해연특집), 예술영화사, 1948.5, 23쪽.

데, 이를 위해서는 강력한 이데올로기가 필요해진다. 영화가 단순히 오락성을 견지해서는 이러한 이데올로기를 발견할 수 없다는 것은 당연하다. 또한 강력한 이데올로기를 탐구하고 그것을 영화에 반영한다는 것은 영화의 사회적 사명감 및 계몽적 역할과 직결된다.

결과적으로 해방기 조선 영화의 '민족 영화' 담론은 영화의 봉건적 잔재 청산과 오락성의 철저한 배격을 통해 민족의 무지와 몽매를 일깨우고 건국 대업에 참여하는 영화 '대중성'의 선도적 역할을 수행해야 할 필요성으로 귀결된다.

민족의 무지와 몽매를 일깨우고 계몽성에 주력해야 할 필요성은 '민족 영화' 담론 속에서 헐리우드 영화를 중심으로 한 외국 영화 배격과 연결되었을 뿐만 아니라 이른바 '조선적인 것'에 대한 요구와 맞닿아 있었다. 사실, 가장 오락적이고 상업적인 헐리우드 영화의 조선 습격은 해방기 조선 영화의 토대 구축에 가장 큰 장애물이었다. 이러한 외부의 공세를 막아내고 민족 영화를 확립하기 위해서는 '조선적인 것'에의 탐구가 절실하게 요청되었던 것이다. 요컨대, 민족의 무지와 몽매를 일깨우고 계몽하기 위해서는 대중에게 '조선적인 것'을 알리고 '민족성'의 특정한 성격을 부여하는 과제가 영화계에 부여되었던 셈이다. "그 영화에 나타난 그 민족성이 그 나라 그 민족의 영화의 성격이 아닐 수 없다. 이것은 영화의 도덕이다. 또한 그 민족의 영화의 문화적인 일면이 뚜렷할 때 그 영화가 국제성을 갖는 것이요 그 문화성이란 그 민족성을 기조로 한 것이라야 할 것"[26]이라는 논의도 이와의 연장선상에 있다. '민족성'을 드러내는 영화의 창조, 이것은 민족을 민족으로 호명할 수 있도록 하는 다양한 영화 내용을 근간으로 해야만 한다. 특정한 민족적 정체성을 구성하는 내용을 보여 주는 영화가 바로 대중을 계몽하는 영화의 역사적 사명으로 구체화된다. 이런 논리에 따르면, 값싼 할리우드 상업 영화의 유입

---

26 안석주, 〈영화의 성격과 민족성(하)〉, 《조선일보》, 1948.1.14, 2쪽.

과 범람은 민족 영화 확립에 있어 가장 배척해야 할 현상이었다.

> 생활양식과 풍습이 달은 외국영화를 무조건하고 받아드려 인민의 문화향상은 고사하고 천박한 습성을 조장식히는 현실에 빛우어 외국영화의 수입을 통제하지 않으면 안 된다. 또한 극장문화인은 인민을 옳은 길로 이끌고 나갈 의무를 담당해야 하며 인민대중은 극장문화에 대하야 비판할 권리를 당연히 갖어야 된다. 극장문화인은 인민의 솔직한 제언을 숭고히 여겨 이것을 실천할 아량과 실력을 갖어야만 된다.(중략) 조선의 진정한 민족문화는 외국의 표방에서 발전할 수 없다는 원칙에 빛우어 볼 때 외국영화의 난입은 약에 독(毒)돈거나 같은 것이며 국가경제를 파괴하는 주요한 원인이 되고야 말 것이다.[27]
> 모든 예술 부문 중에서도 선전 계몽의 가치로 보아 현대에 있어서 영화가 맡은바 역할이 중차대함은 누구나 부정할 수 없는 일일 것이다.(중략)또 외국 영화와 어깨를 겨누고 세계무대에 등장하는 데 있어서도 서양영화의 흉내만 내야 하는 현대물의 제작보다는 민족성격을 내세우는 데 유리한 입장을 차지하게 될 것이다.[28]

위의 첫 번째 글에서는 극장에서 무작위로 상영되는 외국의 영화를 문제 삼으면서 이것이 인민들의 문화 향상에 심각한 악영향을 미칠 수 있다는 우려를 표명한다. 조선의 진정한 문화는 외국의 표방에서 이루어지는 것이 아니라는 말은 곧 조선의 민족 문화가 민족성을 함양하는 영화의 창조로부터 가능해지다는 의미이기도 하다. 이것은 두 번째의 글에서 좀더 확연하게 드러난다. 선전 계몽의 가장 중차대한 역할을 부여받은 영화에 있어서 외국 영화의 흉내만 내는 제작 행위는 타개해야 할 문제로 지적된다. 중요한 것은 '민족의 성격'을 드러낼 수 있는 영화의 창조이다. 여기에서 말하는 '민족 성

---

27 강신원, 〈외화의 난입과 극장문제〉, 《영화시대》 제2권 제4호, 영화시대사, 1947.9, 53쪽.
28 〈국산영화진흥에 대한 소고〉, 《동아일보》, 1948.11.19, 2쪽.

격'은 곧 '조선적인 것'과 연결된다. "훌륭한 기술의 확충에 대해서는 우리는 무시로 그것을 감수될 것이나 여기에 크게 고려해야 될 중대한 문제는 영화 발달의 물질적 방면 그것보담도 작품 내용에 있어서 언제나 조선적인 것을 잊어서는 아니된다."[29]는 진술은 '조선적인 것'에의 탐구가 '민족성'을 견지하는 영화의 기본 조건이 되어야 한다는 점을 보여 준다.

민족성의 근간이 되는 '조선적인 것'을 영화에 반영함으로써 영화가 대중성을 확보하고 계몽의 선전 부대로서 건국 대업에 참여할 때, '민족 영화'는 '앎(知)'의 문제와 연결될 수 있다. 말하자면 영화는 무지 몽매한 대중에게 과연 '민족적인 것' 혹은 '조선적인 것'이란 무엇인가를 다양한 재현방식을 통해 전달하는 사명을 부여받는다. 해방기 조선 영화가 '오락성'을 비롯한 봉건적 잔재를 타파하고 역사적 사명을 담당하기 위해 새롭게 터전을 마련하는 국면에는 바로 이러한 '민족'과 '앎'에의 집중과 조명이 자리잡고 있었던 것이다. "극영화의 창의성이 그 시대의 이념을 파악하지 못하고 한 개의 오락물로써 소시민의 환락성을 육성하는 때는 지나가고 국가의 이념과 사회의 처참한 단면을 관조로 한 정치성을 갖어야 할 시대가 왔다."면서 "우리들 영화인은 작품을 생산하기 전에 먼저 그 소재의 취택을 문학의 속에서 찾고 역사의 속에서 찾어야 하겠다."[30]는 논의는 '정치성'의 성격을 차치하고서라도, 오락성을 배제함과 동시에 계몽의 주체로서 영화가 민족을 위한 '앎'의 출처를 어디에서 구해야 할지에 대한 단초를 제공한다.

요컨대, 해방기 조선 영화계 내에서 형성된 '민족 영화' 담론은 '오락성'을 비롯한 '봉건 잔재'를 청산하고 외국 영화의 침범을 막아내며 '민족성'을 구현하는 영화 창조를 통해 대중 계몽을 주도하는 영화 건설을 추인했다. 이를 통해 해방기 영화가 그 기원으로 상정하고자 한 것은 바로 영화의 역사적 사

---

29 이병일, 〈조선영화에 관한 문제〉, 《영화시대》 제2권 제3호, 영화시대사, 1947.5, 65쪽.
30 박 송, 〈영화의 정치성〉, 《영화시대》 제4권 제1호, 영화시대사, 1949.5, 55~56쪽.

명과 역할, 즉 영화의 주체성에 기반한 '민족 영화'의 수립이었다.

3. '민족지(民族知)'로서의 해방기 영화

현존한 필름이 몇 편 되지 않는 해방기 영화의 '민족지(民族知)'로서의 의미를 규명하기 위해서는 무엇보다 무엇을 '민족 영화'의 대표작으로 상정하고자 했으며, 그것이 어떤 방식으로 '민족'에 대한 '앎'에 주목하고 있었는지에 주목해야 한다. 이를 통해 '민족 영화'와 그렇지 않은 통속적인 작품의 선별이 가능해지고 결과적으로 '민족 영화'로서의 해방기 조선 영화계의 역사적 지향성과 '민족지(民族知)'로서의 특성을 도출해낼 수 있기 때문이다.

해방기 당시 조선 영화계가 민족의 계몽에 주력한다는 것은 곧 '계몽'을 위한 다양한 지식들을 전달하기 위한 영화를 제작한다는 의미였다. 특히 '민족'에 대한 공통된 감정과 정서를 환기함과 동시에 민족 국가를 형성하기 위한 실천적 지침들을 제시하는 것이 절실하게 요청되었다. 이로써 해방기 영화 제작 경향은 크게 민족적 감정을 환기하는 전기물 및 기타 기록물 등을 통해 공통된 정서를 유도하거나 민족 국가의 일원으로서 담당해야 할 역할과 실천적 지침들을 제공하는 계몽물을 제작하는 경향으로 구분되었다.

우선, 민족적 동일시의 정서적 유대감을 강조하기 위해 제작된 전기물을 살펴보면, 이 영화들을 제작하는 목표가 바로 우리 민족이 일제 강점기를 거치는 동안 이제껏 제대로 알지 못했던 혹은 잊혀졌던 역사적 인물들을 소개하고 알리는 데 있었다는 것을 확인할 수 있다.

우리는 이 선열과 지사의 성업을 아는 대로 의견을 뭉고 배울대로 배워서 예술적가치 있는 영화는 대중 여러분에게 맛기고 위선 눈으로 읽을 수 있는 영화를 만들어서 우리 자신을 계몽하는동시에 아지못하는동포에게 알리고 한 거름더 나가서는 난마와같은이판국에 우리나라를알고 우리민족을알자는 의도 에서 불충분한 설비나마 농산어촌의 방방곡곡을 찾아단였다. 그러는동안 일 부선배대중의 꾸지람도많이듣고 조소도수없이받었으나 이와는 정반비례의 성 과를 거두었다. 이제는 갈길을찾은 듯이 감격하는청년과 손도잡어보았고 당 시를회고하며 감개무량에 눈물을흘리시는 노인도보았고 우리는위대한선열과 지사의 후손이라하며 약희(躍喜)하는 어린이들과같이 기뻐도하였고 영웅과는 상당히 거리가먼분에게 조곰참어달라고도 하여보았다.[31]

8·15이후 자주독립을 위하야 최선결 문제인 민중계몽을 목적하고 출판과 기 타연예면을 통하야 활발히 그 실천운동을계속중이든 서울황금정1정목168 계 몽구락부에서는 다시 신*언, 조하소, 이구영, 방의석 제씨가 중심되여 문화부 를 신설하고 소형영화제작계에 진출함과동시에 첫작품으로기술적으로 허다한 곤란을극복하고 의사 안중근사기를 영화화하야 38이남각지농산어촌에 방금 상영중인바 다시 본영화를 재차신작으로 조선영화촬영기술에잇써 가장미듬직 한 양세웅씨의 카메라로 제작에 착수완성될날도 머지않흔모양이다. 「자재난 으로 이번제작된작품은기술상여러가지로부족한점이불소합니다. 다만우리가 뜻햇든바 우리민족의영웅 안의사의 위대한 풍모의 일편이나마 널니 알녀보자 는 그 뜻만알아주십시오. 다행히 남선각지에서 소기했던바기 목적이 십분달 성되어감은 오즉우리들로서는 감격과 감사를 마지안는바입니다.」[32]

앞의 첫 번째 글은 윤봉춘 감독의 작품 〈유관순〉(1948)의 제작 의도이다. 글에서 말하는 "우리나라를 알고 우리 민족을 알자"는 것은 곧 지금껏 제대 로 조명되지 못한 역사적 인물을 호출하여 그것을 알림으로써 민족적 결속과

---

31 방의석, 〈유관순전을 제작하면서-기획자의 의도-〉, 《영화시대》 제3권 제1호, 영화시대 사, 1948.2, 49쪽.

32 B기자, 〈계몽구락부 문화부를 차저서〉, 《영화시대》 제1권 제2호, 1946.6, 48~49쪽.

정서적 유대감을 환기시키는 결과로 나타난다. 감격하는 청년, 뛸 듯이 기뻐하는 어린이, 감개무량하여 눈물을 흘리는 노인들은 '민족'에 대한 '앎'을 통해 새롭게 민족적 주체로 태어나는 과정을 밟는다. 영화 계몽의 목적은 바로 이 지점에서 달성된다.

이러한 민족적 앎을 제공하는 영화 제작 경향은 이미 대한민국 정부 수립 전인 1946년 해방 직후부터 실천된 것이었다. 두 번째 글은 1946년에 제작·상영된 이구영 감독의 영화 〈안중근 사기〉에 대한 것이다. 이 글에서도 우리 민족의 영웅이었던 안의사를 널리 알리는 데 영화의 목적이 있다는 점을 강조한다. 다행히 농산어촌 각지에 안의사의 위대한 풍모를 알리는 데 있어 소기의 목적이 달성되어 간다고 밝히는 이 글을 통해 해방기 조선 영화계가 구현하려고 했던 '민족 영화'의 내용이 '민족'과 관련된 '앎'의 전파에 있었다는 점을 확인할 수 있다.

해방기 동안 이른바 민족의 얼로 상징되는 기념비적 인물을 다룬 영화를 5편 정도로 꼽을 수 있다면, 이들 영화들은 주로 '민족'으로서의 공통 감정을 환기하는 '앎'을 관객에게 전달하고 계몽의 실천적 목표를 성취하는 데 초점을 맞추고 있었다.[33]

이 외에 〈무궁화동산〉(1948)과 같은 기록영화 등 또한 아직 민족적 정체성을 제대로 형성하지 못한 해방 직후의 민족에게 정체성과 민족적 연대감 등의 지식을 전달하는 데 간접적인 역할을 했다고 평가할 수 있다. 하와이 해외 동포들에 대한 소개는 물리적으로 머나먼 해외에 살고 있는 동포들의 삶을 사실적으로 조명하지만, 실제로 그 영화의 효과는 조선 사람들의 '민족'에 대

---

33 한국영화총서에 따르면 해방 5년 동안 민족의 영웅으로 대표되는 역사적 인물을 다룬 영화는 〈안중근 사기〉(1946), 〈불멸의 밀사〉(1947), 〈윤봉길 의사〉(1947), 〈3·1혁명기〉(1947), 〈유관순〉(1948)이다. 이 중에서 계몽문화협회는 〈불멸의 밀사〉를 제외한 4편의 영화를 제작하여 민족의 정서적 유대감을 환기하고 역사적 지식을 전달하는 첨병 역할을 했다(해방 5년 동안의 영화와 관련된 내용은 한국영화진흥조합, 『한국영화 총서』, 1972 참조).

한 심리적 거리감을 좁힌다. 이는 영화가 하와이와 조선이라는 영토적 구분과 한계를 넘어선 확장된 '동포적 유대'를 환기하기 때문이다. '민족지(民族知)'로서의 민족 영화 구현의 목표는 비단 전기물과 같은 역사적 인물을 재현하는 영화에서뿐만 아니라 다양한 기록물 등에서도 직간접적으로 작용하고 있었던 것이다.

한편, '민족지(民族知)'로서의 해방기 영화는 다양한 주제를 표방한 '계몽영화'를 제작함으로써 무지 몽매한 민족들이 민족 국가를 형성하는 데 있어 수행해야 할 역할과 실천들을 제공하는 데 목표를 두고 있었다. 이러한 영화들의 특징은 영화 내러티브상 건국 대업에 장애 혹은 방해가 되는 모리배와 봉건적 잔재의 청산 및 건전한 의식 함양으로 요약된다.

최근 발굴 상영된 영화 〈해연〉(1948)은 소년원에서 벌어지는 선생과 고아 간의 정서적 교감과 계도의 주제를 다루고 있다. 『한국영화총서』에 따르면 이 영화는 '통속 계몽물'로 분류된다. 영화의 줄거리만을 놓고 보았을 때는 이 분류가 얼핏 타당해 보이지만, 실제 당시의 제작 의도와 비교해 보자면 이 영화를 '통속 계몽물'로 분류하는 데는 의문의 여지가 생긴다. 왜냐하면 이 영화 또한 '민족 영화' 수립에 복무하기 위한 예술영화사의 심혈을 기울인 결과물이었기 때문이다.

> 영화의 선전성과 계몽성의 위대함은 여기에 새삼스러히 췌언(贅言)을 요치 않을줄로 믿는다. 민중의 마음을 캣취하는것으로써 정치의 요제(要提)로 삼음은 공자이후 유교의 성격의 하나이다. 그럼으로 고대에는 락(樂)으로서 민중의 마음을 알고 예(禮)로서 민중을 교도하였으며 최고도의 정치면에 예악의 두자를 충당하였다. 그러면 고대의 예악에 해당한 현대의 예악은 무엇일까? 나는 그것을 영화라고 부르고싶다. 영화에 나타나는 모든 형태는 민중의 형태를 변화시키며 영화의 음악과 음향은 거리를 풍미하고 민중의 언어에까지 영향을 끼친다.[34]

영화 〈해연〉의 제작자인 이철혁은 위의 글에서 영화의 '선전성'과 '계몽성'을 강조하고, 영화가 공자의 예악(禮樂)에 해당하는 중요한 매체임을 제시한다. 그렇다면 공자의 예악(禮樂)이란 무엇인가. 그것은 "민중의 마음을 알고 민중을 교도하는" 정치적인 것이다. 영화가 현대의 예악(禮樂)이라면, 영화 〈해연〉 또한 "민중의 마음을 알고 민중을 교도하는" 역할을 수행해야 한다. 그것은 곧 민족 영화 수립으로 수렴되는 영화의 계몽성을 의미한다. 따라서 영화 〈해연〉을 '계몽물'로 분류할 수는 있으나, '통속'이라는 수식어를 앞에 붙이는 데는 논란의 여지가 있다. '통속성'은 해방기 민족 영화 수립에 있어서 가장 지양해야 할 '오락성' 혹은 '봉건성'과 직결되는 것이기 때문이다. 게다가 영화 〈해연〉은 내러티브상 사제 지간의 '정(情)'과 '교도(敎導)'에 초점을 맞춤으로써 민족 국가 성립에 있어 민족 구성원들이 갖춰야 할 건전한 인격의 형성과 그것의 실천 내용 및 과정을 강조한다. 계몽하는 주체와 계몽받는 주체 간의 관계는 곧 '계몽하는 주체'로서의 영화와 '계몽되는' 민족 구성원의 관계로 치환될 소지를 안고 있다. '교육'과 '계몽'의 차원에는 특정한 민족적 정체성을 구성하는 '지식'의 전달 과정이 필연적으로 개입된다. 〈해연〉을 비롯한 해방기 영화가 주로 '계몽성'에 기반하여 봉건적 잔재의 일소와 모리배의 청산 및 건전한 민족 국가 건설의 다양한 실천 행위들을 주요한 핵심 주제로 설정한 이유도 이런 데서 연유한다.

"혼란 둔탁한 세상과 전극극박(戰刻極薄)하는 인정에 침투하여 일종의 위안과 일보의 계도를 책함으로써 족하다"[35]는 〈최후의 밤〉 제작 의도라든가 "영화 〈여명〉은 과연 검은 구름을 해치고 새로운 여명을 유인하는데 조곰이라도 이바지 될려는지 그것은 몰르나 내용은 민중의 생활에 가장 가까운 그

---

34 이철혁, 〈영화 "해연"을 제작하면서〉, 《영화예술》(해연특집), 예술영화사, 1948.5, 13쪽.

35 김관수, 〈〈최후의 밤〉을 기획하면서〉, 《영화시대》 제3권 제1호, 영화시대사, 1948.2, 71쪽.

러면서도 그 사명이 일반에게 절실히 이해되어 잇지안는 음덕(陰德)의 실천자 경찰관과 교원의 생활을 통하여 새로운 모랄을 제시하려 하였다. 대조로 해방의 선물인, 모리배의 생활과 그 동생의 몰락해가는 운명도 취급하여 보았다."[36]는 제작 의도는 공통적으로 '계도'의 목표 아래 윤리와 모랄의 전달 등에 기반한 '지식'의 전달과 의식의 함양을 내세운다.

이러한 경향은 현재 필름으로 남아 있는 영화 〈자유만세〉(1946)에 대한 평가와 극의 내용을 통해서도 어느 정도 확인해 볼 수 있다. 당시 영화 〈자유만세〉를 관람한 관객들의 반응, "전기불이 환하게 켜질 때의 관객의 얼골에는 그 무었인가 긴장된꿈에서 깨여난뒤의, 또는 보랴고했든 것을 본듯한 감격의 표정이 얼키어있는 것이었다"[37]는 대목에서도 드러나듯이 이 영화는 관객들로부터 보려고 했던 어떤 것, 새로운 것을 전달하는 데 성공했다. 여기서 제시하는 "보려고 했던 것"은 한중을 대표로 하는 '독립 투사'였고 그를 통해 발화된 해방의 민족적 정당성이었다. 영화에서 한중은 사건 전개와 장면의 개연성과는 상관 없이 줄곧 해방의 필요성과 정당성을 설득하고 재현하는 실천적인 교도적 지도자로 등장한다. 한중의 말과 행동을 통해 표현되는 '독립'과 '해방'의 투쟁사는 전기물과는 다른 차원에서 영화적 긴장감을 최대한 고조하면서도 동시에 그동안 알지 못했거나 감춰뒀던 민족의 울분과 소망을 한꺼번에 터트려 주는 효과를 발휘했다.

특히 위와 같은 계몽적 주제를 반영한 해방기 영화들의 내용과 평가 등에서 파악할 수 있는 것은 이른바 '민족 영화'에 일정한 주제 의식과 내러티브가 부여되어 있다는 점이다. "한 개의 영화가 장차 앞으로 우리 조선민족의 발전상 중대한 역할을 다할 것은 물론 한 개의 완전한예술로서 우리조선민족의 광범한 생활문화의 향상에큰도움이될 것"이라는 명제는 영화를 질적 수준

---

36 〈영화 〈여명〉 제작의도〉, 《영화시대》 제3권 제1호, 영화시대사, 1948.2, 89쪽.

37 황조명, 〈자유만세평을 에워싸고」, 《영화시대》 제2권 제2호, 영화시대사, 1947.3, 50~51쪽.

과 민족 영화의 범주를 판가름하는 절대적 평가 기준이었다. 이 기준에 따르면 영화 〈새로운 맹서〉는 "영화의 선이 약한 것 즉 영화속에로깊이파고드는 박력과 바다가 심한폭풍을만났다가 또다시 잔잔해지는 거와같은 그러한 매력이 영화전편을 통해서 희박했다"는 점에서 민족 영화의 범주에 포함될 수 없는 것이었다.[38] 평가 자체는 매우 추상적으로 표현되었으나, 앞서 제시된 영화의 역할과 사명에 근거하자면, 영화 〈새로운 맹서〉는 조선 민족의 발전상과 광범한 생활문화 향상에 도움이 되지 못하는 완성도가 떨어지는 영화에 불과했다.

앞서 '민족 영화'의 대중성이 민족에 대한 계몽적 성격과 깊이 관련되는 반면, '오락성'을 비롯한 구태의연한 봉건적 잔재는 타개해야 할 것으로 치부되었다는 점을 언급했거니와 이러한 기준에 따르자면, 영화 〈새로운 맹서〉는 "번번히 써오든 재래조선의 영화의 그것에서 탈피치 못한 수법을 되푸리하므로 안이한주제를 설명하기에 급급한 노력이 선의(善意)로 노출되었을 뿐"[39] 인 구태의연한 봉건적 잔재와 오락성을 구비한 영화에 불과했다.[40]

또한 영화 〈독립전야〉의 극 전개를 통해 알 수 있듯이, 해방 후 독립국가 형성의 과도기에 처한 우리 민족은 모리배를 비롯한 사회악을 청산하고 새로운 태양 아래 새시대를 준비해야 할 사명감이 있다. 영화에 재현되는 아편쟁

---

38 유벽촌, 「새로운 맹서의 평을 에웨싸고」, 《영화시대》 제2권 제4호, 영화시대사, 1947.9, 48~49쪽.

39 한원래, 〈새로운 맹서 시사평〉, 《영화시대》 제2권 제4호, 영화시대사, 1947.9, 50쪽.

40 『한국영화총서』에 따르면 영화 〈새로운 맹서〉는 '계몽물'로 분류되어 있다. 그러나 해방기 '민족 영화'의 개념 이해와 그와 연관된 '계몽성' 및 그에 따른 당대 평론가들의 평가에 따르자면, 이 영화를 '계몽물'로 분류하는 데는 논란의 여지가 있다. 총서의 분류 기분은 비단 이 영화 한 편에 국한되지는 않는다. 계몽적 성격이 뚜렷한 영화 〈자유만세〉를 '활극통속물'로 규정한다든가 역시 계몽적 성격이 두드러지는 〈독립전야〉를 '통속물'로 분류하는 방식이 이에 해당한다. 현재 확인할 수 있는 영화의 줄거리와 현존하는 필름의 실제 내용을 근거로 하자면, '민족 영화'의 개념에 부합한 계몽물로 분류되는 극영화는 전기물과 문화 영화 및 기록 영화를 제외하고 20편 내외라고 할 수 있다(영화 제목과 줄거리 및 분류 등은 주로 한국영화진흥조합, 앞의 책을 참조했음).

이와 모리배 등은 해방의 혼란한 시국을 틈타 사회 혼란을 가중시키고 민족 분열을 조장하는 사회의 암적 존재이다. 이러한 사회악의 처단은 해방기에 제작된 일련의 계몽적 주제를 다루는 영화에서 반복 재생산되는 양상을 보인다.

이로써 해방기 영화는 처단해야 하는 사회악의 구체적인 형상을 관객들에게 제공하고 그들로 하여금 민족 구성원으로서 국가 성립과 민족 단결을 위해 내면화해야 할 윤리와 실천적 행위들을 습득하게끔 유도한다. 해방기 조선 영화계는 이러한 민족 영화 수립이라는 대의 명제를 성취하기 위한 구체적인 방법으로서 '민족'에 대한 '앎'이란 어떠한 것이어야 하는지, 나아가 '민족 영화'란 어떤 범주에 놓여야 하는지를 영화 제작을 통해 적극적으로 실천해 나갔던 것이다. 이는 해방기 조선 영화계가 새로운 영화사의 기원을 수립하는 데 있어 가장 절실하게 요청했던 사회적 명분이자 역사적 과제였다.

4. 결론: 해방기 조선 영화의 역사적 의미

해방기의 '앎'은 '역사'의 문제이자 '정체성'의 문제였다. 특히, 일제 강점기 억압의 식민 역사를 뒤로 하고 새롭게 근대 독립 국가를 형성해야 할 시기에 놓인 민족에게 그동안 잃어 버린 '민족'에 얽힌 다양한 '앎'을 제공하고 민족적 정체성을 구현함으로써 국가 기반을 마련하는 작업은 매우 중대한 것이었다. 해방기 조선 영화계가 그토록 수없이 제기한 '민족 영화' 수립의 문제는 바로 이러한 거시적 역사의 문제와 관련되어 있었다.

그러나 해방기 영화사에서 '민족 영화'를 둘러싸고 진행되었던 다양한 담론의 생성과 전개 양상 및 그와 연계된 영화 제작과 상영의 문제는 제대로 규명되어 오지 못했다. '광복 영화'로 통용되었던 해방기 영화에 대한 개념은 사실, '광복'이라는 역사적 사건을 중심에 놓음으로써 영화를 역사적 사건과 직결시켜 논의하는 데 있어 매우 편리한 지점을 제공했다. 그러나 이러한 개념이 깊이 있는 문제 의식 없이 통용되는 가운데, 해방기 다양하게 제출되었던 '민족 영화'와 관련된 논의들은 그만큼 배제되거나 묻혀져 왔다. 물론, 이러한 삭제는 비단 개념에 대한 충분한 이해의 미흡에서 비롯된 것만은 아니다. 한편으로 해방기 좌우익 갈등 사이에서 '민족'과 '민족 영화'에 대한 논의가 지속적으로 정치적 권력 관계와 이데올로기적 방편으로 적용되어 오는 가운데 '민족 영화'에 대한 논의들이 정치적 이데올로기의 자장 안에서 기계적으로 해석되었기 때문에 '민족 영화'에 대한 논의는 단순화되고 협소해질 수밖에 없었다.

본 고는 위와 같은 두 가지 문제로 인해 그동안 제대로 규명되거나 조명받지 못했던 해방기 '민족 영화'에 대한 논의를 살려내고 담론의 생성과 전개 및 영화의 제작 상황을 살펴봄으로서, 해방기 조선 영화의 역사적 의미를 되짚어 보고자 했다.

따라서 본 고는 '민족' 혹은 '민족성', '민족 영화'에 대한 이론적 배경과 의미 규정 및 역사적 전개 혹은 좌우익 진영에 복속된 영화의 정치성 등에 대해 엄밀하기 따지지 않았다. 오히려 그러한 헤게모니 밖에서 해방기 조선 영화계가 '민족'과 연계된 '민족 영화' 수립에 대해 어떠한 논의를 전개시켜 나갔는지, 그 담론 생성과 전개의 실제에 초점을 맞추었다. 해방기 조선 영화계는 새로운 독립 국가 형성과 그에 따른 각 사회 영역별 터전 마련의 대의적 명제를 수용하면서, 해방기 가장 중요한 화두로 떠오른 '민족 문화' 수립의 방편으로 '민족 영화' 수립의 당면 과제를 제시했다. 여기에서 말하는 '민족 영화'의 구체적인 내용은 '민족 국가 = 민족 문화 = 민족 영화'라는 등식 하에서 제시된다. 민족 영화는 곧 '국가'와 '문화'의 성립을 좌우할 만한 중대한 것이었다. 따라서 영화계는 민족 영화 수립의 구체적인 내용으로 '재건'과 '창조', '주체성'의 측면에서 다양한 담론들을 형성하고 전개시켜 나갔다. 특히 민족

영화 재건의 대전제가 되는 것은 영화의 '계몽성'이었다. 영화를 통한 계몽과 선도를 통해서 민족 영화는 영화 재건과 영화의 새로운 창조 및 주체성을 획득하고 민족 문화와 국가의 발전에 기여할 수 있다는 논리이다. 민족 영화 수립을 위해 영화계에서는 지속적으로 과거의 봉건적 잔재를 청산하고 민중의 생활과 감정에 기반한 조선적인 것을 영화에 재현해야 할 필요성을 제기했다. 그것이 해방기 조선 영화의 '대중성'을 설명해 주는 구체적인 내용이었다. 이러한 '대중성'에 기반하자면 대중에게 일시적 흥미와 자극을 제공하는 '오락성'은 지양해야 할 것으로 상정되었다. 또한 이른바 '조선적인 것'을 구현함으로써 헐리우드 영화의 공세에 맞서 '민족 영화'를 수립해 나가야 했다.

이러한 민족 영화 수립 과정에서 제기된 담론들은 영화 제작 단계에서 상영에 이르기까지 절대적인 영향력을 행사했다. 〈유관순〉과 〈윤봉길 의사〉와 같은 전기물을 대거 제작하고 상영함으로써 무지 몽매한 대중들에게 잊혀졌거나 알려지지 않은 민족의 영웅을 소개하고 민족적 유대감을 형성하기 위해 노력한 상황은 이를 잘 반영한다. 또한 민족으로서 숙지해야 할 윤리와 도덕 및 생활의 양식 등에 대한 지식을 전달하고 척결해야 할 사회적 악을 형상화함으로써 올바른 민족적 정체성과 지향해야 할 올바른 '민족 영화'의 범주를 설정해 나간 것 또한 해방기 '민족 영화' 수립과 연계된 영화의 제작 경향이었다.

이러한 일련의 전개 양상과 경향을 정리하면, 해방기 영화는 '민족지(民族知)'로서 의미화된다. 민족 영화 수립을 위해 '민족'에 대한 '앎'을 제공하는 계몽적이고 계도적인 영화를 추구했던 것이 해방기 조선 영화의 특징이라고 요약할 수 있기 때문이다. 특히 이러한 조선 영화의 특징은 다른 시대와는 달리 '해방기'라는 특정한 시기 동안 영화가 지닌 역사적인 역할과 지위를 가늠할 수 있는 잣대가 된다. 영화의 '대중성'을 '계몽'과 연계시키고, 영화를 따라다니는 필연적 수식어인 '오락성'을 배격함으로써 영화를 '민족 문화'와 '민족 국가'의 일익을 담당하는 역사적 존재로서 승격시키려는 노력이 바로 해방기 조선 영화의 '민족지(民族知)'적 성격에 함의되어 있기 때문이다. 이는 '해방기'라는 특수한 시대와 그 시대에 영화 역사의 기원을 모색해야 했던 영화계의 사정이 함께 만나 이루어진 결과물이었다. 그리고 바로 그러한 이유로 해방기 조선 영화는 단순히 대중에게 위안과 즐거움을 주는 세속적인 것으로서가 아니라, 역사적 과업에 동참하여 역사적 사명과 역할을 다하는 영화사의 기원을 새로 쓸 수 있었다.

참고문헌

1. 단행본

미셸 푸코, 『지식의 고고학』, 이정우 옮김, 민음사, 2002, 26~27쪽.
이영일, 『한국영화전사』, 소도, 2004, 214~221쪽 참조.
한국영화진흥조합, 『한국영화총서』, 1972.
한상언, 『해방 공간의 영화·영화인』, 이론과실천, 2013.

2. 학위논문 및 소논문

김승구, 「해방기 영화 상영 활동에 대한 고찰」, 『동방학지』 158, 연세대출판부, 2012.
김승구, 「영화 광고를 통해 본 해방기 영화의 특징」, 『아시아문화연구』 26, 가천대학교 아시아문화연구소, 2012.
박창원, 「해방기(1945~1948)대구·경북 지역의 진보적민족주의 세력의 영화·연극 운동 연구」, 계명대학교대학원 박사, 2012.
심혜경, 「안철영 텍스트를 통해 본 대한민국 설립 초기 '조선영화'연구: 〈무궁화동산〉과 『성림기행』을 중심으로」, 중앙대학교 첨단영상대학원 박사, 2012.
심혜경, 「'무궁화동산' 하와이를 경유해 대한민국을 정체화하기: 한국 최초의 총천연색 기행영화 〈무궁화동산〉을 중심으로」, 『한민족문화연구』 39, 한민족문화학회, 2012.
심혜경, 「안철영의 『성림기행』에서의 할리우드 그리고 조선영화」, 『한국어문학연구』 62, 한국어문학연구학회, 2014.
어일선, 「해방기 한국영화의 특징에 관한 연구:해방기 영화계의 재편과 영화인의 활동 중심으로」, 『청대학술논집』 21, 청주대학교 학술연구소, 2013.
양정혜·박창원, 「해방기 대구·경북 지역의 연극·영화운동에 관한 사례 연구:'10월 영화공장'을 중심으로」, 『언론과학연구』 12, 한국지역언론학회, 2012.
이명자, 「해방기 남북한 영화에 나타난 근대성과 여성담론 비교 연구」, 『현대영화연구』 11, 현대영화연구소, 2011.
전지니, 「『은영』과 해방기의 영화잡지」, 『근대서지』 9, 소명출판, 2014.
조혜정, 「미군정기 영화정책에 관한 연구」, 중앙대학교대학원 박사, 1998.
조혜정, 「미군정기 뉴스영화의 관점과 이념적 기반 연구」, 『한국민족운동사연구』 68, 한국민족운동사학회, 2011.
한상도, 「해방정국기 민족문화 재건 논의의 내용과 성격」, 『사학연구』 89, 한국사학회,

2008, 121쪽.

한상언, 「해방기 영화인 조직 연구」, 한양대학교 석사, 2007.

한상언, 「해방기 영화운동과 조선영화협단」, 『영화연구』 43, 한국영화학회, 2010.

한영현, 「해방기 한국 영화의 형성과 전개 양상 연구」, 성신여자대학교 박사, 2010.

한영현, 「해방과 영화 그리고 신생 대한민국의 초상:영화 〈독립전야〉와 〈무궁화동산〉
을 중심으로」, 『대중서사연구』 26, 대중서사학회, 2011.

한영현, 「해방기 아메리카영화론과 탈식민 문화기획」, 『대중서사연구』 30, 대중서사학
회, 2013.

함충범, 「한국 내셔널리즘 영화의 사적 전개에 관한 연구」, 『디지털영상학술지』 3,
한국디지털영상학회, 2006.

허 은, 「냉전시대 미국의 민족국가 형성 개입과 헤게모니 구축의 최전선: 주한미공보
원 영화」, 『한국사연구』 155, 한국사연구회, 2011.

3. 신문 잡지 기사

강신원, 〈외화의 난입과 극장문제〉, 《영화시대》 제2권 제4호, 영화시대사, 1947.9,
53쪽.

「국산영화진흥에 대한 소고」, 《동아일보》, 1948.11.19, 2쪽.

김관수, 〈〈최후의 밤〉을 기획하면서〉, 《영화시대》 제3권 제1호, 영화시대사, 1948.2,
71쪽.

김정혁, 〈영화기획의 실제(2)〉, 《영화순보》 제2권 제1호, 영화순보사, 1948.3, 18쪽.

박루월, 〈【권두언】우리들의 자유시대를 마즈며〉, 《영화시대》 제1권 제2호, 영화시대사,
1946.6, 50쪽.

박루월, 〈1947년을 맞으면서〉, 《영화시대》 제2권 제1호, 영화시대사, 40~41쪽.

박 송, 〈영화의 정치성〉, 《영화시대》 제4권 제1호, 영화시대사, 1949.5, 55~56쪽.

방의석, 〈유관순전을 제작하면서-기획자의 의도-〉, 《영화시대》 제3권 제1호, 영화시
대사, 1948.2, 49쪽.

B기자, 〈계몽구락부 문화부를 차저서〉, 《영화시대》 제1권 제2호, 1946.6, 48~49쪽.

안석주, 〈【문화】영화는 민족과 함께4〉, 《중앙신문》, 1946.1.24, 2쪽.

안석주, 〈영화의 성격과 민족성(하)〉, 《조선일보》, 1948.1.14, 2쪽.

안종화, 〈민족영화의 수립위하야-지침되시라〉, 《영화시대》 제1권 제1호, 영화시대사,
1946.5, 37쪽.

안철영, 〈조선영화의 당면과제〉, 《영화시대》 제1권 제3호, 1946.10, 67쪽.

〈영화 〈여명〉 제작의도〉, 《영화시대》 제3권 제1호, 영화시대사, 1948.2, 89쪽.

유벽촌, 〈새로운 맹서의 평을 에워싸고〉, 《영화시대》 제2권 제4호, 영화시대사, 1947.9, 48~49쪽.

이병일, 〈조선영화에 관한 문제〉, 《영화시대》 제2권 제3호, 영화시대사, 1947.5, 65쪽.

이철혁, 〈영화 "해연"을 제작하면서〉, 《영화예술》(해연특집), 예술영화사, 1948.5, 13쪽.

정영해, 〈영화예술의 방향〉, 《영화시대》 제2권 제4호, 영화시대사, 1947.9, 44~45쪽.

추 민, 〈정치와 영화〉, 《영화시대》 제2권 제2호, 1947.3, 26쪽.

추 민, 〈조선영화의 건설을 위하야〉, 《영화시대》 제1권 제2호, 영화시대사, 1946.6, 54쪽.

최 운, 〈영화의 사회성〉, 《영화예술》(해연특집), 예술영화사, 1948.5, 23쪽.

최운봉, 〈영화는 대중에게 무엇을 줄 것인가?〉, 《영화시대》 제2권 제1호, 영화시대사, 57쪽.

한원래, 〈새로운 맹서 시사평〉, 《영화시대》 제2권 제4호, 영화시대사, 1947.9, 50쪽.

허 달, 〈1926년도 문화계 총결산—조선영화의 개척기〉, 《경향신문》, 1946.12.24, 2쪽.

황조명, 〈자유만세평을 에워싸고〉, 《영화시대》 제2권 제2호, 영화시대사, 1947.3, 50~51쪽.

건국 이후 영화잡지에 대한 고찰
-『신영화』(新映畵)와 『은영』(銀映, The Silver Screen)을 중심으로*

전지니

1. 해방기(1945~1950) 발행된 영화잡지¹들

이 글은 건국 이후 발행된 두 편의 영화잡지를 중심으로 해방기 영화잡지의 존재 방식 및 그 방향성에 대해 고찰하는 것을 목적으로 한다. 구체적인 논의대상은 『신영화』²와 『은영』으로, 두 잡지는 외화가 남한 영화시장을 완

---

* 이 글은 『근대서지』 9호(2014)에 발표한 「『은영』(銀映, The Silver Screen)과 해방기의 영화잡지」를 수정 및 보완한 것이다. 당시 발표한 원고는 『은영』의 전체를 보지 못한 상태에서 작성했으며, 이 원고는 잡지 전체를 확인한 후 작성했다. 또한 보완 과정에서 건국 이후 발행된 『신영화』와 『은영』을 함께 논의했다. 『은영』의 실물을 확인하고 이 글을 쓰는 과정에서 오영식 선생님, 서상진 선생님의 도움을 받았다. 이 자리를 빌려서 두 분 선생님께 진심으로 감사드린다.

1 해방기 '영화'를 표제로 삼은 잡지 중 『영화시대』나 『신성』 등이 영화, 연극, 악극 등 극예술 전반을 아우르고 있지만, 본고에서는 편의상 이들을 모두 '영화잡지'로 지칭한다.

2 『신영화』 창간호의 경우 아단문고에서 발행한 『아단문고 미공개 자료 총서』 14권을 참고했다. 편집진이 발행을 예고했던 2권의 경우 실물을 확인할 수 없다.

전히 장악한 상황에서 외국 영화 소개에 주안점을 두었던 영화잡지라는 점에서 공통분모를 갖는다.

주지하듯이 8.15 해방 이후 출판계는 활기를 띠었다. 해방 직후 한국어 서적의 수요 증가에 부응해 신생출판사들이 우후죽순 생겨났으며, 다양한 서적들이 쏟아져 나오는 가운데 종합지 외에도 전문지를 표방한 여러 잡지가 발간됐다.[3] 그러나 해방을 맞아 새 출발을 알린 잡지의 대다수가 불안한 정치상황과 유례없는 용지난으로 인해 창간됐다 곧 폐간되는 수순을 밟았다. 그중 서울문화사의 『신천지』(1946년 1월 창간, 1954년 10월 종간)처럼 전쟁을 관통해 전후까지 발행되는 경우도 있었지만, 해방 이후 최대의 발행부수를 자랑했던 고려문화사의 『민성』(1945년 12월 창간, 1950년 6월 종간) 역시 전쟁이라는 벽을 넘지 못하고 종간되는 수순을 밟았다. 해방의 특수를 맞아 출판된 수많은 잡지들 중에는 종합지와 문예지 외에도 여성지, 소년지, 어린이지, 과학지, 종교지, 스포츠지 외에 연극·영화 전문지 등이 섞여 있었다.

이 기간 동안 예술지를 표방한 잡지만도 『예술문화』(1945년 12월 창간), 『예술운동』(1945년 12월 창간), 『인민예술』(1945년 12월 창간), 『예술부락』(1946년 1월 창간), 『조형예술』(1946년 5월 창간), 『예술조선』(1947년 10월), 『청년예술』(1948년 5월 창간), 『문학예술』(1949년 12월 등록)등 그 제명을 일일이 열거하기 어렵다. 이와 함께 '통신지'의 형식을 표방한 주간지 『문화통신』(1945년 10월 창간), 일간지 『일간예술통신』(1946년 11월 창간)이 각종 공연 및 극장 소식을 전했다. 여기서 해방공간의 예술운동 중 연극·영화부문을 특화시켜 다루고 있는 잡지로는 현재 확인할 수 있는 것만도 『예술타임스』(1945년 12월 창간), 『영화시대』(1946년 4월 속간호 발간)부터 『신성』(1946년 5월 창간), 『영화순보』(1947년 12월 창간), 『예술영화』(1948

---

3 정진석, 「머리말―해방기 시대사 연구의 기초자료」, 오영식, 『해방기 간행도서 총목록 1945-1950』, 소명출판, 2009, 7~8쪽.

년 5월 창간), 『신영화』(1948년 12월 창간), 『희곡문학』(1949년 5월 창간), 『은영』(1949년 9월 창간) 등 수종에 이른다.[4]

그러나 서지학적 관점에서 『신성』을 소개한 논의[5]를 제외하면 아직 해방기 영화매체에 대한 논의가 본격적으로 이루어지지 않았다. 당대 영화에 대한 논의도 영화 〈밤의 태양〉과 관련하여 『영화순보』 기사목록에 대해 언급한 전지니[6], 그리고 〈해연〉과 관련하여 잡지 『예술영화』에 대해 논의한 정종화의 연구[7]를 제외하면, 여전히 일간신문이나 『신천지』 등의 종합지를 기본 자료로 하여 전개되고 있다.

이들 영화잡지의 발행주체들을 살펴보면 가장 먼저 출발한 『예술타임스』의 발행은 한종식, 『영화시대』는 한경, 『신성』은 안용철이 맡았다. 또한 『예술영화』와 『영화순보』는 각각 이철혁과 박유명이 맡았다. 이 중 비교적 꾸준하게 발행된 잡지는 식민지시기에 이어 다시 박루월이 발행에 관여했던 『영화시대』, 그리고 고려문화사의 지원을 받았던 『신성』뿐이었다. 『영화시대』와 『신성』이 상대적으로 오래 발간될 수 있었던 것은 전자의 경우 제대로 된 영화매체를 만들겠다는 주간 박루월의 열정과 동료 영화인들과의 협조가, 후자는 유한양행과 연계된 고려문화사의 안정적인 지원이 있었기 때문으로 보인다.[8]

『예술타임스』와 같이 정치 노선을 분명히 드러냈던 해방 직후의 영화잡지

---

4 이외에 해방기 더 많은 영화 관련지가 발행될 것으로 추측되나, 현재 필자가 실물을 확인할 수 있는 것은 이것뿐이다.

5 유승진, 「미군정기 대중문화잡지 『新星』 해제」, 『근대서지』 6호, 근대서지학회, 2012.12.

6 전지니, 「권총과 제복의 남성 판타지, 해방기 "경찰영화" 연구: 〈수우〉, 〈밤의 태양〉, 〈여명〉을 중심으로」, 『현대영화연구』 22, 한양대학교 현대영화연구소, 2015.

7 정종화, 「해방기 한국영화계의 "예술영화" 지향 −영화 〈해연〉과 관련 잡지 분석을 중심으로−」, 『한민족문화연구』 54, 한민족문화학회, 2016.

8 고려문화사에 대해서는 이경훈, 『책 속의 만인의 것』, 보성사, 1993(오영식, 앞의 책, 135~143쪽에서 재인용)을 참조했다.

를 제외하면, 각 매체의 편집진들은 자국 영화의 선전과 홍보에 중점을 두거나 조선에 개봉된 외화를 중심으로 세계 영화계 동향에 귀추를 세웠으며, 때로는 두 가지 목표를 동시에 아우르고자 했다. 이들 매체는 특정 기관이나 영화와는 무관한 잡지, 그리고 특정 기관의 선전지 혹은 기관지라 할 만한 잡지들로 다시 구분된다.

이 중 속간 『영화시대』의 경우 1946년부터 단정 이후인 49년에 이르기까지 좌익과 우익의 영화 외에도 연극 및 악극을 폭넓게 소개했다. 그런데 잡지 편집진은 당대 극장을 장악했던 미국 영화에 대한 언급은 지양하면서 실제 흥행장과는 상당히 괴리된 움직임을 보였다. 특히 『영화시대』는 외화를 크게 염두에 두지 않는 구성을 통해 예술계의 내부적 결속을 다지고자 했다. 발행 초기 조선영화협단 등 좌익성향이 강했던 영화단체와의 긴밀한 연계 속에 자국 영화와 연극의 발전을 모색했던 『영화시대』는, 1948년 이후 물가폭등 등의 요인으로 인해 정기적인 간행이 어려워졌다. 그리고 실제적 종간호인 1949년 6월호(4권 1호)에서는 '전국 무대예술인 대회'의 특집을 싣는 등 건국 이후 예술의 방향을 모색하지만, 결국 폐간의 수순을 밟게 됐다.

『신성』은 『영화시대』와 마찬가지로 영화, 연극, 악극, 무용 등 전반을 아우르는 종합예술지였으며, 특히 대중지로서 배우를 부각시키는 동시에 민족문화건설 노선에 부응하고 있었다.[9] 『신성』의 경우 한 발 더 나아가 월북한 예술인들을 소개하고 연출가, 극작가, 감독, 무용가 등 예술인 전반의 자질과 사명에 대해 논하기도 했으며, 북한의 예술 동향을 소개하거나 대중화운동의 일환으로 예술가가 대중과 함께 어우러질 수 있는 방안을 고민했다.

『영화시대』와 『신성』이 종합예술지였다면, 『영화순보』, 『예술영화』, 그리고 본고에서 논할 『신영화』와 『은영』 등은 영화 장르 자체에 집중하는 매체였다. 또한 『영화시대』, 『신성』, 『신영화』가 특정 영화 관련 기관과 상대적

---

9 유승진, 앞의 글, 646~647쪽.

으로 무관했다면, 『영화순보』, 『예술영화』, 『은영』은 기관지적 성격이 강한 잡지였다.

이 중 『영화순보』의 경우 창간호부터 "本誌는 業界關係 中心誌"[10]임을 표명했으나, 『예술영화』는 "名儀(朝鮮單式印刷株式會社)는 會社 所屬이나 宣傳誌나 機關誌도 아니라"고 천명했다.[11] 그러나 두 잡지는 모두 특정 영화를 소개하는데 지면의 상당 부분을 할애하고 있었다. 『영화순보』는 창간호부터 2권 3호에 이르기까지 경찰영화 〈밤의 태양〉(애초 〈최후의 밤〉이라는 제목으로 게재)의 면면을 소개하는 데 주력했고, 『예술영화』 창간호 또한 온전히 영화 〈해연〉 관련 논의를 실었다. 이들 매체는 영화의 제작진을 소개하고 시나리오와 스틸컷을 싣는 것 외에도, 스테이지 방문기 같은 특집기사를 수록하는 등 영화의 제작과정 전반을 독자와 함께 공유하려 했다.

두 잡지의 경우 해방기 영화 제작의 화두였던 '민족영화'와 '진정한 영화예술'을 설립할 것을 표방했으나, 역시 당대의 정치상황과 유리될 수는 없었다. 실례로 『영화순보』 창간호는 매체의 입지를 드러내기 위해 군정장관 고문 김길준 외에 당시 공안국장이자 『민주경찰』의 주간이기도 했던 함대훈의 축사를 전면에 배치했다.[12] 『영화순보』와 『예술영화』는 애초부터 정기간행을 염두에 두고 출발하지는 않았으며 업계 관계 혹은 기관 잡지라는 한계를 갖고 있었다. 그러나 우리 영화 발전이라는 나름의 사명감을 갖고 국내외 영화를 비교적 균형 있게 소개하려는 노력을 드러내기도 했다. 『영화순보』의 경우 자국 영화 외에 안철영의 「미국 영화계 시찰기」나 중국, 일본 영화계를 소개

---

10 『영화순보』, 1947.12, 18쪽.

11 영화 '〈해연〉 특집호'로 구성된 『예술영화』는 "本誌는 定期刊行物이 아니다. 그렇다고 해서 一個會社의 宣傳紙나 機關紙도 아니다. 비록 名儀는 會社所屬이나 그 意圖하는 바는 眞正한 映畵藝術의 指標가 되고 糧食이 되어 써 微弱한 朝鮮映畵의 理論的發展과 實踐的向上을 期하는대 있다."며 기관지임을 부인한다. (「편집후기」, 『예술영화—해연 특집』, 1948.5, 36쪽.)

12 김길준·함대훈, 「축사」, 『영화순보』 1947.12, 5쪽.

하는 기사를 실었으며, 『예술영화』 역시 미국 영화 외에 소련과 프랑스, 일본영화의 근황을 소개했다.

이 글은 곧 할리우드 영화가 극장을 점령한 상황에서 영화계에서는 민족영화의 제작 방향에 대한 고민이 이루어지던 시기, 영화잡지 중 상대적으로 후발주자였던 『신영화』와 『은영』에 대해 논의하고자 한다. 이 중 『신영화』가 외화 전반을 다루었으나 상대적으로 미국 영화소개에 지면을 할애했다면, 『은영』의 경우 영국 영화를 수입하던 은영사에서 발행된 잡지였던 만큼 남한에 개봉된 영국 영화의 면면을 싣는데 주력했다.

『신영화』 창간호(1949년 1월호)는 1948년 12월 31일 발행을 시작했으며 발행처는 신영화사(新映畵社), 발행인은 신영순(申永淳), 편집인은 김종훈(金宗訓)이 맡았다. 창간호 편집후기에는 잡지의 편집방향과 관련해 주목할 만한 설명이 기재되어 있지 않지만, 신영화사가 특정 기관과 얽혀 있지 않고 1월 하순에 2호를 발간할 계획을 밝히며 2호 목차를 수록한 것에 주목해 볼 수 있다. 곧 『신영화』는 대한민국 건국 전후 발행된 단발성 영화잡지, 곧 기관지나 선전지의 경향이 강했던 잡지들과 차별화된 성격을 지니고 있었다. 실제로 『신영화』 창간호 및 2호의 목차를 살펴보면 상대적으로 할리우드 영화 소개에 주력하고 있음에도, 영국과 프랑스의 영화 및 영화인 소개를 비롯해 국내 시나리오 분석이나 창작 시나리오 게재를 함께 하고 있다는 점이 눈에 띈다.

『신영화』는 할리우드 영화를 중심으로 국내외 신영화 소개 자체에 집중했다. 현재 원본을 확인할 수 없는 2호의 경우 창간호를 통해 MGM의 〈필라델피아 스토리〉, 파라마운트의 〈러브레터〉 등 할리우드 영화 리뷰와 함께 영국 영화 〈애원(愛怨)〉, 〈밀회(密會)〉 등 남한에서 개봉된 영국 영화 리뷰를 실을 것이라 예고했다. 또한 2호에는 로렌스 올리비에 주연의 〈헨리 5세〉가 소개될 예정이었다.

『은영』 창간호(1949년 9월호)는 1949년 9월 1일에 발행을 시작했으며, 발행처는 주로 영국 영화를 배급하던 은영사(銀映社)[13], 발행인 겸 대표는 유제백(柳濟栢)으로 알려진다. 창간호 편집후기에는 『예술영화』의 편집후기와 마찬가지로 "宣傳誌나 機關誌의 좁은 範圍에 跼蹐할랴는 것이 아니고 넓이 우리 映畫界 發展의 理論的 根據를 築成하는 同時에 外國映畫 紹介 · 批評의 正當한 指針과 伴侶가 되고저 한다."는 목표가 실렸다. 이는 영화계 발전에 일조하는 영화전문지를 만들고자 했던 편집진의 목표의식을 보여준다. 잡지를 발행한 은영사는 해방 후 영국 영화를 배급하면서 상당한 이익을 본 것으로 확인되며[14], 『은영』은 이 같은 상업적 수익의 성과물이었던 것으로 보인다.

현재 남아있는 『은영』은 창간호 한 호뿐이며, 편집책임자로 유제백 과 최성하, 그리고 영화 〈해연〉의 제작자이자 관련 특집호가 수록된 『예술영화』의 발행을 맡았던 이철혁이 이름을 올렸다. 세 사람은 『은영』에 영국 영화 및 미국의 영화제작자 관련 글을 기고했다.

『은영』의 지면을 채운 것은 영국 영화 및 세계 각국 영화 통신 및 영화평론이었다. 편집진은 애초부터 '고급영화잡지'를 표방했으며, 영화관계자 외에도 문화계 유력인사를 섭외하여 필진을 구성했다. 『은영』에는 유두연, 김소동 등 이후 1950년대 영화계를 이끌어가는 인물들이 합류해 영화예술에 대한 보다 구체적인 논의를 전개했으며, '영화평론가의 태도'가 특집으로 게

---

13 1948년 은영사의 주소는 '서대문로 2가 16'으로 기재되어 있으며(「영화회사는 난립상태 남한에만 무려 사십 여」, 『경향신문』, 1948.10.26), 이듬해 발행된 광고에서 출판부 주소는 '서울시 중구 태평로 1가 61'로 기재되어 있다(『경향신문』, 1949년 9월 6일 광고 참조). 은영사가 배급한 영화는 주로 전후 영국에서 제작된 영화로, 〈캬라반〉, 〈마법의 악궁〉, 〈마음의 구속〉(1948년 개봉), 〈녹색의 공포〉, 〈밀회〉, 〈너의 운명은 나에게 있다〉(1949년 개봉), 〈애원의 섬〉(1950년 개봉), 〈헨리 5세〉(1952년 개봉) 등이 있다. 그 외 은영사 출판부는 『은영』 외에도 영어교재 『Selections from Modern Writers』를 발행했다.

14 은영사가 수입한 〈캬라반〉(1948)이 4만 관객을 돌파해 원래 개봉이 예정되었던 〈처녀의 애정〉 개봉이 연기됐고, 〈요귀전〉을 입하했다는 기사를 확인할 수 있다(「예원 까싶」, 『경향신문』, 1948.10. 22). 이외에도 은영사가 외화를 수입하여 수십만 원의 이익을 냈다는 보도가 있다(「외화독점책 바지」, 『경향신문』, 1948.10.28).

재되기도 했다. 곧 해외 영화 동향에 주목하거나 발행기관의 이해관계와 완전히 분리되지 않았다는 점은 단정 이후 발행된 여타 영화 잡지와 구분되지 않지만, 해방기 영화전문지로서 영화평론의 방향을 구체적으로 모색한 매체라는 점에서 『은영』만의 입지를 모색해 볼 수 있다.

이 글은 건국 이후 발행된 두 잡지가 해외 영화 소개에 주력했으나 동시에 각자의 방식으로 국내 영화 발전의 방향을 모색하고 있다는 점에 주목한다. 앞으로 두 잡지의 필진과 기사 목록을 확인한 후 영화전문지로서의 가능성과 한계를 함께 살펴봄으로써 건국 이후 영화잡지의 존재론에 대해 성찰하고자 한다.

2. 『신영화』, 『은영』의 필진과 주요기사들

두 잡지의 표지를 장식한 것은 모두 영국 여배우였다. 『신영화』 창간호의 표지는 영국 출신 여배우 진 켄트(Jean Kent)[15]의 초상을 담았다. 진 켄트는 〈캬라반〉(Caravan, 1946), 〈마법의 악궁〉(The Magic Bow, 1946), 〈요부 바바라〉(The Wicked Lady, 1945) 등에 출연했다. 진 켄트가 표지를 장식한 반면 미국의 인기 여배우 셜리 템플(Shirley Temple)의 얼굴은 속표지에 실렸다. 또한 『은영』 창간호의 표지는 영국 여배우 패트리샤 록(Patricia Roc)이 장식했다. 패트리샤 록은 2차 대전 전후 영국 영화 〈숙명의 마돈나〉(Madonna of the Seven Moons, 1945), 〈애원의 섬〉(The Brothers,

---

15 『신영화』 편집진은 진 켄트에 대해 다음과 같이 적고 있다.
영국 영화 「캬라반」에서 집시의 處女로 扮裝하여 優秀한 演技를 보여주었으나 「魔法의 樂弓」에서 有名한 提○家파카니니에게 悲戀의 愛情을 받히는 下宿의 處女로 나온 찐 켄트는 그의 강한 個性과 魅力으로 英國映畫 女俳優 中에서 가장 人氣를 끌고 있습니다 (「표지의 찐 켄트」, 『신영화』, 1948.12, 43쪽).

1947) 등에 출연했다. 여기서 『신영화』 뒤표지에는 진 켄트가 출연한 〈캬라반〉과 〈마법의 악궁〉 등의 광고가 실려 있고, 『은영』을 발간한 은영사에서 패트리샤 록 주연의 〈숙명의 마돈나〉, 〈애원의 섬〉을 배급했음을 감안할 때 편집진이 표지에 두 여배우의 초상을 실은 것은 전략적인 선택이었다. 아래는 두 여배우의 초상이 담긴 『신영화』와 『은영』의 표지 사진이다.

『신영화』 창간호 표지   『은영』 창간호 표지

다음은 『신영화』 창간호에 실린 기사 제목과 필자 및 종류를 명기한 표이다. 이 표는 본문 수록 순서를 참고하여 정리했다.

『신영화』 창간호 목차

제목	필자	종류	시작쪽
表紙-지-s 켄트	金己英	앞표지	1
무궁화동산		광고	2
샤-리-템플		속표지	3
目次		목차	3
誌上 푸레뷰-마음의 故鄕		영화논평	4
銀姬의 혹		가십	6
誌上 푸레뷰-안나와 샴王		영화논평	7
廿世紀 폭스社 映畵		영화정보	8
素描 잉그릿드 버그만		인물논평	10
映畵藝術의 始祖-D.W. 그리휘스-	杏下生	인물논평	11
消息		영화기사	12
隨想	蘇野生	영화논평	13
테레뷔죤 對 映畵의 競爭!		영화기사	13
「아-사-랑크」 허리운에 挑戰~		영화기사	14
美國映畵企業史-파라마운트社篇-		영화기사	15
映畵界 消息		영화정보	16
씨나리오 海燕 "構成을 中心으로 한 管見"	李宇陽	영화논평	17
漫畵映畵制作圖解	金龍煥	만화	18
映畵를 만드는 쟌 콕토-	S.Y生	영화기사	20
오늘은 西南風	허남흔	시나리오	22
復活하는 아스테아 로-저스의 콤비, 佛蘭西起行, 신크레아 루이스의 新作		영화기사	44
編輯後記		편집후기	44
판권		판권지	44
國都劇場, 東洋劇場, 首都劇場, 서울劇場, 團成社, 서울市會場劇協, 中央劇場		광고	45
뒷표지(宿命의 마돈나, 워-탈街, 情熱의 海峽, 캬라반, 處女의 愛情, 妖婦 바-바라, 魔法의 樂弓)		광고	46

목차를 통해서 확인할 수 있는 것처럼 『신영화』의 편집진은 할리우드 영화와 유럽 영화, 그리고 국내 영화 기사를 함께 배치했다. 리뷰 대상으로는

1949년 개봉된 〈마음의 고향〉과 20세기 폭스의 〈안나와 샴王(Anna and the King of Siam, 1946)〉을 선정했고, 해외 영화인으로는 할리우드 영화감독 D.W. 그리피스(D.W. Griffith)와 프랑스의 소설가 겸 감독 장 콕토 (Jean Cocteau), 그리고 여배우 잉그릿드 버그만(Ingrid Bergman)을 다루었다. 또한 특집으로 기획된 「미국영화기업사」에서는 파라마운트사에 대해 소개했으며, 시나리오 월평 대상작으로는 1948년 개봉된 〈해연〉에 대해 논의했다. 더불어 「소식」란에는 프랑스, 영국 영화계 소식을, 「영화계 소식」란에는 국내 영화계 제작 상황을 전했다.

『신영화』 필진 면면을 살펴보면 실명을 밝힌 필자는 극히 소수에 불과하다는 것을 확인할 수 있다. 매체의 성격이 기관지인지 아닌지의 여부와 상관없이, 해방 이후 영화잡지가 업계 종사자나 정책 담당자에게 지면을 할애했다면, 『신영화』의 경우 명망 있는 필자를 섭외하는 대신 독자 투고를 권장했다. 편집진은 사고를 통해 "映畵文化 向上을 爲 하야 發足하는 本誌의 發展을 祝福하시는 讀者諸賢의 玉稿를 歡迎합니다."라며 수필, 평론 외에 오리지널 시나리오 및 영화 관련 글의 투고를 권장했다.

또 한 가지 주목할 점은 자국 영화 시나리오의 게재이다. 이전에도 『영화시대』 등의 잡지가 시나리오 및 영화소설을 게재했으나, 『신영화』에 실린 시나리오는 익히 알려진 영화인의 것이 아니었다는 점에 주목할 수 있다. 편집진은 할리우드 영화를 비롯한 외국 영화 소개에 주안점을 두었지만, 오리지널 시나리오 게재 및 국내 영화 시나리오 분석을 통해 영화계 발전에 일조하고자 했다. 『신영화』 창간호에는 허남흔의 〈오늘은 서남풍〉이 게재됐으며, 2호 예고는 김재운의 〈먼동이 틀 때〉를 실을 것이라 밝혔다. 이 중 〈오늘은 서남풍〉은 해방공간의 세태를 풍자한 작품이었으며, 영화화는 진행되지 않은 것으로 보인다. 그런데 발행과 편집인으로 이름을 올렸던 신영순과 김종훈 외에 시나리오를 발표한 허남흔과 김재운 모두 남한 영화계에서 생소한 이름으로, 식민지시기 제작 참여 이력이 전무하고 해방 이후에도 활발하게 활동하지도 않았던 이들이었다.

오히려 『신영화』에서 익숙한 이름은 「만화영화 제작도해」를 그린 김용환 화백이다. 알려진 것처럼 김용환은 해방 후 일간지에 시사만화를 그렸으며 '코주부' 캐릭터로 명성을 얻었다. 다만 이 만화는 작가의 논점을 피력하는 대신 만화영화가 제작되는 과정을 그림으로 설명하는 것이었다.

그렇다면 같은 시기 발행된 『은영』은 어떠했는가. 『신영화』와 달리 『은영』 은 영화계 인사 외에 문화계 유력 인사들을 필진으로 섭외했고, 독자를 향해 해외 우수영화 소개 및 영화 비평의 활성화라는 목적을 명시했다. 아래는 『은영』 창간호의 목차이다.

『은영』 창간호 목차

제목	필자	종류	시작 쪽
表紙-Patricia Roc	金台煽	앞표지	1
首都劇場, 國都劇場, 中央劇場, 서울劇場		광고	2
寫眞·칼으-解放 後 製作된 映畵 스틸 앨범	林夷濟	화보	
-自由萬歲			3
-똘똘이의 冒險			3
-새로운 盟誓			4
-民族의 새벽			4
-그들의 幸福			5
-愁雨			5
-밤의 太陽			6
-黎明			6
-海燕			7
-마음의 故鄕			7
『무궁화동산』		영화기사	8
新作 英國映畵 紹介, 『오-버렌더-스』(The Overlanders)		영화기사	8
『愛怨의 섬』(The Brothers)		영화기사	10
朝鮮이 난 헐리웃의 名優 安必立		인물기사	11
目次		목차	11
映畵藝術의 現狀과 發展策	安哲永	영화논평	12

『은영』에서 먼저 주목할 것은 화보 부분이다. 편집부는 잡지 앞부분에 다른 영화잡지들처럼 영화 포스터나 배우의 사진을 싣는 대신 해방 후 제작된 자국 극영화의 한 장면을 담았다. 『자유만세』와 『똘똘이의 모험』으로부터 시작해 가장 최근의 『마음의 고향』까지를 소개하는 이 화보는, 영화의 스틸 컷 외에도 제작진과 간략한 줄거리를 소개하며 해방 이후 한국영화의 변천사를 제시하고 있다. 편집부 측은 각 영화에 대한 구체적인 평가는 생략하고 있지만, 그럼에도 독자가 4년이라는 시간 동안 진행된 한국 극영화의 변모양상을 한 눈에 확인할 수 있도록 돕고 있다.

『은영』에는 해방 후 제작된 영화의 스틸 앨범 외에도, 당시 할리우드에서 활동하고 있던 한국계 배우 안필립의 사진 및 그가 출연한 영화 〈왔오 博士〉한 장면과 함께 간단한 소개글이 게재됐다. 편집부는 여기서 "豊富한 個性과 洗練된 演技로 第一流의 性格俳優로 헐리웉에서 活躍하고 있는 피맆·안이 朝鮮人이며 더욱이 그가 稀代의 革命家 安昌浩 氏의 長男이라는 것"에 대한 자랑스러움을 드러낸다. 당시 남한 영화인에게 동경의 대상이었던 할리우드에서 활동하고 있는 한국인이 바로 도산 안창호의 장남임을 강조함으로써 자긍심을 내비치는 것이다.

잡지 필진으로는 이후 '영화평론가협회'의 일원으로 전후 영화평론뿐만 아니라 제작 분야에서도 본격적으로 활약하는 김소동과 유두연이 합류했다. 이 외에도 만화가이자 언론인이며 해방 후 〈밤의 태양〉(1948) 등 수편의 시나리오를 쓰기도 했던 최영수, 〈무궁화동산〉(1948)의 연출자이자 미군정청 예술과장을 지냈던 안철영, 여러 지면을 통해 영화 관련 비평을 게재해온 이태우와 채정근 등이 필진으로 이름을 올렸다. 이외에도 배우 김동원, 음악평론가 박용구 및 해방기 각각 좌익과 우익을 대표하는 평론가였던 김동석과 백철, 그리고 소설가 손소희 등 문화계 유력인사들이 필자로 합류하면서 잡지는 필진 구성에서 다양성을 확보하게 됐다.

이 중 국내 영화계의 현실을 논하는 글로는 안철영, 김소동, 유두연 등의 논평에 주목할 수 있다. 저서『성림기행』(1949)을 통해 할리우드에서 안필립을 만난 일화를 기록하기도 했던 안철영은「영화예술의 현상과 발전책」이라는 제목의 글에서 미국이 전세계 영화시장을 독점한 과정을 문제 삼는다. 그는 현재 예술계가 침체된 이유로 인재, 기술의 부족과 고정자본의 결핍 및 세계정세에 따른 정치적 수난기를 언급한다. 특히 영화계가 자금과 자재문제로 곤란을 겪고 있는데, 이 같은 현상의 원인으로 필름난과 함께 중앙영화배급사(CMPE)를 통하여 수입된 미국 영화가 영화상설관을 독점하고 무리한 조건으로 업자를 괴롭혔던 것을 지목한다. 이어 영화의 발전책으로 자재의 충분한 수입과 정당한 배급, 질적으로 우수한 작품의 제작, 극장과 영화회사와의 유기적인 관계 등을 언급하며, 더불어 영화인의 인적 교양이 필요함을 역설한다. 그 외에도 민주정책 이념하에서 기술의 저하와 인재의 부족을 충당하기 위한 신인양성과 등용을 조장하고, 또한 민간제작회사 사업을 부흥시킬 방침을 마련하는 동시에 문화예술인 사이에서 격한 반발을 일으켰던 입장세의 경감을 촉구하는 등 영화계 전반의 문제를 논의한다.

김소동은 영화는 한 개의 '과학'이라며 열악한 현실 속에서 정부가 영화과학에 유의하여 선진 문화국에 비견할 급선적 요무를 시급 수행할 것을 촉구한다. 그는 우월한 광학, 전기학, 음향학, 화학, 물리학 등은 물론 고등수학에 이르기까지 철두철미한 기계적 기술이 요구되는 시기임을 강조하며, 이 모든 점을 과학함으로써 기계적 기술이 토대를 잡을 것이고, 그 위에서 영화의 예술적 발전이 완성된다고 주장한다.

유두연은 문화영화의 한 장르로서 교육영화에 대해 설명한다. 그에 따르면 교육영화는 내용적으로 예술적 의도를 가진 영화와 명확히 구별해야 할 부문이며, 금후 막대한 사회적 수요를 약속할 장르이다. 그는 이 글에서 교육의 사회화는 보급 범위의 확대를 필수조건으로 하고, 교육영화로 말미암아 규격화된 교육방침이 동시적 또는 대량적으로 보급되어(보통교육의 경우) 원칙적으로 소수인의 청강만을 용허하는 강의가 다수인에게 해방될 수 있다고 설명한다. 이어 교육영화의 향방과 관련해 일반 교육영화의 국제적 교환 기관 설치, 외국영화수입회사에 교육영화 수입 장려, 관립 및 사립 교육기관에서 교육영화의 정가 공개, 일반영화 극장에서 교육영화의 의무적 상영, 영화제작회사에 교육영화의 제작 장려 등을 기대한다.

이와 함께 『신영화』에 〈해연〉의 시나리오에 관해 기고했던 이우양은, 「씨나리오 단상」을 통해 시나리오와 연출과의 관련성에 대하여 "씨나리오는 영화적 구성의 정비와 예술적 시사를 감독에게 부여하고 콘틔뉴이티–는 영화적 연출의 세목적 결정과 촬영의 경우의 능률 증진이 중요한 임무"이며, "씨나리오에서 콘틔뉴이티–에로 이행되는 과정에는 전혀 냉정한 영화적 기술(화면의 설명, 카메라의 위치각도, 연기자의 분장, 연기, 표정, 음악 등)이 필요하다"면서, 이 중요한 과정을 망각하고 있는 영화계 현실을 개탄한다. 또한 음악평론가 박용구는 실제 영화에 삽입된 영화음악을 언급하며 음악작품과 영화적 드라마가 결부되어 일관된 영화작품으로 통일될 수 있는 가능성에 대해 논했으며, 윤용규는 영화의 퍼스트 신(first scene)의 의의와 중요성에 대해 설명했다.

잡지의 발행처인 은영사가 영국 영화를 수입하는 기관이었던 것과 관련하여, 『은영』의 필진들이 논하고 있는 〈숙명의 마돈나〉(Madonna of the Seven Moons, 1945), 〈밀회〉(Brief Encounter, 1945), 〈정열의 해협〉(Johnny Frenchman, 1945), 〈녹색의 공포〉(Green For Danger, 1946) 등은 모두 은영사가 수입하여 1948년~49년에 개봉한 영화[16]였다. 실례로 과도정부 영화과장을 지낸 김영화는 「영화단상」에서 영화의 대중성과 예술성의 문제를 은영사가 수입한 〈밀회〉 등의 영화를 중심으로 논의했으며, 유제백과 함께 편집책임을 맡았던 최성하는 영국 영화로는 처음 보는 탐정영화

---

16 당시 은영사는 영국 영화를 한 달에 두 번씩 상영하기로 했다(「외화방지, 국예를 보호 공연법 등을 불원 제정」, 『동아일보』, 1948.10.28).

〈녹색의 공포〉가 화제가 되고 있는 가운데 탐정영화가 성공하기 어려운 이유 등에 대한 논했다. 그러나 『은영』이 영국 영화를 단순히 홍보하는 것에서 나아가, 그 특성에 대해 심층적으로 분석하려는 시도를 병행하고 있다는 점은 주목할 만하다.

『은영』의 발행과 책임 편집을 겸했던 유제백은 「루넷산스를 맞이한 영국 영화」를 통해 미국 영화와 비교해볼 때 과거 영국 영화는 자국의 영화를 가질 필요를 느끼지 않았고, 기업적으로 성립되지 못했으며, 재능있는 인물이 부족한 데다 예술적으로도 성공하지 못했다고 지적한다. 그러나 2차 대전 이후 미국 영화의 저속한 오락성과 안가(安價)한 통속성을 견디지 못해 그들 독자의 영화를 갈망한 결과, 세트 촬영을 삼가고 비교적 많은 로케이션을 진행했다고 언급한다. 특히 아—서 랑크(J. Arthur Rank)라는 대사업가의 지원에 힘입어 영국 영화는 기업적 발전을 이루었으며, 이외에도 재능있는 인물이 출현한 결과 비로소 르네상스 시대를 맞게 됐다고 설명한다.

백철은 「제1인칭의 수법과 객관세계」라는 제목의 글에서 영국 영화는 전후 미국 영화와는 달리 고전작품을 영화화하는데 주력하고 있음을 지적하고, 최근 감상한 「밀회」와 「녹색의 공포」를 통해 제1인칭적인 방법, 곧 나리타쥬(naratage) 형식을 언급한다. 이어 두 작품에서 전개된 세계는 주인공의 주관세계를 뛰어넘어 객관세계로 확연(擴延)되고 있으나, 문학과 비교할 때 한층 객관적인 과학예술인 영화의 경우, 기본적인 연출방법은 그 객관성과 과학성을 존중하는 객관적 수법이 타당하다고 설명한다. 그 외 전시연은 해방기 배급된 10편의 영국 영화를 '대중을 목표로 한 통속영화'와 '약간 고도의 목표로 예술적 의도를 가미한 것' 등 두 종류로 구분하며 개별 영화에 대한 감상을 정리한다.

이외에 평론가 김동석은 수필을 통해 자신이 관람한 영국 영화에 대한 인상을 풀어놓는다. 그는 전후 영국 영화는 2차 대전 이후 파괴된 가정이라는 시대상을 반영하고 있으며, 전쟁 중 여주인공이 십자가만 짊어지고 살 수 없어 장미꽃도 땄다는 의미를 담은 〈숙명의 마돈나〉 같은 영화가 전쟁에 유린된 가정의 비극을 가장 잘 표현한 작품이라 설명한다.

더불어 『은영』에는 「영미영화계를 움직이는 2대 제작가론」이라는 제목으로 할리우드의 영화제작자 사무엘 골드윈(Samuel Goldwyn)과 함께 영국 영화의 르네상스를 이끌었던 사업가 아서-랭크가 '영국 영화의 구세주'로 소개됐다. 이 중 아서-랭크는 은영사가 배급한 십여 편의 영국 영화의 제작자이기도 했다. 그 외에도 영국 영화 〈오-버렌더-스〉(The Overlanders, 1946)의 소개글과 이 영화의 감독 해리 와트(Harry Watt)의 수기를 싣는 등, 『은영』은 은영사의 이해관계와 긴밀하게 연관되어 있었다.[17]

이처럼 남한에 수입된 영국 영화와 영국 영화계 소식에 주력하고 있지만, 동시에 『은영』은 영국 외에도 미국, 소련, 프랑스, 중국 등 각국 영화계의 주요 동향을 소개하면서 세계 영화계의 전반적 흐름에 촉각을 곤두세웠다. 이와 함께 주목할 점은 『은영』이 본격적인 영화평론의 역할을 모색하고 있었다는 점으로, 이 같은 시도는 기관지의 성격을 탈피할 수 없었으나 고급영화지를 표방했던 잡지의 발행목표와 맞물려 있었다.

곧 두 영화잡지는 건국 이후 외국 영화 소개에 주력하며 독자의 취향에 부합하고자 했지만 동시에 국내 영화계 또한 비중있게 취급했다. 그렇다면 해방 이후 발간된 영화잡지 중 『신영화』와 『은영』의 정체성은 어디서 찾을 수 있을까.

---

17 『은영』의 뒷표지에 실린 광고 역시 모두 은영사가 수입한 영국 영화(〈오-버 랜더-스〉, 〈愛怨〉, 〈헨리-五世〉)에 대한 광고였다.

3. 두 매체가 제시한 영화전문지의 가능성과 한계

시나리오 관련 글을 기고한 이우양을 제외하면, 두 매체의 필진 중 겹치는 이름을 찾을 수는 없다. 또한 『신영화』가 여배우 최은희의 '혹'처럼 상대적으로 읽기 편한 가십성 기사를 배치했다면, 『은영』은 권위 있는 필자를 섭외하여 은영사가 배급한 영국 영화에 대해 논평하는 장(場)을 마련했다. 두 잡지는 동시대 남한에 개봉된 외국 영화, 그리고 자국 영화를 논의하는 과정에서 동일한 영화인과 영화를 언급하기도 하지만, 소재의 유사성을 제외하면 기본적으로 다른 발행 방침을 가지고 있었던 것으로 보인다. 다음은 『신영화』의 편집후기 일부이다.

> (…) 매를 맞어가며 號를 새로히 새로히 거듭해가면 급기어는 讀者 여러분의 좋은 벗이 될 것은 물론이며 그럴랴면은 讀者의 第一層의 熱熱한 聲援과 緊密한 鞭達이 있기를 믿고 바라는 바이다.
> 新人 씨나리오 作家 허남흔 君의 「오늘은 西南風」은 널리 愛讀해주기를 바라며 허 君에게는 앞으로 씨나리오 文學의 새로운 境地를 좀 더 넓혀 주기를 바라마지 않는다. (훈)[18]

『신영화』의 편집후기는 김종훈이 작성한 것으로 추측되며, 그는 편집후기를 통해 잡지의 편집 방향 및 발행 계획에 대해 특별한 언급을 하지 않았다. 다만 소야생(蘇野生)이 쓴 「隨相」은 『신영화』의 기사 중 해방 후 한국 영화계 상황에 대한 인식을 가장 구체적으로 드러내고 있다는 점에서 주목할 수 있다. 필자는 한국 영화 역사를 돌아보며 이제까지 누구나 영화작가가 될 수 있었던 상황을 비판하고, 식민지시기 조선의 풍경, 생활, 인물로써 무내용(無內容)하고도 여러 가지 빈곤을 표백(表白)하는 영화를 제작한 것은 외화로

---

18 「편집후기」, 『신영화』, 1948.12, 44쪽.

몰리는 관객을 우리 영화로 유도하려는 한낱 '저속한 행위'였다며 지적한다. 이어 해방 후 영화계 상황에 대해 다음과 같이 설명한다.

> 解放後의 事態는 더욱더 混線이다. 酷甚한 抑壓을 理由로써 解放前의 作品의 貧困을 合理化하였다면 이제는 더 그럴 餘地는 있을 수 없는 일이 아니겠는가. 所謂 巨匠이라고 自他가 共認하는 분들에 依하야 解放後 製作된 作品들을 보면 그 水準이 解放前에 比하야 무엇이 달러졌으며 發展되었는가 疑心치 않을 수 없는 일이다. 映畫에 있어서도 그 前에 못 쓰던 民族, 獨立을 말할 수 있다고 그것이 곧 發展은 아닐 것이다. 內容과 技術의 貧困은 避할 수 없이 그들의 頭腦의 貧困에 歸着하고 말 것이다. (…) 그러기 爲하여서는 映畫藝術의 眞摯한 硏鑽이 社會的으로 活潑히 展開되여야 하겠으며 「키스」나 「터부씨-ㄴ」만이 映畫가 아니라 藝術的으로 보다 더 洗鍊된 「드라마쓰르기-」속에 共感된 世界를 즐길 수 있는 觀衆의 수효가 늘어갈 수 있도록 質的으로 훌륭한 作品만을 골라서 消化할 體制가 하루바삐 構成되어야 하겠다.[19]

앞서 『신영화』의 필진 중 영화계를 대표할 만한 필자의 이름이 없다는 점을 지적했는데, 그 답은 이 글에서 구할 수 있다. 실명을 밝히지 않은 저자는 해방기 영화계는 물론 한국 영화사를 비판적으로 성찰하며 결론에서 '실로 보람있는 일을 할 수 있는 영화작가가 나타나는 것은 과거도, 현재도 아닌 미래'라고 정리한다. 이를 감안하면 『신영화』에 익히 알려진 영화인이 이름을 올리지 않은 것은 당연한 결과였다. 소야생은 조선적인 것에 천착했던 식민지시기 영화나 내용과 기술의 빈곤에 시달리는 해방기 영화가 모두 관객에게 우리 영화란 "자미없는 것 어색한 것"으로 여겨지게 했다고 설명한다. 이어 우리 영화가 "자미있고 어색하지 않은" 영화가 되기 위한 방안은 자극적인 요소의 삽입이 아닌 '드라마투르기'의 발전이라 제시한다.

---

19 蘇野生, 「隨想」, 『신영화』 1948.12, 14쪽.

관련하여 편집후기에서 창간호에 실린 기사 중 유일하게 언급하고 있는 것이 시나리오 〈오늘은 서남풍〉이라는 점은 주목할 만하다. 영화 비평과 관련해서는 이우양의 〈해연〉 시나리오 분석이 실려 있는데, 그는 이 글에서 〈해연〉의 시나리오를 구체적으로 분석하며 인물 설정, 장면 전개의 문제점을 상세하게 논했다. 이상의 기사를 통해 『신영화』는 영화의 구성 요소 중 드라마트루기-시나리오에 주목했고, 새로운 작가, 좋은 시나리오가 영화계 발전의 대안이 될 것이라고 한 점을 염두에 둘 수 있다.

편집진이 한국 영화계의 문제로 좋은 시나리오의 부재, 드라마트루기의 문제를 지적하고 있는 것은 해방 후 '민족영화'를 표방하고 나온 작품들이 식민지시기 선전영화의 색깔을 탈피하지 못하고 있다고 비판받았던 상황[20]에서 매우 적절한 문제제기였다. 그러나 『신영화』는 이 같은 문제의식을 갖고 있었음에도 '자미없고 어색한' 한국 영화보다는 해외 영화, 영화인 소개에 중심을 두는 과정에서 잡지의 색깔이 불분명해졌다. 게다가 드라마트루기의 발전이라는 화두만을 제시할 뿐 그 구체적인 방법론은 거론하지 않았다는 점에서 한계를 노출했다.

S.Y生이라는 필명으로 글을 기고한 필자는 장 콕토의 영화를 소개하면서 조선 영화는 장 콕토로부터 '영화 제작상의 빈곤-소재의 부족, 인원의 부족, 재정적 빈궁 등을 극복하기 위해 인간의 능력을 최대한으로 활용하려는 점'을 배워야 한다고 주장한다. 그런데 이 글에서도 필자가 생각하는 우리 영화의 이상향은 언급되어 있지만, 어떤 방법으로 그 목표에 도달해야 하는지에 대한 설명은 제시되어 있지 않다. 곧 『신영화』는 한국 영화계에 대한 비판의지는 갖고 있었으나 그 구체적인 대안은 제시하지 못했고, 잡지의 편집을 통해 그 문제의식을 효과적으로 드러내지도 못했다는 점에서 한계를 드러내고 있었다.

---

20 이태우, 「사이비 예술행동」, 『경향신문』, 1948.8.8.

다음은 『은영』의 편집후기 전문이다. 따로 권두언이 실리지 않았기에, 아래 편집후기를 통해 애초 편집진이 목표로 했던 잡지의 방향성을 살펴볼 수 있다,

「銀映」은 비록 名目은 如何튼 一個 會社의 宣傳誌나 機關誌의 좁은 範圍에 踢蹐할라는 것이 아니고 넓이 우리 映畫界 發展의 理論的 根據를 築成하는 同時에 外國映畫 紹介·批評의 正當한 指針과 伴侶가 되고저 한다.

今番號도 이러한 構想 아래 일을 進行하였으며 우리 映畫界 一般의 展望과 外國映畫의 展望及 攝取態度의 三項目으로 大別된다.

우리 映畫界의 發展策을 構想한 安哲永 氏의 論文은 沈滯한 映畫界의 飛躍을 爲하야 貴中한 所論이며 外國映畫의 取扱問題가 時急한 이때 映畫評論家의 態度는 各自의 特異한 見解가 눈에 띠여 興味깊다.

英國映畫에 對한 興味와 關心이 날로 高陽되는 요즘 그 回顧와 發展을 詳述한 英國映畫論 數篇은 무게있는 記事이다.

紙面關係로 吳世明 氏, 李在亨 氏의 玉稿를 실지 못하고 次號로 不得已 미루게 되었으니 諒解를 바라며 今號는 여러 가지 事情으로 不定期 刊行物로 出版되였으나 次號부터는 陣容을 補充하야 月刊으로 여러 讀者의 期待에 어그러지지 않도록 努力하고저 한다.

編輯責任者-柳濟柏 崔成河 李喆赫

편집진은 잡지의 목표를 우리 영화계의 전망, 외국 영화의 전망, 그리고 외국 영화의 섭취 태도 등 세 가지를 다루는 데 두었다. 앞서 살펴본 안철영의 글은 이 중 우리 영화계 전망이라는 첫 번째 목표와 관련되며, 영화평론가의 태도와 관련된 일련의 기사는 외화의 섭취 태도, 곧 세 번째 목표와 연결된다. 여기서 영화계 발전을 모색하며 외화의 섭취 태도를 제시한다는 점은 『은영』이 회사의 기관지나 선전지가 아니라고 주장할 만한 근거이기도 했다. 『은영』이 애써 기관지가 아님을 천명했던 배경으로는 편집책임자 중 한 명으

로 이름을 올렸던 이철혁이 영화 〈해연〉 제작에 참여했었으며, 당시 잡지『예술영화』의 발행을 맡았다는 점과도 관련지어 생각해 볼 수 있다. 『예술영화』역시 편집후기를 통해 잡지가 선전지나 기관지가 아님을 강조했다.

주지하다시피 해방기 발행된 영화잡지 중『영화시대』,『신성』은 영화전문지라기보다 종합예술지에 가까웠고, 이후 발행된『영화순보』나『예술영화』의 경우 국내외 영화계 소식을 주로 게재했으나 편집자가 인정하든 혹은 인정하지 않든, 실상은 업계지 혹은 기관지에 가까웠다. "영국 영화 대리점"[21]이라 비판받기도 했던『은영』역시 영국 영화 소개에 치중하면서『영화순보』나『예술영화』와 마찬가지로 기관지적 성격을 완전히 탈피하지는 못했다.

그럼에도 불구하고『은영』이 국내 영화계에 대한 논의와 해외 영화 기사를 동시에 아우르며 본격적인 영화전문지로서의 방향을 제시했다는 점을 염두에 둘 필요가 있다. 특히 동시대 영화잡지의 상당수가 신작의 제작 진행 상황과 해외 영화 소식으로 지면을 채움에 따라 본격적인 영화평론이 부재하던 시기,『은영』의 편집부는 영화의 취급 태도, 곧 영화평론의 방향성에 대해 진지하게 고민하고 있었던 점에 대해 주목할 수 있다.

편집진은 창간호에 '영화평론가의 태도'라는 제목으로 특집을 실었다. 필진으로는 채정근, 이태우, 최영수, 이영준 등 전문 평론가라 할 만한 이들이 이름을 올렸다. 먼저 채정근은「계몽성과 지도성의 긴요」라는 제목의 글을 통해 평론가가 가져야할 할 자세를 역설한다. 그는 당시의 영화평론 활동을 외국에서 수입한 영화와 자국에서 제작된 영화에 대한 평론으로 구분하고, 이 두 가지 면에 대해 각기 다른 두 가지 태도를 요청한다. 먼저 외국 영화에 대해서는 이를 소개, 해설, 비평하는 것을 통해 계몽적 역능(役能)을 담당한다는 것을 인식해 이에 주력하고, 우리 영화에 대해서는 상영영화에 대한 비평에서 한 걸음 나아가 영화제작에 대한 지도적 역능을 차지하는 태도를 취

---

21 「예원 까싶」,『경향신문』, 1948.10.22.

해야 한다고 설명한다. 여기서 계몽적 역능은 외국 영화에 대한 고도의 소개, 해설, 비평을 통한 외국문화의 섭취와 함께 그 속에 내포된 불건전한 면 및 부정적 면을 지적하여 외국문화를 무조건 추앙하는 일부 감상층의 선입견을 소거시키고, 그 안의 건전한 긍정적 면에 해당하는 것을 깊이 인식시켜 감상층의 문화 섭취를 돕는 것이다. 또한 우리 영화에 대한 지도성은 지금까지와 같이 영화의 작품평으로 만족하는 것을 넘어, 비평가적 입장에서 크랭크인을 하기 전 제작 현실을 감안한 충언을 통해 완전한 시나리오나 콘티뉴이티를 만들어 영화의 완성도를 높이는데 기여하는 것을 일컫는다. 이와 같이 채정근은 비평가가 적극적으로 영화제작에 협력해야 한다고 주장한다. 그는 마지막으로『은영』을 위한 충고를 남긴다. 영화수입회사에서 잡지를 발간하는 과정에서 영국 영화 선전에만 주력할 것이 아니라, 영화문화의 섭취가 우리 영화의 향상을 가져올 수 있도록 하는 노력이 필요하다는 것이다.『은영』이 영화회사의 선전지로 전락할 것을 경계하는 이 같은 태도는 "덮어놓고 영국 영화는 고도의 예술작품"인 듯이 설파하는 비평가들에 대한 비판과도 관련된다. 이처럼 채정근은 외국 영화와 자국 영화에 대한 비평가의 두 가지 태도를 계몽성과 지도성으로 정리하고, 영화잡지『은영』이 궁극적으로 자국 영화 발전에 기여해야 한다고 역설한다.

이태우는「영화미의 탐구」에서 무책임하고 무이상적인 영화비평을 경계하며, 영화비평은 예술적 또는 사회적 양식 위에서 영화정신, 영화미, 영화적 감각 등 영화독자의 세계를 탐구하고 그 방향으로 부단히 영화작가들을 끌고 나가도록 자극을 주어야 한다고 주장한다. 이태우 역시 채정근과 마찬가지로 영화비평을 조선영화의 발전이라는 사명과 관련짓지만, 영화의 사회적, 문화적, 정치적 영향력을 분석하고 비평하는 것 외에 영화의 '메커니즘'에 대한 이해를 갖는 문제가 중요하다고 설명한다. 이어 영화야 말로 "제1급의 예술"로 간주되는 오늘날, 영화평론이 신문과 잡지, 심지어 영화잡지에 이르기까지 부수적 취급을 받는 것에 대해 우려를 표하며, 영화작품 비평은 작품의 진실을 분명히 하는 연구 발표라는 의미에서 작품의 예술적인 분석에 의해 작품 이전을 탐구하는 동시에 그 결과를 비평해야 한다고 설명한다. 이태우의 글은 궁극적으로 예술인에게 영화의 이해와 관심을 널리 갖게 하는 동시에 대중의 저속한 영화 감상안을 높여주기 위한 방안으로, '영화비평가협회'를 결정하자는 주장으로 이어진다. 유두연, 박인환, 이봉래, 김소동, 허백년 등이 참여한 '영화평론가협회'가 결성된 것이 1953년임을 감안한다면, 영화평론가들만의 단체를 결성하자는 이태우의 주장은 당시로서 상당히 혁신적인 것이었다.

그 외 최영수는 「정신적 지반의 확고성」을 통해 그 나라의 현실에 호소한 작품을 그 현실을 이해하고 파악하지 않고서는 비평할 수도 비판해서도 안 된다고 주장한다. 그는 "영화 속으로 들어가 무엇인가를 집어가지고 나와서 이것을 민중에게 호소하고 보여주는 것이 비평가 내지 평론가의 절대적인 의무라고 자각할 때 다시 외국 영화 비평의 태도가 결정"된다며, 외국 영화의 비평을 하려면 그 나라의 현실을 이해하고 파악해야 하고, 이와 함께 외국 영화의 「매커니즘」에 대한 관점으로 자국 영화를 비평하는 태도를 지양해야 한다고 설명한다. 이어 비평가로서 자국 영화를 자국인의 입장에서 비평해야 한다는 것은 정신적 지반을 필요로 한다며, 영화예술의 한 '모티-브'를 제공하지 않고서는 자국 영화 발전을 위한 비평가로서 기여하는 바가 없을 것이라 강조한다. 궁극적으로 그는 영화비평 내지 평론가가 새로운 태도를 제시해야 할 것이며, 비평가 자신의 내면과 관련된 정신적 지반이 없이 문필만을 위한 비평가가 되지 말 것을 권고한다.

마지막으로 이영준은 「세계관의 확립」에서 우리 영화평론가의 글은 대체로 인간과 사회라는 문제를 망각하고 인간의 생활이라는 점을 허술하게 생각함으로써 일반에게 익숙하지 않은 기술어(技術語)를 나열하여 개성이 없는 글이 많다고 지적한다. 제작자의 의도와 작품의 기획 및 그것이 인간과 생활, 나아가 사회의 발전과정과 어떠한 관련이 있는지를 문제시 하지 않는다는 것이다. 그는 예술가들의 세계관의 문제를 중시하면서, 작품을 비평하는 평론가에게도 세계관의 문제가 근본 문제임을 역설한다. 또한 다른 예술보다 사회적 예술이며 본질상 언제나 대중과 같이 있는 예술인 영화를 평론하는 사람은, 영화에 대한 지식을 많이 가지거나 작품에 대한 인상이 독특한 사람이기 전에, 확고한 세계관과 올바른 생활을 가져야 함을 주장한다.

그 외에 소설가 손소희는 「왜곡된 여성관」이라는 제목의 수필을 통해 군정경찰 홍보영화인 〈수우〉(1948)를 보고 나서 침묵만이 미덕이라 생각하며, 남편의 방종도 용인하고 그 명령에 복종하다 결국 자살을 기도하는 여주인공의 문제성을 비판한다. 이어 〈수우〉는 "너무나 常識을 超越한 영화", "한 여인을 틀 속에 모라넣어서 의아스러운 型을 만들어 버린 것 같다"며 관변영화의 문제성을 강하게 비판한다.

이와 같이 고급영화지를 표방한 『은영』은 특집을 통해 자국 영화평론의 방향성을 모색함으로써 동시대 발행된 다른 영화잡지들과의 차별성을 확보했다. 이 특집에서는 특히 『은영』이 외국 영화의 홍보지로 전락할 것을 우려하며 자국 영화 발전에 기여하는 평론의 자세를 내세우는 채정근의 글에 주목할 수 있으며, 필진들의 목소리를 조합하면 해방기 영화평론에 대한 진지한 모색이 이루어지면서 비평 담론이 형성되는 방식을 읽어낼 수 있다.

그런데 영화평론의 현실과 가능성을 모색하는 기획이 여타의 영화잡지와 차별화된 기획이었음을 감안해도, 『은영』은 은영사의 이해관계로부터 자유로울 수 없었다는 점에서 기관지의 한계를 벗어나지 못했다. 『은영』에 실린 기사 중 상당수는 할리우드 영화의 공세 속에서 새로운 전환기를 맞은 영국 영화의 르네상스에 대해 관심을 표하거나, 은영사가 배급한 영화에 대한 단상을 담고 있었다.

물론 전후 영국 영화의 부활에 대한 논의가 당시 남한 영화계 상황과 전적으로 괴리되어 있었던 것은 아니다. 유제백 외에도 김동석이 수필에서 잠시 언급하는 것처럼, 영국에서 미국 영화의 수입제한을 했을 때 미국이 항의하여 외교문제가 빚어진 일이 있었고, 영국 영화의 진흥에는 정부의 적극적인 후원과 장려가 있었다는 점 등을 통해 향후 우리 영화의 방향성을 영국 영화에서 찾아보려 했던 시도를 확인할 수 있다. 그럼에도 『은영』의 영국 영화 관련 기사는 영화사의 배급 상황과 정확하게 맞물려 있었다. 이는 채정근이 「계몽성과 지도성의 긴요」를 통해 드러냈던 우려가 현실화된 것이기도 했다.

4. 결론

앞서 언급한 것처럼 『신영화』의 발행이 어떻게 진행되었는지는 확인할 수 없다. 편집진이 2호 발간을 계획하고 있었으나, 영화계 주요 인사들을 배제하는 동시에 우리 영화사를 회고하며 "과거의 작품적인 성과로 보아 너무나 무모한 정열의 연속이었음을 느끼게 된다."고 정리했던 잡지가 영화계에서 큰 환영을 받았으리라 보기는 어렵다.[22]

『은영』 또한 창간호가 곧 종간호가 되었을 가능성이 유력하다. 은영사는 1950년 예정대로 〈애원의 섬〉[23]을 개봉하지만, 〈헨리 5세〉(Henry V, 1944)의 개봉은 전쟁으로 인해 미뤄지게 됐다. 전쟁 중 잠시 문을 닫았던 은영사는 1952년 재발족하여 회사가 수입한 영국 영화의 제명 현상모집을 시행하는 등 의욕적인 움직임을 보인다. 재발족한 은영사는 〈햄릿〉(Hamlet, 1948) 등의 영화를 수입하는 한편, 전쟁 전 개봉하려 했던 〈헨리 5세〉를 개봉하기에 이른다.

그러나 한국전쟁 중 〈헨리 5세〉가 염전(厭戰) 사상을 내포하고 있고 대사

---

22 1957년 동명의 『신영화』가 발행되지만 해방기 『신영화』의 연장선상에 있는 잡지라 보기는 어렵다.
23 『은영』 뒤표지 광고란에는 〈애원〉이라는 제목으로 스틸컷이 실렸다.

가 불온하다는 이유로 물의를 빚었다. 당시 일부 장면이 잘려나갈 위기에 처했다는 기사가 보도되자, 배급사인 은영사가 성명서를 통해 영화를 수입하게 된 계기를 구구절절 늘어놓으며 별다른 문제없이 공보처의 상영 허가를 받았다는 반박자료를 내는 해프닝이 빚어지기도 했다.[24] 그렇게 2차 대전 당시 영국에서는 군(軍)의 사기를 충족시킬 수 있는 작품이라 호평받던 〈헨리 5세〉는, 전쟁기 한국에서 염전사상을 고취시킬 수 있다는 우려 섞인 시선을 받으면서 논란의 중심에 놓였다. 영국 영화 배급사인 은영사의 향후 행보는 더 이상 확인할 수가 없다.[25]

살펴본 것처럼 우리나라 영화계에 회의적인 시각을 가지고 있었던 『신영화』는 한국영화사 및 해방기 한국영화계를 강한 어조로 비판하며 드라마트루기의 발전에서 위기를 타개할 대안을 찾았다. 그러나 실제 편집 과정에서 해외 영화 소개에 치중하는 한편 드라마트루기의 발전에 대한 구체적인 대안을 제시하지 못했다는 점에서 한계를 드러냈다. 또한 영국 영화를 수입하는 은영사의 이해관계는 『은영』의 편집방향에도 결정적 영향을 미쳤으며, 그 결과 이 잡지는 영화전문지인 동시에 기관지라는 성격을 갖게 됐다. 편집진은 영화 전문 필진을 섭외해 국내 영화계의 현실을 지적하고 본격적으로 영화평론의 방향에 대해 모색하기도 했지만, 영국 영화 선전이라는 의무 역시 배제하지 못했던 것이다. 이에 따라 『은영』은 해외 영화계로 눈을 돌리며 자국 영화 발전의 방향을 모색했음에도 불구하고, 동종업계 혹은 특정기관의 선전지라는 인식으로부터 자유로울 수 없었던 해방기 영화전문 매체로서의 가능성과 한계를 동시에 보여주게 됐다.

이 글은 건국 이후의 영화잡지 『신영화』와 『은영』의 성격을 개괄하면서,

---

24 「꼭 보라고 추천한 것은 아니다」, 『동아일보』, 1952.11.24; 「헨리 5세 상영에 대한 성명」, 『경향신문』, 1952.11.27.

25 영국 영화 배급사 은영사와 영화 〈부산댁〉(1962), 〈강짜소동〉(1963) 등을 제작한 은영사와의 관계를 확언하기 위해서는 추후 조사가 더 필요하다.

국외영화 소개와 국내 영화 발전책을 제시하는 양상을 중심으로 매체가 갖고 있는 중층적 측면을 논하고자 했다. 현재 다양한 영화잡지의 발행 배경을 정확하게 파악하는 것이 어렵고, 특정 잡지에 대한 시론 격인 이 글을 통해 해방기 영화매체의 상(像)을 파악하는 것은 불가능할 것이다. 그러나 서론에서 언급했듯이 아직 해방기 영화매체에 대한 논의는 일부에 불과하다. 이 같은 상황에서 해방된 조국의 영화에 대한 기대와 좌절을 동시에 담고 있었던 당대 영화 매체의 검토가 해방 이후부터 전후를 아우르는 영화사 연구에 참고 자료가 될 수 있으리라 기대한다.

참고문헌

1. 1차 자료

『경향신문』, 『동아일보』, 『신성』, 『신영화』, 『영화세계』, 『영화순보』, 『예술영화』, 『은영』
『아단문고 미공개 자료 총서 : 영화·연극 잡지』 14권, 소명출판, 2013.

2. 2차 자료

오영식, 『해방기 간행도서 총목록 1945-1950』, 소명출판, 2009.
유승진, 「미군정기 대중문화잡지 『新星』 해제」, 『근대서지』 6호, 근대서지학회, 2012.12.
전지니, 「『은영』(銀映, The Silver Screen)과 해방기의 영화잡지」, 『근대서지』 9호, 근대서지학회, 2014.6.
_____, 「권총과 제복의 남성 판타지, 해방기 "경찰영화" 연구: 〈수우〉, 〈밤의 태양〉, 〈여명〉을 중심으로」, 『현대영화연구』 22, 한양대학교 현대영화연구소, 2015.
정종화, 「해방기 한국영화계의 "예술영화" 지향 -영화 〈해연〉과 관련 잡지 분석을 중심으로-」, 『한민족문화연구』 54, 한민족문화학회, 2016.

민족과 계급 사이의 영화비평,
그리고 아메리카니즘

남기웅

1. 들어가며

1948년 프랑스의 영화감독 알렉산드르 아스트뤽Alexandre Astruc은, 영화 감독이 문학 작가처럼 카메라를 펜으로 삼아 작품을 만들어야 한다는 '카메라 만년필설'을 주장했다. 이러한 그의 주장은 영화 예술에 있어 작가의 개성과 창조성이 얼마나 중요한지를 잘 보여주는 것이었다. 같은 시기 일제로부터 해방된 한반도의 영화인들도 카메라를 통해 자신의 사상과 시대정신을 담은 영화를 제작하였다. 열악한 제작 환경, 좌우 대립의 정치적 혼란 속에서 영화를 제작해야만 했던 그들의 카메라는 만년필을 넘어 칼과 같은 치열함을 가지고 있었다. 1945년 해방 직후 그 칼날은 일제와 민족의 반역자들을 향했고, 분단이 고착화되며 좌우 이념 대립이 극대화되던 시기에는 상대방의 진영을 향했으며, 1948년 우파 정부수립을 전후해서는 공산주의 이데올로기를 향해 있었다. 그러므로 당시 제작된 영화의 성격과 영화인들의 활동을 자세히 살펴본다면 분단 후 현재까지 이어져 온 한국 영화의 성격과 근원을 보다 분명히 규명해낼 수 있을 것이다.

해방 공간에서 영화인들이 카메라를 만년필로서, 칼로서 활용하여 치열하게 현실을 포착하려 애쓰는 동안, 다른 한편에서는 카메라에 의해 포착된 현실을 진짜 '만년필'을 이용하여 분석하고 평가하는 또 다른 작업이 이루어지고 있었다. 영화비평이 바로 그것이다. 이 시기 영화비평은 영화인과 관객 사이를 매개하며 영화 담론을 생산·확대하는 중요한 임무를 수행하였다. 그리고 그들의 글은 당시의 정치적 상황 전반과 밀접한 연관을 맺고 있었다. 그러므로 해방기 영화의 성격을 규명하기 위해서는 영화제작과 더불어, 그 시대를 그려내는 만년필이었던 영화비평이라는 또 다른 한 축을 고찰하는 과정이 반드시 선행되어야 할 것이다.

해방기는 국가 재건의 시기였던 만큼 영화 제작 역시 열악한 상황을 극복해가며 점진적으로 증가해갔다. 해방 다음 날인 1945년 8월 16일 조선영화제작주식회사(이하 조영) 출신의 영화인들이 해방의 감격으로 가득한 조선의 풍경을 담아 기록영화 〈해방뉴스〉를 제작했다. 이를 시작으로 1946년 9월에는 해방 후 첫 번째 극영화인 이규환 감독의 〈똘똘이의 모험〉이 상영되었다. 10월 21일에는 최인규가 연출한 광복영화 〈자유만세〉가 상영되어 공전의 히트를 기록하기도 했다. 이후 해방의 감격을 담은 영화들의 제작이 이어져, 〈해방된 내 고향〉(1947), 〈새로운 맹서〉(1947), 〈민족의 새벽〉(1947), 〈민족의 성벽〉(1947), 〈독립전야〉(1948) 등이 상영되었다. 또한 〈안중근 사기〉(1946), 〈윤봉길 의사〉(1947), 〈유관순〉(1948)과 같이 애국지사의 일대기를 담은 영화들이 상영되었다.[1] 1948년 정부 수립을 전후하여서는 좌익 영화인들이 대거 월북하며 좌익의 활동이 위축되었고, 우익 영화인들을 중심으로 국책 이데올로기를 담은 〈바다의 정열〉(1947), 〈수우〉(1948), 〈여명〉(1948)

---

1 정종화, 『한국영화사_한 권으로 읽는 영화 100년』, 한국영상자료원(KOFA), 2008, 90쪽.

등이 제작되었다.[2] 이외에도 함세덕의 희곡 〈동승〉을 각색한 윤용규의 〈마음의 고향〉(1949), 유동일의 음악 영화 〈푸른 언덕〉(1949) 등 소재와 시도 면에서 다양한 작품들이 등장하여 새로운 활력을 불어넣었다.

정치가 곧 생활이고, 생활이 곧 정치였던 이 시기 영화인들에게 영화는, 그들의 표현 욕구를 담아내는 예술 행위이자 동시에 자신의 이념과 가치관을 형상화한 정치 활동의 산물이기도 했다. 그러므로 해방기 영화와 영화인들의 활동을 분석하는 것은 시대 상황을 재구성한다는 측면에서 매우 중요한 일이다. 이 시기를 기점으로 분단이 고착화되고 이념대립이 심화되면서 남한과 북한 영화의 성격이 서로 다르게 구축되어왔기 때문이다. 실제로 해방기 영화를 다룬 많은 국내 논문들은 당시 영화인들의 이합집산 과정을 밝혀내는 데 관심을 두고 있으며, 그들이 남긴 영화에 대한 분석을 통해 분단 이래 다르게 형성된 남·북한 영화의 성격을 규명하려 하고 있다.[3] 하지만 이러한 연구에서는, 감상 주체와의 소통을 요하는 영화를, '만드는 사람'의 입장을 통해서만 바라보아 해방기 영화에 대한 종합적인 검토가 추가적으로 요구된

---

2 위의 책, 90쪽.
3 해방기 영화를 다룬 국내 연구는, 영화 자체에 관심을 두는 연구와 영화인 조직에 관심을 두는 연구, 미군정의 영화 정책에 집중하는 연구, 북한 영화에 관한 연구 등으로 분류할 수 있다. 그 중 영화 자체에 집중하는 연구로는 조희문의 석사학위 논문 「영화사적 측면에서 본 광복기 영화연구」(중앙대학교, 1983), 이충직의 석사학위 논문 「한국의 문화영화에 관한 연구」(중앙대학교, 1985), 함충범의 석사학위 논문 「일제말기 한국영화의 특수성 연구」(한양대학교, 2006) 등을 들 수 있고, 영화인 조직과 그들의 활동에 관심을 두는 연구로는 한상언의 『해방 공간의 영화·영화인』(이론과 실천, 2013)과 「해방기 영화운동과 조선영화협단」(『영화연구43』, 한국영화학회, 2010) 등을 언급할 수 있다. 조혜정의 박사학위 논문 「미군정기 영화정책에 관한 연구」(중앙대학교, 1997)는 영화정책에 집중하고 있으며, 해방기 북한영화에 대한 연구로는 정태수의 「스탈린주의와 북한 영화 형성 구조 연구」(『영화연구18』, 한국영화학회, 2002)와 함충범의 「북한영화 형성과정 연구」(『현대영화연구1』, 현대영화연구소, 2005) 등을 특기할 만하다. 이 외에도 해방기 영화운동에 대한 이효인의 「해방직후의 민족영화운동」(『해방전후사의 인식4』, 한길사, 1989) 등이 있다. 상기한 바와 같이 국내 논문들 중 해방기 영화비평을 본격적으로 다루고 있는 연구는 아직 없는 실정이다.

다. 그러므로 전문적 '감상 주체' 즉, 국내외의 다양한 영화를 접하고 때로는 갑론을박하며 해방기 한국 영화에서 하나의 축을 담당했던 비평가들의 비평 활동을 반드시 고찰해야만 할 것이다.[4]

따라서 본 논문은 영화를 만든 이들과 그들이 만든 영화 자체에 집중되어 있던 관심을 비평가와 비평문으로 돌려, 당시 영화에 대한 반응과 평가 그리고 건국과 이데올로기의 대립, 아메리카니즘이라는 특수한 상황을 살펴볼 것이다. 그리고 그러한 상황 속에서 당시 영화인들이, 민족을 위해 영화가 어떠한 역할을 수행해야 한다고 믿었는지 추적하여, 그간 부족했던 해방기 영화사의 공백을 채워나가고자 한다.

이를 위하여 먼저 시대적 구분을 명확히 할 필요가 있다. 첫 번째 시기는 해방 직후부터 이념 대립이 격화되기 전까지의 시기로, 이 당시에는 친일 청산과 민주주의 민족정부의 수립을 당면한 과제로 인식하여 좌우 진영의 영화인들이 해방의 감격과 더불어 민족국가수립을 위한 공동의 길을 모색하고 있었다. 두 번째는 미국과 소련의 정책에 의해 갈등이 증폭되기 시작하며 정부가 수립되기 전까지의 시기이다. 이 시기에는 갈등이 첨예해짐에 따라 영화비평 역시 그 전에 비해 정치와 보다 긴밀하게 연결되어 갔다. 마지막은

---

4 당시에 각종 지면을 통해 영화비평을 남긴 이들 중에는 직접 영화 제작에 참여하고 있던 직업 영화인들이 많았지만 모든 비평가들이 영화 제작에 몸담고 있었던 것은 아니었으며, 일제강점기에 영화감독 및 시나리오 작가로 활동했으나 해방 후 직접적인 영화 제작과는 거리를 두고 신문기자로서 언론 활동에 매진했던 평론가 서광제, 영화 제작에는 참여하지 않았지만 신문기자로 활동하며 여러 매체에 기명으로 전문적인 영화평을 기고했던 이태우 등 현업과 거리를 둔 채로 비평 활동에 집중한 인물들도 있었다. 또한 다양한 신문, 잡지에 익명의 기자, 작가들이 많은 단평을 남기기도 하였다. 이태우를 비롯한 비(非)영화인들의 평론 활동에 대해 영화감독 한홍렬은 1948년 10월 16일 동아일보에 기고한 사설을 통해 "「캬메라」를 둘러본 일도 없으며 「메가폰」을 잡아본 일도 없는 심*자로는 「시네아스트」척하고 당당히 독선적인 영화비평을 발표하고 있"다며 불평했으나 영화계와 거리를 두고 있는 자유로운 입장이기에 오히려 영화와 영화계에 대한 객관적인 비평이 가능하다고 주장하며 그들의 비평에 가치를 부여하고 있다. 이는 영화인들만이 아니라, 비영화인 혹은 익명의 저자들 역시 당시 영화비평 담론을 생성하던 주체로서 분명하게 고려되고 있음을 보여주는 것이다.

1948년 정부수립을 전후한 시기로 많은 좌익 영화인들이 탄압 받아 월북하는 등 좌익의 활동이 위축되고 국책 이데올로기를 담은 영화들이 다수 제작되었다. 아메리카니즘에 대한 인식의 변화도 이 시기의 중요한 특징으로 볼수 있다. 이렇듯 본 논문은 시기를 나누어 해방 공간의 영화비평이 어떻게 변화하였는지 살펴봄으로써 당시 영화가 사회·문화적으로 어떠한 역할을 하였는지 점진적으로 규명해갈 것이다.

2. 민족영화론과 영화 국영화론

해방 직후로부터 영화동맹이 좌익 중심으로 개편되는 1946년 8월까지는 해방기 영화비평의 성격을 구별 짓는 첫 번째 시기이다. 이 시기에는 광복에 대한 기쁨과 함께 '민족'의 일원으로서 영화인의 임무가 강조되었다. 따라서 분단 상황을 극복하고 통일된 조국을 재건하기 위해, 좌우 이념의 대립과 분열보다는 통합된 조직을 이루기 위한 노력이 계속되고 있었다. 그리고 그 결과는 1945년 12월 16일, 명실상부한 범영화인 조직 조선영화동맹(이하 영화동맹)의 출범으로 나타났다. 기자재와 인력이 부족한 상황 속에서 영화 제작이 많이 이루어지지 않아 주로 영화인들을 중심으로 민족국가 수립을 위해 조선에서 영화가 해야 할 역할이 무엇인지를 논하는 비평들이 주를 이루었다.

일제가 무너지고 감격적인 해방을 맞이했지만, 기쁨에 도취될 시간도 없이 국제 질서는 빠르게 재편되어 가고 있었고 강대국들은 19세기 말 그러했듯이 이념을 앞세워 한반도에서 긴장감을 조성해가고 있었다. 이제 조선인들에게 해방은 현실이 되었고, 민주주의 민족국가수립은 시급한 당면 과제가 되었다. 하지만 이를 위해서는 먼저 '민족' 개념의 재정립이 필요했다. 35년간의 일제 강점을 겪으면서 민족이라는 개념은 일제의 정책과 국내의 이해관계에 따라 다양하게 굴절되었기 때문에 해방 후 민족을 규합하고 분단을 막기 위해서는 만인이 공감할 수 있는 민족의 정의와 정부수립의 청사진을 제시할 수 있어야만 했다.

민족에 대한 정의는 '반민족'의 개념화를 통해서 보다 선명하게 파악할 수 있는데 해방 직후 조선인들에게 반민족이란 곧 친일을 의미하는 것이었다. 해방 전 일제에 부역한 이들은 그들과 상호협조적 관계에 있었던 일제 통치자들이 본국으로 돌아가자 맹렬한 비난을 받아야만 했다. 물론 영화계 역시 친일 문제로부터 자유롭지 않았다. 1942년 일제가 조선의 모든 영화회사를 합병하여 만든 조선영화사에 입사했던 인물들은 대부분 〈조선해협〉(1943), 〈병정님〉(1944)과 같은 친일 영화 제작에 부역하였고, 조영에 입사하지 않은 인물들도 사회 다방면에서 일제에 협력한 혐의가 있었기 때문이었다. 친일 문제에서 비교적 자유로웠던 인물은 일제 말 낙향했던 이규설, 의정부의 산으로 들어가 버린 윤봉춘, 옥고를 치르고 있던 추민 정도가 있을 뿐이었다.[5] 대다수의 영화인들이 떳떳하지 못한 상황이다 보니 해방 직후 영화비평에서는 친일 문제에 대한 언급을 피하거나, 다소 온건한 자세를 취하고 있었다.

> "映畵는 自主國家에 있어서 發展이 된다. 우리들이 解放이 되엿스나 압날에 建國이 되는 때 우리 映畵는 산다. 映畵는 政治的 背景이 업시는 發展하는 例가 업고 彈壓에서 向上되는 例도 업다.
> 文化는 政治에서 政治는 文化에서 이러케 文化와 政治가 聯關해야 하고 政治는 自由를 確保하기 爲하야 行해야 하고 文化는 自由를 獲得해야 發展되는 것이라 하면 映畵도 여기서 떠러저서는 안 되는 물건이다. 또는 우리 民族이 가는 곳이면 먼저 우리의 文化를 보내야 하되 映畵가 압장을 서야 한다."[6]

---

5   한상언, 『해방 공간의 영화·영화인』, 이론과실천, 2013, 36쪽.
6   안석영, 〈건국과 문화제언/민족영화의 창조〉, 《중앙신문》, 1945.11.23.

1945년 11월 23일《중앙신문》에 실린 〈건국과 문화제언/민족영화의 창조〉라는 글에서 안석영은 스스로 정의내린 '민족영화'와 그 역할에 대해 언급하고 있다. 하지만 24일 하편으로까지 이어지는 이 장문의 글에서 역시 '민족'은 있으되 '반민족'에 대한 언급은 자제되고 있다. 그도 그럴 것이 안석영은 일제 말 조영에서 일하던 때에 〈지원병〉이라는 친일 영화를 연출한 당사자였으므로 이 문제를 거론하는 것이 껄끄러운 입장이었기 때문이다.

이듬해 2월 24일부터 추민은 같은 신문에 〈영화운동의 노선〉이라는 사설을 연재하는데, "우리는 過去의 個個人을 들고 個個事를 드느니보다 그 惡毒하고 끔직한 日帝가 우리 文化抹殺과 特殊한 映畵政策에 얼마 되지 안는 映畵人이 生活上 理由나 製作上 慾求로 因하야 自己 本意 아닌 行動으로 不幸히 犧牲되엿음으로 우리는 獨善的 立場을 떠나 冷徹히 觀察하고 따뜻한 感情으로 忠告"[7]하여야 함을 강조하며 친일 문제에 대해 매우 온건한 태도를 취한다. 당시 추민은 영건과 프로영맹의 발전적 해소로 1946년 1월 20일에 결성된 영화동맹의 서기장직에 있었다. 비록 본인은 친일 문제로부터 자유롭지만, 좌익과 우익을 아우르는 통합 조직을 이끌어나가는 위치에서 조직의 결속을 저해하는 민감한 사안이 자꾸 언급되는 것을 차단하고자 한 것으로 볼 수 있다.

일제 말기 친일 영화 제작에 부역하여 친일 혐의가 짙었던 영화감독 안종화 역시 1946년에 속간된《영화시대》의 지면을 통해 민족영화의 건설을 주장하는데 이는 자신의 반민족 행위를 변호하기 위한 정치적 목적과 분명하게 맞닿아 있다.

"『倭』는 大戰時 最後壓政으로 映畵人들의 健實性을 깁히 간직한 天質을 壓殺해 버리엇다. 그리하고 謀略的 수단으로서 映畵人을 분열 分散식혀노코 그들

---

7   추민, 〈영화운동의 노선〉, 《중앙신문》, 1946.2.24.

의 生活을 은근히 위협하고 또는 회육책으로 作品의 思想行動을 强要 强制하려 햇다."[8]

그는 일제에 부역한 영화인들이 자신들의 의지가 아닌, 억압과 강요로 인해 반민족 행위를 해야만 했음을 강조하며 그러한 주장을 '민족영화' 건설이라는 담론 하에서 전제하고 있다.

이를 통해 해방기 영화비평의 핵심이라 할 수 있는 '민족영화론'의 단면을 확인할 수 있다. 이 시기 민족영화론은 친일 청산이라는 과거사 문제가 희석된 상태에서 건국을 위하여 민족영화가 어떻게 만들어져야 하며 어떠한 역할을 해야 하는지를 논의하는 방향에 더욱 무게를 두고 있는 것이다.

좌우익 양 진영의 영화인들은 기본적으로 민주주의 민족정부수립이라는 공통된 목표 하에 민족영화 담론을 형성하고 있다는 측면에서 공통된 생각을 공유하고 있었다. 그렇다면 이들이 말하는 민족영화란 어떤 영화를 의미하는 것일까? 당시의 민족영화운동이 조선의 예술계를 모두 아우르는 민족문화운동의 흐름 속에서 이루어졌음은 자명한 사실이다. 좌익 세력을 규합하여 해방기의 민족문화운동을 주도하고 있던 조선공산당중앙위원회는 《해방일보》에 기관명으로 사설을 남겼는데, 여기에는 당시 민족문화와 민족예술의 개념을 확인할 수 있는 구체적 언급이 있다.

"예술 활동에 있어 기본방향은 혁명적 로맨티시즘과 진보적 리얼리즘이 기조가 되지 않으면 아니된다. 진보적 민족문화 수립과정에 있어 형식의 이러한 특색은 내용의 충실을 전제로 하는 것으로 작가, 예술가는 민중 가운데서 자기를 두어야할 뿐 아니라 급속히 그 사상적 내용을 충실히 하기 위하여, 조선혁명의 성질과 임무에 대한 깊은 신념과 부철한 지식을 갖기 위하여 문화의 진보적 정신에 의한 재교양이 필요한 것이다."[9]

---

8 안종화, 〈민족영화의 수립위하야-지침되시라〉, 《영화시대》 제1권 제1호, 1946.4.5.

이를 통해 민족문화수립을 위한 민족예술의 개념이 보다 명확하게 드러난다. 해방기 예술은 작가 내면의 세계로 침전하는 것이 아니라 언제나 민중과의 연대 속에서 이루어져야 하며 정치적 임무를 수행할 수 있어야 한다는 것이다.

영화인들 역시 개인보다는 민족을 중심에 둔 민족예술론을 바탕으로 하여, 기본적으로는 민주주의 민족정부수립이라는 공통된 목표 하에 민족영화 담론을 형성하고 있었다.

> "어느 時期까지 이런 啓蒙敎化運動이 盛行해야 할 것이로되 映畫도 이에 竝行하야 映畫로써 이 모든 事業을 急速히 達成되도록 해야할 것이 아닌가. 解放이 되어 建國 途程에 오른 이 때 山間僻地에 幽閉된 人民에게, 絶海孤島의 人民에게 그들 文盲에게도 오늘의 깃븐 報告와 建國事業의 惠澤을 입게 하고 民族生活의 統一을 爲하야 이 映畫를 利用할 必要가 잇지 안흘가."[10]

안석영은 영화의 계몽적·선전적 기능을 강조하여 민족영화가 한반도에서 정치적 일익을 담당하며 인민계몽에 앞장서야 함을 강조한다. 이는 전국 각 지역에 영사장치의 보급과 이동영사반의 파견을 요구한 서광제의 주장이나 좌익 영화인의 구심이자 영화동맹 서기장이었던 추민의 주장과 연결되는 것이다.

> "當今에 잇서 映畫도 絶對多數의 人民을 擁護하고 이런 人民의 主張을 내세우며 人民과 갓치 生活하며 鬪爭하는 前衛部隊여야 할 것입니다."[11]

---

9   조선공산당중앙위원회, 〈조선민족문화 건설의 노선〉, 《해방일보》, 1946.2.9-10.
10 안석영, 〈건국과 문화제언/민족영화의 창조(하)〉, 《중앙신문》, 1945.11.24.
11 추민, 〈조선영화의 건설을 위하야-민족문화건설전국협회-영화에 관한 보고〉, 《영화시대》 제1권 제2호, 1946. 53쪽.

특히 개인주의를 배격하고 인민을 위한 영화를 만들 것을 강조하는 추민의 주장은 조선공산당중앙위원회의 민족문화론 기조와 일치하며, 또한 안석영의 주장과도 맥을 같이 한다.

당시 안석영이 우익에 가담했고, 추민과 서광제가 좌익계였던 것을 감안했을 때 해방 직후 민족영화 담론을 이끌던 영화인들은 영화가 건국 과정에서 민족을 계몽시키고 규합하는 정치적 역할을 해야 한다는 시각만큼은 공유하고 있었다는 사실을 알 수 있다.

1945년 12월 27일 모스크바 3국 외상 회의(이하 모스크바 3상 회의)의 결과가 국내에 알려지자 신탁통치안을 두고 조선인들의 대대적인 반대 운동이 일어났다. 최대 5년 동안 미국, 영국, 중국, 소련의 4개국이 한반도를 통치한다는 사실은 일본 제국주의의 악몽을 상기시키는 것이었기 때문이다. 그러므로 그에 대한 반작용으로 좌우익 사상 대립과 관계없는 전 국민적 반탁운동이 일어날 수밖에 없었다. 하지만 불과 며칠이 지나지 않은 1946년 1월 2일, 소련에 설득된 박헌영을 중심으로 좌익은 종래의 입장을 철회하고 모스크바 3상회의의 결정을 지지하는 입장으로 선회하였다. 이후 좌우익의 대립이 심화되었으며 민족 운동의 성격에도 변화가 있을 수밖에 없었다. 좌우 세력을 모두 포용하고 있던 영화동맹도 신탁통치안을 둘러싼 대립으로 인해 우익, 중도 영화인들이 하나둘 씩 탈퇴하기 시작했고 그들이 공유하던 민족영화론적 입장에서도 차이가 부각되기 시작했다.

이 당시에 민족영화건설을 위한 방안으로써 영화인들로부터 가장 활발하게 논의되었던 주제는 영화 국영화론이었다. 안석영은 미군정을 중심으로 "民主主義 政府가 서는 때 모든 自由企業의 形態를 생각하게 됨에 個人 푸러덕순의 亂起"[12]가 발생할 것은 우려하여 "自由競爭의 企業形態가 朝鮮의 映畵에 安當한 것인가 檢討가 잇지 안흐면 안 될 것이"[13]라 강조하는데 여기서

---

12 안석영, 앞의 기사.

해방 직후 줄기차게 제기되었던 국영화론과 맥을 같이 하되 우익 영화인으로서 '타당성에 대한 검토'가 필요하다는 등 다소 소극적인 태도를 취하며 거리를 두는 모습을 볼 수 있다. 반면 좌익 영화인의 대표급이었던 영화동맹의 서기장 추민은 좀 더 적극적으로 미군정의 영화정책을 비판하며 국영화론에 대한 자신의 생각을 개진한다.

> "映畫는 本來 巨大한 資本을 要하고 企業을 通해야만 健全한 産出을 볼 수 있으며 科學産業 面에 *한 問題 等 到底히 이를 國家的 見地에서 解決치 않으면 안 된 特殊的 事情에 놓여있으며 條件이 具備되어 있다. …(중략)… 따라서 映畫 配給과 製作을 通活하여서만 配給으로서의 收益으로 製作部分에 充分시키는 政策으로써 겨우 貧弱한 *대를 한 것으로도 力力히 證明되는 바입니다. 그러므로 到底히 民間 事業에게만 맡겨서도 成立될 수 업고 또 朝鮮의 地理的 또는 人口數의 割當으로 適應한 劇場을 增設하여 民族文化 向上을 圖謀해야겟다."[14]

일제 말기 영화산업을 조영에서 독점함으로써 영화인들은 국가의 지원 하에 비교적 안정적으로 영화를 제작할 수 있었기에 해방기 영화인들에게서도 조영과 같이 국가 주도 아래 독점적 영화기업이 등장하거나, 영화가 국영화되어야 한다는 주장이 끊임없이 제기되었다. 각종 기자재와 인력 등이 부족한 상태에서 추민은 민족의 당면임무인 민족영화 수립을 위해 '참된 민주주의 민족영화'를 제작하려면 미군정의 정책적 지원이 있어야 한다고 판단한 것이다. 게다가 추민이 언급하듯 적산 조영이 미군정의 재산으로 귀속됨으로써 국영화를 위한 '조건이 구비되어' 영화인들의 기대를 높인 측면도 있었다.

---

13 안석영, 위의 기사.
14 추민, 〈영화정책론〉, 《독립신보》, 1946.5.9.

"…(전략)…映畵의 啓蒙性과 藝術性을 왼통 發揮하야 民主主義 初步로부터 始作하야 民主主義의 初步로부터 우리 民衆에게 알녀주어 專制的 封建的 一切의 反動思想과 日帝의 殘在를 徹底히 掃蕩하기 爲하야 緊急히 論議되여야 할 映畵政策 몃가지를 提議하랴 한다.
첫재는 撮影所를 現代的 *식으로 지어노아야 할 것인데 이것은 두말할 것도 업시 國營으로 하여야 할 것이다. …(중략)… 둘째는 外國映畵의 關稅에서 생기는 國家收入을 全部 朝鮮映畵製作에 補助해줘야 할 것이다."[15]

서광제는 안석영이나 추민에 비해 보다 강한 논조로 자신의 주장을 피력하는데, 그 핵심은 미군정에게 촬영소 등 주요 시설의 국영화를 추진하고 국가 주도 하에 영화산업을 보호·육성해달라는 것이다. 이는 일제강점기부터 이어져 온 그의 일관된 주장으로 민족영화의 토대를 세우기 위해서는 영화 예술인을 거대 자본의 속박으로부터 독립시킬 필요가 있다는 생각이 반영되어 있다.

1946년 4월 미군정의 정책에 따라 본격적으로 미국영화가 본격적으로 수입됨에 따라 위기를 느낀 영화인들은 열악한 남한 영화의 현실을 근거로 국영화론을 더욱 강하게 요구하게 된다. 영화동맹의 중앙집행위원이었던 김정혁은 10월 8일자 《중앙신문》에 실린 사설에서 미국영화의 급격한 유입에 대한 반발과 함께 미군정의 영화적 제국주의 정책을 비판하고 조선의 영화산업을 "全的으로 國營 乃至 公營으로 할 것"[16]을 강조한다.

하지만 모든 영화인들이 국영화론에 동의한 것은 아니었다. 영화인 중에서도 제작에 직접적으로 참여하던 영화인들은 좌우익 할 것 없이 일제 말기 독점 기업 조영에서의 안정적이었던 제작 경험을 바탕으로 국영화론에 찬성한 반면, 흥행업자들은 제작, 배급의 일원화를 통해 자신들의 이익이 줄어들 것

---

15 서광제, 〈건국과 조선영화〉, 《서울신문》, 1946.5.26.
16 김정혁, 〈[영화] 국영, 공영으로!〉, 《중앙신문》, 1946.10.8.

은 크게 염려하였다.[17] 이는 해방기의 정치적 상황 속에서 영화인들의 주장에 있어서 개인의 사상 뿐 아니라, 경제적 이해관계가 매우 중요하게 작용하였음을 보여주는 사례라 할 수 있다.

이렇듯 영화 국영화론은 해방 직후의 민족영화론을 논할 때 함께 거론되는 핵심요소가 되며, 분단이 고착화되고 남한 단독정부수립이 가까워 올수록 강한 논조로 표출되곤 하였다. 이는 특히나 미군정의 미미한 지원과 권위적인 검열 태도, 적산 극장의 불하 문제 등에 대한 불만과 함께 언급되어 당시의 열악한 환경이 영화인들의 생존을 위협하는 급박한 문제였음을 확인할 수 있는 것이다. 이 시기 영화인들은 비록 신탁 통치 문제와 관련하여 좌우 대립의 양상을 띠고는 있었으나 대다수가 관련된 친일 영화인의 청산보다는 흩어진 영화인들의 역량을 한 데 모으는 것이 중요하다는 것에 공감하고 있었으며, 영화가 민족국가수립을 위해 기여해야한다는 생각과 더불어 자신들의 기반이었던 국내 영화산업을 보호·육성하자는 국영화론을 중심으로 결집되어 많은 생각들을 공유하고 있었다. 이는 영화인들의 분열이 본격적으로 심화되기 전까지의 해방 직후 영화비평에서 분명히 확인할 수 있는 특성이라 할 수 있다.

3. 좌우대립과 영화비평

1946년 8월 우익 영화인들이 영화동맹을 대거 이탈하여 남한 단독정부가 수립되는 1948년 8월까지는 영화비평의 성격이 변화하는 두 번째 시기이다. 이 시기에는 신탁통치 안을 둘러싸고 좌우익의 갈등이 격화되었고 미군정에 의한 좌익 탄압이 시작되며 영화비평도 개개인의 정치적 노선에 따라 강한

---

17 한상언, 앞의 책, 49쪽.

정치성을 띠고 이루어졌다. 그동안 민족영화론과 국영화론을 통해 합의점을 모색하고 있었던 영화인들이 사분오열하며 좌익에서는 '계급'이, 우익에서는 '민족'이 건국을 위한 역동적 주체로서 강조되었다. 이러한 상황에서 필연적으로 영화비평은 예술적 문제를 넘어 정치 운동의 일환으로 이루어졌으며 종종 자신의 주장을 옹호하거나 상대 진영을 공격하는 등 전략적으로 활용되기도 하였다. 영화 제작이 카메라를 통한 것이었다면, 영화비평은 만년필을 무기로 한 이념 전쟁의 축소판이라 할 수 있었던 것이다.

광복을 맞이한 이래 해방 후 최초의 극영화 〈똘똘이의 모험〉이 개봉될 때까지 영화 제작은 부족한 기자재와 인력 등의 이유로 활발히 이루어지지 못했다. 그래서 이 시기 영화비평은 주로 민족정부수립이라는 화두와 맞물려 민족영화의 개념을 정립하고 그 방향을 그려나가는 차원에서 주로 이루어졌다. 하지만 1946년 9월 비로소 이규환 감독의 〈똘똘이의 모험〉이 개봉되고 이어서 10월에는 최인규 감독의 〈자유만세〉가 개봉하며 개별 영화 작품에 대한 비평이 활성화되기 시작했다.

이규환의 〈똘똘이의 모험〉은 아동극으로, 국민학교 학생인 똘똘이와 그의 친구 복남이가 쌀을 훔치려는 도둑들의 소굴에 잠입하여 그들을 경찰에 신고하고 표창을 받는다는 내용을 담고 있다. 《자유신문》에 실린 이 영화의 기획 의도에 따르면, "建國의 癌인 謀利輩를 掃蕩하는데 果敢히 어린이로 싸운다는 것"[18]으로 해방 후 첫 극영화의 기획에 '건국'의 상황이 반영되었음이 자못 의미심장하게 다가온다.

이 영화가 개봉되었던 때는 신탁통치 안을 두고 좌우익이 극심한 갈등을 겪은 후, 중도적인 입장에서 좌우 합작을 시도했던 좌익계 지도자 여운형의 암살로 정국이 대단히 혼란스러웠던 시기이다. 영화계에서도 6.10 만세운동 기념행사에서 좌익의 인기 만담가 신불출이 우익 청년들에 의해 피격을 당하

---

18 《자유신문》, 1946.9.8.

여 좌우익의 대립이 고조되었으며, 미군정의 영화검열 정책, 적산 극장 입찰 문제 등에 의해 영화산업 전반에 위기의식이 팽배해 있던 시기였다. 그러한 상황에서 우파 민족주의 진영의 이규환이 들고 나온 〈똘똘이의 모험〉은 단연 화제의 중심이 될 수밖에 없었다. 먼저 영화가 개봉되자 보수 언론 《자유신문》에서는 영화평을 통해 "어려운 現實的 핸드캡을 克服하고 오로지 朝鮮映畵人의 健在를 主張하면서 朝鮮映畵建設에 第一彈을 던지는 만큼 意義가 크다"[19]고 평가하며 기획의 정당성을 인정한다. 하지만 영화의 완성도에 대해서는 혹평이 이어진다.

"그러나 素材의 槪念的 消化와 더부러 主題의 焦點이 稀薄하게 된 것이 全體的 欠陷이 되여잇다. 그리고 部分的으로 重大한 矛盾으로 犯하엿스니 그것을 一, 二 指摘한다면 무서운 惡黨에 對한 鬪爭 方法도 이 兒童心理로서는 엉뚱하게 遊離되여 잇는 少年 主人公과 그 周圍를 싸고도는 人物들의 性格 描寫 不充分은 姑捨하고 惡黨들이 少年을 必要以上으로 私刑하는 不快한 取扱은 致命的 破綻이 되고 말엇다."[20]

특히 이 영화에서 가장 논란이 된 부분은 자극적인 표현이었는데, 주인공 똘똘이가 모리배에게 집단 구타를 당하는 장면이 삽입되어 좌우 진영 양단에게 치명적인 비난을 들어야만 했다. '소년에 대한 불쾌한 취급이 치명적 파탄이 되었다'는 자유신문의 평에 이어 영화동맹에서는 이를 "세계 영화사상 유례가 업는 몰상식하고도 민족적 수치인 장면임으로 이 부분은 「컷트」를 해버리는 것이 조흘 것이라고"[21] 강하게 경고했다. 당시 영화동맹은 8월에 있었던 조직 개편으로 우익 영화인들이 대거 이탈한 상태였고, 게다가 내부적 갈등

19 위의 기사.
20 위의 기사.
21 《자유신문》, 1946.9.11.

으로 같은 시기 이탈한 이규환의 영화에 대해 좋은 평을 줄 상황이 아니었던 것도 하나의 원인이 되었다. 특히 서광제는 좌익계 언론인《독립신보》에 "人類社會에 있을 수 없는 暴惡 殘忍性을 畵面에 내논 李圭煥 監督같은 자는 朝鮮映畫人의 이름 뿐 아니라 朝鮮民族의 이름으로 抹殺시켜 버려야 할 것이다"[22]라는 평을 남기며 크게 분개하여 영화비평에서의 정치적 갈등이 개인에 대한 인신공격으로까지 격화되는 모습을 확인할 수 있다.

〈똘똘이의 모험〉에 뒤이어 10월에는 최인규의 〈자유만세〉가 개봉되었다. 최인규는 다수의 친일 영화를 남긴, 비교적 친일 행적이 뚜렷한 인물로 해방 직후 좌익을 중심으로 결성된 영화인 조직들과는 거리를 두고 있었다. 그렇게 해방 직후를 조용히 보내다가 1946년에는 우익 영화인 중심으로 결성된 영화감독구락부에 가입하였고 영화동맹의 위원으로 들어가며 다시 공개적인 활동을 이어나가기 시작한다. 하지만 이규환과 마찬가지로 영화동맹의 주도권을 좌익이 장악하자 8월 개편 때 형 최완규와 함께 탈퇴하게 된다. 〈자유만세〉는 그러한 점에서 최인규 감독 개인적으로 의미 있는 영화가 되었다. 이 영화는 일제에 저항하는 지하조직의 독립투사를 주인공으로 하여 광복의 여운을 되살리고 민족적 감흥을 불러일으키는 작품으로, 최인규는 주인공인 독립운동가를 영웅적으로 묘사하며 본인의 친일 전력을 희석시키고 있다.

영화에 대한 반응은 상당했다. 먼저 보수 언론에서 대체로 호의적인 평가를 받았다. 《자유신문》에 실린 영화평에서는 "朝鮮 最初로 革命 鬪士를 描寫하엿다는 點"[23]을 높이 샀고 《중앙신문》의 영화평에서는 "全體的으로 볼 때 朝鮮映畫의 水準을 올린 作品인 同時에 俊銳 崔寅奎監督의 技法成熟이 顯著히 보인다."[24]는 호평을 받았다. 또한 같은 신문에 실린 강로향의 평에서는 "그 努力에 對하야 敬意를 表하지 않을 수 없다"[25]는 치하와 함께 "우리는 批

---

22 《독립신보》, 1946.9.8.
23 〈[연예] 신 영화평 『自由萬歲』《자유신문》, 1946.10.25.
24 《중앙신문》, 1946.10.24.

評을 보내는 것보다 부드러운 愛撫를 보내야 되며 同時에 現實에서 우러나는 民族의 慟哭을 보냄이 도리여 옳을 것이"라는 애정 어린 시각을 내비치기도 했다. 또한 이승만을 공개적으로 지지하고 있던 우익지 《대한독립신문》에서는 "과거 메랑코리한 朝鮮映畫의 褪色的인 外皮를 離脫한 力作品이라"[26]며 호응했다.

대중의 반응 역시 뜨거웠다. 같은 해 12월 14일자 《중외신보》에 실린 양훈의 글에서는 "'自由萬歲'의 서울 上映 때 回收步率이 十日間 七十八萬五千圓이라는 未曾有의 記錄的 數字를 올"[27]렸다고 기록하고 있어 이 영화가 해방기 영화인들뿐만 아니라 대중에게 받은 관심 또한 상당했음을 확인할 수 있다.

하지만 좌익 비평가의 대표인 서광제 만큼은 이 영화에 대해 비판을 서슴지 않았다. 서광제는 같은 해 우익 언론매체보다 앞선 10월 23일에 좌익지 《독립신보》를 통해 다음과 같은 시사평을 남겼다.

"…(전략)… 이번 『自由萬歲』를 볼 때에도 허다한 常識以下의 點이 만타. 日帝時代에 思想犯으로 收監되였든 崔漢重(全昌根 粉)이가 監獄을 脫獄한지 三日만에 그들의 同志 七, 八人과 白畫人家가 즐비하게 있는 곳에서 日帝의 斷末魔的 發惡을 하로라도 速히 문지러 없앨야고 朝鮮內 電信, 電話, 鐵道, 工場 等의 破壞陰謀를 大聲으로 同志끼리 아모 거리낌 없이 議論하는 것은 倭政 三十六年間의 쓰라림을 아는 우리들은 革命家와 革命鬪爭은 이러한 活動寫眞的인 어린애 作亂이 않이고 地下에서 피와 피의 連續인 偉大한 鬪爭이였든 것을 잘 알므로 오히려 이런 場面을 볼 때의 過去 日帝時代의 革命家와 革命鬪爭에 對한 冒瀆이라고 憤怒를 사게 된다. …(중략)… 現實을 美化식히는 것은 좋으나 어듸까지나 『리알』해야 할 것이니 …(후략)…"[28]

---

25 강노향, 〈영화수감(隨感)〉, 《중앙신문》, 1946.10.31.
26 《대한독립신문》, 1946.10.26.
27 양훈, 〈[영화시평] 〈자유만세〉뒤에 오는 문제〉 《중외신보》, 1946.12.14.

이 비평문에서 서광제는 일제강점기의 가혹한 현실을 있는 그대로 묘사하지 못한 〈자유만세〉의 리얼리티를 문제 삼고 있다. 일제강점기부터 오랜 기간 사회주의 이데올로기에 입각한 영화비평을 해왔던 서광제의 입장에서 보았을 때 그의 주장은 단지 영화 완성도의 부족을 언급한 것을 넘어 영화를 연출한 최인규와 각본을 담당한 전창근의 사상성에 대한 문제를 지적하고 있는 것으로 이해할 수 있다.

> "우리가 오늘날 朝鮮의 文化界를 冷情히 살펴볼 째 一部의 文化人들은 事實을 主題로 하지 안코 다만 虛空에 쓴 理想論에 始終하는 수가 만타. 이러한 虛空에 쓴 인테리의 功利主義를 그냥 두고 볼 수는 업다. 이러한 功利主義야 말노 一部 인테리의 最大의 缺陷인 것이다.
> 우리 朝鮮은 지금 解放이 되엿다 하도라도 푸로레타리아의 階級革命期는 안이다. 民族革命이며 쌀르죠아 民主主義 革命期인 것이다. 이 過程을 밟지 안코는 朝鮮에 새로운 革命이 잇슬수 업는 것이다."[29]

최인규, 전창근 등의 우익 영화인들이 영화동맹을 이탈하던 8월에 서광제는 《신천지》를 통해 영화운동에 대한 자신의 노선과 사상성을 선명히 드러내고 있다. 여기서 그가 비판하고 있는 것은 '사실'을 주제로 하지 않은, '허공에 뜬 인테리의 공리주의'이다. 그런 면에서 서광제에게 역사적 사실을 '리얼'하게 묘사하지 않고 독립혁명을 진지하게 묘사하지도 않았으며, 사상성이 명확하게 드러나지 않은 등장인물들을 내세워 만든 〈자유만세〉는 '인테리의 공리주의'로 비판 받을 만한 작품이었던 것이다. 서광제 외에도 많은 단평에서 이 영화의 장점 외에, 부족한 개연성, 불명확한 사상성 등을 문제점으로 언급하고 있다.

---

28 서광제, 〈영화평 『자유만세』〉, 《독립신보》, 1946.10.23.
29 서광제, 〈조선영화계〉, 《신천지》, 1946. 8월호.

〈자유만세〉의 시나리오를 담당했던 전창근은 이러한 서광제 등의 비판을 의식했는지 《중외신보》에 남긴 에세이를 통해 스스로를 변호하는데, 그는 〈자유만세〉의 완성도가 높지 못했던 이유를 "적지 안흔 日本 냄새가 作品 가운데 뛰여 나오게 된 것"[30], 그래서 "日本 냄새를 完全이 바리지 못한 까닭"[31]과 시나리오를 쓰는 과정에서 "藝術을 만드는 사람이 안이라 흔이는 돈버는 案內書를 作成하는 데 끗치"[32]고 만 것에서 찾고 있다. 이렇듯 자신의 영화에서의 문제점을 어느 정도 솔직하게 고백하고 있는 전창근에 비해 최인규는 〈자유만세〉에 대한 변호를 정치적인 목적으로 활용한다. 그에 의하면 〈자유만세〉가 '작가의 양심'에 어긋난 작품이 된 까닭은 영화를 무료로 관람하게 해주는 입장권 문제에 있다는 것이다. 그는 영화를 만드는 사람의 입장에서 "榮譽스러운 人格者임에도 不拘하고 그 太半이 劇場 갓은 곳에는 無料로 出入"[33]하기를 바라는 조선 관객들의 태도를 비판하며 자본주의 시장질서가 완전히 자리 잡지 못한 조선의 현실에 개탄하고 있다.

이처럼 이 시기의 영화비평은 주로 영화 자체에 대한 비평 보다는 분명한 정치성을 띠고 상대 진영의 사상을 공격하는 이념 대립의 축소판을 보여주는 것으로, 그 특징을 명확히 규명할 수 있는 것이다.

4. 정부수립 후 아메리카니즘에 대한 인식의 변화

1945년 12월 개최된 모스크바 3상 회의 결과는 해방 공간의 한국인들에게

---

30 전창근, 〈[수상] 두 어머니〉, 《중외신보》 1946.11.27.
31 위의 글.
32 위의 글.
33 최인규, 〈[수상] 입장권(下)〉, 《중외신보》, 1946.11.29.

큰 좌절을 안겨주었다. 이 회의에서는 미·소공동위원회의 설치와 미국, 영국, 중국, 소련 4개국에 의한 최대 5년간의 한반도 신탁통치가 결정되었는데, 이는 35년간의 일제강점을 막 벗어나 자주적인 민족국가수립을 염원했던 한국인들의 의사에 배치되는 것이기 때문이었다. 한국의 독립을 지원해준 고마운 우방이었던, 연합국의 주축 미국과 소련은 이제 제국주의의 또 다른 잔영으로 다가왔고, 이는 곧 극심한 반발을 불러왔다. 좌우 이념 대립과 관계없이 양쪽 진영은 일제히 신탁통치안 반대를 외치며 모스크바 3상 회의의 결과에 반대하는 성명을 발표하였다. 하지만 소련에 설득된 좌익 지도자들이 회의 결과를 지지하는 입장으로 돌아서며 더 이상 미국과 소련 양국의 갈등이 아니라 한반도 내부의 좌우익 갈등으로 번지며 국내의 중요한 현안이 되었다.

미군정은 이러한 상황을 효과적으로 통제하고 자국의 영향력을 확대하기 위해 영화산업을 적극 활용했다. 그들의 전략은 크게 두 가지로 나눌 수 있는데, 첫째는 미군정법령을 통한 남한 영화산업의 통제이고 둘째는 중앙영화배급소(이하 중배)를 통한 미국영화의 전파이다. 이러한 전략들은 신탁통치로 인해 저항감을 품은 남한의 영화인들을 더욱 자극하는 것이었고, 그에 대한 반발들은 즉각적으로 일어났다. 하지만 미·소 냉전이 심화되고 분단이 고착화되면서 좌익 영화인에 대한 미군정의 탄압이 심해졌고, 결국 남한 단독정부가 수립되면서 우익 세력이 해방기 남한의 헤게모니를 완전히 장악하게 되었다. 정부수립을 전후한 바로 이 시기가 해방기 영화비평이 새로운 국면으로 전환되는 세 번째 시기라고 할 수 있다. 이 당시 영화비평은 물밀듯이 유입되는 미국영화 속의 아메리카니즘을 인식하고 규명하여 비판하던 분위기에서, 정부수립 후 점차 유일한 역할모델로서 미국 영화의 아메리카니즘을 수용하여 '민족' 개념의 변화가 일어나는 모습으로 확인된다.

1946년 2월 12일 미군정에서는 소련영화 상영 금지 조치를 내린다. 이는 경쟁관계에 있는 소련의 영향력이 남한 지역에서 확대되는 것을 차단하기 위한 조치였다. 이러한 조치는 좌익 영화인들의 즉각적인 반발을 불러일으켰다. 그리고 같은 해 4월에는 뉴욕의 영화수출협회를 본점으로 둔 중배가 설치되었다. 이 회사는 "1949년 10월까지 국내에서 활동한다는 조건으로 해방 후부터 들어왔는데 1948년에 들어서는 국내 제작영화의 두배에 해당하는 45편의 영화를 보급하여 국내 영화시장을 완전히 장악하였다."[34]

태평양 전쟁 기간 동안 금수조치 되었던 미국영화가 중배를 통해 한꺼번에 물밀 듯이 들어오자 영화인들은 큰 위기를 느꼈다. 관객들은 화려한 스펙타클로 무장한 미국의 상업영화에 열광했고, 영화인 혹은 비평가들은 다양한 매체의 지면에 미국 영화에 대한 비평을 남겨 이러한 현상에 대한 우려를 드러냈다.

> "새로 생긴 中央配給所가 첫 번으로 가져온 美映畵 15篇 中에서는 最優秀作品이라 할 『비는 온다』(크로렌스 부라운 監督)는 美畵가 아니면 갖지 못할 特點의 하나인 "스펙터클"로 觀客을 이끌고 있다. 인도를 背景한 撮影效果는 더욱이 大地震, 大洪水의 特殊撮影場面은 從來 따위의 內容과 關係없는 "스펙터클"本位는 多幸히 빠지진 않았다."[35]

《중외신보》에 실린 다음의 비평문에서 당시의 사람들이 미국영화를 어떻게 평가하였는지 가늠할 수 있다. 이 글에 의하면 미국영화의 특점은 '관객을 이끄는 스펙터클'로, 주로 막대한 자본을 들여서 당대 최고의 특수효과로 무장한 '대지진', '대홍수' 신 등이라 할 수 있다. 해방 직후 1년 여 동안 극영화가 거의 제작되지 않는 상황에서 관객들은 미국영화를 통해 해외 영화 산업의 발전상을 체감하고 있었던 것이다. 반면에 미국영화의 한계점도 언급되고

---

34 이효인, 「해방 직후의 민족영화운동」, 『해방전후사의 인식4』, 도서출판 한길사, 2007, 472쪽.
35 《중외신보》, 1946.5.9.

있다. "종래 따위의 내용과 관계없는 '스펙터클'"이라는 표현이 보여주듯, 당시의 관객들에게 미국영화는 자국의 영화에서 볼 수 없는 스펙타클을 통해 오락적인 즐거움을 제공해주지만 대체로 볼거리에 치중하여 예술적 감흥을 불러일으키는 대상에는 미치지 못했음을 알 수 있다.

> "오랫동안 滋味없는 日本映畵만 보다가 갑작이 豪華絢爛을 極한 美國映畵를 질기게 된 觀客大衆은 그저 無批判的으로 그 挑發的인 〈에로틱시즘〉과 桃源境에 陶醉할 뿐으로 滿足하는 傾向이 있다. 이것은 여러 가지 意味에서 憂慮되는 現象일 것이다.
> (중략)
> 大體로 美國映畵는 歐洲映畵에 比하야 藝術的 標準에 있어서 거리가 멀다. … (중략)… 大部分의 作品內容은 아메리카 映畵의 독특한 魔術 賭博性, 空虛性 그리고 狂躁性, 愚劣性, 넌쎈스, 에로틱시즘 等에 依하야 一定한 〈幻影〉의 時間을 强制할 뿐이다."[36]

주로 우익 계열의 언론에서 활동했던 영화비평가 이태우는 미국영화의 상업주의에 대중이 물드는 현상에 대해 깊은 우려를 표했다. 그에게 있어 '미국영화'는 '구주영화'에 비해 예술적 완성도가 낮은 것으로 인식되었고 그 이유는 "詩와 思想性이 缺如"[37]되었기 때문이었다. '상업적 미국영화', '예술적 구주영화'라는 이분법적 인식은 정부수립 이전까지 해방기의 영화인들이 대체로 공감하고 있는 것이었다.

아메리카니즘에 대한 보다 깊이 있는 이론의 전개는 짧은 신문지면 보다는 문화·예술을 다루던 잡지에서 주로 찾아 볼 수 있는데, 그 중 1948년 1월 《신천지》에 개재된 옥명찬의 글은 맑시즘에 입각하고 있어 특기할만하다. 남한 단독정부수립이 가까워오면서 미군정과 국내 우파에 의해 좌익의 활동이

---

36 이태우, 〈미국영화를 어떻게 볼 것인가〉, 《중앙신문》, 1946.10.31.
37 위의 글.

크게 위축된 시점에서 당시에 좌익 영화인 및 비평가들이 선택할 수 있는 저항의 한 방법은 미국영화와 거기에 내재한 아메리카니즘을 치밀하게 분석하여 비판하는 것이었다. 주로 영화나 예술 관련 해외의 글을 번역하여 소개하거나 맑스주의적인 사설 등을 남긴 옥명찬은 미국영화를 감상할 때의 유의점은 "영화에 일관한 상업주의"[38]라고 말하며 "美國映畵의 安易하고도 데카단的 傾向이 아메리카의 物質文明의 反映인 同時에 그 商業主義에서 因由되는 것"[39]이며 "社會의 階級이나 財産分配의 不平等서 생기는 大衆의 怨望에 될 수 있는 대로 適應할랴는 狀態"[40]가 큰 문제점이라고 파악하고 있다. 글의 말미에서는 미국영화의 아메리카니즘에 대해 "世界의 觀客들은 그저 低劣한 商業主義와 樂天的인 부르조와의 이데오로기—를 몸에 띈 아메리카니슴의 脅威를 映畵에서 摘出하는 데 아직도 明白한 意識의 準備가 덜 되있다"[41]고 관객들 스스로 미국영화 속 아메리카니즘에 대해 경계하고 비판의식을 가질 것을 강하게 촉구하고 있다.

같은 호에 실린 박인환의 비평 역시 미국영화의 예술성에 대해 언급하면서 "物質文化가 極度로 發展하고 傳統의 背景은 없는 아메리카는 藝術의 溫床은 되지 못한다"[42]며 그 이유를 "社會機關의 混亂과 個人의 輪廓이 똑똑치 못한 데다 藝術을 創造할랴는 根本的인 藝術家의 精神이 없다. 아메리카 映畵는 但只 아메리카의 重要한 産業이"[43]라는 점에서 찾고 있다.

이렇듯 해방 직후부터 정부수립 전까지 영화인들은 적어도 미국영화의 과도한 수입과 상영에 대해서는 '문화적 제국주의'라는 표현을 앞세워 공통된 우려의 목소리를 냈다. 이는 미국영화의 예술적 성취가 부족하다는 이유도

---

38 옥명찬, 〈아메리카 영화 특집 아메리카 영화론〉, 《신천지》, 1948년 1권 신년호, 135쪽.
39 위의 글, 135쪽.
40 위의 글, 136쪽.
41 위의 글, 136쪽.
42 박인환, 〈아메리카 영화 시론〉, 《신천지》, 1948년 1권 신년호, 149쪽.
43 위의 글, 149쪽.

있었지만 미국영화의 환상성에 마취된 관객들이 조선의 영화를 찾지 않을 경우 국내 영화산업 자체가 괴사할 수 있다고 본 위기의식의 발로이기도 한 것이다. 이런 상황에서 거대 자본과 스펙타클로 무장한 미국영화는 곧 패권주의적 정책을 펼치는 미국과 미군정 자체로 동일시되기도 하였다.

하지만 정부수립이 가까워지고 미군정의 통제가 강화되던 즈음에는 아메리카니즘에 대한 인식의 변화도 평론을 통해 나타난다. 1946년 9월에 발간된 《신천지》 1권 8호에 실린 박치우의 〈아메리카의 문화〉라는 글에서는 아메리카니즘의 근원을 청교도 이주의 역사부터 시작해서 복합국가의 특수성에서 찾고 있다. 뒤이어지는 이 글에서 가장 중요한 점은 민족과 문화의 개념 분리를 시도한다는 점이다.

"아메리카 民族이 있다는 이야기를 드러 본 적이 없다. 그럼에도 不拘하고 文化民은 훌륭히 거기 있는 것이다. 아메리카 文化가 그것이다. 이 點이 亦是 우리에게 적지 않은 示唆를 주고 있는 것이다. 文化라면 반드시 民族과 結付 시키려하며 民族을 떠나서는 文化라는 것을 생각할 수도 없으며 또 생각하여서는 아니 되는 것처럼 생각하는 사람들은 自己 自身만을 固執하기 前에 假令 아메리카 文化를 한 번 더 살어 보기를 勸하고 싶은 것이다.
(중략)
아메리카 民族이라는 것은 아직도 없음에 不拘하고 아메리카 文化는 있다.
(중략)
이 文化가 앞으로 어떤 形態로 發展해 갈 것이냐에 對해서는 躁急한 斷定은 하거니와 적어도 世界資本主義가 존손하는 한 아메리카 文化는 살어있게 될 것이며 살어있는 동안은 모-든 旣存의 資本主義者 文化의 領導的 入場에 서게 될 것만은 미리 斷言해두어도 無妨하지 않을까 생각되는 것이다."[44]

---

44 박치우, 〈아메리카의 문화〉, 《신천지》, 1946년 1권 8호 9월.

해방과 분단의 상황에 놓인 조국에서 영화인들은 민주주의 민족국가를 건국하기 위해 총력을 다 해왔다. 이러한 상황에서 '민족'과 '문화'의 개념은 별개의 것이 아니라 '합치하는 것'이었으며 '합치해야만 하는 것'이었다. 그렇기에 '문화'란 곧 '민족문화'를 의미하는 것이었다. 하지만 민족과 문화의 개념이 분리되어 있는 미국의 영화는 해방기 조선 예술인들의 호기심을 자극하는 것이었다. 그런 면에서 해방기의 수많은 신문, 잡지 등이 많은 지면을 미국문화와 아메리카니즘에 대해 논하는 데 할애하고 있는 것은 이상한 일이 아니다. 그리고 이는 곧 해방기 '민족문화' 그리고 '민족영화'에서 '민족'의 개념이 아메리카니즘에 의해 굴절되는 과도기적 모습을 보여주는 것이라 할 수 있다.

1947년 12월 7일자 《중앙일보》에 실린 〈미국영화의 신경향〉이라는 사설에서는 전쟁 전이나, 전쟁 중에 만들어진 영화들에 비해 전후에 제작된 미국영화들에서 "문화에 대한 막연한 동경"[45]이나 "精神活動의 準備를 探究하는 態度가 그네들의 庶民性인 센치멘탈이즘을 通하여서 나마 그윽히 보이고 잇다는 것"[46]이 새로운 경향이며, 비록 주류적 성격은 아니지만 "娛樂至上主義로 흘러가는 映畵界에 對한 映畵人 相互間의 鏡考"[47]라고 평하고 있다. 이는 미국영화에 대한 비평이 아메리카니즘에 대한 무조건적 반발에서 수용적인 자세로 전환되는 과도기에 있음을 보여주는 것이다.

1948년 8월 15일, 광복으로부터 정확히 3년이 지난 뜻 깊은 날에, 마침내 남한 단독으로 대한민국정부수립이 선포되었다. 초대 대통령 이승만을 중심으로 결집한 우익 세력은 한국 사회에서 좌익을 축출해내기 위해 반공주의를 구호로 내걸었고, 이를 견디지 못한 좌익 세력은 정부수립을 전후로 월북하거나, 남한에 남은 이들은 전향하여 활동할 수밖에 없었다.

이러한 분위기에 영화계는 매우 기민하게 반응했다. 좌익 영화인들의 구심

---

45 《중앙일보》, 1947.12.7.
46 위의 기사.
47 위의 기사.

점으로 활동했던 영화동맹의 서기장 추민은 미군정의 조선노동당에 대한 탄압이 심해지자 1946년 말에서 1947년 초에 이미 월북하였고[48], 많은 영화비평을 남긴 서광제 역시 김구 일행을 따라 이북을 방문하고 돌아와서 『북조선기행』을 남긴 뒤 1948년경 월북했다. 좌익 비평가들의 활동이 눈에 보이게 축소됨에 따라 자연스레 우익 영화인들의 비평이 여러 잡지와 신문의 지면을 잠식해나갔다.

> "國家主義的인 나라에서는 映畵機關을 國營으로 하고 積極的으로 國家에서 그 發展에 努力하고 있으나 우리나라는 國情이 다른 만큼 亦是 民間이 中心이 되어 政府의 財政的 援助를 얻던지하여 土臺를 닦으면서 나가야하지 않을까?"[49]

1949년 1월 1일, 정부수립 후 처음 맞이하는 새해 첫날의 벽두를 장식하는 안철영의 글에서는 자본주의 국가의 영화인으로서 영화 산업에 대한 그의 시각이 매우 선명하게 드러난다. 그의 주장에 따르면, 한국은 자본주의 체제의 토대 위에 건국되었으므로 영화산업을 국유화할 것이 아니라, 정부의 지원을 받아 민간 주도로 성장해야 한다는 것이다. 또한 사설의 다른 부분에서는 "맥아더 司令部에서는 日本映畵의 方向을 어떻게 民衆을 啓蒙하여 民主主義로 이끌어나갈까에 두고 있다고 하는데 우리나라의 映畵 使命도 이러한 데 있지 않을까 한다"[50]고 말하는데, 이는 한국의 영화산업이 미국의 영화 정책에 완전히 편입되고 동화되는 해방기 영화산업의 재편을 매우 잘 보여주는 사례라 할 수 있다. 안철영의 경우 1947년 도미하여 헐리우드의 영화산업을 직접 시찰한 바 있어, 당시 누구보다도 미국의 영화산업 현장을 가까이서 체

---

48 한상언, 앞의 책, 221쪽.
49 안철영, 〈생활문화를 건설하자!/〈영화〉 계몽이 첫 사명/재정 기초 확립이 긴요〉, 《서울신문》, 1949.1.1.
50 위의 글.

험한 전력이 있었다. 그런 그에게 민간이 주도하는 자본주의 미국의 영화제작 시스템은 매우 선진적인 것으로 받아들여졌고, 한국의 영화산업 역시 이를 롤모델로 삼아야 한다는 주장이 나오게 된 것도 시대의 흐름상 놀라운 일은 아니었다.

> "美國映畫는 獨逸과 佛蘭西와 같은 舞台劇의 寫眞的 再生映畫를 만들지 않고 〈그리퓌스〉와 〈세네트〉 等의 先驅者的 天才에 依하여 映畫의 形式이 開拓됨을 따라 映畫的 發展은 活潑히 展開되어 그 映畫史의 第一期(一九OO｜一九一四年), 第二期(一九一四｜一九二六年)를 經由하는 동안 繁榮하였고 또한 그 自由스러운 優越性을 伸長하여 왔었다. 그러나 第三期라고 할 수 있는 一九二七年 以後부터는 美國映畫도 本格的으로 文學과 握手하기 始作하여 現在에 이르러서는 美國映畫는 文學에 대한 依存關係의 密度를 加速度로 깊이하여 오히려 이點에 있어서 歐羅巴 諸國의 그것을 超越하게 되었다."[51]

불과 1년여 전에 미국영화의 무분별한 유입에 우려를 표하며, 미국영화가 구주영화에 비해 예술성이 떨어짐을 비판했던 이태우 역시 정부수립 이후 완전히 태도를 바꾼다. 그는 1949년 1월 27일부터 29일까지 경향신문에 연재한 사설을 통해 미국영화에 대해 매우 호의적인 태도를 보이는데, 주장의 핵심은 미국영화가 문학과의 '악수'를 통해 성장하여 구주영화를 능가하는 예술성을 갖게 되었으므로 한국의 영화 역시 문학과 연계한 제작이 활성화되어야 한다는 것이다. 다음 날 이어진 두 번째 사설에서 그는 자신의 급작스런 태도변화에 대한 보충 설명을 남긴다.

---

51 이태우, 〈[영화시론] 조선영화와 문학」, 《중앙신문》, 1949.1.27.

"筆者는 解放直後에 本紙上에 美國映畵는 低級俗惡한 것이라고 規定한 일이 있는데 그것은 또한 解放直後에 筆者가 본 美國映畵가 戰前 作品이었던 關係도 있다.

(중략)

戰前의 美國映畵의 不名譽스런 旣成槪念이 完全히 轉覆되고 最近 數年間에 美國映畵는 놀랠 程度로 高尙하게 된 것을 再認識하게 되었다. 그 徹底한 人道主義, 大膽不屈한 開拓精神, 公然 快樂主義, 公明嚴正한 淸敎徒主義, 旺盛한 浪漫精神, 훌륭한 寫實主義 그리고 兒童的 幻想, 健康, 雄大 等 諸 要素는 美國映畵뿐만 아니라 美國文學에서도 볼 수 있는 것이다."[52]

이태우는 미국영화가 전후 발달하게 된 원인을 문학의 도입에서 찾으며, '철저한 인도주의'에서 '웅대'에 이르기까지 다양한 미국영화의 장점을 열거하고 있는데, 그의 입장 변화는 미국을 발전의 모델로 상정하여 사회·문화의 모든 분야에 있어서 미국적 요소를 도입하려던 당시의 정부 정책과 무관하지 않다고 볼 수 있다.

살펴 본 바와 같이 이 시기부터 아메리카니즘은 한국인들의 정신세계에 전보다 커다란 영향을 미치게 되었다. 그리고 한국영화의 지향점 역시 미국을 전범으로 삼게 되었고, 영화의 제작과 비평 등 모든 활동에 있어서 미국적인 것은 곧 '선진적인 것'으로 받아들여지게 되었다. 이는 지금까지도 헐리우드 영화를 모델로 삼아 영화를 제작하고 있는 한국 영화의 상업주의적 성격의 근원을 보여주는 것이라 할 수 있기에 더욱 흥미를 끈다.

---

52 이태우, 〈[영화시론] 조선영화와 문학2〉, 《중앙신문》, 1949.1.28.

5. 나오며

    1948년 5월 10일의 총선거는 우리 역사상 최초의 근대적 선거라는 점에서 의미가 있는 일이었다. 하지만 한반도 양분의 결과로 이루어진 38선 이남 지역만의 선거라는 점에서 민족의 염원이었던 '통일정부수립'의 길은 더욱 요원해지고 말았다. 그리고 얼마 뒤인 1948년 8월 15일 대한민국 정부 수립이 선포되었다. 수년간 벌어진 좌우의 대결에서 이승만을 위시하여 미국의 힘을 등에 업은 우파 민족주의 진영이 승리함으로써 남한 지역에 좌익 인사가 발을 붙일 곳은 거의 사라졌다. 박헌영을 비롯한 남조선노동당의 간부들은 미군정의 탄압을 피해 월북한 지 오래였고, 남한에 남아 있던 좌파 세력은 반공주의의 기치 아래 지하로 숨어들거나 전향을 강요받아야만 했다. 반면 친일 혐의가 짙어 해방 직후 숨을 고르고 있던 일부 우익 인사들은 기회를 놓치지 않고 건국 대열에 합류하여 미국식 자본주의와 민주주의의 이식에 앞장섰다.

    이러한 과정에서 '민족'과 '반민족' 개념에도 변화가 생겼다. 정부수립 이전의 '민족'이 제국주의에 반대하여 투쟁하던 이들을 중심에 세우고, 일제 협력자들을 '반민족'이라 정의했다면, 이제 '민족'은 미국식 자본주의 체제를 받아들이고 시장질서를 옹호하는 이들을 의미하게 되었으며, '반민족'은 시장질서에 반하는 공산주의자들을 의미하는 것으로 해석되었다.

    영화계 역시 이러한 변화를 빠르게 수용하였다. 정부의 검열과 통제에 정당성을 부여하기 위해 〈수우〉(1948), 〈여명〉(1948)과 같은 경찰영화들이 제작되기 시작했고, 국민들에게서 사회주의적 색채를 완전히 빼내고 시장경제 체제에 빠르게 편입시키기 위한 체제 선전과 교육의 목적으로 〈성벽을 뚫고〉와 같은 반공영화들이 제작되기 시작했다. 이제 민족영화론에는 반공주의의 색채가 덧입혀졌으며 미국영화는 한국영화가 지향해야할 이상으로 완전히 자리하였다.

이렇듯 해방기 영화인들은 정치가 생활이고 생활이 정치였던 시대 속에서 열악한 현실과 싸우고 때로는 타협도 해가며 영화 제작을 이어나갔다. 그러나 다른 예술 양식에 비해 협업과 막대한 자본을 필요로 하는 영화의 특성상 해방기에 제작된 영화들은 치열한 투쟁과 취사선택의 결과물이었으며, 당대의 사회상을 가늠하게 하는 시대정신의 집약체라 할 수 있다. 그리고 수많은 영화인, 문필가 등은 영화비평 활동을 통해 만년필을 무기삼아 소리 없는 투쟁을 벌였다.

　해방기의 영화비평은, 해방 직후 일어난 조국 분단을 극복하기 위해 민족 영화론을 중심으로 하여 좌우 갈등을 해소하기 위한 방향에서 출발하여, 신탁통치안과 미군정의 탄압으로 인해 그 갈등을 표출하는 수단이 되기도 했고, 정부수립 후에는 정치적 흐름에 따라 아메리카니즘을 수용하고 '민족'의 정의를 수정하게 되는 우리 현대사의 단면을 여실히 보여주는 것이었다. 그리고 이러한 흐름은 해방 후 70여 년이 지난 현재에 이르기까지 미국식 자본주의를 경제성장 모델로 하는 한국사회의 현실을 놀라울 정도로 정확하게 예견하고 있었다는 사실을 또한 확인할 수 있다. 금후로 해방기 영화비평에 대한 연구가 더욱 활성화되어 한국 영화 성격을 규명해주는 해방기의 역사적 상황에 대해 보다 많은 사실들이 밝혀지기를 기대해본다.

참고문헌

1. 단행본

이효인, 「해방 직후의 민족영화운동」, 『해방전후사의 인식4』, 도서출판 한길사, 2007.
정종화, 『한국영화사_한 권으로 읽는 영화 100년』, 한국영상자료원(KOFA), 2008.
한상언, 『해방 공간의 영화 · 영화인』, 이론과실천, 2013.

2. 신문 및 잡지

강노향, 〈영화수감(隨感)〉, 《중앙신문》, 1946.10.31.

김정혁, 〈[영화] 국영, 공영으로!〉, 《중앙신문》, 1946.10.8.

박인환, 〈아메리카 영화 시론〉, 《신천지》, 1948년 제1권 신년호.

박치우, 〈아메리카의 문화〉, 《신천지》, 1946년 제1권 제8호 9월.

서광제, 〈건국과 조선영화〉, 《서울신문》, 1946.5.26.

서광제, 〈영화평 『자유만세』〉, 《독립신보》, 1946.10.23.

서광제, 〈조선영화계〉, 《신천지》, 1946. 8월호.

안석영, 〈건국과 문화제언/민족영화의 창조〉, 《중앙신문》, 1945.11.23.

안석영, 〈건국과 문화제언/민족영화의 창조(하)〉, 《중앙신문》, 1945.11.24.

안종화, 〈민족영화의 수립위하야-지침되시라〉, 《영화시대》 제1권 제1호, 1946.4.5.

안철영, 〈생활문화를 건설하자!/〈영화〉 계몽이 첫 사명/재정 기초 확립이 긴요〉,
　　《서울신문》, 1949.1.1.

양　훈, 〈[영화시평] 〈자유만세〉뒤에 오는 문제〉 《중외신보》, 1946.12.14.

옥명찬, 〈아메리카 영화 특집 아메리카 영화론〉, 《신천지》, 1948년 1권 신년호.

이태우, 〈미국영화를 어떻게 볼 것인가〉, 《중앙신문》, 1946.10.31.

이태우, 〈[영화시론] 조선영화와 문학」, 《중앙신문》, 1949.1.27.

이태우, 〈[영화시론] 조선영화와 문학2〉, 《중앙신문》, 1949.1.28.

전창근, 〈[수상] 두 어머니〉, 《중외신보》 1946.11.27.

조선공산당중앙위원회, 〈조선민족문화 건설의 노선〉, 《해방일보》, 1946.2.9-10.

최인규, 〈[수상] 입장권(下)〉, 《중외신보》, 1946.11.29.

추　민, 〈영화운동의 노선」, 《중앙신문》, 1946.2.24.

추　민, 〈영화정책론〉, 《독립신보》, 1946.5.9.

추　민, 〈조선영화의 건설을 위하야-민족문화건설전국협회-영화에 관한 보고〉, 《영
　　화시대》 제1권 제2호, 1946.

《중앙신문》, 1946.10.24.
《대한독립신문》, 1946.10.26.
《독립신보》, 1946.9.8.
《자유신문》, 1936.9.8.
《자유신문》, 1946.9.11.
《자유신문》, 1946.10.25.
《중앙일보》, 1947.12.7.
《중외신보》, 1946.5.9.

해방기 한국영화계의 '예술영화' 지향:
〈해연〉 관련 잡지를 중심으로

정종화*

1. 들어가며: 잡지와 영화의 관계성

이 글은 해방기 한국영화[1] 〈해연(일명: 갈매기)〉(1948)과 관련한 2종의 잡지 『예술영화(해연특집)』(이하 『예술영화』로 약칭)와 『해연』을 분석해, 영화 텍스트를 둘러싼 콘텍스트(context) 그리고 작품 해석(interpretation)이라

---

* 한국영상자료원 선임연구원

* 초출 일람: 「해방기 한국영화계의 '예술영화' 지향 −영화 〈해연〉과 관련 잡지 분석을 중심으로−」, 『한민족문화연구』 54권, 한민족문화학회, 2016, pp.357~392.

1 이 글은 1945년 해방부터 1950년 6·25전쟁 발발까지의 시기를 '해방기'로, 이 시기에 만들어진 영화를 기본적으로 '한국영화'로 통칭하고 있음을 밝혀둔다. 하지만 이 논문이 분석하는 두 잡지에서 실제로 사용되는 용어는 '조선영화'와 '조선영화계'라는 명칭이다. 즉 당대 잡지, 신문 등의 지면에서, 해방 이후는 물론이고 1948년 8월 15일 대한민국 정부 수립 이후에도 '조선영화(계)'라는 명칭이 주로 사용되었다. 이 글은 이러한 용어 사용법 자체가 탈식민(postcolonial)의 문제의식을 담지하고 있다고 보고, 잡지의 직접 인용인 경우에는 〈해연〉을 '조선영화'로 칭하기로 한다. 이 같은 문제의식은 또한 다음 논문을 참고할 수 있다. 한영현, 「해방기 '아메리카 영화론'과 탈식민 문화 기획」, 『대중서사연구』 19(2), 대중서사학회, 2013.12, 581~617쪽.

는 두 영역을 구체적으로 검토하고자 한다. 즉 두 사료를 통해 〈해연〉의 제작 환경 나아가 해방기 영화계의 상황을 파악하는 것 그리고 영화 텍스트를 해석하기 위한 일정한 준거점으로서 활용하는 것이다.

이 글의 분석대상은 한국영상자료원이 보관하고 있는 기록 자료들(archival materials)이다. 영화 〈해연〉의 필름은 2014년 9월, 한국영상자료원에 의해 일본 고베영화자료관(Kobe Planet Film Archive)에서 발굴되었고[2], 2015년 7월 7일에 1948년 11월 개봉 이후 처음으로 공개되었다. 그리고 2종의 잡지는 〈해연〉 발굴과 함께 각각 외부로부터 수집되거나 추가적으로 아카이브 내부에서 확인된 것이다.[3] 이 자료들의 제작 및 공개 관련 역사를 간단히 검토하면 다음과 같다.

영화 〈해연〉은 1947년 말 촬영을 시작해[4] 1948년 10월에 완성되었고[5] 11월 12, 13일 이틀간 중앙극장에서 특별유료시사회를 통해 처음 공개되었다.[6] 이 영화는 해방 이후 최초로 문교부 추천영화로 인정받기도 했다.[7] 정식 개봉

---

2   고베영화자료관이 보존하고 있던 원본 필름은 모두 9롤로, 나이트레이트(가연성) 프린트이다. 2015년 6월 이마지카 웨스트(IMAGICA West)의 복사 작업을 거쳐 한국영상자료원에 입고되었다. 〈해연〉 발굴 관련 내용은 다음을 참조할 것. 정종화, 「〈해연〉의 영화사적 가치」, 『영화천국』, 2015.7/8(44), 한국영상자료원, 2015.7, 51~52쪽. 한편 〈해연〉 필름이 일본에서 발굴된 결정적인 이유는 오사카부의 재일조선인단체 '아시아문예회'의 수입 사건과 관련이 있는 것으로 추정된다. 이는 김한상의 연합군최고사령부(SCAP) 기록 분석을 통해 밝혀졌다. 김한상, 「탈식민 국가형성기 재외조선인들의 종족 상상: 〈해연(일명 갈매기)〉과 서울영화주식회사의 영화를 중심으로」, 『아세아연구』 58(3), 고려대학교 아세아문제연구소, 2015.9, 206~239쪽.

3   『예술영화』는 〈해연〉으로 영화 데뷔한 배우 조미령과 그 가족이 영화 발굴 소식과 함께 제공한 것이고, 『해연』은 한국영상자료원이 보존하고 있던 문헌 사료이다.

4   「영화 〈해연〉 촬영」, 『조선일보』 1948.1.2.

5   「영화 〈해연〉 완성/ 내월 중극(中劇)서 개봉」, 『경향신문』 1948.10.22. 「영화 〈해연〉 완성」, 『조선일보』 1948.10.23. 「순문예영화 〈해연〉 완성 시사회」, 『서울신문』 1948.10.23. 「광고」, 『경향신문』 1948.10.24.

6   「광고」, 『경향신문』 1948.11.11.

7   「영화 〈해연〉 문교부서 추천」, 『경향신문』 1948.11.12.

은 1948년 11월 21일부터 같은 중앙극장에서[8] 11월 28일 〈대도시〉(이진, 1948)가 개봉되기 전까지 일주일동안 상영되었다. 이후 2번관인 성남극장에서 11월 28일부터 12월 4일까지 일주일간 상영되었다.[9] 그리고 12월 부산 지역에서 상영 중, 20일부터 인천 동보극장에서의 상영을 앞두고 당국에 압수되는 사건을 겪는다.[10]

잡지 『예술영화』와 『해연』의 경우, 각각 영화의 착수 시점과 완성 시점에 기획되고 발간된 점을 주목할 필요가 있다. 발행일은 각각 1948년 5월 5일과 10월 15일이다. 『예술영화』의 발행일은 영화 제작 중인 5월이지만, 잡지 첫 페이지의 '예술영화사'의 「선언」이 1947년 11월 15일자로 실려 있는 점 또 "원고를 모으기 시작한 것이 삭풍이 어지러운 겨울이었는데 어느 듯 5월이 가까워 온다."(『예술영화』, 36쪽)는 「편집후기」의 기록을 통해, 영화의 착수 시점과 잡지의 착수 시점이 비슷한 시기임을 파악할 수 있다.

이 글은 잡지 『예술영화』와 『해연』이, 〈해연〉에 참가한 제작진과 출연진이 영화에 착수하면서 남긴 글과 영화를 마치면서 남긴 글을 각각 기록하고 있다는 점에서, 이 영화의 제작 상황과 텍스트 내부를 이해하고 분석하는 참고문헌과도 같은 역할을 하는 점에 주목하고 있다. 해방기 극장가에 '아메리카영화'로 대표되는 상업영화가 범람하는 상황에서[11], 영화의 제작사인 예술영화사는 '예술영화' 운동을 실천하겠다는 의지를 잡지와 영화를 통해 동시에, 또 상호보완적으로 밝히고 있는 것이다.

사실 현존하는 해방기 영화 필름의 숫자만큼이나 해방기 영화 잡지의 보존 역시 과소한 형편이다. 서지학적 측면에서 해방기 영화잡지에 대한 연구는

---

8 「광고」, 『경향신문』 1948.11.20.
9 「광고」, 『경향신문』 1948.11.28.
10 「영화 〈해연〉 부산서 압수」, 『조선일보』 1948.12.24.
11 해방기 "아메리카영화의 범람시대"에 대한 논고는 다음 기사가 대표적이다. 이태우, 「미국영화를 어떻게 볼 것인가」, 『경향신문』 1946.10.31.

유승진의 해제(2012)[12]와 전지니의 논문(2014)[13]을 들 수 있다. 특히『은영』을 중심으로 한 전지니의 연구는 해방기(1945~1950)에 발행된 영화잡지들을 일별하고 있는 점에서 이 논문의 중요한 참고점이 되었다. 현재까지 그가 실물을 확인하고 있는 영화잡지는『영화시대』(1946년 4월 속간호 발간),『신성』(1946년 5월 창간),『영화순보』(1947년 12월 창간),『예술영화』(1948년 5월 창간),『신영화』(1948년 12월 창간),『은영』(1949년 9월 창간 추정) 등이다.[14] 이 중『예술영화』창간호가 바로 이 논문에서 다루는 '해연특집'호이다. 그리고 이 논문에서 거론하는『해연』의 경우, 전지니의 논문 등 지금까지의 관련 연구에서 전혀 언급되지 않는, 즉 그동안 실체가 공개되지 않은 귀중한 사료이다.

이 글이 언급한 두 글처럼 서지학적 연구에 중점을 두고 있는 것은 아니다. 하지만 영화 〈해연〉과 관련해 그동안 본격적으로 연구되지 않은 잡지와 실체가 알려지지 않은 잡지에 대한 분석을 기반으로 한다는 점에서 또 이 잡지들을 통해 영화 〈해연〉의 제작, 연출, 촬영 의도 그리고 제작 환경과 당시의 영화계 현황 등 콘텍스트적 측면을 파악할 수 있다는 점에서, 이 논문은 기본적으로 서지 연구에서 출발하고 있다. 그런 점에서 식민지기 조선영화 텍스트와 당대 영화계라는 대상을, '윤봉춘 일기'라는 문자 기록을 분석하는 것으로 구체화한 이효인의 연구 방법론(2013)[15]이 일정한 준거점이 될 것이다. 한편 그간의 해방기 한국영화사 연구 지형 역시 점검해야 할 것이다. 지금까지의 논의는 주로 영화인 조직과 정책 등 제작 환경에 초점이 맞춰져 있어,[16]

---

12 유승진, 「미군정기 대중문화잡지『新星』해제」,『근대서지』6, 근대서지학회, 2012.12, 645~658쪽.

13 전지니, 「『은영』(銀映, The Silver Screen)과 해방기의 영화잡지」,『근대서지』9, 근대서지학회, 2014.6, 784~802쪽.

14 전지니, 위의 글, 785쪽.

15 이효인 「윤봉춘 일기 연구: 1935~1937년 윤봉춘 일기를 통한 조선영화계의 현실 분석」,『영화연구』55, 한국영화학회, 2013.3, 455~486쪽.

'예술(문예)영화' 등 당대의 담론과 결부된 영화 텍스트로서의 분석은 본격적인 수준에 이르지 못한 형편이다. 최근 한영현(2011), 심혜경(2012) 등의 논문에서 구체적인 텍스트 분석이 진행되었지만, 대체로 이 연구들은 대한민국이라는 국민국가 구성에서의 표상 과정에 집중하고 있다[17]는 점에서 이 글의 논의와는 방향이 다르다.

이 글은 크게 영화 〈해연〉의 외부와 내부 즉 해방기 영화계와 텍스트를 각각 분석하는 2개의 본문으로 구성된다. 먼저 2장에서, 해방기 영화잡지 중에서 『예술영화』와 『해연』이 차지하는 위치와 성격을 검토할 것이다. 크게 해방기 영화잡지를 정기간행물로서의 영화전문지와 일회성의 업계관계지로 구분할 때, 이 논문이 다루는 두 잡지는 후자의 성격에서 출발하고 있음을 확인한다. 그리고 영화 〈해연〉과 관련한 제작 관련 정보들이 추출될 것이다. 예술영화사는 영화운동의 차원에서, 즉 '예술영화'의 이론적 고찰과 실천을 위한 목적으로 잡지/영화를 동시에 내놓았다. 한편 그들의 예술적 지향과 방법론의 탐구는 '민족영화 건설', '민족예술운동'이라는 해방기의 문화운동 담론에 기반한 '건국 프로파간다 영화'로 수렴되는 것이었다. 이는 미군정/중앙영화배급사/미국(오락)영화라는 헤게모니에 대해 대한민국 정부 수립/"조선영화계"/민족(예술)영화의 생존이라는 구도로 설명될 수 있을 것이다.

3장에서는, 잡지 『해연』에 실린 시나리오를 분석해, 이 영화의 서사 원형과 영화화의 차이를 파악할 것이다. 먼저 〈해연〉의 시나리오가 기본적으로 국가 건설의 서사를 취하고 있음을 확인한다. 이 영화를 부랑아를 교정시켜 건강한 국민으로 성장시킨다는 "건국판 〈집 없는 천사〉"로 부를 수 있는 이

---

16 대표적인 저작으로 이효인, 「해방직후의 민족영화운동」, 『해방전후사의 인식 4』, 한길사, 1989와 한상언, 『해방 공간의 영화·영화인』, 이론과실천, 2013 등이 있다.

17 다음 논문들이 대표적이다. 한영현, 「해방과 영화 그리고 신생 대한민국의 초상: 영화 〈독립전야〉와 〈무궁화동산〉을 중심으로」, 『대중서사연구』 17(2), 대중서사학회, 2011.12, 281~309쪽. 심혜경, 「안철영 텍스트를 통해 본 대한민국 설립 초기 '조선영화' 연구: 〈무궁화동산〉과 『성림기행』을 중심으로」, 중앙대 박사학위논문, 2012.

유인 것이다.[18] 또한 이 글은 [별첨]에서 시나리오와 영화의 신 구분표를 구체적으로 제시하고 있다. 이를 기반으로 시나리오와 영화의 결정적인 차이들 즉 영화적 압축과 추가, 변경의 순간들을 검토한다. 특히 이규환의 영화적 표현력이 구현되는 장면을 통해, 그가 예술영화사의 예술영화 실천을 현실화시키는 작업을 맡고 있음이 확인될 것이다. 즉 영화의 원형(시나리오)과 두 텍스트 간의 차이점(영화화)들을 파악하는 것은, 영화 〈해연〉이 해방기 "조선영화"라는 예술적, 정치적 시대 과제에 부합하기 위해 어떠한 전략을 펼쳐 갔는지에 대해 고찰하는 작업으로서 일정한 의미가 있을 것이다.

2. 잡지 『예술영화(해연특집)』와 『해연』이 말해주는 것들

(1) '예술영화'를 향한 이론과 실천

〈해연〉을 창립작으로 만든 '예술영화사'는 왜 『예술영화』와 『해연』이라는 2종의 잡지를 함께 내놓았을까.[19] 그 이유는 『예술영화』의 「편집후기」를 통해 참조할 수 있다. "본지는 정기간행물이 아니다. 그렇다고 해서 일개 회사의 선전지나 기관지도 아니다. 비록 명의는 회사소속이나 그 의도하는 바는 진정한 영화예술의 지표가 되고 양식이 되어서 미약한 조선영화의 이론적 발전과 실천적 향상을 기하는데 있다."(『예술영화』, 36쪽)는 것이다.

이 기록에서 우선 두 가지 사항을 확인할 필요가 있다. 먼저 두 잡지의 성

---

18 정종화, 같은 글, 51쪽. 〈집 없는 천사〉(최인규, 1941)는 식민지기 조선의 고아원인 향린원(香隣園)을 배경으로 하고 있다. 또한 건국 서사의 관점에서 〈해연〉에 대한 분석은 김한상, 같은 논문, 217~223쪽 참고할 것.
19 정확하게 언급하면, 『예술영화』는 이철혁이 편집 및 발행인으로 예술영화사가 직접 발행했고, 『해연』은 평문사(편집 및 발행인: 조용균)가 발행했지만, 「편집후기」의 작성자가 이철혁이다.

격이다. 전지니가 언급하고 있듯이, 해방기 영화잡지는 크게 『영화시대』와 『신성』처럼 정기간행물로서 영화전문지로 안착된 경우와 『영화순보』와 『예술영화』처럼 영화잡지 형태이지만 정기간행물이 아님을 처음부터 공표한 경우로 구분된다.[20] 『영화순보』의 경우, 창간호부터 2권, 3권에 이르기까지 경찰영화 〈밤의 태양〉(박기채, 1948)[21]의 면면을 소개하는 데 주력했고, "업계 관계 중심지"임을 표방하고 있었다.[22] 반면 『예술영화』는 1호만 발행되었고[23] 영화 〈해연〉을 중점적으로 다루고 있으며, 앞서 「편집후기」에서 기록하듯이 정기간행물도 기관지도 아님을 밝히고 있다. 하지만 기본적으로 정기간행 성격이 아니었으므로, 크게 보아 업계 혹은 기관 잡지로 구분하는 편이 타당할 것으로 사료된다. 그러므로 이 글에서는 『예술영화』와 『해연』을 후자로 구분하고, '영화특집호' 잡지라는 성격을 부여하기로 한다.

다음으로 영화예술/예술영화라는 구호의 해방기 영화운동에 대한 점검이다. "영화 〈해연〉이 실천적 성과라면 본지는 그 이론적 근거"(『예술영화』, 36쪽)라는 표현에서 읽을 수 있듯이, 예술영화사의 잡지와 영화는, '예술영화'라는 이론/실천을 위해 상호보완적 관계를 맺고 있다. 영화사의 명칭과 잡지의 명칭에서도 쉽게 간파되는 이러한 예술영화에 대한 강고한 지향은, 당시 〈해연〉의 광고문구에서 "조선영화 최고의 문예작품" "해방 후 최초의 문

---

20 전지니, 앞의 글, 785쪽.
21 '경찰영화'는 해방기 영화의 주요 장르였다. 조선해양경비대의 후원을 받은 〈바다의 정열〉(서정규, 1947), 수도경찰청 경우회가 공동제작한 〈밤의 태양〉(박기채, 1948), 제1관구청에서 공동제작한 〈수우〉(안종화, 1948), 제7관구청에서 공동제작한 〈여명〉(안진상, 1948) 등 국책 이데올로기를 범죄·액션 장르로 소화한 경찰영화들이 개봉되었다. 정종화, 『한국영화사—한 권으로 읽는 영화 100년』, 한국영상자료원, 2007, 90쪽. 당시 이 영화들은 경찰에서 영화까지 제작해 유료상영을 했다며 문제가 되기도 했다. 「경찰영화 상영금지」, 『경향신문』 1948.8.1.
22 전지니, 앞의 글, 787쪽.
23 『예술영화』와 『해연』은 편집후기에서 각각 "부득이한 사정"과 "편집을 마친 후에 입수되어 부득이" 일부 원고는 "차호"와 "차회"로 미룬다고 기록하고 있지만, 현재까지 다음 잡지는 발행되지 않은 것으로 보인다.

예영화"라고 표현한 것 또 영화 소개 기사에서 이 영화를 "순문예영화" "문예영화"라고 지칭하는 것에서도 확인할 수 있을 것이다.[24]

이어 영화가 완성된 시점에 등장한 『해연』에서도 동일한 논조를 취하고 있음을 확인할 수 있다. 〈해연〉의 프로듀서 이철혁이 직접 쓴 「편집후기」(54쪽)에서, "〈해연〉은 문예작품"이라는 소제목을 통해 "허다한 작품과는 달라그 출발점부터 모리배의 무리들이 순전한 영리를 위한 상품영화이거나 또는 인민을 기만하기 위한 선전영화는 아니다."라며 예술로서의 영화의 성격을 명확히 부여하고 있다. 이어지는 이철혁의 기록은 해방기 영화계의 상황과 이를 예술영화 운동으로 돌파하려는 영화/잡지의 제작 의도를 강한 어조로 전달하고 있다.

> 극장은 모두 외화에 농단당하고 그 위에 영화모리배가 발호하는 욕된 오늘에 있어서 돈과 권력에의 아부를 물리치고 진정한 예술에 사는 영화인들이 와신상담하여 피와 땀으로서 쨔민(짜낸─인용자 주) 것이 이 〈해연〉이다.
> 이러한 해연의 파도 속에서 잡지 『해연』을 내게 되었다. 이 『해연』은 영화 〈해연〉을 위한 잡지가 아니다. 영화 〈해연〉이 진정한 영화의 피와 땀의 결실인 만큼 이 잡지는 실로 이 영화인들이 분을 토로한 피의 아우성의 응결일 것이며 영화예술지의 태성일 것이다. 그러므로 이 『해연』지가 진정한 영화예술인들에게 우리들이 나아갈 앞길을 가르쳐주는 지침이 될 것이며 등대가 되리라고 믿는다.

이처럼 예술영화사가 잡지와 영화를 통해 '예술(문예)영화'라는 구호를 내세운 배경은, 미국영화의 범람과 한국영화의 위기로 요약되는 해방기 영화계

---

24 해방기 영화계에서 '문예영화'라는 용어는, 문학 작품의 영화화에 한정된 개념이 아니라, 예술로서의 영화를 폭넓게 지칭하는 것이다. 즉 문학과 예술을 포괄하는 의미에서의 '문예(文藝)'를 가리키고 있다. 실제로 해방기 한국영화 관련 지면은 '예술영화'라는 용어보다 '문예영화'를 선호하고 있다.

의 상황을 통해 파악할 수 있다. 1948년 4월 시점의 기록에 의하면, 1945년 11월부터 1948년 3월까지 미국 극영화가 422편, 미국의 뉴스영화는 298편이 수입되었는데, 그 중 극영화 400편, 뉴스 250편이 중앙영화배급사(CMPE)[25]의 영화였다.[26] 해방기 한국영화계도 이규환의 〈똘똘이의 모험〉(1946)이 "모리배에 대한 증오감과 사회 정의"[27]를 다루고, 최인규의 〈자유만세〉(1946)가 상징적인 의미에서 '해방영화'로 인정받으며 흥행에 성공했지만, 전반적으로는 극영화 제작 자체가 어려운 상황이었다. 연쇄극이 다시 만들어지는가 하면, 16밀리 필름에다 무성영화들이 성행할 정도였다. 현재 필름이 보존되어 있는 영화 중에서, 16밀리 발성으로 제작된 〈청춘행로〉(장황연, 1949), 16밀리 무성으로 만들어진 〈검사와 여선생〉(윤대룡, 1948)이 대표적인 예다.[28]

「조선영화의 진로」(『예술영화』, 6쪽)에서 예술영화사 사장 김낙제는, 해방 후의 영화계 역시 식민지기 조선영화계의 압제적, 낙후적 상황이 계속되고 있음을 강조한다. 일제하 "영화부문은 완전히 말살되어 영화다운 영화의 제작은 고사하고 건전한 외국영화의 관람까지도" 불가능했는데, 해방 후 "관객의 저속한 취미에 영합하는 상품화의 비양심적 경향이 대두하고" "외국영화의 무통제한 범람"으로 인해 "조선영화" 제작 자체를 위기로 내몰고 있다는 것이다. 그는 영화 발전에 필수적인 "과학적 시설의 공장 완비와 정예의 기술자와 자본이란 삼박자"가 식민지기는 물론이고 해방 이후에도 여전히 해결되지 못하고 있음을 설파하고 있다. 동일한 논조에서 이철혁은 해방기 영

---

25 Central Motion Picture Exchange의 약자이다. 연합국군최고사령부의 외곽단체로, 1946년 2월 1일 일본 도쿄사무소가 설립되어, 28일부터 미국영화를 배급했다. 1951년 12월 27일 해체되었다. 한편 서울에는 1946년 4월에 설치되었다. 「중앙영화배급소 설치」, 『동아일보』, 1946.4.8.
26 「[문화] 국산영화의 위기/ 긴급한 대책 강구하라」, 『서울신문』, 1948.4.23.
27 이태우, 「[신영화평] 〈민족의 새벽〉을 보고」, 『경향신문』, 1947.4.24. 〈민족의 새벽〉 역시 미곡수집(米穀收集)을 이용한 모리 행위와 농민들의 분기를 통한 사회정의를 강조하고 있다.
28 정종화, 앞의 책, 88쪽.

화계의 난맥상과 영화 제작 부진의 원인을 구체적으로 지목한다. 바로 "일제의 그것과 다를 바 없는 검열제의 부활"과 "미국 8대영화사의 대리권을 가지고 진출한 중앙영화배급사에 의하여 독점 수입되고 있는 외화의 범람[29]"(『예술영화』, 13쪽)의 괄호 쳐진 주체인 미군정 당국이다.

「데모크라시와 미국영화」(『해연』, 32쪽)에서 이정우는 노골적으로 미군정의 영화 정책을 비난한다. "미군이 상륙한 후로 우리의 귀에 제일 많이 들리는 것은 데모크라시이고 눈에 많이 보이게 된 것은 미국영화"라고 운을 떼며, 미국식의 "자유경쟁과 독점을 보장하는 정치"로 인해 미국영화라는 상품이 범람하게 되었다는 것이다. 역설적으로 그는 "왜정시대에는 영·불·독 등 구미영화와 미국영화를 선택"해 보는 것이 가능했다고 언급할 정도다. 특히 당시 중앙영화배급사의 활동상을 구체적으로 기록하고 있는데, 일본 도쿄서 온 '중앙영화사'가 미군의 보호를 받고 있어 처음에는 미군정 소속 관청인지 알았다는 인상적인 에피소드도 전한다. 당시 조선 극장가는 미국영화사 전용 극장이 되었다고 해도 과언이 아니었다. '중배(中配)'와 조선의 각 극장 사이 계약은, 1년 324일은 중배 배급영화의 의무적 상영, 나머지 41일 동안 "조선영화", 연극, 가극 상연으로 결정되었기 때문이다.

미국영화의 압도 속에 한국영화는 제작 기반조차 마련하지 못하고 있던 시기, 예술영화사 즉 〈해연〉의 제작진이 영화를 만들기 위한 방법론으로 주목한 것은 무엇이었을까. 다시 말해 해방기 한국영화가 취해야 할 영화예술의 구체적인 길은 무엇이었고, 이는 예술 그 자체만으로 성립할 수 있었던 것이었을까. 예술영화사의 경영진이었던 이청기는 「영화와 현실」(『예술영화』, 9쪽)에서 "영화의 현실성은 단순히 현실의 재현복제"가 아니며 "영화가 예술인 이상 현실을 변혁하고 구성통일"해야 함을 설파한다. 즉 영화예술은 촬영

---

29 정확하게 말하면 중앙영화배급사는 미국 9대영화사의 배급권을 가지고 있었다. 「연예문화에의 기여자약/중배지배인 요한센 씨 소신피력」, 『경향신문』, 1948.11.23.

의 다음 단계인 몽타주에서 완성된다는 것이다. 그리고 최군이 「영화의 사회성」(『예술영화』, 23쪽)에서, "민주주의의 노선으로 이끌고 갈 수 있는 강력한 이데올로기를 배양할 수 있는" 토대는 바로 "영화의 리얼리즘의 확립"이라고 주장하는 것처럼, '예술영화'라는 지향은 당대의 정치성과 밀접하게 연결되는 것이었다.

즉 "영화예술" "예술(문예)영화"와 함께 두 잡지에서 추출되는 키워드는 바로 "민족영화 건설"(『예술영화』, 10쪽) "민주주의 민족예술운동"(『예술영화』, 30쪽) 같은 해방기 건국 도상의 문화운동 구호이다. 1948년 8월 시점 영화평론가 이태우가 "조선영화의 저속과 상업주의 추구를 단연 일축하고 또한 전쟁 중의 일본적 양식의 선전영화의 범주에서 이탈하지 못한 작품행동과 권력에 아부만 하는 편승주의(便乘主義) 등류의 사이비예술행동을 중지하고 참된 민족문화 건설의 일익(一翼)으로서의 영화예술의 향상"[30]을 주장했던 것처럼, 새로운 민족영화의 구체적인 방법론은 오락영화가 아닌 예술영화 즉 영화가 예술임을 견지하는 것이었다. 그리고 이는 새로운 국가 건설에 기여할 수 있는 형태이어야 했다.

〈해연〉에 앞서 제작되었던 해방기 한국영화는, 〈똘똘이의 모험〉(이규환, 1946), 〈자유만세〉(최인규, 1946) 같은 프로파간다성이 내재되면서도 대중오락을 지향하는 영화와 〈의사 안중근〉(이구영, 1946) 〈윤봉길 의사〉(윤봉춘, 1947) 등 애국지사의 일대기를 다룬 영화 그리고 대한민국 정부 수립 직후 경찰 조직의 후원을 받은 〈밤의 태양〉(박기채, 1948) 〈수우〉(안종화, 1948) 등 경찰영화까지, 계몽과 건국이라는 국책 이데올로기를 내포하는 형태로 만들어졌다. 예술영화를 지향했던 〈해연〉의 제작 역시 이 영화가 처한 정치사회적 상황, 즉 '건국 프로파간다'라는 서사 프레임 내에서 가능한 작업

---

30 정부 수립 전후 "조국문화재건", "민족문화건설"과 "조선영화"의 역할에 대한 대표적인 논고는 다음을 참고할 수 있다. 이태우, 「사이비예술행동 [영화]」, 『경향신문』, 1948.8.8.

이었던 것이다.[31]

이러한 맥락에서 이철혁은 「〈해연〉 제작후기」(『해연』, 41쪽)를 통해, 무엇보다 "통일된 민주국가가 서야하고 영화에 대한 국가적 시책이 요구된다."며 예술영화 실천의 구체상을 건국 도상이라는 정치적 국면 속에 놓고 있다. 그런 점에서 두 잡지가 각각 과도정부 영화과장 김영화에 대한 소개(『예술영화』, 7쪽)와 공보처 영화과장이 된 그의 글(『해연』, 31쪽)을 수록하고 있는 것은 편집자의 의도가 읽히는 대목이다. "새로운 민주주의 영화정책을" 세울 기대를 받은 김영화는 "영화의 이익을 위하여 대중이 있는 것이 아니라 대중을 위하여 영화가 존재하는 것이다."라고 강조하며 문화사업으로서의 영화예술에 방점을 찍는다. 이제 영화과장 김영화가 지지하는 '예술영화'의 실천 주체 즉 예술영화사의 면면을 확인하기로 한다.

(2) 예술영화사 진용과 〈해연〉 제작기

예술영화사는 사장 김낙제, 전무 강영구, 상무 이청기, 제작부장 이철혁, 문예부장 이운룡, 연기부장 박학, 음악부장 정종길, 총무부장 허병오로 조직되었다(『예술영화』, 6쪽). '주식회사'였지만 '동인제' 조직의 성격이 강했던 것으로 보인다. 덧붙여 "예영인물소묘실(『예술영화』, 33~35쪽)"을 통해 제작주임 양철, 진행 정기용, 전속배우로 연극 출신의 김동규, 박학, 이재현, 최군, 유경애, 남미림, 조미령이 소속되어 있음을 각 인물의 소개글과 함께 밝히고 있다. 물론 〈해연〉의 스태프들은 이들을 중심으로 결정되었다. 스태프와 배역은 두 잡지(『예술영화』, 11쪽; 『해연』, 43쪽) 모두 동일하게 기록하고 있다.

제작진은 제작 이철혁, 각본 이운룡, 감독 이규환, 촬영 양세웅, 음악 정종

---

31 즉 〈해연〉은, 이후 〈마음의 고향〉(윤용규, 1949)에서 성취된 '예술(문예)영화'를 지향하면서도, 기본적으로 '건국 프로파간다' 서사에 기반하고 있음을 지적할 수 있다.

길, 음악연주 서울관현악단, 녹음 이필우, 조명 고해진, 미술 김만형, 진행 정기용이다. 배역진은 정애 역의 남미림, 정숙 조미령, 철수 박학, 박선생 김동규, 구서방 이재현, 수길 최병호, 장운 유운, 수길부 정진업, 수길모 유경애, 수길숙부(필름 크레디트 상−영수)를 최군이 맡았다. 영화 필름 상의 크레디트와 대조하면, 녹음기사가 이필우에서 최칠복(당시 미공보원 소속)으로 바뀐 것을 확인할 수 있다.[32]

[표 1]의 볼드체 강조에서 확인할 수 있듯이, 『예술영화』에는 〈해연〉의 제작진과 출연진의 원고가 반 이상 차지하고 있다. 『해연』을 포함, 영화 관계자들의 기사를 통해 영화의 제작, 연출, 촬영, 연기 등 각 방면의 구체적인 상황을 확인하는 것이 가능하다. 또한 여관 합숙소에서 제작관계자의 시나리오 독회 모습(『예술영화』, 11쪽), 감화원 로케이션 현장 사진(『예술영화』, 10, 31쪽) 등 스틸 기록도 당시 제작 상황을 전하고 있다.

애초 〈해연〉의 감독을 맡기로 한 이는, "해방 후 3년간 자중하고 있던 김영화"였다(『예술영화』, 14쪽). 그는 일본 도호영화(東寶映畵)에 입사해 영화경험을 쌓은 후 조선에 돌아와 〈아내의 윤리〉(1940) 〈우르러라 창공〉(1941)을 연출했던 인물이다. 그가 과도정부 영화과장으로 취임하는 바람에(『예술영화』, 7, 14, 16쪽) 대신 "걸작 〈나그네〉로 성명 있던"[33] 이규환이 감독을 맡았다. 이규환은 일제 말기 사단법인 조선영화주식회사에 입사하지 못해 징용을 다녀온 것으로 알려졌다. 그는 1년 반의 징용을 겪은 후 1945년 8월 19일 서울로 돌아왔고, 그의 표현을 빌리면 "불휴의 연발"로 〈똘똘이의 모험〉(1946.9.7. 개봉) 〈민족의 새벽〉(1947.4.21. 개봉) 〈그들의 행복〉(1947.12.2. 개봉)[34]을 연

---

32 그 외 필름 크레디트는 현상 [조영] 최규순 · 전일 · 손만호, 인화 [조영] 조우기 · 윤철영, 자막 조철, 스틸 김찬영, 기록 박문조, 장치 조철, 장식 임하만, 효과 이상만 등의 스태프를 추가하고 있다. [조영]이라는 명칭은 일제 말 사단법인 조선영화사가 미군정 관리 하에 들어갔던 적산 조선영화사를 말한다.

33 오영진, 「[문화1년의 회고] 예술의욕의 감퇴(하)」, 『경향신문』, 1949.12.22.

34 3편은 모두 국도극장에서 개봉했다. 각각 「광고」, 『동아일보』, 1946.9.7, 1947.4.19,

이어 연출하며(『예술영화』, 16쪽) 해방기 필모그래피를 왕성하게 채워나간다. 그 활동 배경으로는 일제 협력에 대한 부채감이 상대적으로 덜하다는 본인의 판단이 컸던 것으로 보인다.

시나리오는 "원래 영화각본에 문외한인" 이운룡에게 맡겼다. 이는 예술영화사의 의도였다. 그가 '탈고후기'(『예술영화』, 15쪽)에서 "과거 영화가 가진 결점을 추려내기에 더 노력했다."고 적을 정도로, 예술영화사는 되도록이면 기존 영화계의 인물을 쓰지 않는 것으로써 그간의 "조선영화"를 탈피하겠다는 의지를 피력한 것이다. 이운룡은 일본 메이지대학을 졸업하고 '동경학생예술좌'[35] 소속으로 연극을 공부했고, 해방 후 극단 조선예술극장에서 조연출로 연극 경력을 시작한 연출가이다(『예술영화』, 33쪽). 배우진 역시 '고협' 등 연극 무대 출신의 베테랑들로 구성되었다(『예술영화』, 34쪽). 박학을 제외하면, 이들은 대부분 영화 출연 경험이 없었던 연극배우들이었다.

이철혁이 에이젠슈테인의 '영화몽타주론'까지 예로 들며 "신인이 예술부문에 혁신운동을 일으켰음"을 강조하는 것(『예술영화』, 14쪽)은 예술영화사의 지향을 읽을 수 있는 대목이다. 사실 이철혁 역시 '동경학생예술좌' 소속이었고, 원래 영화의 연출을 맡으려했던 김영화도 창립 동인 15인 중 한 사람이었다. 즉 〈해연〉에 조선영화의 기존 스타 배우 한 명 없이 연극인 위주로 구성한 배경인 것이다. 『예술영화』의 첫머리 「선언」에서 "과거영화계의 인습에 강하게 반발하는 소수의 경험 있는 영화인을 제외하고는 대부분 신인이지만" 이것이 장점이라고 강조한 것처럼, 예술영화사 동인들은 해방기 영화운동을 발아시킬 새로운 판을 구상하고 있었다.[36]

11.30. 참조할 것.

35 도쿄의 조선인 유학생들의 신극 운동단체로, 1934년 6월 24일 설립되었다.

36 이런 측면에서 "브로드웨이는 미국영화의 실험실이고 할리우드는 미국연극의 공장이다."라는 인용으로 시작하는 최규석의 글 「아메리카연극과 영화」(『예술영화』, 19~21쪽)는 흥미로운 지점이 있다.

영화는 실제 감화원인 부산 수영소년학교[37]에서 촬영되었고(『예술영화』, 31쪽), 세트 촬영은 동래온천의 한 마을 주민시설에서 진행되었다(『해연』, 31쪽). 촬영은 식민지기 〈새출발〉(1939) 이후 이규환의 해방기 작품을 함께 한 양세웅이 맡았다. 그는 '촬영후기'에서 "드라마틱한 기법이나 화조(話調)를" 배제하고 "환경에 놓인 고아들의 생활"을 솔직하게 있는 그대로 담기 위해서 노력했다고 기록한다(『해연』, 43쪽). 말미에 그는 "화면에서 감수(感受)하는 계절감의 인상이 희박하여진 것이 유감"이라고 남기는데, 유사한 맥락에서 이규환 역시 '연출후기'를 통해, 제작비와 장비의 문제로 구사하지 못한 장면들을 기록한다. 특히 수길이 정숙을 보고 누나로 착각한 날의 밤 신은 눈이 내리는 장면이길 바랐다는 것이다. 또 실제 건물인 동래온천의 한 마을 소집회실에서 세트 촬영을 진행해, 카메라 위치와 배우의 동선에 제약이 많았음을 기록하고 있다.

이철혁이 '제작후기'에서 강조하고 있듯이, 이 영화의 음악은 작곡가 정종길[38]이 맡았고, 창작음악이었다(『해연』, 41쪽). 당시 음악평론가 박용구는 이 영화가 "영화음악의 일기원(一紀元)"을 이뤘다며, "해방 전후 작품 중에서 가장 좋게 보는 이유는 작품이 성실한 점과 아울러 음악이 영화를 살린 조선 최초의 작품인 탓"[39]이라고 평가한다. 정종길의 곡을 서울교향관현악단의 연주와 신향합창단, 한성중학합창단 등 백여 명의 합창을 녹음한, 이후 1950년대 한국영화에서도 보기 드문 오리지널 음악작업이었다.

앞서 언급한 것처럼 이 영화는 1948년 12월 부산 상영 중에 프린트가 압수되었다. 현재 구체적인 사정을 파악할 수 없지만, 가장 결정적인 이유는 영화

---

37 다음 기사에 의하면 정식 명칭은 '경남소년감화원'이다. 「경남에 소년감화원」, 『경향신문』, 1947.3.6, 「감화소년에 농경/부산소년감화원에서」, 『동아일보』, 1947.3.7.
38 그는 6·25전쟁 이후 월북한 인사로 분류된다. 「월북작가 작품 등 교과서 사용 않도록/문교부서 관계기관에 지시」, 『경향신문』, 1957.3.2.
39 「영화음악의 일기원/〈해연〉을 보고」, 『경향신문』, 1948.11.25.

관계자들의 월북 사건으로 추정된다. 1949년 북한 최초의 극영화 〈내 고향〉
에 출연한 주요 배역에 〈해연〉에 출연했던 박학과 유경애가 포함되어 있었
다.[40] 당시 필름 압수를 보도한 기사들이 "앞으로 일반에게 공개될지 매우
흥미를 끌고 있다"고 전한 바, 이후 이 영화는 어떻게 되었을까. 1949년 영
화계를 정리하는 몇몇 기록[41]에서 〈해연〉을 다시 1949년 영화로 포함시키고
있는 것에서, 재공개 가능성을 추정해 볼 수 있다.

지금까지 살펴본 영화 〈해연〉의 제작, 연출, 촬영에 관한 기록을 지도삼
아, 시나리오와 영화의 실제 텍스트를 구체적으로 검토해 보기로 한다.

[표 1]『예술영화(해연특집)』와『해연』'차례' 비교[42]

『예술영화』	『해연』
선언	**영화문화의 고찰/ 김낙제(27)**
조선영화의 진로/ 김낙제(6)	영화의 취재 문제/ 김영화(31)
문화운동과 영화기업의 중요성/ 강영구(8)	소설과 시나리오/ 김인식(29)
계몽교화수단으로서의 영화/ 정진업(30)	**해연 시나리오/ 이운룡(7)**
영화의 산만적 감상/ 이서향(10)	이규환론/ 전창근(34)
무대연기와 영화연기/ 박학(25)	데모크라시와 미국영화/ 이정우(32)
[시] 해연/ 정용수(18)	전후세계영화동향/ 편집국
[시] 다방 무궁화/ 김영화(7)	미국편(45)

---

40 이들의 정확한 월북 시기를 현재 확인할 수 없지만, 이들이 포함된 1948년경의 월북
배우 그룹에 대해서는 다음을 참조할 수 있다. 한상언, 『해방 공간의 영화 · 영화인』,
이론과 실천, 2013, 222쪽.
41 「영화계의 1년」, 『주간서울』, 1949.12.26, 「영화」, 『학생연감』, 1950, 117~120쪽.
[국립중앙도서관 소장원문 자료]
42 [표 1]의 차례는 실제 잡지의 지면 순서가 아니라, '차례' 페이지에 기재된 순서대로
작성된 것이다. 또한 옮긴 것처럼 두 잡지 모두 괄호 속 숫자를 통해 실제 페이지를
기재하고 있다. 즉 차례 페이지는 기사의 중요도와 내용별로 묶은 섹션을 고려해 다시
구성된 것이다. 그 이유의 하나로 버려지는 지면이 없도록 기사를 배치하려 했음을
추측해 볼 수 있다. 한편, 영화 〈해연〉 관련자가 작성한 기사 제목에 대한 볼드체는
필자가 강조 처리한 것이다.

『예술영화』	『해연』
영화 "해연"을 제작하면서/ 이철혁(13)	소련편(47)
시나리오 "해연" 탈고기/ 이운룡(15)	영국편(50)
"해연" 연출전기(前期)/ 이규환(16)	불란서편(51)
"해연"에 출연하면서/ 김동규(26)	내가 본 상해영화계/ 곽렬(28)
해연 스태프(11)	영국영화에 대하여/ 유제백(40)
해연 경개(12)	할리우드인상기/ 안철영(36)
내가 본 조선영화의 스틸/ 김찬영(32)	극장잡관/ 김병원(33)
영화과장 김영화 씨의 프로필(7)	[시] 갈매기/ 임호권(44)
모노로그/ 이재현(22)	"해연" 제작후기/ 이철혁(41)
수필 잡음/ 안진상(29)	"해연" 연출후기/ 이규환(42)
로케일기/ 남미림(31)	"해연" 촬영후기/ 양세웅(43)
감화원 어린 동무들에게/ 조미령(34)	영국영화 『캬라반』(34)
아메리카영화의 촬영기술/ 양세웅(17)	「해연」 스태프(43)
영화와 현실/ 이청기(9)	「중배」는 얼마나 벌었나(53)
영화의 사회성/ 최군(23)	편집후기(54)
영화음악/ 정종길(24)	–
아메리카연극과 영화/ 최규석(19)	–
전후의 소련영화/ 허용(21)	–
불란서영화계통신/ 김만형(27)	–
일본영화의 근황/ 양철(28)	–
예영인물소묘실(33)	–
편집후기(36)	–

3. 시나리오 『해연』과 영화화 비교 분석

두 잡지의 내용에서 분석된 것처럼, 〈해연〉이라는 '예술영화' 실천은 건국 도상이라는 해방기의 정치사회적 국면과 맞물리는 것이었고, 이는 '건국 프로파간다'라는 프레임 속에서 가능한 작업이었다. 잡지 『해연』에 실린 시나리오[43] 즉 이 영화의 원형과 영화화된 차이를 검토하는 것은 해방기 한국영화 실천의 흥미로운 양상을 보여줄 것이다. 감독 이규환은 이 영화가 위치해야 하는 정치적 프로파간다에 동의하면서, 연출을 통한 차이들을 만들어 나간다. 이는 공간의 변경, 영화적 압축, 촬영 신의 재구성 그리고 영화적 표현(구문론)의 문제로, 그는 예술영화사의 영화운동 차원에서의 실천을 현실화시키는 작업을 맡고 있다.

〈해연〉 시나리오 최종 페이지의 '작자의 말씀'을 통해 이운룡은 "해방 후 속출하는 영화를 볼 때 영화가 가진 예술성의 유무는 고사하고" 현실과 동떨어져, "저류에 흐르는 실미(實美)가 상실되어서는 무의한 것"(『해연』, 26쪽)이라고 기록한다. 즉 그는 영화의 예술적 표현은 영화화에 맡기고, "진실미"를 그리기 위해 노력했다고 강조한다. 그의 시나리오에서 주목해야 할 신은, 영화로도 이어지고 있는 해방 이후 "건국 도상"의 조선 사회와 민중이 체현해야 할 가치들이다. 이 신들은 각각 영화의 시작과 후반부에 배치되어 있다. 즉 [별첨]을 참조하면 #3~5(시나리오 기준, 이하 동일) 그리고 #71, 73에서 정애와 철수의 대화 신이다. 전자의 신에서 그들의 대화를 통해, 철수는 타락/모리배/돈/혼란이라는 쇄신의 대상이고 그런 이유로 정애는 그를 떠나 발전/새역사/건국 협력/감화(원)이라는 가치를 택하는 것을 보여준다. 그리고 후자 신에서 철수는 "역사와 시간문제로 돌려버리는 근성"을 버리고 "진실성 있는 생활"이 필요하다는 정애의 생각에 동의하게 된다. 이는 소매치기를 하다 감화원으로 온 수길과 장운 같은 원생들의 뉘우침보다 더 큰 층위로, 해방기 조선 사회가 처한 정치적 국면을 상기시킨다.

〈해연〉을 연출한 이규환 역시, 시나리오 『해연』이 지시하는 전체적인 구성을 따르고 있다. 하지만 영화적 구성을 위해 기존의 신을 압축하고 내용을 변경하고 있고, 순서를 바꾸기도 한다. 또한 이후 살펴볼 대표적인 세 개의

---

43 잡지 『예술영화』의 본문이 모두 36페이지임에 비해 『해연』은 54페이지에 달한다. 〈해연〉의 시나리오가 7쪽에서 26쪽까지, 모두 20페이지에 걸쳐 게재되어 있고, 그 사이에 세트 촬영 장면, 영화 장면의 스틸이 포함되어 있기 때문이다.

신에서 영화적 표현법을 강조하고 있다. 이 영화의 필름은 모두 9권(롤)으로, 시나리오의 신은 98개로 구성되어 있고, 영화는 82개의 신이다. 최종 영화의 러닝타임이 74분이므로, 시나리오의 신이 영화에서는 좀 더 압축적으로 진행되었음을 파악할 수 있다.

이 영화의 촬영 공간은, 외부 장면의 경우 바닷가에 위치한 실제 감화원 건물과 그 주위를 배경 삼아 진행되고 있고, 실내 장면은 동래온천의 한 마을 시설이라는 기존 건물의 내부에서 촬영되었다. 즉 영화 전체를 통해 이규환은 외부에서 바라본 감화원 건물의 창문의 쇼트를 통해서, 실제 다른 공간인 외부와 내부를 연결시키고 있는 것이다.[44] 특히 #74에서 #88로 이어지는 교무실, 복도, 교무실 현관의 교차 신은 영화에서는 촬영 여건을 고려해, 교무실 안의 박선생, 정애, 장운과 교무실 창밖의 정숙으로 압축적으로 표현한다.

[별첨]의 '영화 신' 항목에서 볼 수 있듯이, 이규환은 시나리오의 상당한 장면들을 삭제해 영화적으로 압축하고 있다. 대표적으로 #9~12에서, 영화는 축구공에 창문이 깨지는 사운드만 넣고, 2개의 신을 삭제한 후 바로 원생들을 집합시키는 박선생의 장면으로 넘어간다. 또한 #34~36, 40을 변형시킨 영화는, 정숙이 정애를 찾아온 첫날 밤, 둘의 대화 장면과 수길이 누나의 환청을 듣는 장면을 합침으로써 극의 흐름을 간결하게 표현한다.

이규환은 이운룡이 제시한 해방기 건국 도상의 정치적 구호는 영화의 표피로 둔 채, 감화원 내부 원생들의 '감화'의 묘사에 좀 더 집중하고 있다. 그는 #29를 자치회 대표 원생이 찾아오는 것으로 변경하고, 이후 새롭게 신을 추가해 아이들 스스로의 감화 장면을 극적으로 연출한다. 즉 영화 속에서는 수길을 회개시키려는 자치회 원생들의 장면을 추가한 것이다. 한편 신을 이동시킨 대표적인 장면은 #15의 음악 시간이다. 정애의 반주로 원생들이 "어둠은 갔어라"를 부르는 장면을, 영화에서는 감화원 장면이 시작하는 가장 처음

---

44 다시 말해, 감화원 실내 신에서 창문을 보여주는 쇼트는 없다.

에 배치함으로써, 디제시스의 초기 설정, 연출 테마의 피력, 주제가 노출 등의 전략을 모두 만족시키고 있다.

이규환이 연출후기(『해연』, 42쪽)에도 남긴 것처럼, 머릿속에 구상한 표현을 기술, 자본의 문제로 모두 성사시키지는 못했지만, 그럼에도 그의 영화예술에 대한 열정이 드러나는 대표적인 장면을 3개 정도 주목할 수 있을 것이다. 바로 1) #27의 실습지(2권), 2) #52~56의 수길의 회상 신 중 가출 장면(6권), 3) #92~98의 영화의 엔딩 신(9권)이 그러하다.

1)은 이운룡의 시나리오에도 묘사되고 있는 영화의 중요한 장면인데, 이규환은 소비에트 몽타주(Soviet Montage) 스타일[45]의 빠른 편집으로 영화적 방점을 찍었다고 할 수 있다. 시나리오에서 "괭이로 파는 소년, 삽으로 흙을 떠 던지는 소년들!/ 박선생과 정애도 같이 일을 한다/ 정애의 고운 얼굴에 구슬 같은 땀방울!/ 소년들의 합창소리!/ 하늘에 나는 갈매기!/ 멀리 반짝거리는 황금빛 바다물결!"로 지시되어 있는데, 영화는 웅장한 남성합창단의 목소리를 배경으로 선생들과 원생들의 황무지에서 곡괭이질하는 모습과 세찬 파도의 쇼트를 리듬감 있게 병치시키고 있다. 영화의 예술성과 국가건설이라는 키워드를 영화적으로 구현한 장면이다.

2)는 시나리오의 지시를 크게 바꿔, 고전 할리우드 영화(Classical Hollywood Cinema)의 몽타주 시퀀스 방식으로 처리하고 있다. 수길이 공중으로 핸드백을 던지는 쇼트에 바로 이어 빠른 음악과 함께 해방 후 대도시 서울의 타락한 풍경과 소매치기 소년으로 변해버린 수길의 모습이 속도감 있는 쇼트들로 리듬감 있게 배치된다. 결국 소매치기 현장에서 경찰에 잡힌 수길의 쇼트와 배 후미의 바다 쇼트를 연결하면서 이 시퀀스를 마무리 짓고 있다. 즉 수길의 암울한 서울 생활도, 영화상의 회상 신도 마무리되었다는 기호인 것이다.

---

45 구체적으로는, 연상적 비교와 새로운 의미를 만들어낸다는 점에서 각각 에이젠슈테인(Eigenstein)의 '어트랙션 몽타주(montage of attraction)' 또는 '충돌 몽타주(montage of collision)'로 설명될 수 있다.

3)에서는 고전 할리우드 영화의 교차 편집의 리듬을 의도하고 있다. 이미 정숙이 부두에 도착해 있던 시나리오와 달리, 영화는 떠나는 정숙과 따라가는 수길, 그를 따라가는 정애의 쇼트를 여러 번 교차시킨다. 결국 정숙과 철수가 탄 배는 떠나고, 수길은 정애와 함께 바닷가 언덕 위에서 바라보는 것으로 끝을 맺는다.

'연출후기'에서 이규환이, 철수가 감화원으로 정애를 다시 찾아왔을 때 "격렬한 논쟁을 하는 장면에서부터 폭풍의 전조를 보여 나가다가 사막의 장면 전환과 해변해상을 폭풍으로 연결시켜서 정서교착의 표현을 주고 싶었으나"(『해연』, 42쪽)라고 기록한 것에서 엿볼 수 있듯이, 그의 영화적 표현력은 앞서 1)에서도 언급한 것처럼 소비에트 몽타주 스타일에 상당 부분 의지하고 있음을 알 수 있다.[46] 이에 비해 몽타주 시퀀스, 교차 편집 같은 고전 할리우드 영화의 스타일[47]들은 지면에서의 특별한 언급 없이 자연스럽게 구사되고 있다.

소비에트 몽타주 기법은 1930년 전후부터 조선영화가 "영화예술의 기초"[48]

---

[46] 식민지기 조선영화계에서 소비에트 몽타주 이론에 대한 관심은 1930년대 초반부터 확인할 수 있는데, 대표적으로 일기자 역초(譯抄), [세계신학설소개] 베르토프의 영화이론」, 『동아일보』, 1930.2.1~2(2회 연재), 서광제, 「[영화연구] 러시아 명감독 에이젠슈테인의 강연-파리 소르본 대학에서」, 『동아일보』, 1930.9.7~23(8회 연재), 오덕순, 「영화·몽타주론」, 『동아일보』, 1931.10.1.~27(11회 연재) 등의 연재를 들 수 있다. 특히 일본에서 번역된 푸도프킨의 『영화감독과 영화각본론』(1930)이 조선영화 담론에도 영향을 미쳤다. 관련된 구체적인 논의는 정종화, 「조선 무성영화 스타일의 역사적 연구」, 중앙대 박사학위 논문, 2012, 190~193쪽을 참고할 것.

[47] 고전 할리우드 영화의 스타일은 1917년경부터 1960년 사이에 제작된 할리우드 스튜디오 영화의 일관된 스타일을 가리킨다. 이는 비가시적(invisible) 편집 등과 동의어인 연속편집으로 구현된다. 바로 연속편집은, 정사/역사(shot/reverse shot), 시선의 일치(eyeline match), 행위의 일치(match on action)의 180도 체계를 기반으로 작동되는 공간적 연속성 그리고 커트의 연결법뿐만 아니라 디졸브, 페이드, 와이프 등의 '시간의 생략' 기법을 활용하는 시간적 연속성으로 작동되는 것이다. 데이비드 보드웰·크리스티 톰슨 지음, 주진숙·이용관 옮김, 『영화예술(Film Art: An Introduction)』, 이론과 실천, 1993, 320~337쪽 참조.

[48] 1931년 10월 1일부터 10월 27일까지 거의 한 달 동안 『동아일보』에 연재된 「영화·몽타

로 옹호했던 스타일이었다. 또한 〈해연〉에서 일기의 이미지를 오버랩하며 쇼트를 연결한다든지(영화 #56~57), 배경을 설명하는 설정 쇼트(establishing shot) 없이 수길이 하모니카를 부는 클로즈업에서 트랙 아웃하며 신을 시작한다든지(영화 #38) 하는 것은, 이규환의 연출 방식이 식민지기 조선영화의 스타일적 연장선상에 놓여있음을 보여준다.[49] 이 영화가 소비에트 몽타주 기법을 포함해 일정 부분 식민지 조선영화의 스타일[50]을 공유하면서도, 고전 할리우드 영화의 연속편집(continuity editing)을 정확하게 구현하고 있는 것은 상당히 흥미로운 지점일 것이다.[51]

주론」은 당시 조선영화계의 몽타주 담론에 대한 관심과 이후의 영화적 수용태를 짐작케 한다. 연재 첫 회는 푸도프킨의 『영화감독과 영화각본론』의 첫 장의 "영화예술의 기초는 몽타주에 있다. 이 표어로 무장을 하고 젊은 소비에트 영화는 용감한 행진을 시작하였다" 라는 문구를 인용하는 것으로 시작한다.

49 정종화, 앞의 논문, 264쪽.

50 1930년대 중후반 조선영화의 스타일적 특징은 정종화의 논문(2012)을 참조할 것. 조선영화는 선택적으로 고전 할리우드 영화의 스타일을 차용하고 있는데, 특히 공간의 분석적 접근을 실천하는 할리우드식 데쿠파주(découpage)보다는 개별 쇼트의 미학을 중시하고 이를 몽타주적 감각으로 연결하는 데 관심이 있음을 논하고 있다. 물론 이러한 구성적 몽타주(constructive montage)는 1920~30년대 일본영화의 스타일과 공유하는 것이었다.

51 필름 〈해연〉이 돌아온 것은, 식민지기 조선영화 특히 이규환의 영화 스타일을 관찰할 수 있다는 점에서 의미가 크다. 이규환의 연출작 가운데 그동안 한국영상자료원에 보존되어 있던 작품은 그의 감독 은퇴 기념작 〈남사당〉(1974) 한 편이었기 때문이다. 식민지기 8편, 해방기 4편의 작품을 그동안 볼 수 없었다는 점에서 〈해연〉은 귀중한 사료임에 분명하다.

4. 나가며

　지금까지 '예술영화'라는 이론/실천의 전략에서 상호보완적 관계를 맺고 있는, 2종의 잡지 『예술영화(해연특집)』와 『해연』에 실린 기사들과 시나리오 그리고 영화 〈해연〉의 구체적인 분석을 진행해, 이 영화를 둘러싼 해방기 한국영화계의 상황과 정치적인 동시에 예술적 텍스트로서 영화의 전략을 검토해 보았다. 미국영화가 압도하고 있었다고 해도 과언이 아닌 해방기 영화계에서, 영화의 제작사인 예술영화사와 이 영화의 프로듀서 이철혁을 위시로 한 제작관계자들은 그들의 예술영화 지향을 국가 건설이라는 시대적 과제에 조응시켰다. 그리고 과도정부/공보처 영화과장 김영화는 "비록 영화흥행이 영리사업으로 영위되어도 그것이 동시에 중대한 문화사업임에 틀림"(『해연』, 31쪽)없다며, 사회적 영향력이 큰 영화 매체의 방법론으로서 예술영화라는 그들의 구호를 지지하고 있다. 결과적으로 이 영화는 예술영화를 지향하면서도 '건국 프로파간다' 서사의 자장 속에 위치하게 되었다.

　이는 특히 실습지에서 원생들의 노동 장면을 통해, 새로운 국가 건설이라는 프로파간다를 소비에트 몽타주 기법을 활용해 표현하는 것에서 확인할 수 있었다. 이처럼 〈해연〉을 연출한 이규환은 이 영화가 처한 정치적 기반에 동의하면서 예술영화 운동을 실천하는 주체가 되었다. 한편 그는 〈해연〉에서 식민지기 조선영화가 영화예술의 기본적 문법으로 의지하던 소비에트 몽타주 스타일을 구사하면서도, 미국영화의 고전적 편집 방식을 안정적으로 구현하고 있다. 일제 말기의 조선영화에서 교차 편집 더 나아가 연속편집 규칙이 본격적으로 구사되지 못한 상황을 떠올린다면, 분명히 생각해 볼만한 지점인 것이다. 이는 연출자 이규환 개인으로 본다면, 식민지기 조선영화의 스타일이 체득된 상태에서, 해방 후 물밀 듯이 노출된 할리우드 영화의 스타일을 급속히 체현한 것으로 설명할 수 있을 것이다. 물론 〈해연〉의 사례만으로 조선영화가 식민지기에서 해방기로 이동하며 스타일적 변화의 양상을 제시하는 것으로 단정할 수는 없다. 하지만 조선/한국영화에서 고전 할리우드 영화 스타일의 수용에 대한 점검은 해방기 국면을 중요하게 고려할 필요가 있어 보인다.

이 영화가 '해연'이라는 제명과 '갈매기'라는 다른 이름을 동시에 가지고 있는 것은 예술영화사의 의도 혹은 무의식적 의지가 반영된 것일지도 모른다. '바다제비(海燕)'는 러시아의 작가 막심 고리키의 「바다제비의 노래」(1901년)에서 바로 혁명을 상징했던 것이었고, '갈매기'는 역시 러시아의 작가이자 극작가인 안톤 체호프의 동명 희곡 제목이기도 하다. '해연'과 '갈매기'라는 동시적 선택은 이 영화가 각각 정치적이자 예술적인 텍스트임을 말하고 싶었던 것일 수 있다.[52]

---

52 이런 점에서 두 잡지에 실린 시 〈해연〉(『예술영화』, 18쪽)과 〈갈매기〉(『해연』, 44쪽)의 차이도 주목할 만하다.

[별첨] 시나리오와 영화 신 구분 일람

신 번호	시나리오 신 타이틀	신 번호	영화 신 내용 비교	비고
1	지구	–	[삭제] 쇠사슬에 얽힌 지구 모습	1권 시작
2	조선지도	–	[삭제] 조선지도 쇼트	
3	서울역	1	[변경] 서울역 앞 정애로	
4	플랫폼으로 가 는 길	2	[변경] 서울역 앞 정애 따라가는 철수로	
5	승강계단	3	[변경] 서울역 앞에서 대화. 화단으로 이동해 대화 계속. 기차 출발하는 쇼트는 시나리오 지시대로	
–	–	4	[신 추가] 바다 배경 "1년 후"라는 자막	
–	–	5	[이동] #15(시나리오)에서. 감화원 전경에서 디졸 브하면 감화원생들의 "어둠은 갔어라" 노래 장면	
6	바다	6	파도치는 바다	
7	××소년감화 원	7	감화원 전경	
8	운동장	8	원생들 축구 장면	
9	교무실	9	[변경] 박선생과 정애 등장. 영화는 창문 깨지는 사운드만 표현	
10	운동장	–	[삭제] 도망가는 원생들	
11	교무실	–	[삭제] 창가로 가는 정애	
12	운동장	10	박선생이 나와 원생들 추궁	1권 끝
13	교무실	–	[삭제] 박선생의 행동이 불쾌한 정애	
14	뒷산언덕(그날 석양)	11	수길이 삼돌을 때림	2권 시작
15	교실(그 다음날 오전)	–	[삭제] 음악시간 장면 #5(영화)로 이동	
16	교무실	–	[삭제] 초대장을 접는 박선생	
17	취사실 앞	–	[삭제] 물지게를 진 구서방	
18	교무실	12	박선생이 구서방을 부름	
19	우물로 가는 길	–	[삭제] 대답하는 구서방	
20	교무실	13	[변경] 박선생과 구서방 대화. 박선생과 정애 대사 추가	
21	감화원 운동장 밖 길	14	수길이 구서방에게 빵과 과자 부탁	시나리오는 담 배와 호떡 부탁
22	교무실	15	[변경] 박선생의 실수 장면 추가	
23	운동장 입구	16	소포 배달	
24	교무실	17	[변경] 수동 등에게 소포 나눠줌. 원장 등장 장면 추가	2권 끝

신 번호	시나리오 신 타이틀	신 번호	영화 신 내용 비교	비고
25	기숙사 앞	18	수길과 장운이 수동을 괴롭힘	
26	교무실 내	19	수길과 장운에게 박선생 훈계 후 벌 세움	
27	실습지	20	작업시간. 남성합창을 배경으로 원생들의 곡괭이 질. 파도 쇼트와 병치	시나리오에도 지시되어 있으 나 영화는 더 길게 묘사
–		21	[신 추가] 교무실 신. 벌서고 있는 수길과 장운.	
28	운동장	22	[변경] 수길이 창문으로 구서방 부름	
29	교무실	23	[변경] 자치회 대표 원생이 박선생을 찾아옴	
–		24	[신 추가] 수길을 회개시키려는 자치회 장면	
30	부두(그 이튿날 아침)	25	[변경] 해변가에서 찾아오는 정숙으로	
31	감화원 입구	26	정숙을 누나로 착각해 부르는 수길	3권 끝
32	교무실	27	정숙의 인사	4권 시작
33	교사 뒤	28	언덕 위의 수길	
34	기숙사 원아들 침실(소등 후)	29	[이동] #35(시)에서. 정애와 정숙의 대화	#29와 #30 순서 변경
35	정애의 방	30	[이동] #34(시)에서. 수길이 빠져나옴	
36	정애의 방 창밖	31	둘의 대화를 듣는 수길	
–		32	[이동] #40(시)의 기숙사 원아들 침실 장면. 수길 이 돌아와 누나의 목소리를 듣고 밖으로 나감	
–		33	[신 추가] 바다의 일출 장면. 디졸브 연결	
37	운동장(새벽)	34	체조 장면	
38	해변 모래밭	35	[변경] 모래사장 누나 글씨 추가	
39	운동장	36	[변경] 야구 연습으로	
40	기숙사 침실(그 날 밤)	–	[삭제] #32(영)로 이동	
41	운동장 밖(며칠 후 오전)	37	구서방이 주는 담배를 찢어버리는 수길	4권 끝
42	해변 모래밭	38	하모니카 부는 수길에게 정숙이 다가옴	5권 시작
43	수길의 집(이층 양실 앞뜰)	39	과거 회상 시작	
44	수길의 집 앞길	40	누나와 수길 등교	
45	선담의 방(저녁 때)	41	[변경] 시골 배경의 몽타주 장면 추가 후 피아노 치는 장면	
46	수길의 집 현관 앞(그 이튿날)	42	[변경] 계모가 피아노를 팖. 누나 가출 묘사 추가	5권 끝
47	수길의 집 앞	43	울고 있는 수길	6권 시작

신 번호	시나리오 신 타이틀	신 번호	영화 신 내용 비교	비고
48	현관	44	계모의 핸드백 심부름	
49	걸어가는 수길	–	[삭제] #47(영)로 이동	
50	영구의 집 앞	45	핸드백을 받고 영구 아저씨 가족을 부러워함	
51	거리	46	돈만 들고 핸드백을 던짐	
52	서울 어느 거리	47	서울 거리, 대도시 풍경몽타주 시퀀스 처리. 수길의 변한 모습. #49(시)의 누나 오인 장면 합침	
53	백화점 쇼윈도 앞	48	[변경] 서울 배경으로 수길의 걷는 모습 오버랩	
54	전차정류장	–	[삭제] #50(영)으로 이동. 소매치기 장면	
55	다리 밑	49	[변경] 부랑소년들 사이 수길의 담배 피는 모습	
56	화차가 서 있는 역 홈	50	[변경] 가판대 앞에서 소매치기하다 경찰에 잡힘. 감화원으로	
57	해변 모래밭	51	회상 끝. 남매처럼 지내기로 함	6권 끝
58	실습지(며칠 후)	–	[삭제] 변한 수길	
59	교무실	52	[변경] 신입생 등장은 삭제하고, 박선생 대사로 처리	7권 시작
60	운동장 한구석 (그날 석양 때)	53	장운이 신입생 복남이를 괴롭힘. 수길이 하모니카를 뺏은 장운을 때림	
61	해변 모래밭	54	언덕 위 정숙의 노래. 수길과 달리기	
62	기숙사 앞	–	[삭제] 장운이 수길 찾는 장면	
63	해변으로 가는 길	–	[삭제] 장운이 정숙과 수길 보는 장면	
64	숙사 정애의 방	55	장운이 일기를 훔침	
65	뒷산 큰나무 밑	56	장운이 일기를 버림	일기로 다음 쇼트 오버랩 연결
66	교무실	57	한 학생이 일기를 박선생에게 갖다 줌. 일기 글 인서트 쇼트.	
67	해변 모래밭	–	[삭제] 정숙에게 연애 하냐고 물어보는 정애 장면	
68	해변 모래밭	58	[변경] 정숙에게 서울로 돌아가라고 하는 정애. 정숙이 우는 장면은 삭제됨	7권 끝
69	교무실	59	철수의 방문. #71(시)의 담배 장면은 이 신의 '금연' 설정으로 삭제됨	8권 시작
70	교무실 현관	60	[변경] 창밖의 장운으로	
71	교무실	61	장운이 들어와 소매치기. 철수와 정애의 대화 시작	
72	뒷산	62	정숙이 수길에게 서울로 간다고 말함. 수길이 장운을 때림	

신 번호	시나리오 신 타이틀	신 번호	영화 신 내용 비교	비고
73	교무실	63	철수가 과오를 반성하고 돌아감	8권 끝
74	낭하(廊下)	–	[삭제] 이하 복도 공간 신은 창밖 장면으로 대체	
75	교무실	64	창밖으로 내다보는 정애	9권 시작
76	운동장 밖	65	철수의 모습	
77	교무실	66	박선생이 수길이를 데리고 들어옴	
78	낭하	67	[변경] 창밖에서 듣는 정숙 쇼트로	
79	교무실	68	박선생이 정숙과 수길의 관계 얘기	
80	낭하	69	[변경] 창밖에서 듣다 가는 정숙 쇼트로	
81	교무실 현관	–	[삭제] 장운은 교무실 내에 있음	
82	교무실	70	수길에 대한 편애를 지적하는 박선생	
83	숙사 정애의 방	–	[삭제] 정숙의 편지 인서트 #74(영)으로 이동	
84	교무실	71	원생들을 옹호하는 정애	
85	교무실 현관	–	[삭제] 감동하는 장운의 쇼트로 변경함	
86	교무실	72	수길을 소년원으로 보내겠다는 박선생	
87	교무실 현관	–	[삭제] 수길을 옹호하는 장운의 쇼트로 변경함	
88	교무실	73	뉘우치는 장운. 철수의 지갑을 돌려주러 출발	
		74	[이동] #83(시)에서. 정숙이 남긴 편지	
89	부두로 가는 길	75	해변가 철수의 뒷모습	
90	길	76	해변가 철수에게 지갑을 돌려주는 장운	
91	교무실	–	[삭제] 부두 쪽을 바라보는 정애 모습	
92	배 갑판 위	–	[삭제] #79(영)로 이동	
93	숙사 앞	77	[변경] 떠나는 정숙 장면 추가. 뛰어가는 수길	교차 편집 시작
94	교무실	78	[변경] 따라가는 정애의 쇼트. 수길과 따라가는 정애의 모습 추가	
95	운동장	–	[삭제] 수길을 부르는 정애 모습	
		79	[이동] 부두에 도착하는 정숙. 배에 와 있는 철수와 도착하는 정숙으로 변경함	
96	해변 모래밭	80	수길과 따라가는 정애의 모습 반복. '누나'라고 외치는 수길	
97	바다	81	철수와 정숙이 탄 배. 수길을 발견하고 손 흐드는 정숙. 해안 언덕의 수길, 정애와 배의 정숙, 철수 쇼트 반복 추가	
98	해변 모래밭	82	#96(시)의 내용 이동. 해안 언덕에서 수길에게 큰 누나가 있다고 말하는 정애. 갈매기 쇼트 후 '끝' 자막	9권 끝

참고문헌

1. 자료

(1) 1차 사료(잡지 및 필름)

주식회사 예술영화사(이철혁), 『예술영화(해연특집)』, 조선단식인쇄주식회사, 1948.5.5.

평문사(조용균), 『해연』, 보성사, 1948.10.15.

예술영화사, 〈해연〉(이규환, 1948), 9롤, 74분.

(2) 신문, 잡지 및 연감류

『경향신문』, 『동아일보』, 『서울신문』, 『조선일보』, 『주간서울』, 『학생연감』 각 기사 및 광고.

2. 단행본

데이비드 보드웰 · 크리스티 톰슨 지음, 주진숙 · 이용관 옮김, 『영화예술(Film Art: An Introduction)』, 이론과 실천, 1993.

데이비드 보드웰 지음, 김숙 · 안현신 · 최경주 옮김, 『영화 스타일의 역사』, 한울, 2002.

정종화, 『한국영화사-한 권으로 읽는 영화 100년』, 한국영상자료원, 2007.

한상언, 『해방 공간의 영화 · 영화인』, 이론과 실천, 2013.

3. 논문

김한상, 「탈식민 국가형성기 재외조선인들의 종족 상상: 〈해연(일명 갈매기)〉과 서울영화주식회사의 영화를 중심으로」, 『아세아연구』 58(3), 고려대학교 아세아문제연구소, 2015.9.

심혜경, 「안철영 텍스트를 통해 본 대한민국 설립 초기 '조선영화' 연구: 〈무궁화동산〉과 『성림기행』을 중심으로」, 중앙대 박사학위논문, 2012.

유승진, 「미군정기 대중문화잡지『新星』해제」, 『근대서지』 6, 근대서지학회, 2012.12.

이효인, 「해방직후의 민족영화운동」, 『해방전후사의 인식 4』, 한길사, 1989.

이효인 「윤봉춘 일기 연구: 1935~1937년 윤봉춘 일기를 통한 조선영화계의 현실 분석」, 『영화연구』 55, 한국영화학회, 2013.3.

전지니, 「『은영』(銀映, The Silver Screen)과 해방기의 영화잡지」, 『근대서지』 9, 근대서지학회, 2014.6.

정종화, 「조선 무성영화 스타일의 역사적 연구」, 중앙대 박사학위 논문, 2012.

정종화, 「〈해연〉의 영화사적 가치」, 『영화천국』, 2015.7/8(44), 한국영상자료원, 2015.7.

한영현, 「해방과 영화 그리고 신생 대한민국의 초상: 영화 〈독립전야〉와 〈무궁화동산〉을 중심으로」, 『대중서사연구』 17(2), 대중서사학회, 2011.12.

한영현, 「해방기 '아메리카 영화론'과 탈식민 문화 기획」, 『대중서사연구』 19(2), 대중서사학회, 2013.12.

4

경계를 넘은
영화들

〈내 고향〉과 〈용광로〉를 통해 본
초기 북한영화의 특징*

정태수

1. 해방이후 북한으로 전해지는 소련영화

북한영화는 1949년 〈내 고향(김승구 시나리오, 강홍식 연출, 고형규 촬영)〉과 1950년 〈용광로(김영근 시나리오, 민정식 연출, 최순흥 촬영)〉, 〈초소를 지키는 사람들(강홍식 시나리오, 주인규 연출, 공형규 촬영)〉[1]이 등장하면서 비로소 북한영화의 내용과 형식에 대한 특징이 나타나기 시작했다. 이것은 이들 영화 속에 향후 북한영화의 지향과 방향을 가늠할 수 있는 요소가 내포되어 있다는 것을 말한다. 그러나 초기 북한영화에서 나타나고 있는 특징은 유감스럽게도 소련영화와 밀접한 연관 속에서 파악되어야 한다.[2] 이것

---

* 이 글은 2010년 〈현대영화연구〉 10호에 실린 글을 일부 수정, 보완 한 것임.

1 〈초소를 지키는 사람들〉은 1950년 제작이 완료 되었지만, 6 · 25 전쟁으로 인하여 개봉여부가 불분명한 것으로 알려졌다-한상언, 「해방기 영화인 조직연구」, 한양대 영화학 석사학위 논문, 2007, 109쪽. 따라서 본 글에서는 초기 북한영화의 범위를 〈내 고향〉과 〈용광로〉만을 대상으로 하고 있음을 밝혀둔다.

2 북한영화 형성에 관한 보다 구체적 내용은 '영화연구 Vol.18'에 게재된 정태수의 논문

은 1946년 12월 3일 제14차 당 중앙위원회 상무위원회에서 결정되어 북한의 예술창작법칙으로 적용된 바 있는 이른바 '고상한 사실주의'와 별개의 발전과 정이라 할 수 있다. 왜냐하면 해방이후 북한, 즉 북조선은 자발적으로 영화를 제작할 수 있는 여건이 충분히 조성되어 있지 않았을 뿐만 아니라 소련군의 진주로 소련영화의 직접적인 영향 하에 있었기 때문이다.

초창기 북한 영화의 토대는 1946년 1월 '민족주의민족전선(民族主義民族戰線, 약칭 민전)' 촬영차 북조선에 들어온 정준채(鄭俊采), 윤재영(尹在英) 등 조선영화주식회사 조수출신 영화인들이 주축이 되어 조선공산당 북조선 분국의 선전선동부 영화반이 만들어 지면서 시작되었다. 선전선동부 영화반은 〈우리의 건설〉, 〈민주선거〉 등 2편의 다큐멘터리 영화를 제작하는 성과를 내긴 했으나 그 활동은 제한적이었다. 그리고 1946년 8월 북조선영화제작소가 만들어지면서 선전선동부 영화반을 흡수, 영화제작부문의 전문성과 독자성을 확보했다.

그러나 초기 북한영화는 소련군이 북조선에 진주하면서 소련에서 온 영화 촬영반의 촬영을 돕거나 소련군에게 접수 당한 평양이나 함흥 같은 대도시의 주요 극장에서 상영된 소련영화들과 밀접한 관계 속에 있었다.[3] 이것은 소련 영화 인력과 영화가 초기 북한영화의 형성에 중요한 요인으로 작용했음을 의미한다. 이는 역사학자 찰스 암스트롱(Charles K. Armstrong)의 "조선에서의 영화의 임무는 국가로부터 영화를 자유롭게 하는 것이 아니라, 소련영화를 모델로 하는 혁명적 보위 아래에서 영화를 적극적인 국가정책의 수단으로 활용하는 것이다"[4]라고 한 언급에서 확인할 수 있다. 이는 소련정부가 북

「스탈린주의와 북한영화형성 구조연구」와 '영화연구 Vol.37'에 게재된 한상언의 논문 「북한영화의 탄생과 주인규」를 참고하길 바람.
3 오영진, 『소군정하의 북한-하나의 증언』, 중앙문화사, 1952, 133-134/朴林, 『共和國 北半部에 있어서의 劇場 映畵 事業에 對하여』, 《映畵藝術》, 1949년 3월호, 13쪽.-한상언, 「북한영화의 탄생과 주인규」, 영화연구 37호, 한국영화학회, 2008, 392~393쪽.
4 경남대학교 북한학 대학원 엮음, 『북한현대사1(찰스 암스트롱, 북한 문학의 형성)』,

한의 초기 영화제작기반 형성에 필요한 것들을 조직적으로 지원하였다는 사실에 근거하고 있다. 즉 소련과 북조선은 소련의 문화 및 영화 교류를 체계적으로 지원하기 위해 문화단체와 교류협회 등을 조직하여 활성화하였다. 특히 해방이후 1945년 11월 12일 평양에서 조직된 조소문화교류협회(Северно-корейское общество культурной связи с СССР, СОКС)인 콕스는 소련과 북한의 영화와 문화예술 교류의 전진기지 역할을 하였다. 김일성을 비롯한 윤창선, 오영진 등이 참석한 이 협회에는 360여명에 이르는 "해방이후 북조선의 정치 분야의 실력자들뿐 아니라 문화, 예술 분야의 인재들이 총망라 되어 있었다. 그리고 이 협회의 가장 중요한 임무중 하나는 북조선과 소련의 친선강화와 소련의 과학과 문화의 업적을 북조선에서 대중화하는 것이었다. 이를 위해 협회에서는 다음과 같은 구체적인 목표를 세웠다. 1. 진보적인 민주적 문화를 창조할 것, 2. 일본 제국주의의 잔재를 청산할 것, 3. 생활, 문화, 삶과 도덕에서 봉건적 잔재를 제거 할 것, 4. 북조선 문화와 세계의 민주 국가 특히 소련 문화를 배울 것, 5. 북조선 인민들과 세계 민주 국가의 인민들 특히 소련 인민들과의 우의를 확립 할 것 등이었다."[5] 조소문화교류협회에서 채택된 주요 사항은 일제와 봉건의 잔재를 청산하고 소련문화를 배우는 것이었다. 이것은 해방이후 초기 북한문화와 예술, 영화창작에 있어 중요한 하나의 지침이 되었다. 소련과의 문화교류가 대단히 중요한 것으로 인식된 이러한 실질적인 예는 1946년 3월 25일 김일성이 참석한 가운데 열린 평안남도인민위원회 회의실에서 북조선예술총연맹이 결성되었던 시기와 1946년 5월 24일에 평양에서 열린 북조선 각도인민위원회 정당−사회단체 선전원 문화인 예술가 대회에서 행한 김일성의 연설에서 확인된다. 여기서 김일성은 소련과의 문화적 교류를 강조했다. 그가 강조한 소련과의 문

　한울 아카데미, 2004, 158쪽.
5　정태수, 「스탈린주의와 북한영화형성 구조연구」, 영화연구 Vol.18, 한국영화학회, 2002, 136~137쪽.

화적 교류는 결국 소련의 문화를 흡수하라는 의미였다.[6]

이처럼 북한은 해방이후 소련과의 문화교류에 매우 적극적이었다. 그 중에서도 김일성은 연극과 영화를 인민들의 선전선동에 가장 효과적인 수단으로 인식하였다. "이것은 이미 빨치산 투쟁 시기에 연극을 활용했던 김일성 자신의 경험으로부터 나온 것이기도 하지만 소련 군의 강력한 영향으로부터 나온 것이기도 했다. 특히 북조선 주둔 소련군 책임자인 테렌티 쉬티코프(Терентий Штыков) 장군은 선전선동의 도구로 영화의 중요성을 자주 강조하였고 1946년 11월 13일자 자신의 일기에 '조선의 영화그룹에 대해 논의하다'라고 쓰기도 하였다. 이러한 영화의 효용성을 인식한 김일성은 1947년 1월 9일 국립극장을 창설하기로 결정한데 이어 1947년 2월 6일에는 주인규를 소장으로 한 북조선국립영화촬영소(조선필름)를 창설하기로 결정했다."[7] 이와 더불어 소련방대외문화교류협회(Всесоюзное общество культурной связи с заграницей, ВОКС)인 복스는 북조선에 대한 문화, 예술, 영화창작에 대한 지원 확대를 강화하기 위해 1948년 7월 25일 평양에 소련문화원을 개원하였다. 이를 통해 소련영화들이 본격적으로 유입되기 시작했다. 소련문화원 개원에 맞춰 평양으로 보내기 위하여 명시된 영화들로는 "〈베를린(Берлин, 1931)〉, 〈차파에프(Чапаев, 1934)〉, 〈발틱 대위원(Депутат Балтики, 1937)〉, 〈10월에서의 레닌(Ленин в октябре, 1937)〉, 〈1918년에서의 레닌(Ленин в 1918 году, 1939)〉, 〈위대한 변혁(Великий перелом, 1946)〉, 〈맹세(Клятва, 1946)〉 등이다."[8] 이와 함께 소련은 "1948년 말 북한에서 상영되는 모든 영화의 60%가 소련영화여야 한다고 요구했다. 그러나 1949년 무렵 북한에서는 새로운 북한영화와 함께 소련,

---

6   김학준, 『북한의 역사 제2권: 미소냉전과 소련군정 아래서의 조선민주주의 인민공화국 건국』, 서울대출판부, 2008, 219쪽.
7   위의 책, 579쪽.
8   정태수, 앞의 논문, 139쪽.

중국, 동유럽 영화와 함께 상영되었다."[9] 그럼에도 불구하고 소련영화는 북한 전 지역에서 개최된 다양한 정치적 행사를 통해 더욱 빈번하게 상영되었다. 특히 북한과 소련의 우의의 기간인 1949년 10월 14일부터 23일까지 약 10일 동안 레닌과 스탈린 우상화를 비롯한 강렬한 사상적 특징을 가진 더 많은 소련영화들이 추가되어 북한 전역에 상영되었다. 이 기간에는 북한의 40개 도시와 50개 극장에서 소련영화 축제가 개최되었다. 이 축제 기간 동안 88여 편의 영화들이 포함되었다. 이들 영화 속에는 소련문화원 개원시기에 맞춰 보내진 영화들인 〈차파에프〉, 〈10월에서의 레닌〉, 〈1918년에서의 레닌〉, 〈맹세〉와 〈무기를 가진 사나이(Человек с ружьем, 1938)〉, 〈크론쉬탓트에서 온 우리들(Мы из Кронштадта, 1936)〉, 〈정부의 일원(Член правительства, 1940)〉, 〈강철은 어떻게 단련되었는가(Как закалялась сталь, 1942)〉, 〈시베리아 땅에 관한 이야기(Сказание о земле сибирской , 1948)〉 등이 있었다. 그 결과 1949년 한 해만 하더라도 1백22편의 소련영화들이 상영되었고 5만1천196회 상영과 1천8백1십3만3천949명이 관람했다.[10] 이처럼 해방이후 소련영화는 조직적이고 체계적으로 북조선으로 보내져 상영되어 초기 북한영화의 창작방식과 수법에 깊은 영향을 줄 수 있는 조건과 토대를 확립하였다.

문제는 북한에서 보여 진 이들 대부분의 소련 영화가 1934년 공식화된 사회주의리얼리즘 창작법칙과 스탈린 우상화의 전형을 보여주고 있다는데 있다. 즉 이데올로기적으로나 계급적으로 명확하게 구분된 단순한 도식의 내러티브 구조, 인물의 전형화, 국가정책 추진과 전쟁 승리과정에서 지도자의 위상을 강화하기 위한 포석으로 설정된 노동자나 역사적 인물의 영웅화 등이 이 시기 북한에서 상영된 소련영화의 특징이었다. 그 결과 초기 북한영화는

---

9 찰스 암스트롱, 김연철 역, 『북조선 탄생』, 서해문집, 2006, 291쪽.
10 정태수, 앞의 논문, 141쪽.

이데올로기적 기능 강화와 국가의 정책과 방향에 부합하는 계몽성, 인물의 영웅화, 지도자의 신비화로 이르게 되었다. 이데올로기적 기능을 통하여 사상적 일체감을, 계몽적 기능을 통하여서는 북한 인민들로 하여금 국가정책 수행에 있어 적극적 동참을, 영웅화를 통하여 지도자를 절대화에 이르게 하는 방법을 획득할 수 있게 되었던 것이다. 이를 통해 형성된 영화의 구체적 수법으로는 선명한 내러티브, 전형화 된 인물, 자연풍경을 통한 논리의 정당성 확보, 특정한 인물로 귀결되는 결론 등이다. 이것이 초기 북한 영화의 방향과 특징을 결정 짓게 한 요인이었고, 그것은 1949년 북한 최초의 극영화인 〈내 고향〉과 1950년 〈용광로〉에서 내용과 형식으로 나타나고 있다.

2. 〈내 고향〉, 〈용광로〉에 나타난 초기 북한영화의 특징

(1) 선명한 내러티브

일반적으로 "내러티브는 실제 혹은 허구적인 사건을 수반하고 있다. 내러티브 영화의 기능은 다큐멘터리의 한 부분적 기능인 묘사로서가 아니라 이야기하는 것이다. 내러티브는 전략, 약호와 관습을 말한다. 주로 내러티브 영화는 이러한 전략을 현실 세계를 재생산하는 수단으로 사용하는 것으로, 관객은 현실을 동일시하거나 가능성의 영역 안에 있는 것으로 생각하게 한다."[11] 이러한 내러티브를 "문학 평론가인 제라르 주네트(Gérard Genette)는 세 가지 의미로 구분하였다. 첫째, 내러티브는 이야기를 전달하는 텍스트의 실제 언어를 가리키는 것으로, 둘째, 내러티브의 의미는 담론에 의해 전달되는 내용을 가리킨다. 이것은 이 담론에 의해 부합되는 실제적이거나 꾸며

---

11 Susan Hayward, *Cinema Studies Key Concepts(Fourth Edition)*, Routledge, 2013, p.268.

낸 사건들의 연속이다. 셋째, 의미는 무엇인가를 애기하는 어떤 사람의 사건, 즉 본질적으로 서술하는 행위를 가르킨다."[12] 이러한 측면에서 내러티브를 신화 만들기와 동일한 것으로 언급한 레비스트로스의 언급은 매우 적절한 표현이라 할 수 있다.

그렇다면 영화와 현실을 동일시하거나 신화를 만들어내는 내러티브는 어떻게 구축되는가? 그것은 서로 다른 것들의 대립을 통해서 이루어진다. 즉 평온한 균형 상태에서 그 균형을 파괴하는 요인을 통한 불균형상태, 다시 균형 상태로의 전이를 이루게 됨으로써 획득된다. 그리고 내러티브가 도식성을 피할 수 있는 것은 최초의 평온한 균형 상태에서 불균형상태로, 다시 균형 상태로 가는 과정에서의 얼마나 많은 다양한 사건들과 에피소드, 인물들로 구축되었느냐에 따라 판단될 수 있다. 따라서 내러티브의 선명성과 다양성은 균형 상태에서 불균형상태로, 또 다시 균형 상태로 진행되는 과정에 전적으로 의존하고 있다 해도 과언은 아니다. 특히 영화에서 내러티브의 선명성은 권력기반의 안정화, 이데올로기와 국가정책 등을 효율적으로 관리, 해결하기 위해 메시지를 인민들, 혹은 대중들에게 보다 쉽고 간결하게 전달하려고 하는 과정에서 필연적으로 등장한다. 이와 같은 상황은 북한정권 수립과정에서도 예외는 아니다.

해방이후 북한정권에서 해결해야 할 가장 시급한 문제는 공산주의 이데올로기의 일체성과 권력구조의 착근, 그리고 토지분배, 경제건설과 같은 정책 추진이었다. 이러한 목표는 영화 〈내 고향〉과 〈용광로〉에 투영되어 명확한 도식을 통해 선명한 내러티브 구조를 확립하게 하는데 중요한 근거로 작용했다. 따라서 이 두 영화에서는 초기 북한영화의 특징들이 선명한 내러티브 구조를 통해 논리적으로 설명되고 있다. 그러므로 영화 〈내 고향〉, 〈용광로〉에

---

12 Leo Braudy Marshall Cohen, *Film Theory and Criticism*, oxford university, 1999, p.462.

서는 이와 같은 초기 북한영화의 특징을 가장 효과적으로 나타내주고 있다 할 수 있다.

이러한 특징은 〈내 고향〉에서 치부책을 뒤적거리고 있는 지주인 최경천과 소작농인 관필과의 명확한 적대적 관계를 보여주고 있는 첫 번째 에피소드가 끝나자마자 어린아이의 목소리로 다음과 같은 내레이션을 통해 나타난다.

> 우리의 원수는 왜놈이다. 지주도 우리의 원수이다. 우리나라에 왜놈과 지주놈
> 이 있으면 우리는 잘 살 수 없다. 우리는 왜놈과 싸워야 한다. 지주하구도 싸
> 워야 한다. 싸워서 이겨야 한다.

영화 중간에 또 다시 반복되는 이 내레이션은 〈내 고향〉의 내러티브를 선명하게 드러내는 가장 핵심적 요소라 할 수 있다. 즉 영화에서 드러내고자 한 메시지의 목표는 왜놈이고 지주를 왜놈과 동일시함으로써 북한정권이 어떤 성격을 지향하고 있는 것인가를 확실하게 보여주고 있다. 또한 이 내레이션은 해방이후 북한정권의 방향을 나타내고 있을 뿐만 아니라 북한인민들에게도 적대적 개념이 누구인지를 선명하게 심어주는데 매우 효과적이다. 이 내레이션의 논리를 뒷받침하기 위해 영화에서는 왜놈과 지주를 동일시하고 그것의 정반대에 핍박받는 인민들을 배치하고 있다. 이 구조는 왜놈과 지주들에 대한 북한인민들의 태도와 행위를 매우 명쾌하고 단순하게 논리화 시킨다. 이를 강화하기 위한 역사적 조건과 필연성은 일본군들과 그들과 결탁한 지주들을 상대로 한 빨치산들의 해방투쟁인 것이다. 그리고 그들의 해방 투쟁을 이끌었다고 한 김일성은 영화 속에서 인민의 지도자로서 신비화된 인물로 언급된다. 즉 영화 〈내 고향〉에서는 왜놈과 지주를 동일시하고 이들로부터 핍박받는 대상으로 인민들을 배치하였으며 그들 사이에 발생하는 다양한 문제들을 해결해 주는 인물로 김일성 장군이라는 도식으로 설정하고 있다. 이처럼 영화 〈내 고향〉에서는 내러티브 형성과정에서 다양한 해석의 여지를

피하고 명확한 적대적 개념을 통해 단순하고 명쾌한 논리의 구조로 영화화 되었다. 이러한 내러티브 구조의 단순화, 선명화는 해방이후 북한정권의 착근시기로서 그 토대와 기반을 설명하고 선전하기 위한 것으로 매우 효과적인 수법이었다.

이와 같은 내러티브 구조의 특징은 북한정권 수립이후 북한의 인민경제계획을 실현하기 위한 정책에 발맞추어 등장한 영화 〈용광로〉에서도 확인된다. 이 영화에서는 북한의 경제복구사업의 역사적 목표가 어디에 있고 그것을 성취해나가는 데 무엇이 필요한 것인가를 드러내기 위해 영화 〈내 고향〉에서처럼 단순하고 선명한 내러티브 구조를 취하고 있다.

영화는 일제 패망과 함께 파괴된 북조선에 있는 기업들 중 하나인 제철소의 용광로 복구사업에 관한 내용을 다루고 있다. 영화에서는 용광로 복구사업을 서로 다른 시각을 가진 인물들의 대립을 통해 설명하고 있다. 즉 용광로를 복구하기 위해 화북점토를 수입해 오지 않으면 안 된다는 로완섭이 주장하는 과학의 논리와 인간의 의지와 자신감이 중요하다는 홍기사의 논리로 구축되었다. 이들의 논리 사이에는 화북점토 없이는 용광로 복구가 불가능하다고 주장하는 로완섭을 비롯한 기존의 기술자들, 이른바 전통적인 기존의 낡은 세력이 있고, 가능성과 의지, 자신감, 헌신 등을 통해 자체기술로도 가능하다고 믿는 홍기사, 노동자 룡수로 대변되는 새로운 세력으로 구축되었다. 특히 노동자 룡수는 북한에서 새로운 노동자의 전형을 보여주고 있다. 따라서 이 영화에서 벌어지는 모든 사건들은 불가능하다고 주장하는 기존의 세력과 인간의 의지와 헌신, 자신감, 노력으로 가능하다고 믿는 새로운 세력과의 사이에서 발생하고 있는 것이다. 그리고 영화의 최종적 결론은 기존의 세력들이 온갖 방법을 동원해 룡수의 실험과 헌신적인 노력을 방해하지만 공장의 굴뚝에서 나온 하얀 뭉게구름을 통해 용광로의 복구는 성공하게 되면서 끝을 맺는다. 이처럼 〈용광로〉에서의 내러티브 구조는 용광로 복구라는 테마를 통해 기존의 과학적 논리와 인식을 바탕으로 한 로완섭을 낡고 전통적인 세력으로, 자신감과 헌신, 노력을 바탕으로 한 홍기사와 룡수를 북한사회의 새로운 세력으로 규정하고 있다. 이러한 대립적이고 대조적인 내러티브 구조는 이 영화 처음 부분에서 해방이후 북한정권의 각종 경제정책, 즉 토지개혁, 모든 공장들의 인민 국가권력으로의 귀속조치, 노동자들의 동참에 대한 김일성의 치적들이 내레이션으로 설명되는 것과 그 궤를 같이한다. 따라서 선명한 대립적 관계를 통해 구축된 영화 〈용광로〉의 내러티브 구조는 영화의 결말을 매우 노골적이고 강력하게 이끌어 가고 있는 핵심적 요소인 것이다.

이처럼 영화 〈내 고향〉, 〈용광로〉에서는 선명하고 명확한 서로 정반대 의미의 내러티브 구조를 통해 구축되었다. 이것은 매우 단순하고 명쾌한 논리로서 해방이후 북한 정권의 정당성과 그 기반을 선전하고 인민들을 설득하는데 효과적인 수법이었다. 이와 같은 내러티브 구조는 초기 북한영화에서 나타난 특징이자 향후 북한영화의 중요한 창작 수법의 토대로 작용하였다. 이러한 특징은 영화 "전반부에는 주인공이 외부 상황의 어려움 때문에 겪게 되는 고난을 배치하고 후반부에는 어려움을 극복, 해결하는 구조를 보인다"[13]는 서정남의 북한영화의 이야기 구조의 특징과 일맥상통하고 있는 것이다.

그러나 보다 본질적인 의미는 영화 〈내 고향〉, 〈용광로〉에서 나타나고 있는 내용적, 형식적 특징이 해방이후 북조선에 전해진 소련 영화들의 특징과 영향의 범위 내에 있었다는 것이다. 소련영화들은 대부분 이데올로기와 국가의 정책, 지도자에 대한 선전과 선동의 메시지를 인민들에게 보다 쉽고 선명하게 전달하기 위해 사건과 에피소드를 긍정과 부정이라는 단순하고 명확한 개념을 통해 만들어진 것들이다. 이러한 특징이 가장 뚜렷하게 부각된 영화들이 해방이후 북조선에 전해진 소련영화들이었다. 그러므로 영화 〈내 고향〉, 〈용광로〉는 이와 같은 소련영화의 특징들로부터 결코 자유로울 수 없다고 할

---

13 서정남, 「북한 예술영화의 미학적 특징으로서의 신파성과 내러티브 체계에 관한 연구」, 영상문화 Vol.2, 한국영상문화학회, 2000, 89쪽.

수 있다. 그리고 그 중 하나가 바로 영화 〈내 고향〉, 〈용광로〉에서 나타난 내러티브의 선명함인 것이다.

(2) 전형화 된 인물

선명하고 명확한 내러티브 구조는 전형화 된 인물에 의해 강화된다. 왜냐하면 전형화 된 인물이 내러티브의 선명성과 명확성을 드러내는데 중요한 요인으로 작용하기 때문이다. 영화 〈내 고향〉과 〈용광로〉에서도 인물의 전형적 특징을 통해 선명한 내러티브를 구축하고 있다. 따라서 이들 영화에서 나타나고 있는 인물의 전형은 초기 북한영화의 특징과 성격을 파악하고 가늠하는데 있어 중요한 요소라 할 수 있다. 북한에서 전형화 된 인물에 대한 것은 "1946년 12월 3일 제14차 당 중앙위원회 상무위원회에서 결정한 바 있는 고상한 사실주의에서 언급되고 있다. 여기서는 새로운 민족적 기풍을 가진 전형적 인간의 창조이다. 여기서의 전형은 물론 김일성을 가리키고 있다."[14]

그러나 일반적으로 예술창작에서의 전형은 "집단 또는 계층의 근본 동향 및 본질을 한 몸에 구현하고 있으며 어떤 상황이 지닌 모순을 첨예한 갈등으로 제시하는 역할을 담당하는 존재"[15]라고 규정하고 있다. 북한 사회과학원에서 출간한 〈문학대사전〉에서도 전형은 "일정한 계급이나 계층의 본질적 특성을 뚜렷이 구현하고 있는 인물형상을 가리키는 개념으로 쓰인다.....(그리고) 인간과 그 역할을 현실 그대로의 진실성과 구체성을 가지고 전일적으로, 종합적으로 그려낸 문학은 긍정인물의 전형도 창조하며 부정인물의 전형도 창조한다. 긍정인물의 전형은 해당 사회에서 선진적인 계급과 계층을 대표하는 인물형상이며 부정인물의 전형은 낡고 반동적인 계급과 계층을 대표

---

14 민병욱 저, 『북한영화의 역사적 이해』, 도서출판 역락, 2005, 113쪽.
15 박신헌, 「이원적 대립구조와 인물유형의 전형성」, 문학과 언어 Vol.14, 문학과 언어연구회, 1993, 298쪽.

하는 인간형이다."[16] 따라서 전형은 뚜렷한 계급적 특징을 지니고 있는 인물을 통해 드러난다. 그리고 여기서의 인물은 "당대 사회의 성격과 여러 관계들의 양상, 그 발전 경로를 최대한 집약적으로 반영하고 있는 것을 의미한다. 이러한 집약적 반영이 곧 당대 현실의 객관적 필요의 내용인 것이다."[17] 이러한 측면에서 전형적 인물은 동시대 사회에 토대한 역사적 환경을 함축적으로 내포하고 있다 할 수 있다. 그러므로 전형화는 전형에 기반 한 인물을 통하여 구축되고 그 과정에서 인물은 핵심적 위치를 차지하게 되면서 나타나는 하나의 형식인 것이다.

이와 같은 특징은 영화 〈내 고향〉과 〈용광로〉에서 공통적으로 나타나고 있다. 영화 〈내 고향〉과 〈용광로〉에서는 일제 강점기와 해방 직후의 역사적 공간을 민족적, 계급적 대립이 집약되어 있는 역사적 전형으로 묘사하고 있다. 이러한 역사적 공간은 영화 속 인물들을 설명하는 토대로 작용하고 있다. 그리고 영화 속 배경으로 일제 강점기와 해방되어야 할 공간으로 미리 규정된 역사적 토대, 이른바 역사적 전형은 인물의 전형에 의해 구체화 된다. 그러나 그 과정에서 중요한 것은 전형화 된 인물들이 영화 속에서의 최종 목표인 메시지를 전달하기 위해 그 인물의 심리적 상황 속으로 깊이 빠져들지 않는다는데 있다. 이것은 오로지 영화에서 드러내고자 한 연출의 최종 목표를 위해 다양한 인물의 심리를 통해 구축하지 않고 그들을 희생시키지도 않는다는 의미이다. 그리고 그 과정에서 인물의 전형은 영화에서 일어난 모든 것들의 이원적 대립구조 속에서 이루어진다는 사실이다. 즉 전형은 대립적 인물을 통해 그 전형의 특징들이 확보된다는 것이다. 그러므로 인물의 전형은 비교적 단순하고 명확한 목표를 지닌 이데올로기의 확산과 정치적 목표를 선전할 때 효과적일 수 있다. 따라서 인물의 전형화는 주로 장르영화나 이데올로

---

16 사회과학원, 『문학대사전 3』, 사회과학출판사, 2000, 357쪽.
17 실천문학 편집위원회 엮음, 『다시 문제는 리얼리즘이다』, 실천문학사, 1992, 155쪽.

기적인 정치적 목적이 뚜렷한 영화에서 나타나고 있다. 이와 같은 특징은 영화 〈내 고향〉과 〈용광로〉에서 확인된다.

영화 〈내 고향〉에서는 왜놈, 지주 최경천과 이들에 저항하면서 새로운 시대를 열고자 한 관필을 축으로 형성되어 있다. 서로 다른 계급에 속해 있는 이 두 진영의 인물들은 이 영화의 메시지인 왜놈과 지주를 타도하고 새로운 공산주의 북한을 건설하기 위한 이야기가 그 중심축에 위치하고 있다.

왜놈과 동일시한 지주 최경천이라는 인물은 두 가지 측면을 지니고 있다. 첫째는 재산에 대한 탐욕으로 점철된 인물로 묘사되고 있고, 둘째는 왜놈들과의 결탁관계를 통해 친일파로 설정되었다. 즉 지주 최경천은 소작인들에게는 냉정하고 혹독한 모습으로 묘사되었지만 일본 앞잡이들과의 관계에서는 온갖 여흥과 음식을 대접하면서 비굴하게 행동한다. 따라서 최경천은 지주의 특징과 일본 앞잡이들과의 관계를 통해 지주와 친일파의 전형성을 가진 인물로 설정되었다.

지주 최경천이라는 인물의 전형과 함께 또 다른 인물의 전형은 그와 대립되는 인물로 설정된 관필을 들 수 있다. 즉 최경천이 제국주의 일본과 지주 계급과의 동일시를 이끄는 중심인물의 전형이었다면, 관필은 그를 극복하고 타도해야 하는 인물의 전형인 것이다. 따라서 관필을 통해 지주와 일본의 혹독함과 잔인함을 드러내야 할 뿐만 아니라, 그를 통해 새로운 세상을 위해 투쟁해야 하는 정당성을 담보하게 된다. 그러므로 관필은 영화 〈내 고향〉에서 계급적 불평등에 근거한 혹독한 현실, 그리고 그것이 일본의 앞잡이들과 연결되어 있다는 사실에 저항하는 인물의 상징으로 묘사되었고, 이를 극복하기 위한 무장투쟁, 새로운 세상의 도래라는 결론을 이끄는 상징적인 인물의 전형으로 설정되었다. 따라서 관필은 북한정권의 근거와 토대를 설명하는데 있어 가장 전형적 형태라 할 수 있다. 그리고 이 두 인물의 전형화를 강화시키는 것으로 최경천을 둘러싸고 있는 일본 앞잡이들, 최경천의 부인과 아들 인달이 배치되어 있고, 관필의 주변에는 점차 계급적 인식에 눈을 뜨게 되는 어머니, 옥단 등이 있다. 이들은 지주 최경천과 관필의 전형성을 더욱 강화시키는 역할을 하고 있을 뿐만 아니라 이 영화의 대립적 관계를 증폭시키는 기능을 하고 있다. 그리고 관필을 새로운 영역으로 인도하고 연결시키는 역할로 설정된 인물이 감옥에서 만난 항일 유격대의 김학준이다. 그는 관필을 항일 유격대로 연결시키는 역할을 할 뿐만 아니라 김일성 장군이라는 신비화된 인물로 인도하는 인물의 전형인 것이다. 그에 따라 영화의 최종 결론은 김일성 장군으로 귀결된다.

이처럼 영화 〈내 고향〉에서는 지주 최경천과 관필, 김학준이라는 인물의 전형을 통해 해방이후 북한정권의 근거와 지향, 토대를 선명하게 설명하고 있을 뿐만 아니라 인물의 영웅화, 신비화로 이끄는 요소로 사용하고 있다. 따라서 영화 〈내 고향〉에서 나타나고 있는 인물의 전형화는 북한정권의 성립 토대와 지향, 특징을 설명하는데 가장 효과적인 창작 수법인 것이다.

영화 〈내 고향〉이 적대적이고 대립적인 인물의 전형을 통해 내러티브의 선명성을 구축하였다면, 영화 〈용광로〉에서는 북한정권 수립이후 북한의 인민경제계획수립에 있어 북한 인민들이 어떻게 극복해야 하는지를 보여주기 위하여 전통적인 낡은 시각과 헌신과 열정에 토대한 새로운 시각의 대립으로 묘사하였다. 이를 구체화하기 위하여 영화 〈용광로〉에서는 '기존의 이론이 과학적이다'라고 주장하면서 그 이론에 집착하고 있는 인물로 로완섭을, 인간의 의지와 헌신을 통해 그것을 극복해 갈 수 있다고 주장하는 인물로 홍기사를 설정하였다. 그리고 로완섭과 같은 노선의 인물로는 요업 노동자인 석만과 성호를, 홍기사와 같은 노선의 인물로는 룡수를 배치하였다.

이러한 인물구조 속에서 영화 〈용광로〉에서는 룡수를 북한 인민경제 재건의 상징이라 할 수 있는 용광로를 복구하는데 헌신적인 노력을 하는 인물의 전형으로 설정하였다. 룡수는 처음에 전통적인 과학이론을 주장한 로완섭에 의해 방해를 받지만 그가 공장 간부인 기사장 등에 의해 비판을 받고 난 후 룡수의 실험과 헌신적인 노력에 동참하게 된다. 그러나 마지막까지 룡수에게 대립적이고 적대적인 인물로는 같은 요업과 사무실에 근무하는 석만과 성호를 들 수 있다. 이들은 나태와 무사 안일한 인물의 전형으로서 룡수의 헌신적이고 열정적인 의지와 노력을 방해하는 자들이다. 물론 이들의 행위는 룡수의 헌신적인 노력을 통해 성공을 상징적으로 보여준 공장의 하얀 연기 기둥을 통해 무력화 되면서 끝이 난다.

이처럼 영화 〈용광로〉에서는 국가정책 추진에 있어 헌신적이고 열정적인 인물의 노동자와 이를 방해하는 인물 그리고 처음에는 전통적인 과학이론과 논리를 통해 반대하였지만 당 간부 등에 의해 비판받고 자신의 잘못을 뉘우친 인물을 배치함으로써 긍정적 인물과 적대적 인물, 그 과정에서 자신의 잘못을 인정하는 이른바 순응적 인물을 통해 북한이 당면하고 있던 시대적 문제에 대해 북한 인민들이 어떻게 대응하고 극복해야 하는지를 로완섭, 룡수, 석만, 성호와 같은 전형적 인물을 통해 보여주고 있다. 즉 국가정책에 헌신적이고 열정적으로 복무하는 인물과 이를 반대하는 인물, 그리고 전통적인 이론과 사고에 사로잡힌 인물이 열정적이고 헌신적인 인물을 만남으로서 자신의 시각과 인식을 교정하여 국가정책과 계몽에 기여하는 인물이라는 전형으로 구성되어 있는 것이다.

이와 같은 인물의 전형은 북한의 이데올로기와 사상을 통합하는 과정과 경제정책과 계몽을 다루는데 있어 효과적이고 유용한 수법들이다. 따라서 인물의 전형화, 전형적 인물은 영화 〈내 고향〉과 〈용광로〉에서 나타나는 특징일 뿐만 아니라 초기 북한영화의 특징을 넘어 향후 북한 영화 창작방식의 토대로 작용하고 있다.

(3) 자연풍경을 통한 논리의 정당성 강화

영화 〈내 고향〉과 〈용광로〉에서 나타나고 있는 초기 북한영화의 또 다른 특징으로는 자연풍경을 들 수 있다. 자연풍경은 이들 영화에서 이야기와 상황의 정당성을 강화하는 요소로 작용하고 있다. 일반적으로 영화에서의 자연풍경은 이야기나 상황, 감정에 연관된 에피소드를 정리하거나 전환하는데 사용되지만, 이들 영화에서는 내용의 정당성을 강화하기 위한 요소로 사용되고 있을 뿐만 아니라 특정한 인물을 자연적인 순리와 필연성을 통해 그 인물의 초월성과 신비성을 드러내기 위한 암시로 사용되고 있다. 따라서 영화 〈내 고향〉과 〈용광로〉에서의 자연풍경, 즉 자연적 요소는 단순히 객관적으로 존재하는 시각적 요소로서가 아니라, 내용을 전개시켜 나가는 과정에 있어 인물을 영웅화, 신비화하는 기반으로 이용되고 있다. 이처럼 자연풍경이 영화 〈내 고향〉과 〈용광로〉에서 중요한 창작 요소로 등장하게 된 요인은 물리적이면서 객관적으로 존재하고 있는 자연풍경도 그것을 바라보고 있는 사람에 따라 다르게 해석될 수 있다는 여지 때문이다. 즉 "순수한 자연풍경도 인간의 역사적, 계급적 관점에 따라 취택되어 묘사되므로, 각 민족의 역사적 계급적 관점이 반영될 수 있다는 것이다. 북한에서는 이를 애국주의와 관련이 있다고 설명한다. 즉 순수한 자연 묘사는 깨끗하고 우아한 정서, 숭고하고 장엄한 감정환기, 향토애와 민족적 긍지감을 포함한 애국주의 감정을 불러일으킨다"[18]고 한다.

이와 같은 특징과 전통의 맹아가 영화 〈내 고향〉에서 나타나고 있다. 영화 〈내 고향〉은 마을의 아름다운 자연풍경인 구름, 나무, 논, 시골집 등과 같은 평화로운 시골풍경을 보여주면서 시작된다. 그러나 이러한 자연풍경은 바로 뒤이어 이어지는 장면인 지주 최경천이 머리를 조아리고 있는 관필의 어머니를 호통치고 있는 모습과 대비되면서 극적인 효과를 창출한다. 즉 평화로운 자연풍경은 뒤이은 사건과 내용을 설명하기 위한 중요한 기제로 사용된 것이다. 시골의 자연풍경은 그들이 지켜내야 할 내 고향이라는 것을 암시하고 있

---

18 이상숙, 「북한문학의 전통과 민족적 특성」, 한국어문학연구 Vol.46, 한국어문학연구학회, 2006, 75쪽.

을 뿐만 아니라 뒤이어 전개될 일본 제국주의와 지주 그리고 그 속에서 힘들고 어렵게 살아가고 있는 농민들의 삶을 설명하는데 중요한 토대로 작용하고 있다. 이와 같은 의미를 함축하고 있는 장면으로는 힘들고 고통스럽게 살아가고 있는 인민들의 삶 속에서 새로운 희망의 상징 중 하나라 할 수 있는 야학 선생을 지주 최경천이 공산주의자라고 밀고해 체포된 바로 이후의 장면을 들 수 있다. 즉 야학 선생이 체포된 이후 화면에서는 금수강산과 풍요롭고 아름다운 자연과 꽃을 보여준다. 그와 동시에 평화롭고 아름다운 남녀의 모습과 자연, 금수강산을 노래한 여성의 노래와 합창이 이어진다. 이 장면은 이전 장면, 즉 지주 최경천과 일본군, 경찰들로부터 착취당하고 고통스럽게 살아가고 있는 조선 인민들의 삶과 유격대에 참여하게 된 관필의 모습 등에 대한 반대 논리로서 작용하게 된 것이다.

그러나 자연풍경의 의미는 영화 후반부로 가게 되면 다른 의미로 발전한다. 이전의 대립적이고 반대적인 의미를 강조하기 위한 것이 아니라, 자연풍경은 평온하고 아름다운 삶의 상징으로 묘사되고 있다. 이와 같은 의미의 자연풍경은 일본 제국주의 패망과 함께 항일 유격대원들에 의해 해방된 고향과 환호하는 군중들, 노동자들의 모습을 보여주는 장면에서 확인된다. 뿐만 아니라 영화 〈내 고향〉에서 자연풍경의 의미는 징용 갔다 고향으로 돌아 온 관식을 기다리는 어머니의 모습과 유격대원으로 활동하다 공산당 간부로 돌아온 관필의 모습, 그리고 김일성이 조국을 해방시켰다는 말과 토지분배 정책 실시라는 자막과 함께 아름답고 평온한 자연풍경을 보여주고 영화가 종결되면서 자연풍경의 의미는 절정으로 치닫게 된다.

이처럼 영화 〈내 고향〉에서의 자연풍경은 내용의 극적요소를 드러내기 위한 토대와 내용에 대한 대립적 의미와 극적요소, 그리고 그것의 해소 논리로서 기능하고 있는 것이다. 즉 자연풍경은 평온하고 아름다운 삶을 훼손한 세력과 요인들을 드러내기 위한 가장 근본적인 근거로서, 그리고 그러한 세력과 요인들이 제거되었을 때 다시 질서와 평온함을 되찾았다는 것을 상징화하기 위한 것으로 기능하고 있다. 따라서 영화 〈내 고향〉에서의 자연풍경은 긍정과 부정, 극적전환, 다시 긍정으로 끝나게 되는 과정에서 중요한 요소로 작용하고 있는 것이다. 그리고 무엇보다 자연풍경이 지니고 있는 가장 강력한 의미는 모든 것이 자연의 순리와 인과관계 속에 내재되어 있는 필연성을 들 수 있다. 이것은 곧 초월성, 신비성과 결부되어 있다. 그렇기 때문에 영화 마지막 부분에서 특정한 인물, 즉 김일성과 연결시키고 있는 것은 그의 존재를 역사적 이행과정에서 반드시 필요한 절대적 가치의 존재로 인식하게 하는 기능을 한다. 따라서 영화 〈내 고향〉에서의 자연풍경은 극적 내용의 대립적 관계를 부각시키는 요소로서 사용되기도 하지만, 보다 본질적인 것은 김일성이라는 북한의 지도자를 부각시키기 위해 사용되었다 해도 과언은 아니다.

이처럼 영화 〈내 고향〉에서는 자연풍경이 영화의 내용을 전개시켜 나가는 데 중요한 요소로 작용하고 있다. 그 중 하나가 영화 속에서 내용을 강조하기 위한 대립적 요소로 자연풍경을 이용하고 있다는 데 있다. 그렇기 때문에 자연풍경은 일반적으로 영화 속 각 인물의 상황을 직접적으로 설명하고 있지는 않는다. 그러나 자연풍경이 역사적 필연성이라는 상징적 의미와 조우했을 때 그 의미는 완전히 달라진다. 이것은 한 인물의 전지전능함을 전파하고 주장하는데 자연풍경이 지니고 있는 인과관계적 필연성이 중요한 요소로 작용할 수 있다는 의미이다. 즉 자연풍경이 갖고 있는 필연성, 순리성 그리고 인간의 능력 범위를 넘은 초월성, 신비성이 한 인물로 집중하게 되면 그 인물은 절대화, 신비화, 우상화의 길로 접어들 수 있는 여지를 주게 된다는 것이다. 이러한 측면에서 영화의 모든 내용이 김일성 한 인물로 귀결되고 있는 〈내 고향〉은 이런 형태의 전형적 예라 할 수 있다. 이 영화에서의 자연풍경은 김일성을 영웅화, 신비화 시키는데 있어 논리적 기반으로 작용하고 있고 매우 효과적으로 사용되고 있다.

반면 영화 〈용광로〉에서는 자연풍경이 〈내 고향〉에서처럼 작용과 반작용, 작용의 도식으로 나타나지 않는다. 〈용광로〉에서는 영화 시작과 함께 일본

제국주의에 의해 훼손되고 파괴된 공장 전경을 보여주면서 그것의 극복과정에 초점이 맞추어져 있다. 따라서 〈용광로〉에서는 〈내 고향〉에서처럼 자연풍경이 영화 내용의 긍정과 부정, 긍정으로 이어지는 논리적 토대로서 작용하고 있지는 않다. 이것은 영화 〈용광로〉가 해방이후 북한의 경제극복 과정에서 북한 노동자들의 헌신적인 노력에 초점을 맞추고 있기 때문이다.

그럼에도 불구하고 이들 영화, 특히 〈내 고향〉에서 나타난 자연풍경을 통한 인관관계성은 초기 북한영화의 중요한 특징 중 하나이자 향후 북한영화 형성에 있어 핵심적 요소인 지도자의 우상화, 신비화에 이르게 하는 중요한 창작요소로 발전하게 된다.

(4) 특정한 인물로 귀결되는 결론

영화 〈내 고향〉과 〈용광로〉에서 가장 두드러진 특징 중 하나는 영화의 결론이 특정한 인물로 귀결된다는 데 있다. 이것은 영화자체의 내용 전개에 따른 내용적 결론과 함께 그 결론을 가능케 한 원인이 특정한 인물로 수렴된다는 의미이다. 이러한 특징은 이들 영화의 전개과정 곳곳에서 나타나고 있다.

영화 〈내 고향〉에서는 '다시 찾은 내 고향'이라는 노래의 선율과 함께 특정한 인물, 즉 김일성을 해방과 미래의 등불로 언급하면서 시작되고 있다. 뿐만 아니라 관필이 지주 최경천의 고발로 경찰에 체포되어 감방에 수감되었을 때, 그는 김학준으로부터 보천보 전투를 승리로 이끈 김일성의 탁월한 지도력을 듣게 된다. 또한 관필이 감방을 탈출하여 유격대원으로 활동하고 있으면서 잠시 상념에 잠기고 있을 때 친일파, 민족반역자, 피비린내 나는 암흑 땅으로 변해가고 있는 자신의 고향을 언급하면서 김일성 장군을 우러러 용감하게 싸워야 한다는 내레이션이 흐른다.

이처럼 영화 〈내 고향〉에서는 김일성을 영화 중간 중간에 언급하면서 영화를 보는 인민들에게 그를 환기시키도록 요구한다. 이를 위한 보다 노골적인 장면으로는 해방이 되자 이 해방은 김일성이 일본제국주의를 타도하고 조국을 해방시켰다라고 강조한데서 확인된다. 그리고 바로 뒤이어 김일성 만세를 외치는 다양한 노동자, 농민들의 모습을 보여주면서 그 논리를 정당화시킨다. 이러한 논리의 정당성은 평화로운 농촌 마을을 보여주면서 자료 필름으로 김일성의 북한 입성 장면과 연설장면, 이를 열렬히 환영하는 군중들을 보여주고 합창 노래로 이어지면서 김일성에 대한 영웅화는 절정에 이르게 한다. 그리고 김일성은 민족의 영웅으로 칭송받는 존재로 확실하게 각인된다. 이와 같은 모든 과정을 다시 한 번 강조하기 위해서 영화는 관필과 옥단의 말을 통해 결론을 내린다. 즉 "김일성은 항일무장투쟁을 전개하시어 조국을 광복하시고 우리에게 자유와 해방을 가져다 주셨고 김일성 장군께서는 토지를 우리 농민들에게 노나주셨다"라고 말하면서 영화는 종결된다.

이처럼 영화 〈내 고향〉의 모든 내용은 특정한 한 인물인 김일성으로 귀결되고 있음을 알 수 있다. 이와 같은 수법은 김일성을 항일투쟁의 영웅으로 인식하게 하여 영화 내용의 정당성을 확립하게 할 뿐만 아니라 그를 신비화하도록 하는데 있다. 따라서 이 영화에서는 김일성을 역사적 사건의 중심에 두면서 그의 탁월한 능력을 신비화 시키고 그에게로 귀결시킴으로써 그를 영웅화하고 있다. 이런 수법은 이 영화가 나아가야 할 최종 방향과 목적이 특정한 인물인 김일성으로 설정되어 그를 영웅화 하고 있음을 보여주고 있다.

이와 같은 특징은 1947년 인민경제계획을 추진하기 위한 노동자들의 의지를 다룬 영화 〈용광로〉에서도 찾아 볼 수 있다. 비록 〈용광로〉에서는 영화 〈내 고향〉에서처럼 김일성을 영웅화, 신비화하기 위해 그의 존재를 영화 곳곳에서 설명하고 환기시키지는 않고 있지만 인민경제계획 실천의 토대는 김일성으로부터 비롯되었다는 것을 영화시작과 함께 언급하고 있다. 즉 영화가 시작되면서 소련군대의 진주 직전 일본인들에 의해 방화와 침수 등으로 파괴된 공장의 전경과 모습을 보여주고 바로 뒤이어 김일성의 모습을 담은 사진을 보여주면서 해방이후 토지개혁, 모든 공장들의 인민국가 권력으로의 귀속, 노동자들의 참여를 요청하는 김일성의 연설을 보여주고 있다. 그리고 노동자들을 민주국가 건설의 주인공으로 되게 하였다는 김일성에 대한 언급을 내레이션으로 설명하고 있다. 이것은 영화 〈내 고향〉에서처럼 시작과 중간, 결말의 과정에서 김일성에게로 집중되어 귀결되고 있지는 않지만, 〈용광로〉에서는 인민경제계획을 가능케 한 것이 김일성과 그에 의한 연설로부터 시작되고 있다는 것을 보여주면서 그를 특별한 존재로 각인시키고 있다. 즉 김일성이라는 특별한 인물은 영화 시작부분에만 등장하지만 용광로를 통해 전개되고 있는 모든 사건들의 해결은 김일성의 존재가 있기에 가능한 것이라는 것을 영화 시작과 함께 선언하고 있는 것이다. 이처럼 〈내 고향〉과 〈용광로〉에서 나타난 특징은 영화에서 전개되고 있는 사건의 시작과 전개과정, 결론이 김일성이라는 한 인물로 귀결되고 있음을 알 수 있다.

이와 같은 특징은 북한 영화가 스탈린 시기의 소련 영화로부터 깊은 영향을 받게 되면서 이미 예견되었던 사실이다. 그러나 소련영화에서는 스탈린을 우상화하는데 일정한 역사적 이행과정을 거치면서 형성되었다. 즉 스탈린은 정치적 경쟁관계에 있는 정적들이 제거된 이후에도 곧 바로 자신을 우상화시키지 않았다. 그는 정치적 상황과 역사적 상황에 따라 노동자들이나 역사적 인물 등을 영웅화 시키면서 점차 자신을 우상화 시키도록 하였다. 이에 비해 북한 최초의 극영화인 〈내 고향〉과 〈용광로〉에서는 북한정권 수립과 함께 즉각적으로 김일성을 영웅화 시키면서 우상화와 절대화의 토대를 확립하였다. 이 두 영화에서는 특정한 인물인 김일성을 영웅화 시키면서 유일한 지도자로 부각시키고 있는 것이다. 이것이 이 두 영화에서 나타나고 있는 중요한 특징이라 할 수 있다. 이것은 초기 북한영화뿐 아니라 향후 북한 영화의 가장 중요한 특징이 이들 영화에 이미 내포되어 있다는 것을 말하고 있다.

3. 결론

영화 〈내 고향〉과 〈용광로〉는 해방이후 북한 정권이 수립된 이후 등장한 북한 초기의 극영화들이다. 그러나 이들 영화들은 일정부분 불가피하게 소련 영화와의 관계 속에서 파악되어야 한다. 왜냐하면 북한 정권은 소련정부의 절대적 지원을 받으면서 수립되었기 때문이다. 이러한 정치적 역학관계 속에서 북한 영화는 해방이후 소련으로부터 전해진 영화들로부터 영향을 받게 되었다. 특히 이 시기 북조선으로 전해져 받아들인 소련영화 대부분은 스탈린이 절대 권력을 휘두르고 있을 때 만들어진 스탈린 시기의 영화들이었다. 따라서 초기 북한영화들은 이 시기 소련영화에서 나타나고 있는 특징인 선과 악의 구분이 명확한 내러티브 구조, 인물의 영웅화, 국가정책과 연동한 인민들의 계몽화, 그리고 스탈린의 업적을 신비화하면서 연결되는 우상화 등을 자연스럽게 받아들이게 되었다. 이러한 소련영화의 특징들은 초기 북한영화의 특징을 형성하게 하는 중요한 요인이었다. 왜냐하면 초기 북한정권의 수립과 공고화는 공산주의 이데올로기 강화와 국가정책에 대한 인민들의 적극적인 선전과 계몽과 연결되어 있기 때문이다. 이를 위해 영화가 초기 북한정권의 정치 지도자를 영웅화, 신비화하거나 그의 정치적 기반을 공고히 하는 데 중요한 역할을 하게 되었던 것이다.

북한 영화 창작수법은 이와 같은 특별한 정치적 상황 속에서 형성되었다. 그리고 영화 〈내 고향〉과 〈용광로〉의 특징은 이러한 이행과정에서 발생하였다. 특히 이들 영화에서 나타나고 있는 내러티브의 선명성, 인물의 전형화, 자연풍경을 이용한 논리의 정당성 강화 등은 초기 북한영화의 가장 구체적 특징들인 것이다. 즉 내러티브의 선명성을 통해 이야기 구조의 단순한 도식이, 인물의 전형화를 통해 예측 가능하고 규정화된 인물의 행위가, 자연풍경을 통해서는 거부할 수 없는 인과 관계적 필연성이 나타나게 되었다. 그러나

이 모든 것은 북한정권의 특정한 인물인 김일성에게로 집중되고 있다. 즉 구체적이고 명확한 이야기를 전달하기 위한 수법들이라 할 수 있는 선명한 도식과 인물의 전형화, 자연풍경 등은 영화의 최종 목표라 할 수 있는 북한 정권의 최고 지도자인 김일성에게로 그것의 원인과 결과가 집중되도록 하였다. 그 결과 영화 〈내 고향〉, 〈용광로〉에서는 해방을 기점으로 전개된 해방이후의 역사적 이행과정에서 김일성은 필수불가결한 역사의 영웅적 인물로 등장할 수 있었다. 이들 영화를 통해 김일성은 해방을 위해 투쟁하였고, 그가 해방을 주도한 유일한 인물이며, 지도자로서의 그의 등장은 마치 자연의 섭리처럼 누구도 부인할 수 없이 이미 예견되었던 필연적 과정의 결과로 인식하게 하였다. 이러한 특징들이 영화 〈내 고향〉, 〈용광로〉에서 나타났다. 영화 〈내 고향〉과 〈용광로〉에서의 이러한 도식과 특징들은 초기 북한영화뿐만 아니라 향후 북한영화의 중요한 창작의 근간이 되었고 북한영화의 특징과 성격을 파악할 수 있는 핵심적 요인들이라 할 수 있다.

따라서 영화 〈내 고향〉과 〈용광로〉에서 나타나고 있는 형식들은 북한 초기 영화의 특징들을 있는 그대로 드러내고 있으며 향후 북한영화의 방향과 형식을 견인한 요소들인 것이다. 그것이 바로 내러티브의 선명성, 인물의 전형화, 자연풍경을 이용한 논리의 정당성, 특정한 인물, 즉 김일성으로 귀결되는 결론 등이다. 이것이 곧 북한 초기 영화의 특징이고 그 속에서 향후 북한영화의 중요한 방향과 형식이 내포되어 있다고 할 수 있다.

참고문헌

1. 단행본

실천문학 편집위원회 엮음, 『다시 문제는 리얼리즘이다』, 실천문학사, 1992.

사회과학원, 『문학대사전 3』, 사회과학출판사, 2000.

경남대학교 북한학 대학원 엮음, 『북한현대사1』, 한울 아카데미, 2004.

민병욱 저, 『북한영화의 역사적 이해』, 도서출판 역락, 2005.

찰스 암스트롱(Charles K. Armstrong)/김연철 역, 『북조선 탄생』, 서해문집, 2006.

김학준, 『북한의 역사 제2권: 미소냉전과 소련군정 아래서의 조선민주주의 인민공화국
    건국』, 서울대출판부, 2008.

Leo Braudy Marshall Cohen, *Film Theory and Criticism*, oxford university,
    1999.

Susan Hayward, Cinema Studies Key Concepts(Fourth Edition), Routledge,
    2013.

2. 논문

박신헌, 「이원적 대립구조와 인물유형의 전형성」, 문학과 언어 Vol.14, 문학과언어연구
    회, 1993.

서정남, 「북한 예술영화의 미학적 특징으로서의 신파성과 내러티브 체계에 관한 연구」,
    영상문화 Vol.2, 한국영상문화학회, 2000.

정태수, 「스탈린주의와 북한영화형성 구조연구」, 영화연구 Vol.18, 한국영화학회,
    2002.

이상숙, 「북한문학의 전통과 민족적 특성」, 한국어문학연구 Vol.46, 한국어문학연구학
    회, 2006.

한상언, 「해방기 영화인 조직연구」, 한양대학교 대학원 영화학 석사학위 논문, 2007.

_____, 「북한영화의 탄생과 주인규」, 영화연구 Vol.37, 한국영화학회, 2008.

해방 이후 8년
북한의 소련영화 수용과 영향

정영권

1. 북한영화사의 지워진 기억, 소련영화

북한영화사는 자신들이 주장하는 '영화예술의 혁명전통'을 1960년대 후반~1970년대 초반 〈피바다〉(1969), 〈한 자위단원의 운명〉(1970), 〈꽃파는 처녀〉(1972) 등이 제작된 이른바 '주체적 영화예술의 혁명전통의 창시'로 보고 있다.[1] 일제강점기 나운규의 〈아리랑〉(1926)이 비판적 사실주의에 입각한 민족영화로 평가받고 있고, 북한 최초의 예술영화(극영화) 〈내 고향〉(1949)이 북한영화의 태동으로 자주 언급되고 있지만, 유일체제 확립(1967) 이후 수령형상영화가 서서히 등장한 시기를 북한영화의 진정한 전통으로 보고 있는 것이다. 〈내 고향〉이 영화예술의 혁명전통이 되지 못하는 이유는 첫째, 영화예술의 물질적 · 기술적 토대도 매우 빈약하였고, 둘째, 영화예술인들이 새 조국 건설에 이바지하는 긍지와 자부심을 갖고 있었으나 사상적 · 예술적

---

1   허의명, 『영화예술의 혁명전통』, 문학예술종합출판사, 1996, 28~66쪽.

기량이 김일성의 주체적 문예사상과 이론을 완벽하게 구현할 수 있을 만큼 준비되지 못하였기 때문이다. 이런 이유로 〈내 고향〉은 북한영화의 첫 시작으로 볼 수는 있어도 영화예술의 혁명 전통이 될 수는 없다는 것이다.[2] 유일체제 확립 이후의 영화를 혁명전통으로 여기는 이러한 시각은 초창기에 북한 인민들과 영화계에 상당한 영향을 끼친 소련영화의 수용과 영향을 지워진 역사로 만들기도 한다.

해방 이후 8년간의 시기(1945~1953)는 소련영화의 절대적 영향시기임에도 오늘날 북한영화사에서는 언급조차 되지 않는다. 이러한 문제의식 속에서 이 글은 초기 북한의 소련영화 수용과 영향관계를 논하고자 한다. 물론, 북한의 소련영화 수용에 대한 남한의 연구가 전무한 것은 아니다. 소련영화의 수용과정과 스탈린주의 문예정책이 북한영화에 끼친 영향을 거론한 정태수의 연구[3], 북한영화의 형성과정을 소련과의 관계로 설명한 함충범의 연구,[4] 해방기 남북한 영화를 미소점령정책과의 관계로 규명한 송낙원의 연구,[5] 근대적 경험으로서 소련영화의 수용을 밝힌 이명자의 연구[6] 등이 있다.[7]

---

2 위의 책, 22~23쪽.

3 정태수, 「스탈린주의와 북한 영화 형성 구조 연구」, 『영화연구』 18호, 한국영화학회, 2002; 정태수, 「영화 〈내 고향〉과 〈용광로〉를 통해 본 초기 북한영화의 특징」, 『현대영화연구』 10호, 한양대학교 현대영화연구소, 2010.

4 함충범, 「북한영화 형성 과정 연구: 소련과의 관계를 중심으로」, 『현대영화연구』 1호, 한양대학교 현대영화연구소, 2005.

5 송낙원, 「해방 후 남북한 영화 형성기(1945~1953)」, 정태수 편, 『남북한 영화사 비교연구』, 국학자료원, 2007.

6 이명자, 「해방공간에서 북한의 근대 경험의 매개체로서 소련영화의 수용 연구」, 『통일문제연구』 54호, 평화문제연구소, 2010.

7 이 밖에도 북한영화의 초기 형성과정을 다루고 있는 주요연구들은 다음과 같다. 송낙원, 「북한 영화의 형성 과정과 최초의 극영화 〈내 고향〉 연구」, 『문학과 영상』 10권 1호, 문학과영상학회, 2009; 조흡 · 이명자, 「해방후 민주개혁기의 북한영화: 공동체, 수령, 주체를 지향하는 북한 영화문화의 형성과정을 중심으로」, 『영상예술연구』 11호, 영상예술학회, 2007; 한상언, 「북한영화의 탄생과 주인규」, 『영화연구』 37호, 한국영화학회, 2008.

남한의 연구자들이 북한영화의 형성에 끼친 소련영화의 영향을 밝혔지만 대체로 정책적, 제도적 측면에 집중하고 있으며, 소련영화가 북한인민들에게 어떻게 다가왔는지, 소련영화가 북한영화에 어느 정도로 영향을 주었는지에 대한 실증적 담론/문헌 연구는 거의 없다. 따라서 이 글에서는 당대의 북한 신문, 잡지 기사·평론들을 분석하는 것을 통해 위의 거시적 접근들이 다 담지 못했던 보다 미시적인 측면을 논하고자 한다. 아울러, 북한 최초의 예술영화 〈내 고향〉을 일종의 사례연구로 다루면서 초기 북한영화에 끼친 소련영화의 영향관계를 밝히고자 한다.

2. 북한인민들은 소련영화에서 무엇을 보았는가?

1946년 10월 14일 제2회 북조선예술총연맹 전체대회 결정서는 "쏘련의 위대한 문학예술을 섭취하고 또한 우리 민족의 문학예술전통을 정당히 계승한 우에 새로운 민족적 형식의 완성에 노력할 것"을 결의하고 있다.[8] 이러한 정책적 결정에 입각해서 북한은 소련의 문화와 예술을 적극적으로 받아들이기 시작했다.[9] 물론, 문학예술계가 이러한 입장을 채택하기 이전에 이미 북한

---

8 《로동신문》 1946.10.18. ; 국사편찬위원회, 『북한관계사료집』 33, 국사편찬위원회, 2000, 301쪽.

9 북한이 소련문화를 수용한 배경에 대해서는 자발적 수용으로 보는 시각과 어느 정도의 강제적 수용으로 보는 입장으로 나눠 볼 수 있다. 유임하는 "북한 사회가 자발적이고 주체적으로 소련문화를 수용하는 입장"이었다고 쓰고 있다. 유임하, 「북한 초기문학과 '소련'이라는 참조점: 조소문화 교류, 즈다노비즘, 번역된 냉전논리」, 남북문학예술연구회, 『해방기 북한문학예술의 형성과 전개』, 역락, 2012, 45쪽. 이에 비해 김학준은 북한의 문화예술인들이 소련을 찬양하도록 요구받은 반강제적 측면에 중점을 두고 있다. 김학준, 『북한의 역사 2: 미소냉전과 소련군정 아래서의 조선민주주의인민공화국 건국(1946년 1월~1948년 9월)』, 서울대학교출판부, 2008, 605~610쪽. 아마도 역사적 사실은 위로부터의 '자연스러운' 영향력과 아래로부터의 자발적인 수용이 아니었을까

당국은 1945년 말 소련 문화의 과학적 '섭취'와 조선 민족문화의 건설을 목표로 하는 조소문화협회를 설립하고 소련과의 적극적인 문화교류를 수행했다.[10] 조소문화협회는 1947년 1월 28일 「조쏘문화협회 사업협조에 관하여」 (결정서)에서 기존의 사업성과가 극히 미약했음을 반성하면서 소련 서적의 출판사업과 번역사업을 급속히 강화하고, 각종 미디어, 예술형식을 통해 조소친선과 소련문화의 보급을 위한 광범한 선전사업을 전개하며, 소련의 과학, 문학, 예술에 관한 연구사업 등을 강력히 개진할 것 등을 결의하였다.[11] 조소문화협회 등을 통해 북한의 문인, 예술가, 관료들은 소련을 방문한 후 소련에 대한 열광적인 예찬자들이 되었다. 소설가이자 조소문화협회 위원장을 지낸 이기영은 "쏘연방이란 오늘에 있어서 세계 어느 나라보담도 가장 부강하고 가장 선진적이며 가장 행복한 나라"[12]라고 말했고, 소설가 이태준은 소련을 "절대평등에 의한 진정한 평화향, 계급 없는 전체적 사회의 성원으로서 '새 타입 인간'의 창조"[13]라고 썼으며, 경제사학자이자 북한 초대 교육상 백남운은 "쏘련은 실로 인류의 새 역사를 창조한 맑스 레닌주의사상의 나라인 동시에 진정한 과학의 나라이며 인민예술의 나라"[14]라고 언급했다.

소련영화를 북한에 광범위하게 보급하는 것도 조소문화협회의 한 역할이었다. 이 시기 북한에서 상영된 소련영화들은 〈10월에서의 레닌(Leinin in October)〉(1937), 〈1918년에서의 레닌(Lenin in 1918)〉(1939), 〈맹세(The

추측한다.

10 정진아, 「북한이 수용한 '사회주의 쏘련'의 이미지」, 『통일문제연구』 54호, 평화문제연구소, 2010, 142쪽.

11 「조쏘문화협회 사업 협조에 관하여(북조선로동당 중앙상무위원회 제21차 회의 결정서 1947년 1월 28일)」; 국사편찬위원회, 『북한관계사료집』 30, 국사편찬위원회, 1998, 111쪽.

12 이기영, 「약진하는 쏘련 현황보고」, 『인민』 창간호(1권 1호), 1946; 국사편찬위원회, 『북한관계사료집』 13, 국사편찬위원회, 1992, 145쪽.

13 이태준, 「소련기행」(1947), 『소련기행 · 농토 · 먼지』, 깊은샘, 2001, 171쪽.

14 백남운, 『쏘련인상』(1950), 선인, 2005, 264쪽.

Vow)〉 (1946) 등 레닌, 스탈린의 영웅성과 우상화를 묘사[15]한 영화 뿐 아니라 기록영화를 통해서 소련의 근대적 시설, 사회주의 산업화의 결과로 나타난 콜호즈(집단농장) 등을 보여주고 있었다.[16] 특히, 1949년 10월 11일~22일까지 열흘 동안 열린 '조쏘친선과 쏘베트문화 순간(旬間)'과 1955년 해방 10주년을 맞아 8월 1일부터 31일까지 한달 간 열린 '조쏘친선 월간'에서도 수많은 소련영화가 상영되었다. 후자에서는 개막 이후 한 달 동안 1만 6천 여 회에 걸쳐 연인원 450여만 명이 소련영화를 감상하였다.[17]

그렇다면 이 시기 소련영화는 북한인민들에게 어떻게 다가왔는가? 크게, 두 가지로 나눠 생각해 볼 수 있다. 첫째, 소련이 조선을 '해방'시켜주고 원조해 준 데 대한 무한한 감사, 둘째, 선진문화로서 소련문화의 우수성과 소련인민의 고상한 도덕성에 대한 예찬, 그리고 발전하고 번영하는 국가 소련의 이미지와 거기에서 자신들 조국의 미래를 보고 싶어 하는 북한인민들의 선망과 동경이 그것이다.

우선, 해방군 소련의 '은혜'에 대한 감사는 소련영화를 언급하는 수많은 글에서 확인할 수 있지만, 특히 소련에서 제작된 기록영화 〈북조선〉에 대한 북한인민들의 감상에서 잘 나타난다. 우선 이 영화가 소련에서 상영했을 때 한 소련 평론가가 쓴 글을 따라가 보자.

조선은 산의 나라뿐인 것이 아니라 바다의 나라이다. 영화스크린에서는 동해 바다의 파도가 출렁거리고 서해바다의 파도도 굼실거린다. […] 조선 사람들이 대대손손으로 고역(苦役)하여 산지를 헐어 개간한 전토, 벼는 설렁거리고

---

15 정태수, 「스탈린주의와 북한 영화 형성 구조 연구」, 앞의 논문, 139~140쪽.
16 이명자, 앞의 논문, 254쪽.
17 정진아, 앞의 논문, 153~156쪽. 북한의 소련영화 수용의 정책적·제도적 측면에 대한 자세한 내용은 정태수, 「스탈린주의와 북한 영화 형성 구조 연구」, 앞의 논문, 136~143쪽; 송낙원, 「해방 후 남북한 영화 형성기(1945~1953)」, 앞의 논문, 36~43쪽; 이명자, 앞의 논문, 251~261쪽 참조.

과실은 울긋붉긋 가지가 느러지도록 달려있다. 그렇지만 과거에 백성은 빈궁하였다. 그것은 조선인민이 이 전토와 과원 그리고 제 나라의 주인이 못 되었던 까닭이었다. […] 일제의 노예제도 40년간에 조선인민은 무한한 고통과 비애를 맛보았다. […] 1945년 8월에와서 그 희망은 드디어 실천화하였다. 자기의 동맹적 의무에 충직한 쏘련은 일본제국주의자들에게 전쟁을 포고하였다. 많지는 않으나 전투적 활성이 가득한 화면은 극동에서의 쏘련군 진격전을 보여준다.[…] "제일 극동전선의 육군들은 태평양함대의 해군들과 함께 조선 땅에 들어섰다. 일본은 항복하였다. 쏘베트장병들은 조선인민에게 자유와 독립을 가저 왔다" 온화하면서도 내부적 자부심과 힘이 가득찬 설명이 끝난 뒤에 우리는 쓰딸린의 초상을 들고 자기의 해방군인 용감한 쏘련군을 환영하며 나온 해방을 구가하는 조선인민대중을 직관하게 된다.[18]

이 글에서 알 수 있듯이 〈북조선〉은 산과 바다 등 국가를 자연화하는 것으로서 '순수한 영토'라는 신화에서 시작해 일제의 억압 하에 시달리는 조선 '백성'의 곤궁함을 보여준다. 그리고 가혹한 시련을 겪는 조선인을 해방시키는 것은 '위대한' 소련군대의 위용이다. 1947년에 상영된 이 영화는 해방 이후 소련의 원조에 의해 북한이 발전하는 모습과 1946년 11월 3일 인민위원회 선거를 보여주는 것으로 끝을 맺는다. 이에 대한 북한 각계각층 사람들의 반응은 거의 한결 같다. 한 노동자는 이렇게 말하고 있다. "쏘련 영화기술자 동무는 조선의 실태를 고대로 보여주었다. […] 우리 북조선은 위대한 쏘련군이 주둔하여 조선에 진정한 인민정권을 수립함에 있어서 모든 원조를 아끼지 않고 […] 보건적인 미약한 농촌에서 조선인민들의 병을 치료해주는 장면은 쏘련이 진정으로 세계 피압박 민족을 위하여 투쟁하는 국가라는 것을 똑바로

---

18 예 푸르마노브, 〈쏘련에서 제작한 신작기록영화 『북조선』〉, 《조선신문》, 1947.5.24.; 이명자 편, 『신문·잡지·광고로 보는 남북한의 영화·연극·방송 1945~1953』, 민속원, 2014, 522~523쪽. 이하 맞춤법과 띄어쓰기 등은 이 책 그대로 따르며, 추후 인용되는 모든 북한문헌이나 북한문헌을 편집해 실은 남한문헌도 책에 있는 그대로 표기한다.

아렸다."[19] 또 한 노동자는 이렇게 말한다. "위대한 쏘련군이 우리 북조선에 진주한 이래 모든 민주주의적인 과업이 급속도로 발기되어가는 현상을 명백히 그 영화를 통하여 알게 된 까달기입니다. [...] 그 아름다운 강산이 근반세기동안에나 임자를 잃고 있었는데 잊혔던 강산을 그 임자에게 찾어주기 위하여 거룩한 피를 흘린 쏘베트군대의 혈투를 눈물로써 보았습니다."[20] 해방자 소련군의 위용은 한 종교인에 의해 "우리의 원쑤 일본군을 격멸하고 항복받은 정의의 해방군인 붉은군대의 씩씩한 용자(勇姿)를 볼 때에 쾌활하기 비할 데 없었"[21]다고 칭송된다.

영화 〈내 고향〉에서 주인공 관필 역으로 영화계에 데뷔한 류원준과 선반공 리금홍은 동유럽 영화를 보며 북한의 상황과 동일시하기도 한다. 동유럽과 북한을 비교하면서 "위대한 쏘련의 세계평화와 약소민족에 대한 해방적 역할"[22]을 강조하는 것이다. '조국해방전쟁'이 끝난 직후인 1953년 9월에 열린 인민민주주의 국가 영화 특별 상영 주간에서 상영된 한 폴란드 영화를 본 후 류원준은 "나는 또한 이 영화들을 통하여 파란(폴란드―인용자)의 영화가 얼마나 놀랍게 발전해가고 있는가를 알 수 있었다. 이것은 위대한 쏘베트 군대에 의하여 해방된 후 파란 인민들이 자기들의 평화적 건설에서 얻은 커다란 성과 중의 하나"[23]라고 말한다. 리금홍은 "파란에서 보내준 기록 영화 〈재건된 와르샤와〉는 위대한 쏘베트 군대에 의하여 이 나라가 해방된 후 극히 단

---

19 장유현(조선제정공장로동자), 〈조선의 실상을 실상대로 재현〉, 《조선신문》, 1947.6.26.; 위의 책, 530쪽.

20 김락문(사동탄광 태찬기능자), 〈민주주의 로선을 화면을 통해 제시〉, 《조선신문》, 1947.6.26.; 위의 책, 530~531쪽.

21 전찬배(천도교청우당 선전국장), 〈형언할 수 업는 감명을 받앗다〉, 《조선신문》, 1947.6.26.; 위의 책, 531쪽.

22 최호민, 「쏘련은 조선인민의 진정한 해방자이며 원조자이다」, 『로동자』(조쏘친선특별호), 북조선직업총동맹중앙위원회, 1948, 19쪽.

23 류원준, 〈나는 많은 것을 배웠다〉, 《로동신문》, 1953.9.20.; 이명자 편, 앞의 책, 613~614쪽.

시일 내에 파괴된 경제를 복구한 사실들"을 보여주고 있다며, 동유럽을 '해방'시킨 소련군의 위치를 북한을 해방시킨 소련군의 그것과 동일한 것으로 간주한다. 또한, 폴란드가 전쟁의 폐허 속에서 경제를 복구했듯이 북한 역시 전후복구사업에 매진할 것을 다짐한다.

전쟁기간 동안 상영된 소련영화를 본 후에 소련군의 영웅성은 북한 인민군의 영웅성의 본보기가 된다. 『로동신문』의 기사는 금강 전투에서 부상을 당했다는 한 전차병을 인터뷰한 후 "그는 위대한 쏘베트 군대가 일제 장도들을 격파하고 청진시에 입성하던 때 쏘베트 탕크부대를 보고 감격하여 장차 어떻게 하여서든지 쏘베트 탕크부대와 같은 용감한 탕크운전수가 될 것을 렬렬히 희망하였다하며 자기의 소원이 이루어져 탕크부대에 입대하여 위대한 쏘베트 군대의 선진적 방조기술을 완전히 습득"[24]하였다고 전한다. 문화선전성 영화관리국장 김원봉 역시 소련의 전쟁영화들이 인민군을 고무시켰다며 "자기의 몸으로 적의 화구를 막은 마뜨로쏘브의 불멸의 영웅성을 김창걸 영웅을 비롯한 수다한 조선의 마뜨로소브들이 본받았"으며, "조선의 쏘야 조옥히 영웅은 쏘련 영화 〈쏘야〉를 보고 '나도 조야처럼 조국을 위하여 자기의 목숨을 바치겠다'고 결심"했음을 강조한다.[25] 이들에게 소련군은 위대한 해방자이자 든든한 원조자이며 북한 인민(군)이 본받아야 할 영웅들인 것이다.

이명자는 해방기 《조선신문》, 《민주조선》 등에 나타난 상영정보를 토대로 소련영화 51편을 확인하고 그 중 가장 많은 비중을 차지하는 주제로 '혁명 후 사회문화변화'를 언급한다. 10월 혁명 후 소련 사회문화의 긍정적 변화와 부의 축적, 농장이나 공장의 건설 등을 보여주는 작품들이 그것이다.[26] 특히,

---

24 〈쏘베트군대창건 33주년기념 경축행사 성대 / 경축영화회에서〉, 《로동신문》, 1951.2.19.; 위의 책, 567쪽.

25 김원봉, 〈쏘련 영화는 우리 인민을 승리에로 고무한다〉, 《로동신문》, 1953.11.23.; 위의 책, 619쪽.

26 이명자, 앞의 논문, 259~260쪽.

이 시기 북한이 수용한 소련의 문화예술을 지배했던 것은 안드레이 즈다노프(Andrey A. Zhdanov)의 문화정책을 일컫는 '즈다노비즘'이었다. 1934년 사회주의 리얼리즘을 정초했던 즈다노프는 1945년 전 연방 공산당중앙위원회에서 검열과 통제를 강화하는 문학예술 정책을 채택했다.[27] 즈다노프에게 문학의 목적은 "소련인과 그들의 도덕성을 힘차고 완벽하게 묘사하는 것"이었으며, "소련인은 영웅, 이상적인 인간성을 지닌 모범, 그리고 새로운 사회의 최상의 꽃"으로서 제시되어야 했다.[28] 그는 "쏘베트인민들의 이러한 새로운 고상한 소질을 보여주며 오늘의 우리인민을 ㅇ여줄뿐만아니라 내일의 우리인민을 내다보고 탐조등으로써 앞길을 비쳐주는 이것이 매개(每個)의 양심적 쏘베트작가들의 과업ㅇ다. 작가는 사건의 뒤를 따라다니어서는 아니되며 그는 반드시 인민에게 발전의길을 지시하면서 인민의 선ㅇ대열에 나서야한다"고 쓰면서 "쏘베트적인간의 우수한 감정과 소질을 섭취"할 것을 요구하고 있다.[29] 한마디로 소련 사회주의를 통해 창조된 새로운 인간형, 즉 사회주의적 인간형[30]을 찬양하고 있는 것이다.

적어도 북한 지식인들과 인민들이 소련영화에서 본 것은 그런 것이었다. 그들은 소련영화 속에서 가장 선진적이고 풍부한 인간 삶과 문화, 가장 첨단의 과학기술, 그리고 가장 완전한 인간의 고상한 도덕성을 보았다. 그들이 소련영화에서 본 문화는 북한의 평론가 윤세평의 말처럼 "세계의 모든 재부와 인간에 의하여 창조된 것을 오직 인간에게 봉사할 것 즉 인간의 행복을 위하여 봉사시켜야 한다는 것을 대전제로 하는"[31] 그러한 문화였다.

27 유임하, 앞의 논문, 53쪽.
28 마르크 슬로님, 임정석 · 백용식 역, 『소련현대문학사』, 열린책들, 1989, 310쪽.
29 「아 · 아 · 즈다노브와 쏘베트예술(그의 진술들의 개관)」, 『朝蘇文化』 1집, 조쏘문화협회중앙위원회, 1949, 41쪽.
30 정진아, 앞의 논문, 150쪽.
31 윤세평, 「신조선 민족문화 소론」(1947), 이선영 · 김병민 · 김재용 편, 『현대문학비평자료집: 이북편(1945~1950)』, 태학사, 1993, 226쪽.

다음은 각각 소련영화의 절대적 인기를 전하는 기사, 한 군관이 소련영화를 보고 쓴 감상록, 영화 관료가 소련영화에 대하여 쓴 글이다.

쏘련의 생활, 로력과 문화에 취미를 두는 북조선인민은 영사막에 나타나는 모든 새로운 장면에서 환희를 느낀다. 그렇기 때문에 영화를 관람하고 극장으로부터 나오는 관객들 주에서는 흔히 이러한 말을 들을 수 있다―경탄할만한 영화! 나는 어느데던지 이와 같은 신진을 못 보았다. 지금에야 나는 쏘베트 청년들이 어떻게 살고 있다는 것을 똑똑히 알게 되었다. 그것이야말로 행복하고도 즐거운 생활다운 생활이다. 나는 쏘베트 청년들이 부러웁다.[32]

생활의 깊은 뜻과 성대한 진리를 누구나 알기 쉽게 흥미진진한 이야기와 형상력을 가지고 우리들의 살과 속 깊이 속속 스며들게 하여 우람찬 기계를 보는 것 같은 폭풍같은 박력을 가지고 정신 깊이 울려주는 그러한 사상성이 깊고 예술적으로 탁월한 영화 작품들에 놀라지 않을 수 없다. 그것은 장엄한 공산주의 건설의 높은 발전 단계에 있는 위대한 쏘련에서만이 달성될 수 있는 것이라고 생각한다.[33]

쏘련 영화는 그의 심오한 사상성과 고도의 예술성에 있어서 세계 어느 나라의 영화예술보다도 탁월하다. […] 그것은 쏘련 영화들이 오늘날 장엄한 공산주의를 건설하고 있는 쏘련 인민들의 생활과 투쟁에 대한 진리를 뵈어 줌으로써 전투 인민 경제와 새 생활을 건설하는 조선 인민들에게 막대한 힘과 도움을 주기 때문이다. 쏘련 인민의 투쟁 력사, 그들의 고상한 도덕적 품성, 열렬한 쏘베트 애국주의는 오늘 자유와 평화를 갈망하는 전 세계 인민들이 가져야 할 품성과 투쟁의 귀감으로 되어 있다.[34]

---

32 〈북조선에서의 쏘련영화〉, 《조선신문》, 1947.4.26.; 이명자 편, 앞의 책, 520쪽.
33 리향, 〈제1차 쏘련 영화축전의 성과〉, 《로동신문》, 1953.4.26.; 위의 책, 608쪽.
34 김원봉, 앞의 글; 위의 책, 619쪽.

첫 번째 글은 1947년에 쓰인 것으로서 여기서 소련영화의 이미지는 청년과 동일시된다. 물론, 실제로 글쓴이가 본 소련영화의 주인공이 청년일 수도 있다. 그러나 그보다는 소련이 새로움을 나타내는 '신진'으로 표현되는 것에 주목해야 한다. 북한에서 소련은 인류 역사상 처음으로 탄생한 근로대중의 국가로 여겨졌으며, 그 이전까지 문화가 소수 지배계급에게 전유되었다면 인민의 국가가 탄생함에 따라 문화는 근로대중의 이익을 위해 발전하기 시작했다.[35] 이 때 자본주의 문화는 소수 지배계급에게 전유되는 낡은 것이 되며, 사회주의 문화는 근로대중의 이익에 복무하는 새로운 것, 즉 신진이 된다. "사회주의적 쏘련문화를 위시한 생기발랄하고 창조적인 민주주의적 문화"와 "제국주의적 미국문화를 위시로 한 퇴폐하여가는 인간증오의 반동적 문화"[36]의 대립. 글쓴이가 그토록 부러워하는 소비에트 청년들의 생활이란 생기발랄하고 창조적인 민주주의적 문화, 즉 사회주의적 소련문화이며 여기에 투영된 이미지는 신생공화국을 지향하는 북한의 새로운 활기로 전이되는 것이다.

이에 비해 휴전을 전후로 한 시기인 1953년에 쓰인 두 번째, 세 번째 글은 '장엄한 공산주의 건설'이 강조된다. "우람찬 기계를 보는 것 같은 폭풍같은 박력", "전투 인민 경제와 새 생활 건설", "열렬한 쏘베트 애국주의" 같은 표현들은 전쟁을 겪은 북한에서 요구되는 절실한 사안들이다. 특히 '우람찬 기계'는 전차 같은 전쟁무기 혹은 전후 복구건설에 매진할 건설 기계 모두를 나타낼 수 있는데, 이는 전장에서 싸울 전사들이나 전시 경제와 전후 복구에 매진할 인민들 모두에게 긴요하게 쓰일 도구들이다. 그리고 여기에 더해 소련 인민의 투쟁 역사와 소비에트 애국주의가 더해져야 하는데, 이는 북한의 평론가 한효의 말을 빌려 "파시즘과의 투쟁에서 인류의 운명을 구원하며 역

---

35 정진아, 앞의 논문, 149쪽.
36 〈조쏘문화교류는 더욱 활발하여간다〉, 《조선신문》, 1948.9.29. ; 이명자 편, 앞의 책, 535쪽.

사를 진전시키는 거대한 쏘베트 인민들의 싸움."[37]에서 배움으로써 폐허가 된 자신들의 조국을 재건설하는 애국주의로 나아가는 것이다.

건설에의 의지, 발전과 번영의 이미지, 그리고 집단주의라는 고상한 도덕성으로 이를 일궈내는 모습은 해방 8년 간 북한의 소련영화 수용에서 시종일관했던 것이기도 하다. 특히, 전쟁이 끝난 후 군인들이 귀향하여 마을을 복구하는 것은 매우 흔한 소재였다. 〈따지끼쓰탄〉이라는 제목으로 소개된 한 영화에서는 소련에 속했던 타지키스탄 병사들이 고향에 돌아와 곡식을 파종하며 무거운 짐을 지고 낙타들을 인도하는 모습, 전쟁 시기에 5만 명의 콜호즈원들이 대운하를 파고 인민방축공사와 산악도로 건축공사를 완수하는 이미지 등이 제시된다.[38] 〈동행열차〉라는 제목으로 상영한 영화는 소련이 독일로부터 항복을 받아내고 전승절로 기념하고 있는 1945년 5월 9일을 배경으로 소련군 대위와 여대생의 이야기를 담고 있다. 그들은 우연히 한 자리에 앉게 되고 소련의 여러 공화국에서 대규모 신건설공장이 시운전하는 모습을 보거나 인간의 노력으로 개조된 자연의 다양성, 끝없이 보이는 농토와 공장을 보게 된다는 내용이다.[39]

1953년 11월 소련영화 특별 상영 순간(旬間)에서 상영된 한 영화는 전쟁에서 부상당한 전 콜호즈 위원장의 가정을 다루고 있다. 그의 아내는 그가 전사한 줄 알고 다른 남자와 새로운 가정을 꾸린다. 그는 귀향한 후 아내의 '배신'에 분노하지만 당은 항상 그들을 높은 발전의 방향으로 제시하며 집단의 힘은 그들을 단합으로 이끈다. 아내는 협소한 가정에서 벗어나 콜호즈 집단의 이익을 위해 일하고, 주인공도 장애물들을 제거하기 위해 진력하는 와중에

---

37 한효, 「민족문학에 대하여」(1949), 이선영 · 김병민 · 김재용 편, 『현대문학비평자료집: 이북편(1945~1950)』, 태학사, 1993, 421쪽.

38 〈[쏘련영화소개] 건설의 열국록(熱國錄)영화 따지끼스판 경계〉, 《조선신문》, 1946.11.15.; 이명자 편, 앞의 책, 507~508쪽.

39 〈[신영화] 동행열차〉, 《투사신문》, 1948.12.29.; 위의 책, 545쪽.

아내가 건설사업의 진정한 벗이라는 것을 깨닫게 되며, 새 남편도 검박한 성격과 행동을 통해 소련 사람들의 아량과 순결한 마음을 보여준다. 사회주의 리얼리즘이 추구하는 '무갈등 이론'의 전형을 보여주는 영화는 "쏘베트적인 가정과 사랑 및 새로운 도덕에 관한 이야기"로 칭송된다.[40] 이러한 영화들에서 북한 인민들이 본 것은 비단 발전하는 소련의 모습만이 아니었으며 집단주의로 번영을 구가하는 소련의 이미지만도 아니었다. 소련군정에 의한 얼마간의 강요에 의한 것이었든, 북한의 자발적이고 주체적인 수용이었든 북한은 진심으로 소련을 닮고자 했다. 그것은 사회주의 리얼리즘의 두 가지 키워드, 즉 혁명적 낭만주의(혹은 낙관주의)와 긍정적 인물로 대변되는 무갈등 이론의 '현실화 열망'이라고 할만 했다. 즈다노프가 기초한 사회주의 리얼리즘의 소련 소설이나 영화 같은 픽션의 세계가 북한의 현실에 그대로 전이되기를 원했던 것이다. 그것은 "장엄한 공산주의를 향해 전진하는 쏘련만을 보는 것이 아니라 자기 앞날의 자기 조국에 대한 뚜렷한 전망"[41]을 그리는 것이었으며, "북한이 스스로 설정한 자신의 모습을 스크린으로 상상하는 한 과정"[42]이기도 했다.

3. 소련영화는 북한영화에 얼마나 영향을 주었는가?

이제 북한 영화인들의 소련영화 수용과 영향에 대하여 살펴보자. 전거했듯이 소련문화의 섭취는 북한이 선진적이고 발전적인 문화를 일구기 위한 첩경

---

40 라승표, 〈『쏘련 영화순간』 "와실리 보르뜨니꼬브의 귀환"〉, 《로동신문》, 1953.11.11.; 위의 책, 616~617쪽.

41 김원봉, 앞의 글; 위의 책, 621쪽.

42 이명자, 앞의 논문, 261쪽.

으로 여겨졌다. "소련 사회주의국가는 인류사상 어떠한 사회제도에서도 볼 수 없었던 과학과 문학과 예술의 진실한 개화를 가져오기위한 완전한 조건을 구비한 국가"임과 동시에 "오늘날의 소련 사회주의문화는 인류사상 일찍이 볼 수 없었던 최고도의 풍부한 문화"[43]로 생각되었다. 소련영화 역시 이러한 관점에서 이해되었음은 두말할 나위 없다. 북조선국립영화촬영소(현 조선예술영화촬영소)의 초대 소장이자 1950년대 초반까지 북한영화형성에 중추적 역할을 했던 주인규[44]는 "현하(現下) 우리 북조선에서는 세계적으로 가장우수한 쏘—베트의 건설적영화작품을 주로상영케 하고 비속한 상품영화를 배제하고있음은 민주건설사업의 일분야로정당한영화정책이라 할것"이라고 말하고 있다.[45] 그가 말하는 상품영화란 할리우드로 대변되는 미국 중심의 자본주의 영화를 가리킨다.

"두 영화계 즉 미국영화와 쏘련영화계는 서로 대립"[46]하고 있으며 "쏘련영화는 그 사상적 내용을 강조하며 그것을 관중에게 리해시키기위하여 비교적 안정된 화면 그리 번잡스럽지 않은 화면 구성을 가진데 비하여 부르죠아국가의 상품영화는 관객의 흥미만을 끄는 즉 번잡스러운 화면으로 어물적해서 넘기는 그런 표현형식"[47]을 갖는다. 또한 "자본주의 영화는 대체로 형식주의적

---

43 안막, 「조선 민족문화건설과 소련 사회주의 문화」(1946), 이선영 · 김병민 · 김재용 편, 『현대문학비평자료집: 이북편(1945~1950)』, 태학사, 1993, 99쪽.

44 주인규가 북한영화의 형성과정에서 했던 역할에 대해서는 한상언, 앞의 논문 참조.

45 주인규, 「북조선에 있어서의 조선영화의 사명과 전망: 북조선국립영화촬영소건립을 앞두고」, 『문화전선』 4집, 북조선문학예술총동맹, 1947, 69쪽.

46 엠 치아우레리, 이득화 역, 「두 영화계」, 『문학예술』 2호, 1948; 이명자 편, 『신문 · 잡지 · 광고로 보는 남북한의 영화 · 연극 · 방송 1945~1953』, 앞의 책, 770쪽. 이 책은 『문학예술』을 『조선문학』으로 표기하고 있는데, 『문학예술』은 『조선문학』의 전신으로서 1948년에는 『문학예술』이라는 제호로 발간되었기 때문에 정정한다(『조선문학』은 1947년 두 번 발행된 후 『문학예술』로 바뀌었다가 1953년 10월 다시 『조선문학』으로 제호가 바뀌어 오늘에 이름). 추후 이 책의 모든 인용도 발행연도와 비교하여 정정한다. 『조선문학』의 제호 변천에 대해서는 유임하, 앞의 논문, 59쪽의 주 29 참조.

47 김승구, 「청년강좌 영화감상은 어떻게 할 것인가」, 『청년생활』 2권 4호, 1949; 이명자

이며 또 그 형식은 공연히 복잡하거나 야비한 것"[48]으로 여겨진다.

그런 점에서 '부르주아 형식주의'를 배격하는 즈다노비즘이 횡행하던 이 시대에 북한에서 세르게이 에이젠슈테인(Sergei Eisenstein)의 몽타주론보다 V.I. 푸도프킨(V. I. Pudovkin)의 몽타주론이 더 적극적으로 수용되었던 것은 어쩌면 당연했다. 물론, 에젠이슈테인이 북한에서 소련처럼 배격되었던 것은 아닌 것 같다. 에이젠슈테인을 소개하는 글에서 그가 사회주의 리얼리즘 강령에 적응할 수 없었으며 그의 영화계획은 대부분 지원을 받지 못해 실현되지 못했다는 점[49]은 거론되지 않으면서도 그가 '레닌, 스탈린의 위대한 사상'의 기초 위에서 "사회주의 문화 발전에 있어서 가장 중요하고 가장 강력한 영화예술분야의 새로운 길을 열어놓았다"고 평가받고 있다.[50] 〈폭군 이반 (Ivan, the Terrible)〉 1부(1945)가 스탈린상을 받은 것은 언급하면서도[51], 2부(제작: 1949, 개봉: 1958)에서 적들을 죽이는 데 주저하는 이반 대제가 너무 소심한 햄릿 같다고 비판받은, 즈다노프 주도의 1946년 9월 4일 소련 공산당 중앙위원회 결의안[52]은 설명되지 않는 식이다. 그럼에도 불구하고 에이젠슈테인이 "쏘베트 영화인군들의 가슴속에 영원히 추억될것이며 온세계 진보적 영화인들 가슴깊이 오래 살아있을것"[53]이라고 칭송하는 것은 소련의 예술정책 흐름에 대한 무지에서 오는 것이라기보다는 정책의 억압성은 배제

편, 앞의 책, 840쪽.

48 위의 글; 위의 책, 841쪽.

49 이상면, 『영화와 영상문화: 영화와 영상이론 · 예술 · 교육』, 북코리아, 2010, 113~114쪽.

50 오덕순, 「영화계의 세계적거장: 쎄르게이 에이젠쉬테인(1898~1948)」, 『조쏘친선』 1949년 10호, 조쏘문화협회중앙위원회, 1949, 75쪽.

51 위의 글, 76쪽.

52 마르크 슬로님, 앞의 책, 305쪽. 에이젠슈테인은 이 비판과 시련 속에서 건강을 악화시켰으며 얼마 못 가 세상을 떠났다. 역설적으로 그의 영화와 저작들은 소련보다 서방에서 쉽게 볼 수 있었다. 데이비드 보드웰, 「세르게이 에이젠슈테인(1898~1948)」, 제프리 노웰-스미스 편, 이순호 외 역, 『옥스퍼드 세계 영화사』, 열린책들, 2005, 215쪽.

53 오덕순, 앞의 글, 77쪽.

하고 영화인으로서 에이젠슈테인이 끼친 공헌을 북한영화 형성에 유리한 쪽으로 받아들이려는 상대적 자율성을 느끼게 한다.[54]

그에 비해서 푸도프킨은 북한영화가 받아들여야 할 전범으로 수용된다. 이는 푸도프킨의 몽타주가 에이젠슈테인의 지적 몽타주 등 실험적이고 전위적인 형식보다 더 관객들에게 쉽게 전달된다는 점도 있지만,[55] 그가 소련대외문화교류협회(BOKC. 복스)의 영화분과 위원장[56]으로서 소련영화의 북한 전파에 지대한 영향력을 행사했다는 것과도 무관하지 않을 것이다. 주영섭의 글 「쏘련영화는 우리영화 제작의 산 교재가 된다」[57]는 푸도프킨의 몽타주론을 기본으로 영화문법을 배워야 한다는 것을 포함하여 북한영화의 창작원리로서 소련영화의 수용을 일별할 수 있는 좋은 텍스트이다. 그는 일제 강점기 스릴과 스펙터클로 말초신경을 마비시키는 미국영화, 예술지상주의로 가득한 프랑스영화, 자신의 스타일을 가지지 못한 군국주의 일본영화를 언급하는 것으로 글을 시작한다(790쪽). 그나마 일제가 벌인 전쟁 시기에는 일본, 독일 영화 외에는 볼 수조차 없었고 조선 영화인들은 암흑 상태에 빠졌으며,

---

54 그 이후에도 북한영화계에서 에에젠슈테인은 즈다노비즘 시기 소련처럼 배격해야 할 예술가는 아니었던 것 같다. 1960년대에 김종호는 〈전함 포템킨(The Battleship Potemkin)〉(1925)을 "쏘베트 영화사에서 단연 첫 자리를 차지"(「세계영화사 개관(11): 쏘베트 예술 영화의 개화(1)」, 『조선영화』 1965년 11·12호, 조선영화인동맹중앙위원회, 1965, 49쪽)한다고 쓰고 있으며, 난해한 지적 몽타주로 가득한 〈10월(October)〉(1927)조차 "누구도 그 후에 1917년의 사건을 에이젠슈테인처럼 강력하게, 격동적으로 조형적 통일 속에서 독창적으로 보여주지 못 하였다"(「세계영화사 개관(12): 쏘베트 예술 영화의 개화(2)」, 『조선영화』 1966년 1호, 조선영화인동맹중앙위원회, 1966, 51쪽)고 극찬했다. 주체문예론 외에는 어떠한 문예론도 허용될 수 없는 2000년대 후반에도 〈전함 포템킨〉은 걸작으로 추앙되고 있다. 「〈전투함 뽀쯈낀〉과 그 파문」, 『조선예술』 2009년 1호, 문학예술종합출판사, 2009, 53~54쪽.

55 즈다노프는 "진실로 천재적인 것은 모두 이해할수있는것이며 이 작품이 인민대중에게 이해하기 용이하면 용이할수록 보다더 천재적"이라고 말한다. 「아·아·즈다노브와 쏘베트예술(그의 진술들의 개관)」, 35쪽.

56 송낙원, 「해방 후 남북한 영화 형성기(1945~1953)」, 앞의 논문, 38쪽.

57 주영섭, 「쏘련영화는 우리영화 제작의 산 교재가 된다」, 『문학예술』 2권 10호, 1949; 이명자 편, 앞의 책, 790~793쪽. 이하 본문 괄호 안의 숫자는 이 책의 쪽수이다.

그들 앞에는 일제의 침략전쟁을 선전하는 반동영화만이 있었다. 그러나 '해방자'로 다가온 소련군의 북한 진주는 모든 것을 바꿔놓았으며, 수많은 소련영화의 상영은 북한인민들에게 소련영화를 가장 친근한 "일상적 문화양식"(791쪽)으로 만들었다. 이는 북한 영화인들에게도 예외가 아니어서 북한영화인들은 소련 영화인들의 원조와 소련 영화작품들을 통하여 영화예술의 창작방법을 습득했다. 주영섭이 소련영화의 특징으로 설명하는 것은 다음과 같다(792쪽).

첫째, 현실에서 취재하고 현실의 본질을 추구하며 사회주의 사회에서 공산주의 사회로의 전망을 보여주는 '사회주의 레알리즘'이다. 둘째, 조국과 인민에 복무하는 소비에트 애국자들의 형상과 사상을 명확하게 묘사하는 애국주의 주제이다. 셋째, 영화수법에 있어서 다양한 영화수법을 자유자재로 구사하고 있으며 푸도프킨의 몽타주론을 실천하며 발전시킨다. 넷째, 소련영화는 국가의 관리 하에 있으며 영화제작에는 국가의 원조가 뒷받침하고 있다. 이 네 가지 요소들은 대체로 북한영화에서 그대로 수용된 것들이다. 물론, '고상한 사실주의'[58]에서 '사회주의적 사실주의'를 거쳐 '주체 사실주의'로의 변천은 있었지만 그 시작은 소련의 창작원리에서 온 것이다. 영화가 국유화되어 모든 영화제작을 국가가 관리하고 지원하는 것 역시 소련과 동일하다. 여기에서 보다 깊이 들어가야 할 부분은 두 번째와 세 번째, 즉 애국주의라는 주제와 몽타주를 비롯한 영화적 기법들이다.

이쯤에서 북한 최초의 예술영화 〈내 고향〉이 어느 정도 소련영화의 영향

---

58 오태호는 '고상한 사실주의' 논의에 대한 실증적 접근을 통해 해방기 북한문예에서 '고상한 사실주의'란 '생기발랄한 민족적 품성'을 가진 '새로운 긍정적 인간형'으로서의 '고상한 조선사람'을 형상화하는 창작방법이라고 결론짓고 있다. 오태호, 「해방기 (1945~1950) 북한문학의 '고상한 리얼리즘' 논의의 전개 과정 고찰: 『문화전선』, 『조선문학』, 『문학예술』 등을 중심으로」, 『우리어문연구』 46집, 우리어문학회, 2013, 350쪽. 그에 따르면, '고상한 사실주의'는 한국전쟁을 거치며 '사회주의적 사실주의'로 대체된다. 같은 논문, 352쪽.

속에 있었는지가 중요해진다. 정태수는 "소련의 영화적 특징이 1949년 강홍식이 연출한 북한 최초의 극영화 〈내 고향〉으로부터 출발한 북한영화의 주요한 특징"이 되었다고 말한다.[59] 또한, 소련영화들의 북한에서의 상영이 "어떠한 형태로든 북한영화의 특징을 결정짓는 중요한 전범"이 되었으며, 스탈린 시기의 창작 법칙들, 즉 명확한 대비적 구조, 영웅적 행위, 개인 우상화, 정치적 변화에 따른 정권 지도자들의 적극적 영화 이용 등을 예로 든다.[60] 거시적인 측면에서 〈내 고향〉을 비롯한 북한영화의 형성이 소련영화의 위와 같은 특징에 힘입고 있다는 것은 부인할 수 없는 사실이다. 〈내 고향〉은 지주와 소작농의 대립이라는 명확한 대비적 구조, 소작농에서 항일 빨치산이 되는 주인공 관필(류원준)의 영웅적 행위, 항일 유격대를 지도하고 해방 후 토지개혁을 과감하게 단행하는 김일성에 대한 개인 우상화(물론 아직 '수령형상'영화처럼 노골적으로 묘사하지는 않지만) 등을 다루고 있다. 또한, 영화의 종반부에서 해방과 함께 김일성의 토지개혁의 업적이 중요하게 취급됨으로써 정치적 프로퍼갠더의 역할도 하고 있다.

그러나 이러한 거시적인 차원을 떠나 좀 더 미시적인 차원에서 본다면 이 영화가 명백한 소련영화의 영향이라고 결론지을 수 있는 근거는 좀 부족해 보인다. 오히려 "〈내 고향〉에서 소련은 거의 언급되지 않았으며, 계급투쟁은 일제의 압제에 대한 민족적 투쟁보다 훨씬 덜 중요한 주제였다"[61]는 찰스 암스트롱(Charles K. Armstrong)의 말이 더 깊게 와 닿는다. 그는 "영화의 형식마저도 몽타주 기법과 순간편집(quick cut) 기법 같은 소련의 기술보다는 식민지 시대 일본 영화의 기법과 조선의 멜로드라마의 전통을 보다 많이 따른 것"같다고 덧붙인다.[62] 물론, 암스트롱이 말하는 몽타주가 에이젠슈테

---

59 정태수, 「스탈린주의와 북한 영화 형성 구조 연구」, 앞의 논문, 132쪽.
60 위의 논문, 143쪽.
61 찰스 암스트롱, 김연철·이정우 역, 『북조선 탄생』, 서해문집, 2006, 293쪽.
62 위의 책, 293쪽. 비록, 영화형식보다는 내용적인 부분을 다루고 있지만, 송낙원도

인류의 빠르고 급격하게 전개되는 몽타주만을 말하는 것일 수도 있다. 또한 〈내 고향〉이 "붉은 군대에 대한 끝없는 감사"[63]로 가득 차 있지 않고, 소련은 거의 언급되지 않기 때문에(후반부에서 '해방군'으로서 소련의 모습이 기록필름으로 잠시 나올 뿐이다) 소련영화의 영향이 부재한 것으로 파악했을 수도 있다. 즉, 미시적인 부분만 생각하여 영화제작환경을 둘러싼 거시적인 맥락을 놓친 것이다.

그럼에도 불구하고 당대의 시각에서도 〈내 고향〉이 소비에트 영화미학에 근거해 볼 때, 많은 허점을 보이고 있는 영화라는 시각은 존재했다. 예를 들어, 오덕순은 이 영화가 "조선민족의 높은 사상적 정의감, 도덕적 성품들이 잘 관찰되어 있음"[64]을 거론하면서도 "영화 몬타–쥬로써 예술적으로 형상화하기보다 단지 카메라로써 기록하는데 기울어지고 생활의 부분적 단면들을 시간으로만 연결시키게 되었다"(800쪽)고 비판한다. 마찬가지로 영화 속 옥단(문예봉)의 어머니가 빈번히 눈물을 쏟는 장면들 역시 식민지 조선영화의 오랜 폐단인 "신파극적 세속극적 장면들의 유치한 묘사"(801쪽)로 지적한다. 그는 여기에 더해 다음과 같이 적고 있다.

> 심리학에 있어서 가령 한 정서가 어떠한 운동을 생기게 한다면 반대로 이 운동을 묘사함으로써 그것에 상응하는 정서를 환기할 수 있다고 규정하는 한 법칙이 있었다. 다시 말하면 얼굴을 찡그리고 눈물 콧물을 흘리는 운동을 묘사함으로써 비애라는 정서가 환기될 수 있다는 뜻이다. 그러나 옥단의 어머니의 이러한 울음의 운동 눈물의 나열은 과연 영화의 관중에게 심심한 비애감을 환

〈내 고향〉이 반은 스탈린주의 소련영화의 전통을, 또 반은 〈아리랑〉을 비롯한 조선영화의 전통을 계승했다고 말한다. 송낙원, 「북한 영화의 형성 과정과 최초의 극영화 〈내 고향〉 연구」, 앞의 논문, 127쪽.

63 찰스 암스트롱, 앞의 책, 293쪽.

64 오덕순, 「극영화 〈내 고향〉에 대하여」, 『문학예술』 3권 2호, 1950; 이명자, 앞의 책, 798쪽. 이하 본문 괄호 안의 숫자는 이 책의 쪽수이다.

기시켰을까? 아니다! 영화에 있어서는 몬따—쥬형상만으로써만이 실제에 있어서 관중의 사상과 연상을 강인하게 또는 자유자재로 유도할 수 있다는 원리를 망각하여서는 안된다(802쪽).

저 유명한 이반 모주킨(Ivan Mozzhukhin)의 실험, 즉 레프 쿨레쇼프(Lev Kuleshov)의 몽타주론을 떠올리게 하는 이 문장은 〈내 고향〉이 에이젠슈테인의 전위적인 몽타주는 차치하고라도, 소비에트 몽타주와 얼마나 멀리 떨어져 있는가를 실감하게 해준다. 오덕순은 더 나아가 "이 영화의 제작 일꾼 가운데 우수한 쏘베트 영화작품들을 잘 분석하여 충분히 연구하지 않은 사람들이 있는 것이 감"되며 "우수한 쏘베트 영화작품들의 전문적 분석적 연구는 영화제작 일꾼들앞에 중요한 과업의 하나로 나서고 있다"고 훈계한다(808쪽). 물론, 오덕순의 이러한 열렬한 소련영화 추종은 일제 강점기부터 《동아일보》 등에 소비에트 몽타주론을 소개하고 영화의 핵심을 몽타주로 사고했던[65] 그의 개인적인 편향일 수도 있다. 〈내 고향〉이 그의 높은 평가기준을 만족시키기는 쉽지 않았을 것이다. 한편으로 배우 출신으로서 처음 손댄 영화연출에 서툴렀던 강홍식의 미학적 '실패'일 수도 있다.[66] 또한, 오덕순이 표현한대로 소련영화를 열심히 추종하고 선망했지만 부족한 능력 탓에 의도하지 않게 소련영화의 영향으로부터 멀어진 것일 수도 있다. 하지만, 이유야 어찌 되었든 〈내 고향〉은 적어도 영화형식이라는 차원에서 소련영화의 절대적인 영향 하에 있다고 말할 수 있는 근거가 별로 없다. 오덕순이 〈내 고향〉의 부족한 점을 지적하면서 비교하고 있는 소련영화들의 대부분이 스탈린 시기 소련영화들[67]이라는 점에서 1920년대 소비에트 몽타주의 황금기의 영향

---

65 오문석, 「식민지 조선에서 영화적인 것과 시적인 것」, 『한민족어문학』 55집, 한민족어문학회, 2009, 39~40쪽.

66 한상언은 〈내 고향〉의 연출적 특징을 식민지 시기 강홍식이 영화인으로서 겪은 경험으로 설명하고 있다. 한상언, 「강홍식의 삶과 영화 활동」, 『인문논총』 32집, 경남대학교 인문과학연구소, 2013, 342~344쪽.

(즈다노비즘에 입각해 볼 때 이는 오히려 배격해야 할 경향이다)만을 문제 삼는 것이 아님은 자명하다.

이제 애국주의라는 주제를 짚어보자. 애국주의와 민족주의를 동일시 할 수는 없으며, 이 두 이념을 비교하는 것은 이 글의 주제를 벗어나는 일이다. 그러나, 분명히 초창기 북한영화가 소련영화의 영향 하에서 '사회주의 조국' 소련을 보위하고 '미 제국주의'로부터 자신의 조국을 방어하는, 소위 '사회주의적 애국주의'를 추구했다는 것은 확실하다. 그런 점에서 북한영화는 명백하게 소련영화의 영향 하에 있었다. 그러나, 북한영화는 그 태생부터 항일 민족주의라는 또 다른 전통 또한 갖고 있었다. 이것을 완전히 소련의 영향과 따로 떼어 생각할 수는 없을 것이다. 그러나 당시 선진적 소련문화의 수용을 주장하는 수많은 글들이 그것을 조선 민족문화의 건설, 혹은 '민주주의 민족문화'[68]의 건설로 나아가기 위한 토대로 생각했다는 것을 상기해야 한다.

안막은 "진보적 선진제국의 문화 무엇보다도 소련 사회주의 문화의 위대한 축적을 배우고 그것과의 교류를 가져"와야만 "조선민족의 문화적 낙후성은 급속히 극복될 수 있고 조선민족은 고도의 과학과 문학과 예술을 가질 수 있을 것"이라고 말했다.[69] 북한 정권 역시 소련과의 친선관계 강화가 수직적 관계가 아닌 수평적 관계이며 북한의 주체성과 자주독립을 보장하는 유일한 조건이라고 인민들에게 역설하였다. 소련은 민족적 특수성을 인정하는 레닌과 스탈린의 민족정책에 의해 수많은 민족들이 독자적인 민족문화를 발전시키

---

67 오덕순, 앞의 글; 이명자, 앞의 책, 804~806쪽.

68 「북조선에 있어서의 민주주의 민족문화 건설에 관하여」(북조선로동당 중앙상무위원회 제29차 회의 결정서 1947년 3월 28일)」, 국사편찬위원회, 『북한관계사료집』 30, 국사편찬위원회, 1998. 이 결정서는 "조선 민족문화의 락후성을 급속히 극복하고 찬란한 조선 민족문학과 예술과 과학을 건설하기 위하여서는 쏘련을 위시한 선진적 외국의 문학과 예술과 과학을 적극적으로 섭취하는데서만 가능함을 충분히 인식치 못하는 개별적 현상이 있다"고 쓰고 있다(163쪽).

69 안막, 앞의 글, 96쪽.

고 있다는 것이다.[70]

암스트롱은 북한의 문화생산이 단지 맹목적으로 소련을 모방하는 것은 아니었으며 북한의 대중문화와 선전에서 보인 민족주의 메시지, 민족해방과 독립에 대한 강조가 당시 소련의 어떤 '위성국가'들보다 두드러진 것이라고 말했다. 그에 따르면, "소련의 영향과 북한의 민족주의가 양립할 수 없을 이유는 없었다."[71] 영화 〈내 고향〉 역시 그러한 관점에서 바라보아야 한다. 이 영화가 추구하는 이념은 넓은 범위에서 본다면 제국주의에 저항하는 약소민족의 권리, 즉 레닌의 민족자결주의나 사회주의적 애국주의와 무관하지 않다. 이것은 물론 소련에서 주창된 이념이다. 여기에 김일성 주도의 항일투쟁을 위시로 하는 항일 민족주의가 북한적인 의미에서의 사회주의적 애국주의로 덧붙여질 수 있을 것이다. 〈내 고향〉에서 김일성이 캐릭터 형상으로 등장하지 않고 있더라도 이미 북한 최초의 예술영화에서 항일투쟁의 지도자이자 토지개혁의 주체자로 언급되고 있다는 사실은 그래서 매우 중요하다. 그것은 20 여년 후 소련영화의 모든 그늘을 벗어던지고, 이미 처음부터 그 자리에 있었던 것처럼 '수령형상'의 길로 나아가기 위한 북한영화의 원형이었기 때문이다.

이렇게 볼 때, "북한영화에서 다루어지고 있는 모든 창작의 근원은 항일투쟁에 관한 것으로부터 시작되었다"[72]는 주장이나 "일제강점기 항일투쟁을 영화의 중요한 소재로 삼고 있다는 점은 향후 북한영화가 나아갈 방향을 제시하는 것"[73]이었다는 언급은 정확한 것이었다. 해방기에서 '조국해방전쟁' 시기까지 북한영화는 소련영화의 절대적 영향 하에 있었고, 북한 인민들은 열광적으로 소련영화를 수용했지만 북한영화에 끼친 소련영화의 영향이 절대

---

70 정진아, 앞의 논문, 147~148쪽.
71 찰스 암스트롱, 앞의 책, 298쪽.
72 정태수, 「스탈린주의와 북한 영화 형성 구조 연구」, 앞의 논문, 147쪽.
73 함충범, 앞의 논문, 135쪽.

적인 것은 아니었다. 그보다는 넓은 영향 하에서 자생적인 민족주의의 길을
내장하고 있었다고 봐야 할 것이다.

4. 영화예술의 혁명전통을 '바로' 세우기

북한영화가 스스로의 역사에서 소련영화의 수용과 영향을 지워버린 것은
유일체제 확립 이후 영화를 포함한 자신들의 모든 역사를 김일성의 영도 하에
이룩한 역사로 쓰기 위한 것임은 따로 말할 필요가 없을 것이다. 마찬가지로,
'영화예술의 혁명전통'을 초기 북한영화에 두지 않고 1960년대 후반~1970년
대 초반으로 보는 것은 바로 이 시기가 북한영화에 지대한 영향을 끼쳤던 김
정일이 비로소 '영화혁명'에 본격적으로 관여한 시기이기 때문이다. 이렇게
북한영화는 인민들이 '대를 이어 충성'하기 위한 '은혜로운 양식'이 된다.
그러나 해방기~'조국해방전쟁기'까지 북한의 초기 8년에서 소련영화가 북
한 인민들에게 끼친 영향은 지대한 것이었다. 물론, 그렇게 된 데에는 '해방
군'을 자처하는 소련의 문화정책이 커다란 역할을 했다. 다시 말해서, 미군정
기 남한에서 중앙영화배급회사가 미국 할리우드 영화를 보급함으로써 미국
문화를 자연스럽게 받아들이도록 했듯이, 소련영화의 수용은 기본적으로 위
로부터의 것이었다. 그러나 북한 인민들은 자발적이고 주체적으로, 즉 아래
로부터 소련영화를 수용한 것이기도 했다.
이기영, 이태준, 백남운 같은 뛰어난 문인들이나 학자들이 소련에 그토록
열광했던 것을 단지 엄혹했던 스탈린 시기(관료독재, 강제수용, 소수민족 강
제이주, 일상적인 숙청, 자본주의적 경쟁과 다름없는 생산운동 등)에 대한
정보부족 탓으로만 돌려서는 안 된다. 일제강점 36년 동안 당한 억압과 수탈
에서 해방을 맞은 진보적 지식인들이 단기간의 소련여행에서 봤던 것은 상명

하복의 억압적인 일본식 군대가 아니라 고위장교와 사병이 서로 어깨동무를 하는 게 어색하지 않은 소련 군대였으며, 외국인 누구나에게 미소를 아끼지 않았던 순박한 소련인민들의 배려였다. 설사 그 뒤에 어느 반소(反蘇)주의자의 표현처럼 거대한 '수용소군도'가 있었다 할지라도, 그 곳은 어느 모로 보나 빈약하고 남루하기 이를 데 없는 식민지 조선보다 백 배, 천 배 나은 곳이라 여겨졌다. 오랜 식민지 생활에서 벗어난 조선(북한) 인민들이 소련영화에서 보이는 선진적이고 근대화한 발전·번영의 모습을 보고 그토록 열광했던 것도, 소련영화 속 전쟁영웅을 보며 전사의 꿈을 키웠던 것도 그런 관점에서 이해해야 한다. 그들이 본 것이 한낱 미몽에 불과한 것이었다고 해도 그것은 조선의 민족문화가 도달해야 할 하나의 미래 전망이었던 것이다.

한편으로, 영화제작의 측면에서 북한영화의 제작환경(촬영소 건립, 시설·장비, 교육 등)이 소련영화와 소련 문예이론의 절대적인 영향력 하에 있었다 할지라도 그것은 북한만의 문화와 영화를 창조하기 위한 첩경이지 그 자체로 숭배해야 할 물신화 된 대상은 아니었다. 최초의 예술영화 〈내 고향〉도 그러하다. 주제와 사상적인 창작원리에서 스탈린주의 문예이론의 영향을 감지하는 것은 어렵지 않지만 항일 민족주의와 아직 설익은 상태로나마 김일성의 영도력을 예찬하고 있으며(물론 이 자체도 스탈린의 우상화에서 배운 것이긴 하지만), 형식적·기법적 측면에서 소련영화의 흔적을 찾는 것은 쉽지 않다. 물론, 닮고자 했던 소련영화에 미치지 못한 미학적 '실패'일 수도 있지만, 그보다는 소련영화의 영향 하에서도 북한문화·북한영화의 민족적 형식을 찾고자 했던 하나의 노력으로 간주해야 한다.

암스트롱은 다민족인 소련의 문화정책이 '형식은 민족주의, 내용은 사회주의'인 데 비해, 북한의 문화형성은 반대로 '형식은 사회주의, 내용은 민족주의'라고 말했다. 소련을 문화적 모델로 하면서도, 동시에 '근대화된' 토착문화를 강조하는 문화 형성이었다는 것이다.[74] 그것은 안막의 표현을 빌려 "조선의 구체적 환경에 적응한 민족형식", 다시 말하면 "맑스 레닌주의 조선화"라고 할 만한 것이었다.[75] 그리고 바로 그렇게 형성된 토대 위에서 훗날 소련영화 영향의 역사를 영구히 지워버릴, '영화예술의 혁명전통'이 세워질 것이었다.

74 찰스 암스트롱, 앞의 책, 268쪽.
75 안막, 「조선민족문화건설과 민주주의 노선」, 이선영·김병민·김재용 편, 『현대문학비평자료집: 이북편(1945~1950)』, 태학사, 1993, 116쪽.

참고문헌

1. 단행본

김학준, 『북한의 역사 2: 미소냉전과 소련군정 아래서의 조선민주주의인민공화국
　　건국(1946년 1월~1948년 9월)』, 서울대학교출판부, 2008.

남북문학예술연구회, 『해방기 북한문학예술의 형성과 전개』, 역락, 2012.

마르크 슬로님, 임정석·백용식 역, 『소련현대문학사』, 열린책들, 1989.

백남운, 『쏘련인상』, 선인, 2005.

이상면, 『영화와 영상문화: 영화와 영상이론·예술·교육』, 북코리아, 2010.

이선영·김병민·김재용 편, 『현대문학비평자료집: 이북편(1945~1950)』, 태학사,
　　1993.

이명자 편, 『신문·잡지·광고로 보는 남북한의 영화·연극·방송 1945~1953』,
　　민속원, 2014.

이태준, 『소련기행·농토·먼지』, 깊은샘, 2001.

정태수 편, 『남북한 영화사 비교연구』, 국학자료원, 2007.

제프리 노웰-스미스 편, 이순호 외 역, 『옥스퍼드 세계 영화사』, 열린책들, 2005.

찰스 암스트롱, 김연철·이정우 역, 『북조선 탄생』, 서해문집, 2006.

허의명, 『영화예술의 혁명전통』, 문학예술종합출판사, 1996.

2. 논문

송낙원, 「북한 영화의 형성 과정과 최초의 극영화 〈내 고향〉 연구」, 『문학과 영상』
　　10권 1호, 문학과영상학회, 2009.

오문석, 「식민지 조선에서 영화적인 것과 시적인 것」, 『한민족어문학』 55집, 한민족어
　　문학회, 2009.

오태호, 「해방기(1945~1950) 북한문학의 '고상한 리얼리즘' 논의의 전개 과정 고찰:
　　『문화전선』, 『조선문학』, 『문학예술』 등을 중심으로」, 『우리어문연구』 46집,
　　우리어문학회, 2013.

이명자, 「해방공간에서 북한의 근대 경험의 매개체로서 소련영화의 수용 연구」, 『통일문
　　제연구』 54호, 평화문제연구소, 2010.

정진아, 「북한이 수용한 '사회주의 쏘련'의 이미지」, 『통일문제연구』 54호, 평화문제연
　　구소, 2010.

정태수, 「스탈린주의와 북한 영화 형성 구조 연구」, 『영화연구』 18호, 한국영화학회,

2002.

_____, 「영화 〈내 고향〉과 〈용광로〉를 통해 본 초기 북한영화의 특징」, 『현대영화연구』 10호, 한양대학교 현대영화연구소, 2010.

조흡 · 이명자, 「해방후 민주개혁기의 북한영화: 공동체, 수령, 주체를 지향하는 북한 영화문화의 형성과정을 중심으로」, 『영상예술연구』 11호, 영상예술학회, 2007.

한상언, 「북한영화의 탄생과 주인규」, 『영화연구』 37호, 한국영화학회, 2008.

_____, 「강홍식의 삶과 영화 활동」, 『인문논총』 32집, 경남대학교 인문과학연구소, 2013.

함충범, 「북한영화 형성 과정 연구: 소련과의 관계를 중심으로」, 『현대영화연구』 1호, 한양대학교 현대영화연구소, 2005.

3. 신문 및 잡지

『로동자』(조쏘친선특별호), 북조선직업총동맹중앙위원회, 1948.

『문화전선』 4집, 북조선문학예술총동맹, 1947.

『조선영화』 1965년 11 · 12호, 조선영화인동맹중앙위원회, 1965.

_____ 1966년 1호, 조선영화인동맹중앙위원회, 1966.

『조선예술』 2009년 1호, 문학예술종합출판사, 2009.

『朝蘇文化』 1집, 조쏘문화협회중앙위원회, 1949.

『조쏘친선』 1949년 10호, 조쏘문화협회중앙위원회, 1949.

4. 기타

국사편찬위원회, 『북한관계사료집』 13, 국사편찬위원회, 1992.

국사편찬위원회, 『북한관계사료집』 30, 국사편찬위원회, 1998.

국사편찬위원회, 『북한관계사료집』 33, 국사편찬위원회, 2000.

한반도와 중국의 영화교류

유 우

1. 들어가며

제2차 세계대전이 끝나자 일제 강점 36년의 제국주의 통치에 신음하던 조선인들은 그제야 식민지배에서 벗어나 해방을 맞이하였으며 스스로 자유와 민주를 상징한 민족국가를 세울 수 있는 희망을 가지게 되었다. 그러나 남북 사이에는 좌우분열로 인한 이데올로기 대립이 사회 혼란과 불안을 일으켰다. 이어 남한에서 시행된 미군정과 북한에서 시행된 소군정, 두 세력이 서로 대립하며 좌우이데올로기가 경쟁하는 국면이 형성되었다.

1947년 2차 미소공위의 실패로 인하여 1948년 남북이 각각 단독정부를 수립하였다. 1948년 8월 15일 대한민국 정부에 이어 9월 9일 조선민주주의인민공화국 정부가 수립되었다. 남북 두 정부의 수립은 한반도 정세 안정에 기여하지 못하였고 오히려 대립과 갈등을 야기하였으며 결국 1950년 6월 25일에 전면 전쟁이 발발하였다.[1]

해방의 도래는 한국영화인들로 하여금 일제 36년 식민통치에서 벗어난 감

---

1   박찬승, 『한국 근현대사를 읽는다』, 경인문화사, 2010, 336쪽.

격과 민족의 긍지를 영화로 나타내고자 하는 열망을 표출하는 계기가 되었다. 해방직후의 영화제작 환경이 열악한 상황이었음에도 일련의 '광복영화'가 등장했다. 이 시기 남한에서는 역사를 재조명하며 기개를 떨친 인물이나 의사, 열사 등 독립투사들의 영웅적 이미지를 표현하고자 했고, 일제의 식민통치에서 벗어난 기쁨과 새 조국 건설에 대한 열망을 표현하는 영화들이 만들어졌다. 대표작으로 〈자유만세〉(1946, 최인규), 〈안중근 사기〉(1946, 이구영), 〈윤봉길 의사〉(1947, 윤봉춘) 등을 들 수 있다. 해방 후기 즉, 1948년 단독정부 수립으로 분단이 고착되고 이념 대립이 격화하면서 〈북한의 실정〉(1949, 이창근), 〈성벽을 뚫고〉(1949, 한형모), 〈무너진 38선〉(1949, 윤봉춘)등 남북한의 분단과 대립을 다룬 영화가 제작되었다.

북한영화사에서 1945년부터 전쟁이 발발하기까지의 5년간의 시간은 혁명적 변화의 체험기였다고 할 수 있다. 이 시기는 새로운 민주사회를 건설하기 위해 고상한 사실주의를 기본 이념으로 하여 영화의 창작 및 제작을 위한 사회문화 및 영화 제도를 형성하는 시기였다. 김일성은 해방기 북한 문화예술 건설을 중시하여 연설을 통해 문화인들에게 새로운 시대에 맞는 예술인이 될 것을 요구하였다. 그의 1946년 5월 24일 연설 '문화인들은 문화전선의 투사로 되어야 한다'는 북한에서 새롭게 조직될 문화예술의 범례가 되었다.[2] 또한 당시 소련과 북한 정권의 집중적인 지원에 힘입어 북한영화는 짧은 기간에 큰 성장을 이뤄냈다. 1946년 말까지 북한에서 영화제작, 배급, 상영 일체가 국가관리로 되었으며 1947년 2월 6일에는 북한 최초의 영화촬영소 북조선국립영화촬영소(北朝鮮國立映畵撮影所)가 평양시에 세워졌다. 무엇보다 북조선영화동맹이라는 영화인 조직의 완성은 북한 영화 산업이 성장할 수 있게 만드는 핵심적이고 결정적인 조건이었다.[3] 이로써 1949년 북한 최초의 극영

---

2   이명자, 『북한영화사』, 커뮤니케이션북스, 2007, 15쪽.
3   한상언, 『해방 공간의 영화·영화인』, 이론과 실천, 2013, 197쪽.

화 〈내 고향〉이 촬영될 수 있는 토대가 만들어졌다.

중국에서는 1937년부터 시작된 중일전쟁이 1945년 8월 일본의 무조건 항복으로 끝났다. 그에 따라서 왕정위(汪精衛) 남경(南京) 친일정권이 무너졌으며 중경(重慶) 국민정부의 지도자 장개석(蔣介石)이 남경에 돌아가서 다시 총통이 되었다. 이와 동시에, 공산당은 일본군 항복을 기회로 세력 범위를 넓히기 위해 모택동(毛澤東)을 수반으로 하는 연안(延安) 지도부의 지시에 따라 국민당의 일당독재 정치에 종지부를 찍고 민주적인 헌정을 실현하리라는 기대를 가지고 각지에서 적극적인 행동에 나섰다. 국민정부 쪽도 공산당의 이러한 움직임을 경계하였고, 결국 국공 양당의 군부대는 중국 동북(東北), 화북(華北) 곳곳에서 소규모 군사적 충돌을 일으켰다. 미국 정부가 필사적으로 국공 양당 사이를 조정하였고, 소련도 중국에서 내전이 다시 일어나는 것을 원하지 않았으나 1946년 1월에 시작한 정치협상회의에서 국공 양당의 의견 불일치로 인하여 군대의 탈정당화, 즉 국가화가 이루어지지 못했으며 서로 국가의 통치권 귀속에 대한 결정이 통일되지 않고, 또 좌우이데올로기 대립이 한층 격화되었기 때문에 결국 1946년 3월 공산당군이 개시한 '사평전역'(四平戰役)이 도화선이 되어 '국공내전'(國共內戰)이 발발하였다. 국공 양당의 각축에서 프롤레타리아 계급의 의지를 대표하는 공산당은 점령지에서 토지법대강(土地法大綱)을 공포함으로써 지주나 부농의 토지까지 모두 몰수하고 빈농들에게 배분하는 급진적 움직임을 만들어 냈다. 이를 통해 공산당군의 대중적 기반이 넓어지게 되고 병력도 지속적으로 증가되는 반면에 국민당 점령지에서는 농업 부진과 인플레이션으로 인한 식료품 가격 인상으로 경제난과 함께 민심을 잃게 되었다. 게다가 국민당군은 전술상 실수로 인해 1948년 가을 이후 동북부터 화북, 화중에 걸친 광대한 지역에서 전개된 '3대전역'(三大戰役)에서 빠르게 완패하였다. 장개석 국민정부는 1949년 3월 말 공산당군이 남경을 점령한 후에 중경으로 철수했고, 1949년 10월 1일 모택동은 북평(北平, 현 베이징北京)에서 내전의 승리와 중화인민공화국 수립을

발표했다.[4]

1945년 중일전쟁이 끝난 뒤 장개석의 국민정부와 공산당 사이에 벌어진 4년간의 내전이 끝나가면서 영화제작사들은 눈에 띄게 활기를 되찾았다. 사회정치적, 문화적으로 침체되어 있던 중국 전후 사회 현실 속에서 좌익 활동가들은 민주적인 인민정부와 사회적 평등, 국가 가치를 약속함으로써 국민들의 폭넓은 동의를 얻어냈다. 한편, 이 시기 농민과 도시 빈곤노동자를 비롯한 프롤레타리아 계급과 개혁노선을 지지하는 지식인들 사이에 반장개석 부르주아 정부의 억압 통치에 대한 정서가 팽배해졌다. 또 무엇보다도 부정부패로 인한 정부조직의 와해, 공산당의 침투 그리고 태업행위 때문에 장개석 국민정부는 국민당 점령지에 등장한 영화에 대해서는 거의 통제를 하지 못했다.[5] 이러한 지점에서 〈봄날의 강물은 동쪽으로 흐른다〉(一江春水向東流, 채초생蔡楚生 · 정군리鄭君里, 1947), 〈팔천 리 길의 구름과 달〉(八千裏路雲和月, 사동산史東山, 1947)을 비롯한 전후 국민정부 통치 아래에 중국의 암울한 현실과 그로부터 발생한 중국 인민들의 비관적 정서와 미래에 대한 걱정을 함축적으로 표현하는 상해(上海)영화가 등장했다. 이들 영화는 민중의 공감을 쉽게 얻어서 흥행에 성공하였다.

중일전쟁 기간에 영화제작활동을 하고 있었던 연안영화단은 장비 부족으로 영화제작이 전면 중단되는 곤경에서 벗어나기 위해 1945년 공산당군이 동북지역에서 일본 점령지를 접수한 후에 영화제작조직을 동북 공산당 점령지로 옮겼다. 그들은 이미 해체된 만주영화협회(滿洲映畫協會)의 기존 장비를 이용함으로써 독자적인 영화제작을 시작하고 1946년 10월에 공산당 최초의 영화촬영소인 동북영화촬영소(東北映畫攝影所)를 세웠다. 국공내전 시기에 동북영화촬영소는 주로 동북 공산당 점령지의 실제 사회상을 반영하는

---

4 구보 도루, 강진아 역, 『중국근현대사 4』, 삼천리, 2013, 17~24쪽.
5 슈테판 크라머, 황진자 역, 『중국영화사』, 이산, 2000, 61쪽.

〈민주동북〉(民主東北, 1947)과 모택동, 주은래(周恩来) 등 공산당 지도자들이 전투를 지휘하는 모습을 기록한 〈연안과 섬감녕 변구를 보위하다〉(保衛延安和陝甘寧邊區, 1947) 등 일련의 다큐멘터리영화와 〈화북신문〉을 비롯한 뉴스영화를 제작하였다. 1949년 4월에 이르면 동북영화촬영소는 공산당 점령지에서 최초의 극영화인 〈다리〉(橋, 왕빈王濱, 1949)를 제작하였다. 이어서 같은 해에 〈중국의 딸〉(中華女兒, 능자풍淩子風, 1949), 〈끝없는 빛〉(光芒萬丈, 허가許珂, 1949), 〈백의의 천사〉(白衣戰士, 풍백로馮白魯, 1949) 등을 제작했다.[6]

한국과 중국에서 이데올로기의 대결과 정권의 교체가 있었던 시기에 등장한 이들 영화는 단순히 예술작품이 아니라 이미 '권력'과 '저항' 두 개념이 풍부하게 존재하고 있는 이데올로기적 국가장치 혹은 정치적 무기였다.

영화가 중요하게 다루어지던 이 시기 한국과 중국 사이의 영화 교류가 어떻게 이루어졌는지에 관한 연구는 아직까지 시도된 적이 없다. 오늘날 한중영화 교류가 활발해지고 있는 시점에 역사적 맥락을 복원하기 위한 연구는 큰 의미와 가치를 지니고 있다. 한중영화 교류에 대한 역사적 일관성을 확보하기 위해서는 이 시기 한중영화 교류에 관한 사실들이 구명될 필요가 있다. 필자는 한국에서 영화연구하고 있는 중국인으로서 한중 두 곳에 기존 자료를 수집하고 정리함으로써 이 시기에 구체적인 한중영화 교류활동을 밝히고 영화사적 공백을 메울 것이다. 이를 통해 해방기 즉 1945년부터 1950년까지 약 5년 동안의 한중 영화 교류에 대한 구체적인 사실을 살펴보고 또한 그의 특징 및 의미를 분석할 것이다.

---

6 尹鴻 淩燕, 『百年中國電影史(1900-2000)』, 湖南美術出版社 嶽麓書社, 2014, 63~84쪽.

2. 남한과 국민당 점령지의 영화 교류

일제강점기에 〈태양의 아이들〉(1944)과 〈사랑과 맹세〉(1945)를 비롯한 친일영화를 제작했던 최인규는 과거의 부끄러움을 씻어버리듯 일종의 속죄의 의미로 반제국주의 광복영화 〈자유만세〉(1946)를 만들었다. 1946년 10월 22일부터 고려영화협회(高麗映畫協會)가 제작하고 고려영화주식회사(高麗映畫株式會社)가 배급한 〈자유만세〉가 "祖國의 解放과光復을 爲하야 몸을 밭힌 사나이! 그를 싸고도는 多難한 世態와 人情의 交錯! 解放朝鮮에 보내는 殉烈의 꽃다발!"[7]이라는 선전문구로 국제극장에서 개봉되었다.[8] 한국에서 흥행에 성공한 〈자유만세〉는 중국 국민당 점령지로 수출되었다.

> 朝鮮映畫도 海外로! 自由萬歲不日 中國行
> 高麗映畫協會作品 『自由萬歲』는 그 동안 南朝鮮 各處에서 上映한바. 高麗映畫社와 東方映畫社에서는 映畫 『自由萬歲』를 中國에 輸出코저 軍政廳에 申請中이엇는데 正式 許可 辭令이 내려 方今 中國版 字幕으로 修正 中이며 今月內로는 輸出이 可能하리라고 한다. 그런데 이것은 朝鮮映畫로서 最初의 外國 輸出이다.[9]

고려영화협회에서는 〈자유만세〉에 중국어 자막을 넣어 〈자유만세 (중국어판)〉을 만들었다.

> 朝鮮映畫 最初의 外國版으로서 「自由萬歲」(高映作品) 中國版이 지난 十三日 東方映畫의 손으로 中國에 건너갔는바 朝中文化交流에 寄與하는 바 클 것으로 當路者의 關心을 끌고 있다.[10]

---

7 《京鄉新聞》, 1946.10.6.

8 《京鄉新聞》, 1946.10.20.

9 《文化日報》, 1947.3.12.

〈자유만세〉는 1948년 1월 15일부터 1월 17일까지 중국 상해 홍광극장(虹光劇場)에서 3일 연속으로 1일 4회가 상영되었다. 광고에서 극장주가 〈자유만세〉는 '조선최초의 항일영화이며 비극적 멜로드라마 영화'라고 선전하며 '황당한 요부가 애국 지사에 반한다. 악독한 일본 헌병들이 혁명을 박해한다. 간호사가 영웅을 구조한다. 혁명 지도자 살신성인.'[11]이라는 영화의 줄거리를 간략하게 소개하였다. 또한 눈에 띄는 위치에 '스크린에 중국어 자막이 있다'는 내용을 강조하였다.[12]

같은 해 3월 무렵, 영화 〈자유만세〉의 영향력은 장개석 국민정부의 수도 남경으로 확산되어 1948년 3월 9일부터 3월 11일까지 남경 신도극장(新都劇場)에서 상영되었다. 극장주가 관심을 끌기 위하여 상영 10일전에 이미 "파천황(破天荒)! 한국 최초의 거작!"[13], "감동적이고 눈물 겨운 한국민족전투사"[14]라는 광고문구로 선전하여 주목을 받았다. 〈자유만세〉가 상영되기 시작한 뒤로 중국인들의 반향이 매우 뜨거웠으며 이를 관람한 국민정부 총통 장개석 역시 '자유만세, 한국만세(自由萬歲, 韓國萬歲)'라는 휘호를 내렸는데, 이 역시도 일화가 되었다.[15]

다음 기사를 보면 〈자유만세〉가 중국에서 상영된 직후 국민정부의 엄청난 지지와 민중의 뜨거운 반향을 받았음을 알 수 있다.

해방 후의 발성영화로서 가장 가작(佳作)이라고 보이는 「자유만세」(35밀리 발성)가 작년 중국어 자막을 도입하여 작가 강반*씨의 제창에 의하여 중국에 수

---

10 《京鄕新聞》, 1947.6.15.
11 "荒唐妖姬 傾心志士 惡毒日憲 摧殘革命 看護小姐 營救同志 革命領袖 殺身成仁", 《申報》(中國, 上海), 1948.1.14.
12 《申報》(中國, 上海), 1948.1.15.
13 《中央日報》(中國, 南京), 1948.2.29.
14 《中央日報》(中國, 南京), 1948.3.9.
15 김수남, 「"자유만세"의 최인규: 리얼리즘적 한국예술영화의 맥」, 『淸藝論叢』, 淸州大學校, 1994, 138쪽.

출되어 이미 상해와 남경에서의 개봉을 마치고 현재 대만에서 상영되고 잇는
데 처음 중국의 수입 허가에 잇어서는 U · N 조선임시위원회의 중국 측 일원
인 사도*씨 등이 한족에 힘써 장개석 씨가 특별시사회에 임석 감상하여 조선
영화의 수입이 허가되엇다고 한다. 현재 중국에서는 영국영화의 수입을 연 48
본으로 제한하고 잇는데 「자유만세」의 특별허가 때문에 미국영화 수입본수가
한본 줄게 될 것이라는 소식은 우리영화가 미국영화의 아성에 조금이라도 가
마이 닥아들 수 잇다는 점에서 더욱 흥미를 돗군다 할 것이다.
상해 개봉에 동원된 관객수는 2만5천6백2십5명이요 그 수입이 3억6천만원에
달한다는데,**의 중국 신문들은 「조선에서 이러한 훌륭한 영화가 나왓다」고
격찬을 한 것으로 미루어(중앙신문 기타의 「기술 졸렬 운운」의 평도 잇기는
하나)중국의 한일전쟁영화 축에 한 몫 끼일만한 것으로 단종바닷다고도 볼 수
잇어 장차 우리 영화가 질적으로 우수한 것이라면 해외에 당당히 진출한 가망
이 만흔 것이다.[16] (*는 확인이 불가한 글자임- 연구자)

해방기에 한국은 중국으로 수출한 영화가 〈자유만세〉 하나 밖에 없었지만
이 시기에 한국이 수입한 중국영화는 비교적 많은 편이었다. 1947년 11월 무
렵 한국은 〈간첩천일호〉(間諜天一號, 원명天字第一號, 도광계屠光啓, 1946),
〈항일전팔년〉(抗日戰八年, 원명忠義之家, 오영강吳永剛, 1946)을 시작으로
중국영화를 수입하였다.

解放後 最初의 中國映畫入荷
우방 중국으로부터 중일전쟁이 끝난 후 최초로 제작된 극영화 「간첩천일호」
(間諜天一號)와 「항일전八년」(抗日戰八年)의 두 편이 최근 중국영사관의 알선
으로 수입되었다. 두편은 모다 항일전을 소재로한 장개석씨의 추천상을 획득
한 것이라는 바 「간첩천일호」는 十一월 중순경에 공개하리라한다.[17]

---

16 채정근, 「[연예]조선영화의 해외진출/해외 대* 획득을 위하여」, 《새한민보》, 2권 12호,
    1948.6, 33쪽.
17 《京鄕新聞》, 1947.11.6.

「抗日戰八年」重慶映畫等入荷

우방 중국으로부터 중일전쟁이 끝난 후 최초로 제작된 극영화「間諜天一號」「抗日戰八年」의 두 편이 최근중국영사관의 알선으로 수입되었다. 두편은 모두 항일전을 소재로한 장개석씨의 추천상을 획득한 중국대표작이라고하는데 그중「間諜天一號」는 十一月 초순에 특별시사회를 개최하는 동시에 자유영화사를 통하여 일반 공개되리라한다.[18]

〈간첩천일호〉는 11월 6일에 중앙극장에서 상영되었다.[19] 그리고 1948년 7월 10일에는 동방영화주식회사(東方映畫株式會社)[20]가 수입한 중국영화 〈四億의 花果〉(사억의 화과, 원명中國之抗戰, 라정여羅靜子, 1945) 역시 중앙극장에서 상영되었다.[21] 이 영화는 1948년 12월 13일에 도화극장(桃花劇場)에서 다시 상영됐다.[22] 1948년 11월 6일, 중국영화 〈새금화〉(賽金花, 주석린朱石麟, 1940)가 시공관에서 상영되었다.[23] 1949년 3월 29일부터는 "中國映畫로서 最初의 探偵活劇"이라고 표방한 〈무야혈안〉(霧夜血案, 오문초吳文超, 1948)이 수도극장에서 상영을 시작하였다. 홍보광고에서 '여러분이 잘 알어 보시도록 우리말로 字幕이되여 있습니다' 즉 영화를 상영할 때 스크린에 한국어 자막이 있다는 것을 강조하며 '恐怖의 上海! 안개낀 뒷거리에 요란스런 銃聲! 上海의 거리를 말리는 怪自動車!'라는 신비스러운 선전문을 게재했다.[24] '中國이 보내는 音樂映畫의 最高峰!'이라고 불렸던 〈상해야화〉(上海

18 《第一新聞》, 1947.11.5.
19 《第一新聞》, 1947.11.6.
20 동방영화주식회사(東方映畫株式會社)의 목적은 (가)映畫制作及國內外配給, (나)中國映畫를 爲始한 外國映畫의 輸入及配給, (다)韓中文化交流에 關한事業, (라)前記各項에 附帶하는 一切, 《東亞日報》, 1946.10.26.
21 《京鄉新聞》, 1948.7.7.
22 《京鄉新聞》, 1948.12.12.
23 《京鄉新聞》, 1948.11.9.
24 《京鄉新聞》, 1949.3.27.

夜話, 원명長相思, 하조장何兆璋, 1947)는 1949년 3월 26일에 국도극장에서
개봉되었으며[25] 1949년 8월 9일에 서울극장에 재상영되었다.[26] 1949년 봄에
한국의 중국영화 수입 열풍에 따라서 1949년 4월 23일 〈성성기〉(聖城記, 심
부沈浮, 1946)가 서울극장에서,[27] 4월 28일에 〈충효절의〉(忠孝節義, 정소추
鄭小秋, 1940)가 수도극장에서 개봉되었다.[28] 그에 이어서 5월 말에서 6월초
사이에 〈홍루몽〉(紅樓夢, 복만창蔔萬蒼, 1944)이 등장하였다.[29]

1949년 10월 12일부터 '中國最初의 全喜劇'라는 칭찬으로 알려진 영화 〈종
군몽〉(從軍夢, 한란근韓蘭根, 1948)이 수도극장에서 개봉되었다.[30] 그러나
1950년에 들어서면서 남한과 중국 국민당 점령지의 영화 교류가 점차 사라
지게 되었다. 1950년 3월 18일 중앙극장에서 개봉된 '中國最初의 國際스파이
映畫'라고 표방한 〈일본간첩〉(日本間諜, 원총미袁叢美, 1943)이 해방기 남한
의 극장에서 상영한 중국영화들의 마지막이 되었다.[31]

3. 북한과 공산당 점령지의 영화 교류

북한과 공산당 점령지의 영화 교류는 남한과 국민당 점령지에 비해 늦게
시작되었다. 앞에서 보았듯이 북한의 경우는 1948년 무렵 제작, 배급, 상영
일체가 일원화되었으며 예술영화 제작에 들어갈 준비가 된 1949년 여름, 북

---

25 《京鄕新聞》, 1949.3.29.
26 《京鄕新聞》, 1949.8.9.
27 《京鄕新聞》, 1949.4.25.
28 《京鄕新聞》, 1949.4.24.
29 韓中文化協會提供으로中國映畫「紅樓夢」이 試寫를 마치고 不日間 公映될 모양이다.
   《京鄕新聞》, 1949.5.23.
30 《京鄕新聞》, 1949.10.10.
31 《東亞日報》, 1950.3.18.

한 최초의 예술영화(극영화) 〈내 고향〉(강홍식, 1949)이 제작되어 일반에 공개되었다.

〈내 고향〉은 북한에서 상영된지 약 1년 후인 1950년 여름에 중국의 극장에 등장하였다. 1950년 8월 26일부터 9월 2일까지 8일 동안 북경의 수도극장(首都劇場), 신중국극장(新中國劇場), 대화극장(大華劇場)에서 연속 상영되었다.[32] 인기를 끌기 위해 극장주들은 거의 개봉 1주일 전인 8월 20일부터 선전하기 시작하였다.

> 지금 해방전쟁(6·25전쟁)에 깊이 빠져 있는 조선인민들이 전세계 진보적 인민의 동정과 지지를 받고 있다. 우리 중국인민은 이제 조선의 역사 즉, 조선인민이 전에 지나 왔던 길을 자세히 알 필요가 있다. 「내 고향」은 조선인민들이 일본침략자를 섬멸하는 빛나는 역사를 진실하게 반영하는 영화이다.[33]

앞에 선전문을 통해 중화인민공화국 정부가 남북한이 예전에는 한 강토였지만 좌우분열로 인한 분단 상황에서 사회주의국가인 북한을 지지하는 입장이었음을 알 수 있다. 영화 상영직후 중국인민들은 북한인민에 대한 동정과 지지하는 마음이 격동하였고, 이와 같은 뜨거운 반향에 따라 〈내 고향〉은 1950년 9월 18일부터 9월 21일까지 북경 홍성극장(紅星劇場)에서 하루 세 번 상영되었다.[34]

6·25전쟁이 시작되고 약 4개월 뒤인 10월 19일 중국인민지원군은 압록강을 건너기 시작하였다. 이는 미국의 공격을 북한에서 막아내기 위한 조치였고, 국공내전 과정에서 공산당 측에 참여하여 싸운 조선인들에 대한 보답을

---

32 《人民日報》(中國, 北京), 1950.8.26.
33 "在朝鮮人民解放戰爭中獲得全世界進步人類的同情及支持的今天, 了解朝鮮, 認識朝鮮人民過去走過的道路, 對于我們中國人民是必要的. 「我的故鄕」這部電影便是反映朝鮮人民戰勝日本侵略者的光輝史實." 《人民日報》(中國, 北京), 1950.8.20.
34 《人民日報》(中國, 北京), 1950.9.18.

하기 위하여 '순망치한(脣亡齒寒)'을 내세워 참전을 결정한 것이다.[35] 이 시기에 '항미원조(抗美援朝)'라는 중국의 정치적 주도사상의 확립과 더불어 중국에서 1950년 12월 초에 시작한 '항미원조보가위국운동영화선전월(抗美援朝保家衛國運動電影宣傳月)' 활동에서 북한영화 〈내 고향〉이 다시 등장하였다. 이 영화는 한 달 동안 북경 신중국극장(新中國劇場), 대화극장(大華劇場), 수도극장(首都劇場), 대광명극장(大光明劇場), 승리극장(勝利劇場) 등 주요극장에서 차례로 상영되었다. 이 활동에서 〈내 고향〉이 유일한 외국영화였으며 나머지는 중국 본토 항일영화였다.[36]

〈내 고향〉은 1950년 12월 11일부터 중국문화부가 북경에서 거행한 '인민민주국가영화주(人民民主國家電影週)'라는 사회주의 국가의 인민민주투쟁을 주제로 한 영화들을 집중적으로 상영하는 활동에서도 등장하였다. 구체적인 내용은 다음과 같다.

> 인민정부문화부가 형제국들과의 단결과 우의를 증진시키고 또한, 문화의 교류를 증강하기 위하여 금일부터 17일까지 베이징에서 처음으로 '인민민주국가영화주(人民民主國家電影週)' 활동을 거행하고 형제국의 영화작품을 집중 상영할 것이다. 이번 활동에서 등장한 영화들이 모두 각각 국가의 주중(駐中)대사관이 추천한 것이다 (중략─ 연구자). 그중에 조선인민들의 통치계급에 대한 반항을 묘사하는 극영화 「내 고향」이 포함된다.[37]

〈내 고향〉이 중국의 극장에서 여러 번 상영되었으나 이것이 해방직후에서 1950년 사이에 북한과 중국공산당 점령지의 최초의 영화 교류는 아니었다.

---

35 박찬승, 앞의 책, 347~348쪽.

36 《人民日報》(中國, 北京), 1950.12.1.

37 人民政府文化部爲了增進各兄弟國家間之團結友誼與加強文化交流和學習他們寶貴的經驗, 特在北京擧辦首次「人民民主國家電影週」, 介紹兄弟國家之電影, 定於本月十一日至十七日在北京開始放映. 參加電影週的影片, 均爲各國駐華大使館所推薦... 其中包含朝鮮人民反抗當時統治階級的故事片「我的故鄕」. 《人民日報》(中國, 北京), 1950.12.11.

역사를 거슬러 올라가다 보면 1949년 봄에 북한의 극장에서 중국의 극영화 〈다리〉(橋, 왕빈王濱, 1949)를 상영한 적이 있었다.

> 문화소식 극영화 「다리」
> 동북영화제작소 (東北電影製片廠)에서는 처음으로 극영화 「다리-橋」를 은막(銀幕)에 내어놓았다. 중국영화사상에 있어 처음으로 로동계급을 주역으로 하였으며 생산투쟁을 주제로한 작품이다. 과거에 있어 중국 영화로서 로동인민을 주역으로한 작품은 극히 적은 것이었으며 그러나마 로동인민의 생활과 투쟁을 옳게 반영하지못한것이었다. 오늘 영화 「다리」가 나타남으로써 로동인민들은 자기의 영화를 가지게 되었음을 자랑하게 되었고 중국영화사는 이로부터 새로운 한 페—지를 펼치게되었다.[38]

앞의 기사에 의하면 중국 동북영화제작소에서 1949년 4월에 제작, 완성한 중국 최초의 극영화 〈다리〉[39]가 북한으로 수출되었으며 약 한 달이 이 지난 5월 13일에 북한에서 상영된다는 사실을 알 수 있다. 《인민일보》에서 1949년 5월 16일부터 5월 25일까지 연속 10일 동안 "동북영화제작소가 제작한 최초의 신민주주의의 탄생과 투쟁을 주제로 한 예술영화인 〈다리〉가 최근 국민(國民), 북양(北洋), 건국(建國), 동당(東堂), 중국(中國), 중앙(中央), 섬궁(蟾宮)에서 동시에 처음 상영 예정"[40]이라는 공고를 등재하고 있었으나 결국 25일 이후 없어지게 된다. 영화 〈다리〉는 중국에서 정확한 개봉일을 파악하지 못했지만 1949년 5월 25일 이후였음은 분명한 사실이다. 그렇기 때문에 영화 〈다리〉는 중국보다 북한에서 먼저 상영된 것으로 추측할 수 있다.
〈다리〉는 해방기 북한에서 수입한 유일한 중국영화가 아니었다. 〈자기 대

---

38 《延邊日報》, 1949.5.13.
39 1949년 4월, 동북영화제작소에서 신중국 최초의 극영화 〈다리〉가 완성되었다. 이는 대표적인 영화로서 신중국 영화의 탄생을 상징한다. 尹鴻 凌燕, 앞의 책, 63쪽.
40 《人民日報》(中國,北京), 1949.5.16.

오로 돌아왔다〉(回到自己的隊伍來, 성음成蔭, 1949)와 〈중국의 딸〉(中華女兒, 능자풍凌子風, 1949) 두 편도 수입되었다.

> 지난 九월二十七일부터 평양 각 영화관에서는 동북영화촬영소에서 제작한 제二부 예술거편인 「자기의 대오로 돌아왔다」를 상영하였는데 한 영화관 관리인의 말에 근거하면 그 영화의 관중들은 특히 극히 큰 감동과 자극을 느꼈으며 연일 대만원의 성황을 이루어 국립극장 한곳에서만 하더라도 五일간 상영하는 동안에 관중 총수 二十三만여명에 달하였다고 한다.[41]

> 중국예술영화『중국의딸』을 보고
> 신생중국 동북영화촬영소의 제四회 예술영화『중국의 딸』은 포악무도한 일제를 반대하여 불요불굴의 투쟁을 계속한 항일련군영웅들의 전투 모습을 형상화한 영화이다. 이 영화 스토리-의 중심 인물로 되여있는 "호수지"를 비롯한 八명의 녀성 영웅들은 오늘 동북렬사기념관 내에 수록되어 있는 명화『八녀투강』의 실지 주인공들로서 영화의 여러 화면들은 그들 항일련군녀성들의 고상한 애국주의 사상을 예술적 형상을 통하여 표현하고 있다...[42]

1949년 10월 이후에 북한과 중화인민공화국과의 영화 교류의 증거를 찾을 수 있는 예술영화는 앞서 언급한 4편 밖에 없었다. 당시의 기사에 따라 수입한 영화에 대한 관객들의 뜨거운 반향을 알 수 있다. 이를 통해 북한과 중국에서 서로의 영화 교류를 지지한 태도를 엿볼 수 있다.

---

41 《東北朝鮮人民報》, 1949.10.20.
42 《로동신문》, 1950.4.29.

4. 한중영화 교류의 특징 및 의미

해방기 남한에서 중국으로 수출된 영화는 〈자유만세〉 하나 밖에 없었다. 이 영화가 국민당 정부의 총통 장개석의 특별허가를 받아 국민당 점령지의 핵심도시인 상해와 남경에서 흥행에 성공한 이유가 무엇이며, 해방기 남한에서 수입한 11편의 중국영화가 어떤 성격의 작품인지, 즉 한중영화 교류의 구체적 특징 및 의미가 무엇인지 살펴볼 필요가 있다.

제2차 세계대전이 끝난 직후 한국과 중국인민들은 전반적으로 승리의 희열 및 해방의 감격 그리고 새 조국 건설의 기대에 빠져 있었다. 한국 "광복영화" 역시 이런 해방 이후의 특수한 환경의 산물로서 등장하였다. 광복영화의 선두에 서 있는 〈자유만세〉는 해방 전 서울을 배경으로 민족독립운동의 지도자와 일본 헌병의 정부 그리고 병원 간호사 사이에 흐르는 애정, 민족 감정과 애국심에 관한 줄거리를 통해 일본헌병의 야만과 잔인함 그리고 민족독립운동지사의 영용하고 죽음을 두려워하지 않는 영웅적 이미지를 표현하였다. 이런 항일영화가 중국에서 상영되었을 때 중국인민의 공감 즉, 일제에 대한 증오와 중국 민족의 자긍심, 심지어 한국인에 대한 동정까지 불러일으킬 수 있었다. 영화의 마지막 부분에서 일본 헌병대에게 추격당한 민족독립운동투사는 총격전 끝에 죽게 되며, 그 시각이 바로 1945년 8월 15일 동틀녘이라고 하는 장면은 당시 중국 관객들과 한국인들에게 상당히 큰 호응을 받았을 것을 예상할 수 있다.[43] 〈자유만세〉는 중국에서 최초로 상영된 한국영화였으니 중국관객들에게 한국영화에 대한 호기심을 자극했고, 또한 항일에 대한 주제

---

[43] 초반부의 일부와 후반부 20분 정도가 망실된 현존 〈자유만세〉의 필름의 러닝타임은 50여분 정도다. 전창근(全昌根)의 회고에 따르면 이 영화의 현재 남아 있지 않은 마지막 부분에서 주인공 한중은 탈출에 성공하지만 곧 일본군 헌병대의 추격을 받아 총격전 끝에 죽게 되며, 그 시간이 바로 1945년 8월 15일 동트기 전의 새벽녘이라고 한다. 한국영상자료원 편, 『한국영화 100선』, 한국영상자료원, 2013, 37쪽.

는 일제의 잔악무도한 침략에 시달렸던 중국'인민'들의 환영을 받았기 때문에 중국에서 흥행에 성공한 것은 당연한 결과였다.

해방기 남한에서 상영된 11편의 중국영화 가운데 1940년에 제작된, 삼천갑자 동방삭(東方朔)의 '충(忠)효(孝)절(節)의(義)'사상을 이용해 교육적인 의의를 갖고 만든 '映畫를 通하여 常識을 배우는 寶貴한 映畫'[44] 〈충효절의〉, 청나라 야사속 여성 인물 새금화라는 기생의 사적(事蹟)을 각색한 전기영화 〈새금화〉, 그리고 1944년에 제작된 청나라 고전소설을 영화로 각색한 〈홍루몽〉과 누명을 쓰고 감옥에 들어갔던 주인공이 탈옥한 후에 증거를 찾아 결백을 증명하고 결국 진범이 잡히는 주제로 한 〈무야혈안〉이 4편을 제외한 나머지 7편은 모두 항일영화였다. 항일영화가 해방기 남한과 국민당 점령지의 영화교류의 주력군이 되었던 것이다.

그렇다면 이런 항일영화는 어떤 공통점을 가지고 있는가? 해방기 한국에서 최초로 수입한 중국영화 〈간첩천일호〉는 중일전쟁시기 북경을 배경으로 여주인공 '천일호'라는 중국 중경의 프락치가 중요한 정보를 얻기 위해 일본군과 결탁한 남편과 보안관을 사살하며 장렬하게 희생하는 내용의 영화이다. 〈항일전팔년〉은 주인공의 아들이 민족운동을 위해 일하다 일본군에게 총살당하고 희생되는 비극적 내용이 줄거리 중 하나였고 일본군 아래에서 통역을 하던 한국청년이 민족자존심과 애국정서에 불타 자기 목숨을 걸고 중국애국지사에게 중요한 정보를 비밀스럽게 전달하는 모습도 나왔다. 중미합작 영화 〈사억의 화과〉는 미국인 카메라맨이 항일전쟁시기에 기록한 영상자료를 이용함으로써 당시 일본군의 수탈, 살육과 생매장 등 금수만도 못한 폭행 그리고 사억 중국인들의 적극적인 반항과 투쟁의 모습을 표현한 다큐멘터리영화이다. 1949년 4월 26일에 한국에서 상영된 영화 〈성성기〉는 미국선교사가 국민당군 장교 그리고 부녀자와 어린이를 숨겨 보호하려다 일본 군인들에게

---

44 《京鄕新聞》, 1949.4.24.

살해되고 선교사의 딸과 장교는 사랑에 빠져 같이 국민당군과 촌민을 지휘하며 일본군에 적극적으로 투쟁하는 이야기이다. 1949년 한국에서 두 번 상영된 〈상해야화〉는 일본군이 상해로 진출하는 역사를 배경으로 주인공의 친구가 가족과 결별하고 전선으로 떠난 이후 아무 소식도 없는 상황에서 어려운 상황의 친구 아내를 적극적으로 도와주다 결국 둘이 사랑에 빠지고 항일전쟁 승리 이후 친구가 돌아와 둘의 사랑이 끝날 수밖에 없다는 줄거리를 가진 영화였다. 〈종군몽〉은 남주인공이 자기가 사랑하는 여학생을 통해 깨우침을 얻고 아버지에게 자신의 결심을 보여주기 위해 수면제를 먹고, 마침내 아버지의 허락을 받아 종군을 결심하고 전선으로 떠나는, 꿈이 이루어진다는 스토리를 통해 항일전쟁시기 조국을 수호하는 중국청년의 적극적인 모습을 제대로 보여주었다. 1950년에 상영 된 영화 〈일본간첩〉의 주인공은 이탈리아인인데 중국군과 합력하여 일본군의 폭약을 빼앗고 그의 장갑차를 폭파하여 다른 사람들을 고무시켜 중국군에 동참시킨 스토리다.

이런 항일영화는 일반적으로 항일전쟁을 배경으로 애정, 애인, 부부, 가족 등 요소들과 연관시켜 멜로드라마 식으로 전개하였다. 항일, 해방은 주요한 스토리가 아니고 단순히 스토리의 배경이나 상업적으로 차용된다. 이러한 관점에서 〈자유만세〉도 항일 배경의 멜로드라마적 영화라고 할 수 있다. 항일과 해방을 비롯한 역사적 요소보다 인물관계의 발전과 사랑이야기의 비중이 적지 않은 편이기 때문에 영화의 주제가 선명하지 않게 되기 때문이다. 이효인은 "〈자유만세〉가 '해방의 감격을 적절하게 상업적으로 차용했으며 또 이를 표현하는 데 있어서도 역부족(감정 비약과 상황 설정의 비사실성, 비현실적이고 맹목적 정세관 등)이었다'고 비판했다. 그렇지만 역시 이 영화가 '항일영화로서의 가치와 열정, 이에 대한 구체적인 영화적 표현 능력이 당시로서는 뛰어났다는 것을 간과해서는 안 될 것'이라고 덧붙이고 있다."[45] 그러므

---

45 영화진흥위원회, 『한국영화사 開化期에서 開花期까지』, 커뮤니케이션북스, 2006,

로 해방기 남한과 국민당 점령지의 영화교류과정을 진출했던 항일영화들은 항일주제 멜로드라마영화나 멜로드라마적 항일영화로 분류할 수 있다.

또한 해방기에 수입한 중국영화가 한국관객들에게 어떤 반향을 불러일으켰는가? 이 시기 영화교류는 어떤 고유한 특징을 가지고 있었던 것인가? 항일영화뿐만 아니라 〈새금화〉〈홍루몽〉을 비롯한 사회현실과 전혀 관계없는 영화가 상영 된 의미는 무엇인가? 당시의 기사를 통해 이러한 의문을 풀 수 있다.

物議沸騰

中國映畫有害無益의 (賽金花) 中等生徒에 보여주나

중학생들의 교외생활을 선도할 목적므로 조직된 「중등교외지도연맹」에서는 중국영화 새금화(賽金花)라는 것을 六일부터 서울시공관(市公館)에서 상영을 시작하고 각 중등학교생을 동원 입장시키고 있는데 각 방면의 물의를 자아내고 있다 즉 동영화는 얼마전 시공관에서 상영할 때 중학생은 입장을 금지한 영화이었었는데 이 영화를 다시 교외생활 지도연맹에서 중학생에게 보인다고 六일부터 十八일까지 매일 오전에 두 번식 입장무료(사실은 三十원식 내고 있다)라고하여 상영하고 있다 영화 내용도 풍기문란한 장면이 많아 과연 중학생에게 유익한 것인지 아닌지 말이 많으며 더구나 한번 상영해 버린 영화를 다시 끄집어 내어서 수업을 중지하게까지하며 입장시키는 의도는 이해키 곤난하다하여 동연맹의 경솔한 태도를 비난하고 있다.[46]

1948년부터 1950년까지 제작되었던 대중이 관심 갖고 있는 '항일'이나 사회현실과 아무 관련도 없는 영화를 상영하는 것과 영화 속의 미성년에게 적합하지 않은 장면이 있음에도 그대로 중학생을 입장시켰던 사실을 보면 당시 이러한 영화교류가 예술문화적 소통이 아닌 단순히 수익을 위한 것임을 알 수 있다.

108~109쪽.

46 《京鄕新聞》, 1948. 11. 9.

또 다른 한 편의 영화 〈홍루몽〉의 상영은 한국관객들에게 어떤 반향을 불러일으켰는지 아래의 기사를 통해서 살펴보겠다.

中國映畫 「紅樓夢」

韓中文化協會提供으로 中國映畫 「紅樓夢」이 試寫를 마치고 不日間 公映될 모양인데 여러번한 소리를 또 거듭 하는 것 같지만 最近 確實히 中國映畫가 우리 銀幕 위에 汎濫하는 感이었다.

그리고 그것이 何等 文化交流라는 意味에서 처음부터 企劃性 있게 中國映畫의 優秀한 作品을 輸入해오는 것이 아니고(이것은 아직 여러 가지 不可能한 條件이 있겠지만)어떻게 어떻게 굴러들어온 것들을 單只 「中國映畫」라는 까닭으로 興行을 생각하고 文化交流 云云의 美名을 들씨워서 興行을 꾀하게 되는 모양인데 勿論 「紅樓夢」이라는 中國映畫 한 篇을 우리가 求景한다는 것부터 文化的인 일인지는 모르나 앞으로는 眞正한 文化交流라는 意味에서 우리가 정말 中國을 理解하는데 文化的으로 貢獻할 수 있는 좋은 作品을 가저다 보여주기를 懇切히 바라마지 않는 바이다.[47]

앞에 보았듯이, 한국민중들은 이미 영화수입의 의미가 변질되었다고 인식했다. 당시 수입한 중국영화는 많았으나 그 영화의 질은 떨어진 것이 명확한 사실이었다. 한국관객들은 수입한 중국영화의 예술성을 인정하지 않았고 우수한 작품을 원하는 마음을 표출하였다. 한국관객들의 요구와 같이 이러한 예술성을 가진 우수한 중국영화가 국민당 점령지에 존재하지 않는 것이 아니었다. 중국 상해에서 곤륜영화사(昆侖影業公司)[48]가 제작한 예술성이 높은

---

47 《京鄕新聞》, 1949.5.23.

48 1946년 무렵, 양한생(陽翰笙), 사동산(史東山), 채초생(蔡楚生) 등 영화감독들이 공산당 지도자 주은래(周恩來)의 위탁을 받고 국민당 점령지의 핵심도시 상해에서 련화연예사(聯華影藝社)를 세웠다. 이 영화사는 1947년에 곤륜영화사(昆侖影業公司)로 명칭을 바꾸었으며 상해공산당의 지시에 따라서 리얼리즘 영화를 제작하고 있었다. 尹鴻 淩燕, 앞의 책, 63쪽.

영화 〈구름과 달 아래 8천리〉(八千裏路雲和月, 사동산史東山, 1947), 〈봄날의 강물은 동쪽으로 흐른다〉(一江春水向東流, 채초생蔡楚生·정군리鄭君里, 1947), 〈까마귀와 참새〉(烏鴉與麻雀, 정군리鄭君里, 1949)를 비롯한 좌익영화들이 중국에서 흥행에 성공하였다. 이들 영화는 좌익영화감독의 눈을 통하여 리얼리즘을 신봉했고 해방직후 국민당 정부의 부패와 국민당 점령지에서 인민의 빈궁한 삶에 대해 현실을 왜곡하지 않고 진술하게 그려냈다. 국민당의 부정부패로 인한 정부조직의 와해, 또한 공산당의 침투 그리고 태업행위때문에 국민정부가 실행한 검열의 강도가 떨어졌고 이에 따라서 이러한 프롤레타리아 계급의 입장에서 자본주의 사회나 부르주아 계급의 암흑통치를 비판하는 영화들이 중국에서 상영되었다. 그러나 우익세력의 통치 아래에 있는 남한으로의 수출은 가능하지 못했다. 그러므로 해방기 남한과 국민당 점령지의 영화 교류가 항일을 주제로 한 영화들의 주력군이 될 수 밖에 없었던 것이다. 또한 더 많은 수익을 얻기 위하여 남한에서는 예술성이 떨어지는 작품이나 과거의 영화를 수입하여 관객들의 비난을 받았다. 엄밀한 의미에서 해방기 남한과 국민당 점령지의 영화수출과 수입이 점차 문화예술적 교류에서 단순히 상업적 활동으로 변질되었던 것이다.

이 시기에 북한과 중국공산당 점령지의 영화 교류는 상업적 성격이 많지 않았다. 1949년 북조선국립영화촬영소에서 제작된 북한 최초의 극영화 〈내 고향〉은 1950년 8월 26일에 북경에서 개봉 직후 중국관객들의 뜨거운 반향과 높은 평가를 받았다. 이는 개봉된 다음 날의 기사를 통해 알 수 있다.

조선인민들이 시작한 2개월 안된 반침략전쟁에서 거대한 승리를 얻었다. 월스트리트의 거물들은 놀랄 수 밖에 없다. 우리야말로 이런 결과가 나온 것을 제대로 예측할 수 있다. 왜냐하며 조선이나 우리나라나 전세계의 용감한 식민지 인민으로서 이를 자연스레 알 수 있는 것이다. 조선민주주의공화국이 제작한 최초의 극영화 「내 고향」을 본 후에 오늘날 조선인민이 용감히 적과 맞선

힘의 원천을 찾을 수 있다. 이 영화는 4개월 전 베이징에서 시사회가 거행되었을 때 자막이 없지만 관객들이 전반적으로 이해할 수 없음에도 불구하고 줄거리에 끌리고 감동하는 사람이 많은 편이었다. 이러한 현상을 일으키는 가장 큰 원인은 바로 중국과 조선 인민들이 같은 액운 즉 외래 참략자와의 투쟁을 필사적으로 투쟁을 해 본 적이 있었던 것이다. 스크린을 통해 조선인민이 공포와 빈곤에 시달리고 있었지만 자유와 자기의 조국 그리고 민족자존심을 위하여 일제와 끊임없이 투쟁하는 모습을 확인할 수 있다. 조선인민에게 있어서 '국가'라는 개념이 매우 위대하게 존재하고 있는 것이다. 중국인민과 마찬가지로 조선인민들이 아무리 곤궁하더라도 절대 침략에 굴복하지 않았다. 이는 중국과 조선인민들이 수백년이래 축적된 힘이 존재하고 있기 때문이다.

조선인민의 영화사업이 대체로 중국과 같이 무(無)에서 유(有)를 창조하는 길에서 뛰고 있다. 우리는 각본뿐만 아니라 촬영과 제작 또한 장면주조, 배우의 연기와 음악까지 영화 「내 고향」 속에 드러난 모든 높은 예술성을 통하여 조선영화예술가의 뛰어난 재능을 인정할 수 있다. 또한 조선 예술영화 처음부터 새로운 리얼리즘주의적 방향으로 발전될 정확한 방침을 알 수 있다.

예전에 조선인민들이 험난한 전쟁에서 침략자를 좇아냄으로써 '내 고향'을 해방했다. 오늘날 용감한 조선인민들은 미제의 침략적 공격을 직면하며 전력을 다하고 '내 고향'을 지키고 있다. 미제는 영원히 이 아름다운 '고향'에서 쥐락펴락할 수 없다. 왜냐하며 조선인민이 영원히 '고향'의 주인다.[49]

앞에서 살펴보았듯이 영화 〈내 고향〉은 1950년 9월 이후 북경에서 9월 18일부터 9월 21일까지, 12월초에 시작한 '항미원조보가위국운동영화선전월' 활동 그리고 12월 11일부터 중국문화부가 거행한 '인민민주국가영화주' 활동에 이어 또다시 3번째 재상영되었다. 그렇다면 영화 〈내 고향〉이 중국에서 반복 상영되고 흥행에 성공할 수 있었던 이유가 무엇인가? 앞의 기사에 의하면 이것의 이유는 크게 영화의 정치성과 예술성 두 가지로 나뉘는 것을 알 수 있

49 鍾惦棐, 〈朝鮮人民的第一部電影「我的故鄕」〉, 《人民日報》(中國, 北京), 1949.8.27.

다. 그리고 양자는 불가분의 관계이며 더 정확하게 말해, 영화 〈내 고향〉이 야말로 예술적 특징을 통해 정치적 목적을 전개하는 수법을 사용했음을 알 수 있다. 영화에서 나타내고 있는 내러티브의 선명성을 비롯하여 인물의 전 형화, 자연풍경을 통한 논리의 정당성 강화 등 구체적인 수법을 이용함으로 써 영화의 최종 목표라 할 수 있는 북한 정권의 최고 지도자인 김일성을 역사 적 이행과정에서의 필수불가결한 영웅적 이미지로 표현한 것이다. 영화의 주 제가 인물의 대사 "우리의 원수는 왜놈이다. 지주도 우리의 원수이다. 우리 나라에 왜놈과 지주놈이 있으면 우리는 잘 살 수 없다. 우리는 왜놈과 싸워야 한다. 지주하구도 싸워야 한다. 싸워서 이겨야 한다"를 통해 직접적으로 전 달되는 등 순수하고 선명한 내러티브 구조는 해방 직후 북한정권의 정당성과 기반을 선전하고 인민들을 설득하는데 매우 효과적인 수법이었다는 것을 알 수 있다. 그리고 영화 속에 제국주의 일본과 지주 계급과의 동일시를 이끄는 중심인물인 최경천이라는 지주와 그를 극복하고 타도해야 하며 새로운 세상 의 도래라는 결론을 이끄는 상징적인 인물인 주인공 '관필'의 적대적이고 대 립적인 인물의 전형을 통해 해방이후 북한정권의 근거와 지향, 토대를 선명 하게 설명하고 있을 뿐만 아니라 인물의 영웅화, 신비화로 이끄는 요소로 사 용하고 있다. 또한 영화에서 평온한 삶의 상징으로 묘사된 아름다운 자연 풍 경과 농민들은 일본제국주의와 지주의 압박에 힘들고 어렵게 살고 있는 장면 을 대립적으로 부각시킴으로써 김일성을 영웅화, 신비화 시키는 데 있어 논 리적 기반으로 작용하고 있다. 무엇보다 영화 〈내 고향〉에서 가장 두드러진 특징은 영화의 결론이 특정한 인물로 귀결된다는 것인데 이것은 바로 예술수 법을 통해 정치적 목적을 밝히는 경로이다. 영화 〈내 고향〉에서는 김일성을 영화 중간 중간에 언급하면서 영화를 보는 인민들에게 그를 환기시키도록 요 구한다. 이를 위한 노골적인 장면은 해방이 되자 이 해방은 김일성이 일본제 국주의를 타도하고 조국을 해방시켰다고 강조한 데서 확인된다. 그리고 바로 뒤이어 김일성 만세를 외치는 다양한 노동자, 농민들의 모습을 보여주면서 그 논리를 정당화시킨다. 이처럼 영화 〈내 고향〉의 모든 내용은 특정한 한 인물인 김일성으로 귀결되고 있음을 알 수 있다.[50] 이와 같은 '고상한 사실주의'적 예술 수법을 통해 항일 빨치산 활동에서 미화된 이른바 '애국주의적이며 영웅적인 투쟁'에서 김일성의 탁월한 능력이 신비화되며 개인적 이미지가 영웅화되었다.

영화 〈내 고향〉은 이데올로기적 국가장치로서 북한의 지도자 김일성을 영웅화, 신비화로 부각시킨 것과 아울러 노골적으로 공산주의의 정당성과 우월성을 칭송하고 있었다. 1949년 10월에 수립된 중화인민공화국 정권에서 북한정권과 같이 해결해야 할 가장 시급한 문제는 바로 공산주의 이데올로기의 일체화 문제였다. 공산주의 이데올로기가 빠르게 일체화될수록 새 정부는 더 빠르고 튼튼하게 착근할 수 있다. 게다가 토지분배, 경제건설과 같은 정책추진도 더 빠른 시일 내에 실행될 수 있다. 그렇기 때문에 당시 중국에서 북한영화 〈내 고향〉의 상영은 공산주의 정치정책이 제대로 잘 실행될 수 있게 하는 매우 유리한 조치였던 것이다. 중국인민들은 이 영화를 통해 북한관객들과 마찬가지로 공산당 정부에 대한 신뢰감을 가질수 있었을 것이다. 북한영화 〈내 고향〉이 중국에서 반복 상영되고 흥행을 성공할 수 있었던 주도적인 원인은 바로 그의 독특한 정치성과 정치적 이데올로기에 적용한 예술성에 이었다.

이 시기에 북한 영화 속에 드러난 사회주의국가 건설에 도움이 되는 전형적인 인물의 형성을 목적으로 한 '고상한 사실주의'와 마찬가지로 사회주의 리얼리즘은 1949년 이후의 중국 영화에 결정적인 영향을 미쳤다. 즉, 예술적·문학적·경제적 가치는 영화의 내용과 현실을 결정하는 데 더 이상 고려 대상이 아닌, 공산당의 정치적 목표를 최우선 하는 것이었다. 그러한 시점에

---

50 정태수, 「영화 〈내 고향〉과 〈용광로〉를 통해 본 초기 북한영화의 특징」, 『현대영화연구』 Vol.10, 현대영화연구소, 2010, 424~438쪽.

서 1949년 봄에 이르면 사회주의 리얼리즘 양식을 변형시킨 '신중국'(新中國) 첫 번째 극영화 동북영화촬영소에서 제작한 〈다리〉가 등장하였고 이는 국공내전을 배경으로 공산당군의 전략상 수요를 만족시키기 위하여 노동자들이 자재와 장비가 부족했음에도 불구하고 목숨을 걸고 2주 만에 송화강(松花江)의 다리를 건설을 완성한다는 것을 주제로 한 영화이다. 영화 속에 노동자들의 밤낮이 따로 없이 다리를 건설하는 모습을 구체적으로 부각함으로써 그의 자발적이고 혁명적인 열의를 제대로 표현하였으나 결국 모든 성과는 공산당과 모주석의 올바른 지도로 귀결되었다. 〈내 고향〉 중 '김일성 만세'를 외치는 다양한 노동자, 농민들의 모습을 보여주는 장면과 마찬가지로 〈다리〉에서 수천 명 노동자들이 '마오 주석 만세'를 외치며 다리완공을 축하한다는 정치적 목적을 노골적으로 표현하는 화면도 등장하였다. 그렇기 때문에 영화 〈다리〉의 가장 두드러진 특징은 영화의 결론이 중국공산당으로 귀결된다는 것을 알 수 있다. 영화에서는 모택동의 지도하에 중국공산당은 공산주의 사회건설에서 중추적 역할을 하는 리얼리즘에 대한 묘사를 통해 공산당을 영웅화 시키면서 공산주의를 믿어야만 모든 어려움을 극복할 수 있다는 주제를 중국'인민'들에게 전달한다. 공동으로 공산주의 사상 체제하에 존재하고 있는 북한은 중국영화 〈다리〉를 수입하고 상영시키며 형제국 중국에서 공산주의의 탁월한 지도하에 중국 '인민'들이 어려움을 극복하고 평온한 사회를 건설하는 모습을 북한인민에게 보여줌으로써 공산당의 우월성을 강조할 뿐만 아니라 북한 '인민'들이 북한정권에 대한 신뢰감과 공산주의 사회 건설에 대한 자신감을 유발할 수 있었다.

〈다리〉의 이런 경향은 해방기 북한이 수입했던 다른 두 편의 중국영화 〈자기 대오로 돌아왔다〉와 〈중국의 딸〉에서도 충분히 나타났다. 1949년 9월 27일 북한 평양 각 영화관에서 상영된 동북영화촬영소 제작 제2부 예술영화 〈자기 대오로 돌아왔다〉는 1947년 국공내전을 배경으로 오대강(吳大剛)이라는 국민당군 병사가 군대에서 시달리고 그의 아버지까지도 국민당군에게 매질을 당한후 공산당군의 선전교육을 받고 나서 다른 국민당 병사를 설득하고 공산당군으로 귀순하도록 만드는 것을 주제로 한 영화이다. 이 영화는 국민당군이 노동인민의 재산을 수탈하는 추악한 짓과 공산당군의 자발적으로 노동인민을 도와주는 친절한 모습을 대립적으로 부각함으로써 국민당군의 극악무도와 공산당군의 정직하고 사심이 없는 이미지를 관객들의 마음속에 깊이 자리 잡게 하였다. 당시 북한'인민'들이 영화 〈자기 대오로 돌아왔다〉를 본 이후에 어떠한 반향이 있었는지 다음 기사를 통해 파악할 수 있다.

> 그 영화상영기간에 있어서 조선의 허다한 신문들은 모두 조선극작가와 평론가의 전문적 평론을 게재하였는바 그 영화의 고도의 사상성과 예술성을 인정하는 동시에 중국인민해방군의 관병일치와 군민일치가 여실히 심각히 표현되었다는 것을 인정하였다. 중국인민해방군과 조선인민군은 똑같은 군대이며 국민당군과 리승만의 국방군은 역시 한따위 군대이다. 영화에 나오는 인물들에게서 나는 참으로 친밀감을 느끼지 않을수없었다. 이것은 이 영화를 보고난 한 관중의 말이나 기타의 다른 필름도 각각 이어 상영되고 있다.[51]

앞의 기사에 의하면 북한관객들은 이 영화의 예술성을 인정하는 동시에 북한과 중국은 호흡을 같이 하고 운명을 함께 한다고 인식하고 국민당과 똑같이 극악무도한 남한 이승만 정권을 배척하며 김일성 공산당 정권을 매우 신뢰하고 미래 공산주의 사회의 건설에 대한 기대감에 넘치게 된 것을 알 수 있다. 이러한 영화를 수입 상영한 것은 '인민'들에게 남한 이승만정권과 미제에 대한 반감 그리고 북한 공산주의사회 건설에 대한 기대를 자극하기에 유리했기 때문이다.

국공내전을 배경으로 한 작품들 〈다리〉, 〈자기 대오로 돌아왔다〉와 달리 1949년 북한이 수입했던 또 다른 중국영화 〈중국의 딸〉은 중일전쟁을 배경

---

51 《東北朝鮮人民報》, 1949.10.20.

으로 '호수지(胡秀芝)'를 비롯한 여덟 명의 여성 동북항일연군 전사들이 대부대의 안정한 이동을 엄호하기 위하여 일본군을 견제하고 대항하며 결국 궁지에 빠지지만 투항하지 않고 죽음을 두려워하지 않고 강물에 투신, 장렬하게 희생한다는 것을 주제로 한 영화이다. 주제는 항일전쟁이었으나 영화 속에 드러난 애국주의 사상은 북한 인민들에게 즉시 필요한 것이다. 그리고 이 영화에서 주목할 만한 점은 철교 파괴임무를 맡은 십여명의 여전사들 중에서 지도원 '랭운(冷雲)'과 '호수지'뿐만 아니라 조선혁명여성 안동무도 포함되었다는 것이다. 일본침략자에 직면한 중국과 조선인민들이 같은 편이 되어 어깨를 나란히 하여 적극적으로 투쟁하는 바가 필수적이고 필연적인 것임을 강조하고 있다. 즉, 이 영화는 항일전쟁에 대한 역사적 진실을 재조명한 동시에 국제주의를 선양하고 있는 것이다. 〈중국의 딸〉은 북한에서 등장하자 호평을 받았다. 북한관객들의 이 영화에 대한 구체적인 견해를 밑의 기사를 통해 알 수 있다.

> 여덟명의 항일전선녀영웅들은 인민을 위하여 자기들의 생명을 희생하였으며 "호수지"는 당 앞에서 맹세한『끝까지 왜놈들을 반대하여 타협치 않으며 투항치 않으며 - 무산계급 해방을 위하여 끝까지 싸울 것이며 - 영원히 당에 충실하겠다』는 맹세를 훌륭하게 실행하였다.
> 동북인민들 간에 삼척동자에 이르기까지 이름있는『八녀투강』의 이야기는 항일련군의 빨찌산 투쟁을 일층 고무하였으며 인민들의 애국심을 고도로 양양시키었다. 진정한 인민의 행복을 위해 갖은 고초를 겪으면서 생명을 걸고 빨찌산 전투를 용감하게 계속하여온 항일련군들의 전투실기를 예술적 형상을 통하여 기록한 영화『중국의딸』은 오늘 신생 중국의 인민들이 승리하기까지에 이바지 된 전사들의 혈전고투를 기록한 것이며 그들의 조국과 인민을 위하여 싸운 고상한 애국주의 사상과 강의한 투지 그리고 이로 말미암은 승리를 보여주고 있다.
> 이 영화는 오늘 조국 통일 독립을 위하여 투쟁하는 조선인민들의 투지를 한층

더 북돋우어 줄 것이며 인민들을 고상한 국제주의 사상과 열렬한 애국주의 사상으로 교양함에 이바지 될 것이다.[52]

1949년 가을 이후, 중화인민공화국의 성립에 따라서 중국공산당 일당전제 통치를 시작하면서 중국 국내의 정세가 안정화 되었다. 반면, 한반도는 계속 긴장된 상태를 유지하고 있었다. 그렇기 때문에 국제주의 지도하의 정치적 연합이 바로 북한지도자에게 가장 바람직한 것이었다. 소련과 중국을 비롯한 공산주의 형제국에서 나온 적극적인 지지와 원조는 이미 북한 김일성 정권에게 남한 이승만 정권과 미국에 대항할 수 있는 유일한 방법이었다. 이러한 실제적인 상황에서 북한 김일성 정권은 이른바 고상한 국제주의 선양이 매우 필요했으니 국제주의적 이데올로기를 적용한 〈중국의 딸〉의 수입은 순수한 예술적 교류가 아닌 정치적인 목적을 담은 예술교류라 할 수 있다.

앞에서 보았듯이, 해방기 북한과 중국공산당 점령지의 영화 교류활동은 주로 1949년 이후 시작하였다. 등장한 영화들이 모두 북한과 중국공산당이 제작한 초기 극영화였다. 더 구체적으로 살펴보면 이러한 영화들의 결론은 전반적으로 공산주의 독립운동 지도자를 비롯한 특정한 인물이나 공산주의 정권의 우월성, 대립 정권의 부패와 극악무도함을 보여주고 있는 애국주의와 국제주의로 귀결되었다. 때문에 이 시기의 북한과 중국공산당의 영화 교류가 단순히 문화예술적 교류가 아니라 정치적 소통이라는 것은 명확한 사실이다.

5. 나오며

해방기 한중영화 교류 활동은 주로 남한과 국민당 점령지 또한 북한과 공

---

52 《로동신문》, 1950.4.29.

산당 점령지의 교류활동 두 가지로 나눠 볼 수 있다. 각각 교류활동에서 등장한 영화들을 구체적으로 살펴봄으로써 그 특징 및 의미를 총결할 수 있다.

영화 〈자유만세〉는 해방기 남한이 중국국민당 점령지로 수출한 유일한 영화이며 수입한 중국영화는 1947년 〈간첩천일호〉, 〈항일전팔년〉부터 1950년 〈일본간첩〉까지 모두 열편이 넘었다. 이러한 영화의 내용과 형식을 구체적으로 살펴봄으로써 이 시기에 남한과 국민당 점령지의 영화 교류가 항일을 주제로 한 영화들 위주였다는 것을 알 수 있었다. 항일에 대한 주제는 오랫동안 일제의 잔악무도한 침략과 통치에 시달렸던 한중 '인민'들이 쉽게 공감하기 때문이다. 이러한 항일영화들 속 조국의 해방을 위해 일본침략자와 적극적으로 투쟁하는 애국지사에 대한 영웅적 이미지가 관객들의 과거 '일제'에 대한 혐오, 전쟁 승리의 희열, 새 조국의 건설에 대한 기대를 불러일으켰으며 흥행에 성공할 수 있는 요인이었다. 그리고 영화의 내용을 통해 〈자유만세〉를 비롯하여 해방기 남한과 국민당 점령지의 영화교류과정에 진출했던 항일을 주제로 한 〈간첩천일호〉, 〈항일전팔년〉, 〈성성기〉, 〈상해야화〉, 〈종군몽〉, 〈일본간첩〉 등이 모두 다 항일주제 멜로드라마영화나 멜로드라마적 항일영화로 분류되는 것을 파악할 수 있었다.

또한 더 많은 수익을 얻기 위하여 남한에서는 예술성이 떨어지는 작품이나 과거의 중국영화를 수입하여 관객들의 비난과 분노를 받았다는 것도 알 수 있었다. 따라서 해방기 남한과 국민당 점령지의 영화수출과 수입은 점차 문화예술적 교류에서 단순한 상업적 활동이 될 수밖에 없었다. 그리고 이 시기에 중국 곤륜영화사에서 제작된 일련의 리얼리즘을 신봉하고 국민당 정부의 부패와 국민당 점령지에서 인플레이션으로 인한 인민의 빈궁한 살림에 대한 현실을 묘사한 예술성 높은 좌익영화들이 우익세력의 통치 아래에 있는 남한으로 수출되지 못한 것은 필연적이었다. 그렇기 때문에 해방기 남한과 국민당 점령지 사이의 영화교류활동에 상당한 한계성이 존재하는 것을 알 수 있다.

1949년 이후 시작한 북한과 중국공산당 점령지 사이의 영화 교류의 가운데 등장한 영화 편수는 많지 않았으며 상업적 성격도 뚜렷하지 않은 편이었다. 이 시기에 중국에서 등장한 북한 영화는 〈내 고향〉 한편 밖에 없었으며 북한에서 상영된 중국영화들은 동북영화촬영소에서 제작된 〈다리〉, 〈자기 대오로 돌아왔다〉, 〈중국의 딸〉 세 편에 불과했다. 이러한 영화들은 전반적으로 영웅화, 신비화된 공산주의 독립운동 지도자 김일성과 모택동이나 우월성을 갖고 있는 공산주의 정권 또한 이른바 애국주의와 국제주의로 귀결된다는 것이 중요하다. 그렇기 때문에 이 시기의 북한과 중국공산당의 영화 교류는 단순히 문화예술적 교류가 아니라 정치적 소통이라는 명확한 사실을 알 수 있었다.

　　이처럼 해방기 한중영화 교류 과정에서 좌우의식 대립으로 인한 국가정권이 분열되었기 때문에 남한과 북한은 서로 교차하지 않고 평행적으로 중국국민당, 공산당과 영화 교류활동을 진행하고 있었다. 남한과 중국국민당 또한 북한과 중국공산당의 영화교류에서 등장한 영화들을 구체적으로 살펴봄으로써 그들의 내용이나 형식을 통해 표현된 주제가 완전히 달랐으며 상대방 정권의 경제적이나 정치적인 목적을 비판하는데 있었음을 알 수 있다.

참고문헌

1. 단행본

구보 도루, 강진아 역, 『중국근현대사 4』, 삼천리, 2013.

박찬승, 『한국 근현대사를 읽는다』, 경인문화사, 2010.

슈테판 크라머, 황진자 역, 『중국영화사』, 이산, 2000.

영화진흥위원회, 『한국영화사 開化期에서 開花期까지』, 커뮤니케이션북스, 2006.

尹鴻 凌燕, 『百年中國電影史(1900-2000)』, 湖南美術出版社 嶽麓書社, 2014.

이명자, 『북한영화사』, 커뮤니케이션북스, 2007.

한국영상자료원, 『한국영화 100선』, 한국영상자료원, 2013.

한상언, 『해방 공간의 영화·영화인』, 이론과 실천, 2013.

2. 논문

김수남, 「"자유만세"의 최인규: 리얼리즘적 한국예술영화의 맥」, 『淸藝論叢』, 淸州大學校, 1994.

정태수, 「영화〈내 고향〉과 〈용광로〉를 통해 본 초기 북한영화의 특징」, 『현대영화연구』 10호, 현대영화연구소, 2010.

3. 신문 및 잡지

《京鄕新聞》, 《東北朝鮮人民報》, 《東亞日報》, 《로동신문》, 《文化日報》, 《申報》(中國, 上海), 《延邊日報》, 《人民日報》(中國, 北京), 《第一新聞》, 《中央日報》(中國, 南京)

초출일람

1부

한상언, 「해방기 영화운동과 조선영화협단」, 『영화연구』 43호, 2010.

이효인, 「해방기 〈봉화 烽火〉(1946)와 〈이재수의 난〉(1999) 비교 연구」, 『현대영화연구』 22호, 2015.

2부

조혜정, 「미군정기 뉴스영화의 관점과 이념적 기반 연구」, 『한국민족운동사연구』 68호, 2011.

유승진, 「〈자유만세〉를 중심으로 본 미군정기 조선영화계의 '탈식민화' 과정」, 연세대학교 석사학위논문, 2012.

정민아, 「해방기 조선영화 〈해연(일명 갈매기)〉과 멜로드라마적 정치성」, 『한민족문화연구』 53호, 2016.

함충범, 「해방기 '경찰영화'의 등장배경과 장르화 경향 고찰: 시대적 특수성 및 역사적 의미와 더불어」, 『기억과전망』 33호, 민주화운동기념사업회, 2015.

3부

한영현, 「해방과 민족지(民族知)로서의 영화」, 『현대영화연구』 22호, 2015.

전지니, 「『은영』(銀映, The Silver Screen)과 해방기의 영화잡지」, 『근대서지』 9호, 2014.

남기웅, 「민족과 계급 사이의 영화비평, 그리고 아메리카니즘 −해방기 영화비평 연구」, 『현대영화연구』 22호, 2015.

정종화, 「해방기 한국영화계의 '예술영화' 지향 −영화 〈해연〉과 관련 잡지 분석을 중심으로−」, 『한민족문화연구』 54호, 2016.

4부

정태수, 「영화 〈내 고향〉과 〈용광로〉를 통해 본 초기 북한영화의 특징」, 『현대영화연구』 10호, 2010.

정영권, 「북한의 소련영화 수용과 영향 1945~1953」, 『현대영화연구』 22호, 2015.

유우, 「해방기 한중영화 교류 연구」, 『현대영화연구』 22호, 2015.

인명

(ㄱ)

작품명